JN013207

Frederick
Grant

インスリンの発見による
栄光と苦悩の生涯

バンティング

Banting

マイケル・ブリス 著
Michael Bliss

堀田 饒 訳
Hotta Nigishi

毎日新聞出版

1891年11月14日にフレッドが生まれたバンティング家の農場内の家屋。オンタリオ州のシムコ郡、エッサ郡区で第2番目に土地使用権を取得。

—トロント大学図書館による—

フレッド・バンティング（左）と彼の兄、トンプソン（右）、1900年頃。 —トロント大学図書館による—

ウェス・ダガイ（左）とフレッド・バンティング（右）、1910年あるいは1911年。

—トロント大学図書館による—

軍服に身を包むフレッド（左端）、エディス・ローチ、エラ・ナイトそしてサム・グラハム（右端）。彼は1917年に戦争に向けて出発した。
—スペンサー・クラークによる—

HOSP. TRAIN
MY DEAREST MOTHER, 29/9/18
THIS LETTER WILL B SHORT
LEFT HAND. I WAS SLIGHTLY
WOUNDED YESTERDAY IN THE
RIGHT FOREARM. HAD
OPERATION LAST NIGHT
AND SHRAPNEL
SIZE REMOVED
FROM BETWEEN BONES
NO FRACTURE BUT ULNA
BONE DAMAGED. I FEEL
PETTY GOOD.

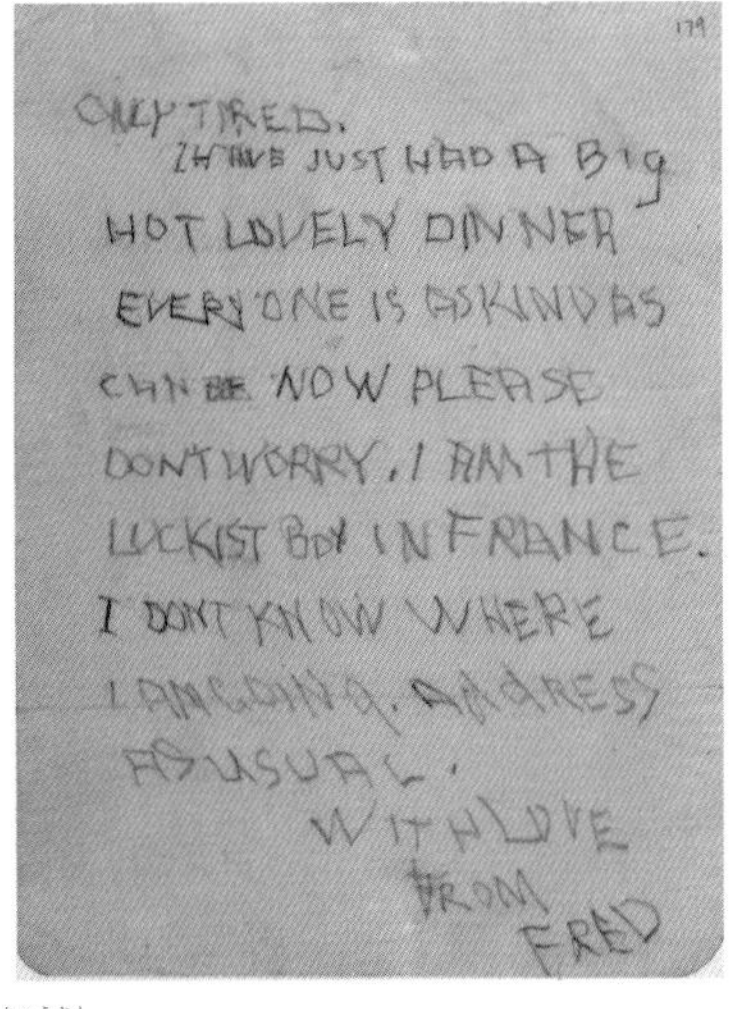
ONLY TIRED.
I HAVE JUST HAD A BIG
HOT LOVELY DINNER
EVERYONE IS AS KIND AS
CAN BE NOW PLEASE
DONT WORRY. I AM THE
LUCKIST BOY IN FRANCE.
I DONT KNOW WHERE
I AM GOING. ADDRESS
AS USUAL.
WITH LOVE
FROM
FRED

1918年9月28日にカムブライ近くで、右腕が榴散弾で深く切り裂かれた時でさえも、バンティングは母親に手紙を書き続けた。
—トロント大学図書館による—

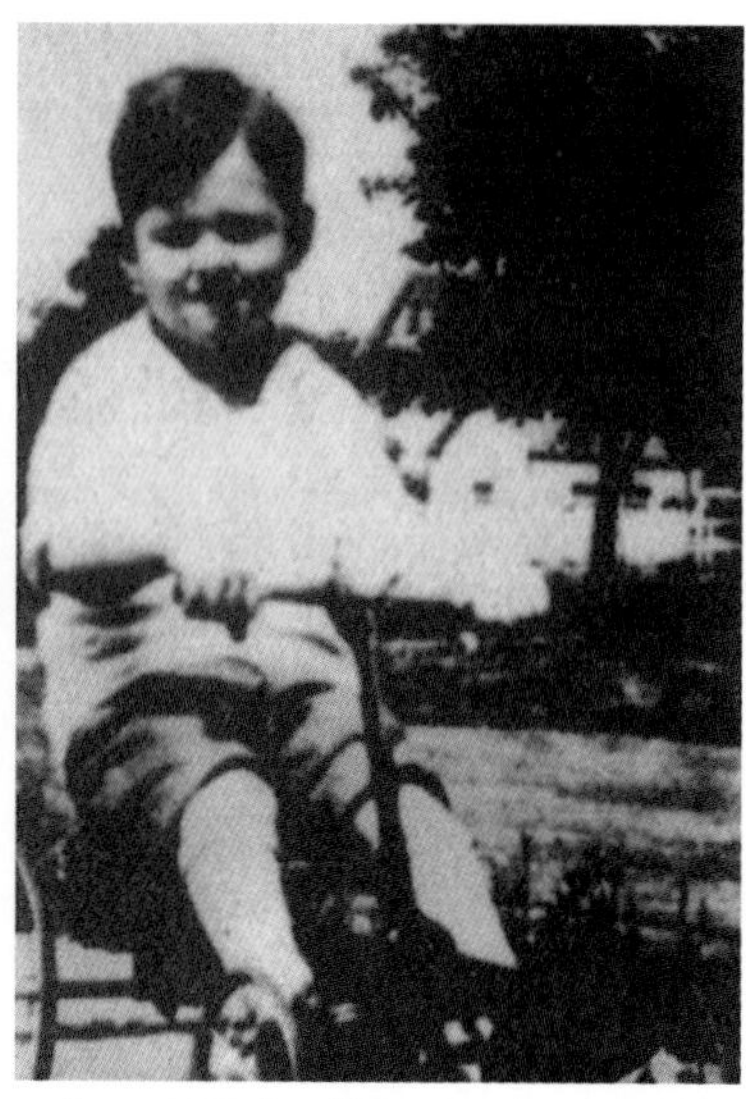

テディ・ライダー、バンティングの最初の患者の一人で、1922 年 7 月と 1923 年 7 月の写真。
—トロント大学図書館による—

ベスト（左）、バンティング（右）そして犬、1922 年 4 月。 —トロント大学図書館による—

左からコリップ、ベスト、F･N･L･スター夫人、バンティング（1936年頃）。
インスリン発見関係者が３人以上一緒に写っている唯一の写真　ートロント大学図書館によるー

TORONTO DOCTORS HONORED

DR. F. G. BANTING.　　DR. J. J. R. MACLEOD.

The Nobel Prize is to be given to Drs. F. G. Banting and J. J. R. MacLeod for the discovery of insulin. It is the first time a Nobel Prize has fallen to the lot of a Canadian.

NOBEL PRIZE TO BANTING

DR. J. J. R. MACLEOD ALSO

Toronto Physicians, Honored for Discovery of Insulin, First Canadians to Receive Such Award.

Stockholm, Oct. 26.—The Nobel Prize for Medicine for 1923 has been awarded to Dr. F. G. Banting and Dr. J. J. R. MacLeod, of Toronto, for their discovery of insulin.

SECOND TIME IN AMERICA.

This is the first time the Nobel Prize has been awarded to a Canadian. It is only the second time it has been given in America for outstanding work in the field of medicine. In 1912 Dr. Alexis Carrell received the Prize for his work in connection with the surgery of the blood vessels and transplantation of tissues and organs. Other Nobel awards made to Americans are: One in physics to A. A. Michelson, one in chemistry to T. W. Richards, and prizes for efforts in furthering peace to the late Theodore Roosevelt, Honorable Elihu Root and ex-President Woodrow Wilson.

WINNER IN 1922.

In 1922, Archibald Hill, professor of the University College, London, for discoveries in the physiology of the muscles, won first honors, and second went to Otto Meyerhof, for his researches concerning Oxygen, lactic acid and consumption of muscles.

The Swedish scientist, Alfred B. Nobel, the inventor of dynamite, died in 1896. He bequeathed a fortune amounting to $9,000,000 to the founding of a fund, the interest of which should yearly be distributed to those who had mostly contributed to the benefit of mankind improvement during the year immediately preceding the award. The Board of Directors of the Nobel Foundation, who have charge of the fund and make the awards consist exclusively of Swedes. The value of each prize is on an average $40,000.

In addition to prizes awarded for medicine, the foundation awards prizes for physics, chemistry, literature and peace.

トロント大学の医師２人がノーベル賞受賞の新聞記事。
(左にバンティング、右にマクラウド)
ートロント大学図書館によるー

バンティング（右）とベスト（左）。1924年頃
ートロント大学図書館によるー

FEBRUARY 1, 1924.　The Abolitionist.　17

DR. BANTING AS DOG STEALER.

DR. BANTING, the discoverer of insulin, made an extraordinary confession, according to the *Toronto Daily Star* of November 20, when giving the details of his discovery to various medical audiences. It was as follows:—

"He went to Toronto, where dogs were to be had if not for the asking, sometimes for the taking. He and Mr. Best had sometimes to pick them up on the streets in the dead of night. Those six weeks of dog-hunting were a time of financial stringency. Surely there is nothing more ironical in scientific or any other history than this picture of the two pioneers of insulin, slinking in midnight shadows on the trail of homeless dogs!"

Truly, it is ironical—and also diabolical.

In a statement made by the Ottawa Anti-vivisection Society, we are told that "for three years a juvenile dog-thieving syndicate operated in Toronto, during which time valuable dogs, Persian cats and rabbits to the value of several thousands of dollars were stolen and sold for 75, 50 and 25 cents each to a man who called himself a veterinary surgeon. This man sold the stolen pets for many times the price he paid for them to medical laboratories for vivisectional purposes."

Dr. Banting complained, in the *Toronto Globe* of January 31, 1923, that "dogs were very expensive, and almost impossible sometimes to obtain."

The Starry Cross, journal of the American Anti-vivisection Society, opened its December issue with the following comment on the facts by its gifted Editor, Mr. Robert R. Logan:—

HIS STAR IN THE WEST.

"It seems strange that Christmas should be celebrated in a world that tolerates, nay, honours vivisection. The Nobel Prize for medicine has just been awarded to Dr. Banting for his discovery of insulin, a pancreatic extract derived through the brutal torture of dogs, many of which Dr. Banting himself picked up in the streets of Toronto secretly in the dead of night. He was aided in this noble practice by a chum with whom he has divided his prize money in recognition of his services in connection with insulin. The account of this 'secret black and midnight' luring of dogs into the torture chamber, given by Dr. Banting himself before a London audience of doctors and reporters, met with great applause and no one seemed to think there was anything vile and unmanly and despicable in enticing a wandering pet or a poor homeless mongrel by soft words and the implied promise of food into a hell from which there should be no return.

"Perhaps these worthy physicians honour the Divine Healer at Christmas time under the impression that He may have Himself butchered a dog or two before He acquired the skill to heal the daughter of Jairus. No doubt they picture Him and the beloved disciple sneaking about the streets of Jerusalem, dodging the Roman watch and the belated Pharisee until they found an opportunity to coax some unsuspecting dog into their laboratory.

"This may be the vivisector's picture of the Son of Man, but it will hardly satisfy the average Christian, and we doubt if even the most obstinate champion of serum-therapy would admit that the Saviour of Man could have been a dog thief. Some piece of machinery must be fatally missing in the brains of men who can pretend to worship the Master of Compassion while applauding the award of prizes for cruelty.

"What hope is there for an end of war and desolation while selfishness thus strangles conscience and reason! With glory to crime in the highest, what hope of peace on earth, goodwill toward men!"

WHY?

The Vivisector: "Nice healthy little dog, you are. Now I'm just going to cut out your pancreas, and then you will get diabetes."

犬泥棒のバンティング医師についての記事
ートロント大学図書館によるー

キモグラフ（Kymograph）を前にしたバンティング医師
ートロント大学図書館によるー

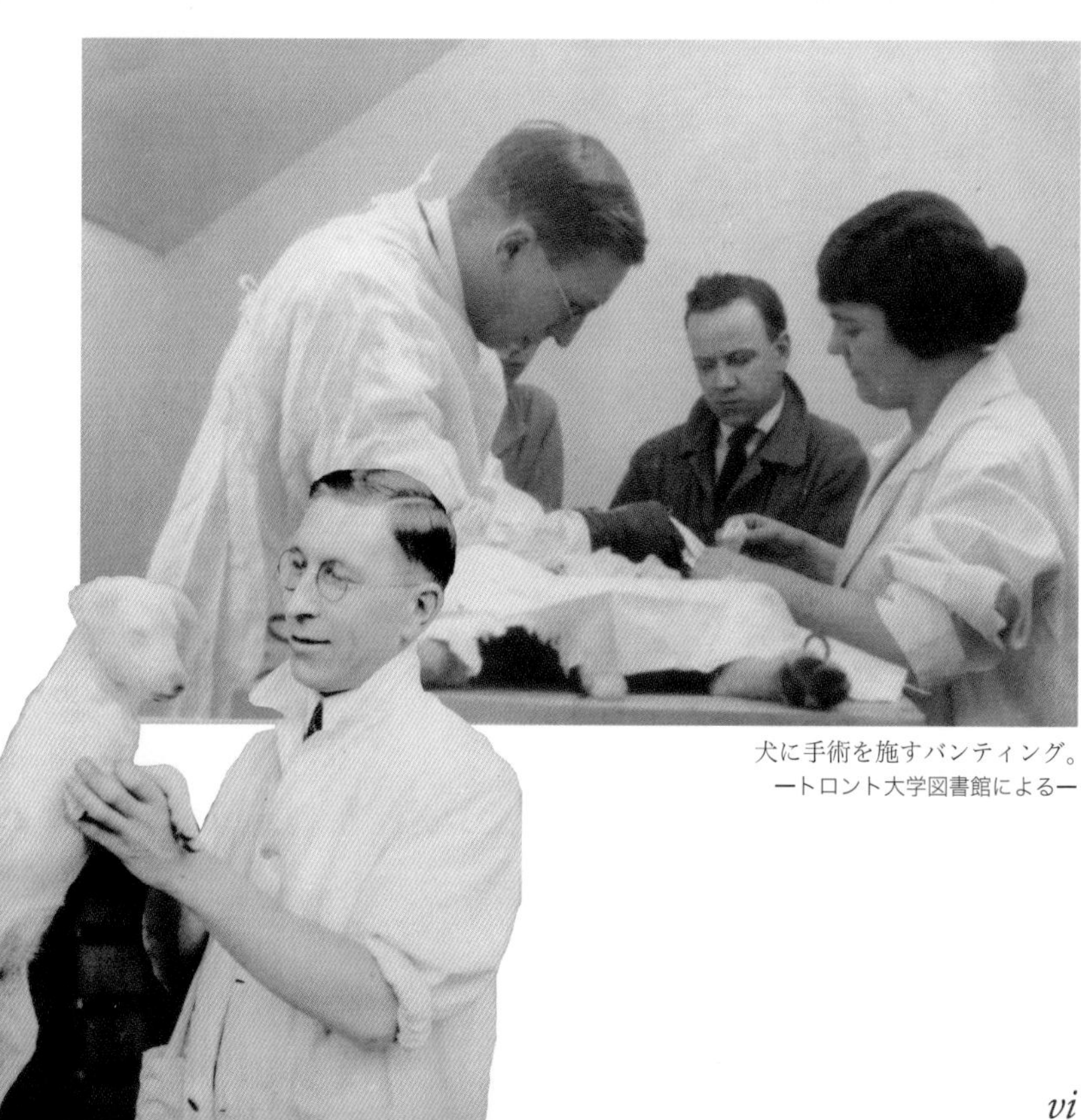

犬に手術を施すバンティング。
ートロント大学図書館によるー

1924年6月4日、フレッド・バンティングとマリオン・ロバートソン・バンティングの結婚式。結婚は急遽決まった。

ートロント大学図書館によるー

赤ちゃんのウイリアム・バンティングを抱くマリオン・ロバートソン・バンティング（バンティングの息子と妻、1929年頃）

—トロント大学図書館による—

レナード・トンプソン、インスリンでの治療に初めて成功した患者の後年の写真

—トロント大学図書館による—

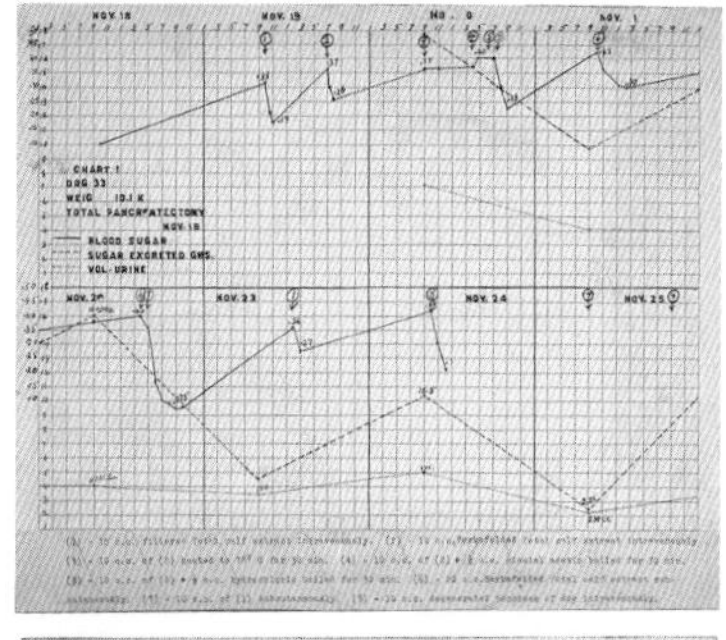

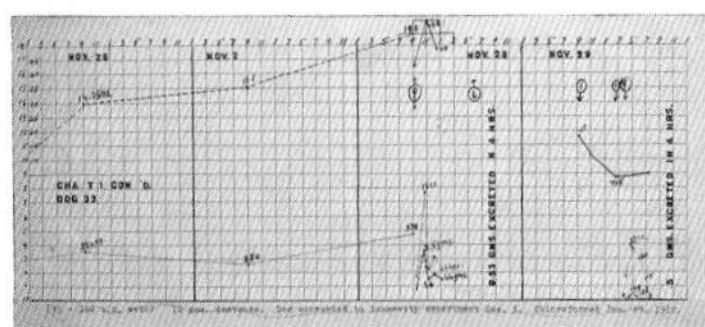

犬33号の血液中の糖レベルの変化を示す図

—トロント大学図書館による—

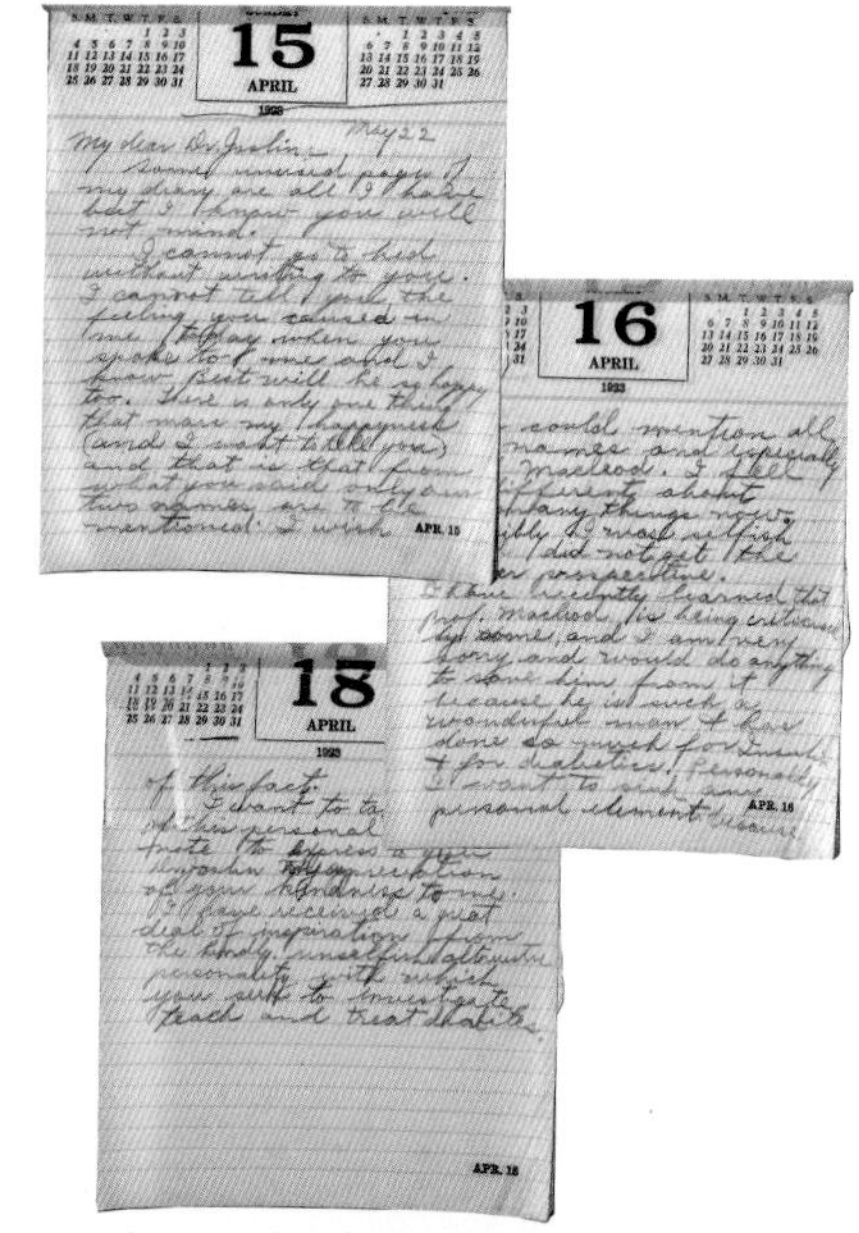

15 APRIL 1923

My dear Dr. Joslin:— May 22
Some unused pages of my diary are all I have but I know you will not mind.
I cannot go to bed without writing to you. I cannot tell you the feeling you caused in me today when you spoke to me and I know Best will be so happy too. There is only one thing that mars my happiness (and I want to tell you) and that is that from what you said only our two names are to be mentioned. I wish

APR. 15

16 APRIL 1923

[illegible] could mention all [illegible] names and especially [illegible] Macleod. I feel [illegible]ifferent about many things now. [illegible] I was selfish [illegible] I did not get the [illegible] perspective.
I have recently learned that Prof. Macleod is being criticised by some, and I am very sorry and would do anything to save him from it because he is such a wonderful man & has done so much for Insulin & for diabetics. Personally I want to [illegible] any personal element because

APR. 16

18 APRIL 1923

of this fact.
I want to ta[illegible] this personal note to express [illegible] appreciation of your kindness to me. I have received a great deal of inspiration from the kindly unselfish altruistic personality with which you seek to investigate teach and treat diabetics.

APR. 18

あり合わせの卓上日記に認めたジョスリン医師宛のバンティングの手紙（1923年5月22日）

—トロント大学図書館による—

1927年、北極地方の船旅中のベオシック号の船上でスケッチするA・Y・ジャクソン（左）とバンティング（右）

―トロント大学図書館による―

ウィリアム・ロバートソン・バンティングの誕生日を祝うために、アーサー・リスマーがトロント文芸クラブで描いた絵。1929年。

―トロント大学図書館による―

A・Y・ジャクソンによって描かれたバンティング、1931年頃。

―トロント大学図書館による―

ケベック州での写生。Cap Aux Oles、1930年あるいは1931年。 ーR・ヒップウェルによるー

12 THE STAR WEEKLY *Toronto, June 18, 1938*

NOTED FOR SCIENCE BUT A DEVOTEE OF ART

SIR FREDERICK BANTING, the analytical, fact-seeking scientist who is famous for his work in connection with the discovery of insulin, also has a modest reputation as an artist. He started when first in practice, painting while waiting for patients. One period of 28 days went by without a single patient, he says. By special request, two of his works will be shown at the exhibition of the American Physicians' Art Association this month in San Francisco. One is "Maligne Lake", the other a French-Canadian scene. The reproduction at the left is Sir Frederick's painting of the beautiful lake in the Canadian Rockies

ケベック州での写生。Ste.Tie des Caps、1937年。バンティングの画家としての相当な才能は、ジャクソンの影響を超えて進歩する機会は決して無かった。 ーセシリア・ロングによるー

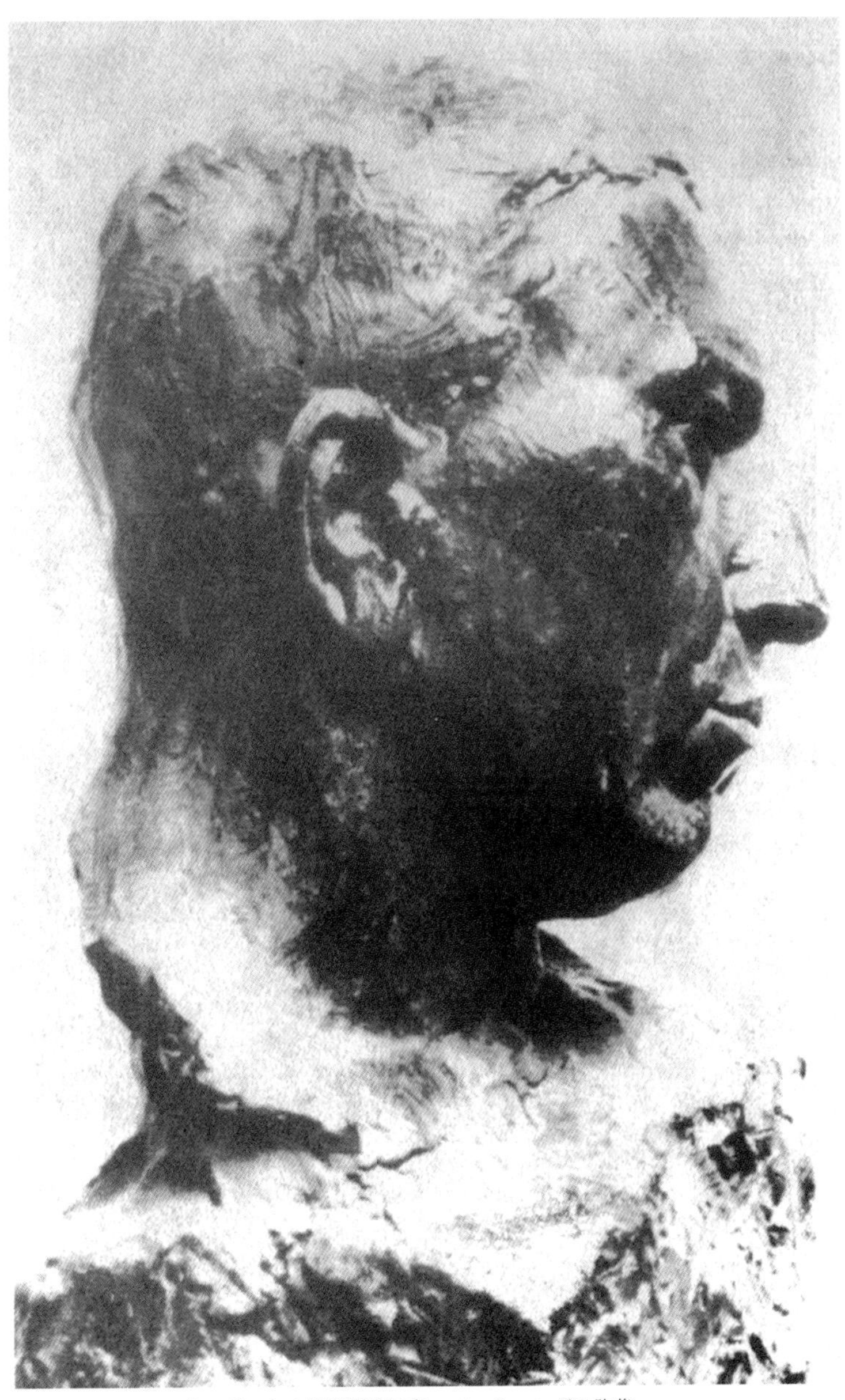

フランシス・ローリングによる英雄的発見者、バンティングの胸像。

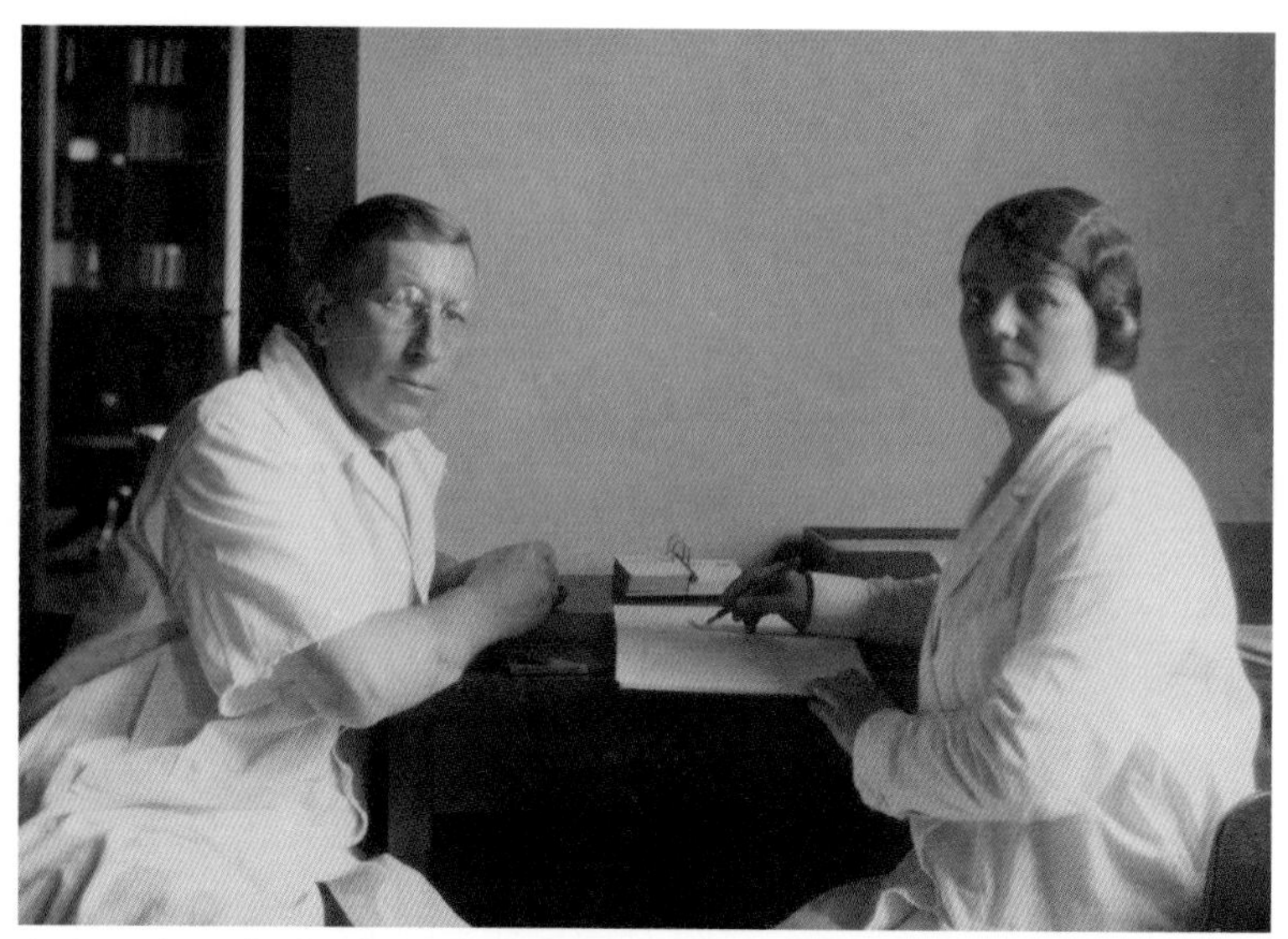
サディ・ゲアンズ、彼の実験助手、秘書そして管理者と一緒のバンティング。
ートロント大学図書館によるー

バンティングがロシアのレニングラード近郊の邸宅にI・P・パブロフを訪ねる、1935年。
ートロント大学図書館によるー

81 July 13/35

The Georgian Military Road
is very old. It runs from
Ordzhonikidze to Tiflis,
through the Gudaur Pass
at an elevation of
7,800 ft. A motor trip over
this road is a memorable
occasion because of
the beauty of the scenery
but also on account of the interesting things
seen by the wayside. The road is good and
is being constantly kept
in repair or improved
by native workmen who
are thin, dark men who
wear heavy large fur
caps and overcoats even
on a hot day in summer.
They work slowly with
two wheeled carts & long
handled shovels. The road
is made of stone - cobble
with a layer of gravel on top. In places where it
was being repaired or new road was being built
little heaps of stone were
dumped by the roadside &
men sat with hammers
smashing larger stones to
the proper size. They held
the stone with their feet &
when crushed kicked it
or threw it with the feet
onto the new pile.

バンティングの旅行日記：ジョージアの古い軍事通路、ロシア、1935年7月。
—トロント大学図書館による—

魚釣りをするバンティング。　—トロント大学図書館による—

▲トロント文芸クラブの"BOF（Birds Of a Feather、同じ羽毛の鳥、或はBloody Old Fools、大馬鹿者）"グループと一緒に。
—C・A・G・マチュウスによる—

◀バンティング（右）、台所のテーブルで。
—トロント大学図書館による—

2度目の結婚：ヘンリエッタ、バンティング夫人と一緒のバンティング、
恐らく1936年6月の結婚式の直後。

—トロント大学図書館による—

バンティングの最後の写真、1944年2月11日。　ートロント大学図書館によるー

飛行機墜落。ーカナダ国立図書館・文書館によるー

バンティングの葬儀。ートロント大学図書館によるー

訳者序文

この度、マイケル・ブリス著『バンティング：インスリンの発見による栄光と苦悩の生涯（原題：Banting：A Biography）』の翻訳書を毎日新聞社から刊行する運びとなったのは望外の喜びです。日本糖尿病協会理事長清野裕先生の計らいで、「インスリン発見100周年記念行事」の一環として出版されることになりました。ここに、関係各位に厚くお礼を申し上げます。

本書は、私が以前に翻訳して出版した『インスリンの発見（原題：The Discovery of Insulin）』（朝日新聞社）と同じ著者によるものです。「インスリンの発見」が、1920年から1923年にかけてカナダのトロント大学を舞台に、アイデアを出したバンティングと四人からなるチームを束ねたマクラウド教授を中心に繰り広げられた、「インスリンの発見」と「1923年度ノーベル賞受賞」に至った経緯が辿られ、死の渕にあった多くの人々を救ったドラマが刻明に描写されていて、読む人々を感動させた内容でした。しかし、この度の『バンティング：インスリンの発見による栄光と苦悩の生涯』は、アイデアを出したバンティングに焦点をあて、美化するのではなく、我々の周囲でも遭遇する人間臭さが鮮明に描かれた物語です。内容的には、彼の生い立ちから始まって、進学の失敗、一命をとり留めた軍医としての従軍、不誠実な数多い恋愛、開業の挫折、啓示的に湧いたアイデアと研究者への変身、若さゆえの一途さで絶えない周囲とのトラブル、インスリンの発見とノーベル賞受賞、結婚、離婚そして結婚、部門の教授就任と周囲からの期待による重圧、カナダ医学研究機関のトップ就任ゆえに遭遇した謎の飛行機墜落事故という劇的な死を迎える、50年の生涯の物語です。

インスリンの発見後、研究室でも家庭でも多くの悩みを抱えていたバンティングは、その逃避を旅と絵を画くことに求めました。そこには、研究の基礎を全く学ぶことなく、20世紀医学界の金字塔を打ち立てた人間の悲劇のドラマが本書では赤裸々に綴られています。読まれる人の置かれた各々の立場の視点で、人間バンティングと取らざるを得なかった場面場面の行動に時には共感を覚え、時には不実をなじるのを禁じえないのではないでしょうか。若い読者にとっては、これからの長い人生において遭遇する可能性が潜む様々な場面で生き方の参考になることが少なくないことでしょう。また、来し方を振り返って、自己の人生を見つめ直している人にとっては反省あるいは共感を覚える局面が少なくないことでしょう。

著者であるマイケル・ブリス教授の訃報をLancet 2017；389：2468で知り、愕然とした私は『インスリンの発見』並びに『バンティング：インスリンの発見による栄光と苦悩の生涯』の出版元に連絡をとったところ、出版元がトロント大学出版部に移っていました。トロント大学出版部にたずねて、本書に対して日本から未だ翻訳権取得の申し出がないと教えられ、２０２１年の「インスリン発見１００周年」に向けて、一念発起して翻訳に望む決意をし、この度の刊行に至ったのは感無量です。というのも、『インスリンの発見』の翻訳は、トロント大学生理学講座バンティング・ベスト研究所に留学時（１９６８～１９７０）の恩師シレック教授御夫妻にゲラ刷りの段階で勧められました。しかし、当時私は超多忙のために翻訳して出版するのに少し長い年月を要し、著者に迷惑を掛けてしまいました。それで、『バンティング：インスリンの発見による栄光と苦悩の生涯』は著者に迷惑は掛けたくないという思いで、手を出さず、どなたかが翻訳されるものと考えていました。しかし、時が経ってもどなたも翻訳されないので、節目と言えるインスリン発見１００周年となる２０２１年に合わせて、再び私が翻訳を手掛けるという機会に恵まれましたことは、この上なく幸運と言わざるを得ません。

糖尿病が膵臓から分泌されるホルモンであるインスリンの量あるいは作用の不足で発症する病気な

のは、インスリンの発見によって確かなものとされ、それを機に対応としてインスリン治療と経口血糖降下剤の開発がすすみ、今日に至っています。糖尿病の歴史において、今日ほど治療薬の選択肢が多く、医師の匙加減が問われる時代はありません。そのインスリン発見の過程とアイデアを出して発見者になった人間のその後の人生を認めた本書は糖尿病に関わる人々にとどまらず、研究に携わる人達にとっても、また全くの門外漢にとっても読むことで教えられることが多く、人生の指南書と言えなくもありません。鬼籍に入られましたが、そのような素晴らしい両書の翻訳する機会を与えられたことに、この場を借りて著者マイケル・ブリス教授並びにシレック教授御夫妻に感謝すると共に、御冥福をお祈り致します。

2021年4月吉日
名古屋にて
堀田　饒

Frederick Grant Banting

目次

Frederick Grant Banting

序　文

バンティングについて
執筆するにあたって

✣

サー・フレデリック・バンティングは、1941年、50歳の時に飛行機事故で亡くなった。その約20年前、インスリンを発見したことによって、彼の名前は世界的に知られていた。彼はまた、母国カナダの医学研究の計画を率いる中心的人物でもあった。事故は戦時中の科学的研究に関して、彼が大英帝国へ秘密任務を帯びて渡航する時のことだったのだ。

バンティングの死を深く悼んだ親しい仲間たちは、医学研究者として彼らが知っていたよりももっと多くの顔が彼にあったことを知って驚いた。内密の私生活に触れた日記が、文字通り彼の遺体のそばで発見された。若い未亡人ヘンリエッタは、バンティングがカナダ国立学術研究評議会で一緒に仕事をしていた科学者たちに、インスリン発見のわずか1年前の状況を書き留めた200ページの草稿ばかりか、他の日記も見せた。彼女はバンティングが長年書きためてきた、さらに多くのノートと資料も持っていた。バンティングの手描きの肖像画は、非常に強い印象を与えるもので、彼が描いたスケッチや油絵と同じく素晴らしいものだった。

カナダ国立学術研究評議会の議長、C・J・マッケンジーは、インスリンについての論文を中心に、バンティングの書いたものをまとめた小さな本を出版することを検討した。しかし、マッケンジーと国立学術研究評議会の同僚たちは、バンティングの生涯における出来事は、出版するには余りにも問題があり、とりわけバンティングの著作の中の「表現」は物議をかもすのではないかと感じた。無遠慮で、ばか正直、激しく、手心を加えていない。バンティングの生涯と著述に関わるこの「問題」は、彼がインスリンを発見した時期についてあてはまる。そして、彼の友人たちはそれをわけるべきではないと考えていた――彼が一番苦しい時期だったからだ――それは、彼が晩年分別を持った人物であったにもかかわらず、激しい憎悪の持ち主だったことも同様だった。彼の好き嫌いには変わりがなかった。マッケンジーはアンドリュー・マックノートン軍司令官に問題の状況をこう説明した。「彼が20年前に軽蔑し、ひどく嫌った人たちの多くが、今日彼の最も親しく、誠実な友人となった。一方で彼と親密であった人々の中には、長年にわたって相いれなくなった人物もいる」。それは存命だったインスリンの共同発見者、J・B・コリップとチャールズ・H・ベストのことだった。

問題を覆い隠すために、彼が亡くなった時には、バンティングの戦時中の仕事のほとんど全てが秘密にされていた。バンティングの最後の任務の詳細も、彼が搭乗した飛行機の墜落に関する報告も、戦時中は公表されなかった。戦時中の彼の仕事、例えば細菌戦についての彼の関わりは、長年機密扱いのままだった。ヘンリエッタ・バンティングの私的な相談相手として行動したマッケンジーは、フレデリックの手で書かれたものも、完全な伝記も当分の間、出版できないという結論を下した。しかし、ゆくゆくは、それは実現すべきであると考えていた。「いつの日か、その長所と短所の全てを含めて、彼の全生涯が後世のために書かれるべきであろう[1]」。

本書は、現存する彼の日記と全ての資料に基づき、また彼を知る人々への取材により、知られうる限りバンティングの全生涯が網羅されている。本書は、バンティングについての初めての伝記ではない。しかし彼の死後すぐに彼の生涯について語ることを妨げることはできず、またそれは好ましくないということを証明するものだ。先行する二つの伝記は1946年に出版されたが、いずれも広範囲にわたる取材に基づいたもので、どちらも彼の日記と手紙からの抜粋を用いている。アメリカ人の医師、シール・ハリスによる『バンティングの奇跡』も、ウェスタン・オンタリオ大学の若い医学部の卒業生、ロイド・スティーヴンソンによる『サー・フレデリック・バンティング』も、さしあたって悪い本ではなかった。事実、2冊の本は、バンティングについて的確で全般的な描写がなされていた。

規範となったスティーヴンソンの伝記は、友人たちによってスティーヴンソンに語られたバンティングについての多くの逸話と評価ばかりか、彼の旅行記からの多くの話が含まれていた。2冊の本は、本書の主要な典拠として折に触れ引用されている。

しかし、初期の伝記は、かなり不完全だった。トロントからストックホルムにいたるまで、インスリン発見にまつわる重要な文書は各地の文書館に厳重に保管されていたからだ。これらの文書を見ることができなかったために、ハリスもスティーヴンソンもバンティングの生涯の中で、最も議論の余地があり、重要な出来事について書くことができなかった。どちらの著者も、削除された部分のないバンティングの完全な日記や手紙を見ることができなかったので、彼の私生活について詳しいことを知らなかった。あるいは、関係者のほとんどが存命だった約四十年前、伝記を書くに際して、実際には知っていたが、そのことについて書かなかったのかもしれない。結果的に、これら最初のバンティングの伝記は、彼の動機、研究や人間関係における問題、彼が一緒に生活し、仕事をした人たちについての彼のいつわりのない気持ちについて、徹底的に描くものとはならなかった。二つの伝記は、彼の死後すぐに書かれたために、率直な表現ができず、バンティング自身がかつて生涯の物語について求めた形とはならなかった。すなわち、「弱さ、強さ、理想、短所、欠陥を持ち、もがく人間の感情についての真実の描写」。バンティングは、そのような表現の本こそが「誠実」だと思っていた。[2]

この本はほぼ間違いなく誠実である。私は、トロント大学が所有しているバンティングの資料を自由に閲覧し、バンティングを知る、探し出せる限り全ての人に取材することに、多くの時間を費やしてきた。その他、個人的、公的な多くの書類を活用した。バンティングの友人と彼の同僚の多くはすでに亡くなっているので、私は彼の生涯について、以前のどの伝記作家と比べても遙かに自由に書くことができた。彼の戦争関連の書簡は全て機密扱いからはずされていた。それでも、私は存命の方を傷つけたくなかったので、バンティングの人物描写を著しく変えることなく、二つ三つの事実について公表を差し控えることにした。それらは、いつの日か改訂版につけ加えられるかも知れない。

この本は、準備に約3年半かかっている。バンティングに対する私の気持ちは、仕事が進むにつれて、いくつかの段階を経ていった。まず最初は私自身の興味関心からのみ、バンティングに関わっていくことになった。つまり、インスリン発見という偉大で、議論を引き起こした出来事がどのようにしてトロントで起こったかということについてだ。インスリン発見後のバンティングの人生はそれほど好奇心をそそるものとは思わなかった。というのも、科学上の偉業という観点からすれば、それは長く期待を持たせた末、拍子抜けも同然だったからだ。

インスリン発見に関する調査の早い時期のことだ。1932年、バンティングが突然離婚して世間を騒がせたことについて、共同被告人の未亡人が、彼女の夫から聞いた内部事情を私に語ってくれたことがあった。私は思わず詳細なメモをとっていた。実を言うと、インスリンの発見について手を貸した有名なトロントの医師への好意としてだけで、私は彼女にしぶしぶ会っていた。彼女は、私のバンティングへの関心が、1923年にノーベル賞が授与されたあたりで止まっているのがわかっていないようだった。それどころか、私はインスリン発見の調査に興味を失いかけていたのだ。というのも、調査を始めてまもなく、バンティングがインスリンの唯一の発見者でもなければ、偉大なあるいは非常にすぐれた科学者でさえもないことに気づいたからだった。

私は、さらに情報収集を続けた。そして第九章に紹介されている、バンティングの離婚についての常軌を逸した、ほとんど馬鹿馬鹿しいまでの物語に耳を傾けた。それはまた哀れを誘う暴露的なエピソードだったが、初期の伝記作家達が避けていたものであることがわかってきた。おそらく、それはまだ書かれていないバンティングの伝記にとって興味のある事柄だった。そこで初めて、私はバンティングのインスリン発見後に書かれたものを注意深く読み始めた。とりわけ彼の生涯の最後の1年半の間に彼が編纂した1500ページ以上の日記だ。これを読むことで、バンティングが科学者としてよりも、人としてずっと興味深いことがわかった。私は日記を読みながら、少しずつ彼に惹かれていった。彼は地位や名声を手に入れることは期待していなかった。それらと彼をたえず苦しめる人々、そして責任と闘うオンタリオの田舎の正直な、慎み深い人物に思えたのだ。彼にはもちろん強みもあった。生まれつきの賢さ、激しい決意、皮肉たっぷりのユーモアのセンス、独学で身につけた著述家および画家としての強い印象を与える仕事。彼はインスリンの発見に始まり、彼の時代に大きく関わった。第一次および第二次世界大戦の間、カナダの美術に著しい影響を与えたグループ・オブ・セブンの仲間として、ロシア共産主義の共鳴者として、道徳的ジレンマが錯綜する時代に離婚した男として、そしてヒトラーの闘争時にカナダの医学学術研究活動に乗り出した中心人物として。

私の著書『インスリンの発見』（1982年刊）は、バンティングの科学者としての名声を傷つけるものだったかもしれない。それは、不適切あるいは不公平のいずれとも思われなかったが。私が、C・J・マッケンジーに、バンティングは偉大な科学者だったと思うかと尋ねた時、彼は一言「いや、バンティングはどちらでもなかった」と答えた。それでも、1冊ではバンティングの科学者的資質を下げるようなものを、もう1冊では、人間として魅力的であり、重要な人物の生涯を描くことは適切でありそして公正なのかもしれない。

だからこの伝記は必然的に、偉人であることの問題についての考察ということになる。インスリンの発見によってバンティングは生涯において名声を得ることになった。バンティングの生涯は、カナダの科学における一種のホレイショ・アルジャー〔訳者註1〕の物語、つまり成功物語のようなものだ。それは、一文なしから身を起こし、アイデアと信念だけであらゆる障害を克服して、輝かしい勝利を達成するという未熟な天才の物語である。インスリン発見の5年後に、世界はチャールズ・リンドバーグの大西洋横断単独飛行に途方もない英雄の姿を見た。バンティングとリンドバーグは多くのことで共通していた。両者とも、日々の名声あるいは偉業による将来の成功という社会の期待に対処するには、確かに経験が少なく、能力は備わっていなかった。二人は内気だったし、容赦ない世間の目、とりわけマスコミの攻撃に直面した時には、ますます非友好的になった。報道陣が彼らの私生活を執念深く追い回したことによって、二人はカナダとアメリカの民主主義について強い不信感を抱くことになった。リンドバーグの場合には彼の長男の誘拐と殺人に、そしてバンティングの場合には彼の離婚に集中したのだ。その後彼らは異なった方向へ進むのだが、リンドバーグの場合はファシスト支持に傾いたように見える。一方バンティングは報道への対処やその他の側面でロシアの共産主義について全面的に良いと思っていた。もちろん、心の底では、二人は熱烈な愛国者であって、それは戦時に証明されたのだが。歴史のいたずらによって、バンティングは1941年、北大西洋を冬に飛行する最初の人物にならずに亡くなった。

偉業達成後の国民的英雄の生涯はしばしば期待はずれになる。偉業の記憶、それを繰り返すことへの挑戦、そして期待に応じることへの失敗が、重くのしかかるので、彼らの晩年は不幸である。小説『グレート・ギャツビー』で、F・スコット・フィッツジェラルド〔訳者註2〕は、大学フットボールの花形選手の「非常に限られた分野での優秀さ」と、その後の生涯で「二度と戻ることのない劇的な試合展開」を追い求めてしまうことについて言及している。[3] バンティングの場合は、彼の偉業そのものに対する大きな疑義のために、その重荷はますます大きくなった。彼のインスリン発見は単に幸運だったというゴシップのみならず、大部分は真実なのがさらに都合が悪いのだが、彼がずっと心から嫌っていた協力者マクラウドとコリップの技術なくしては、インスリンを得られなかったという事実だ。バンティングにとって、インスリンの発見は明白な一個人の勝利ではなく、限られた優秀さの明快な実証でもなかった。彼は、1927年のベーブ・ルースでもなければ、おそらく1961年のロジャー・マリスでさえもなかった。彼は、自身が勝ち取った栄誉、その結果彼に与えられた他の多くの名声に本当に値したのか？　あいまいなままではなく、身をもって証明したい、それにもかかわらず、普通の静かな生活も送りたい。この矛盾する願望が、終わりなき騒動と不幸をバンティングにもたらした。名声に対処する難しさという問題は、さらに一層深刻になる。彼が、自らの要求に応ずることができる女性と結婚できなかったからだ。人生のこの領域において、チャールズ・リンドバーグは彼とは比較にならないほど幸運だった。

名声に耐え忍ぼうとする人々の問題に関する本は、たいていいつも暴露的であるように思われる。友人リンドバーグに言及して、小説家ジョン・P・マーカンド〔訳者註3〕はかつて、ジョージ・S・カウフマン〔訳者註4〕にこう語った。「ジョージ、君は英雄が皆、馬の尻〔訳者注：a stupid and annoying person：愚かでうっとうしい人〕であることを思い出させてくれるよ[4]」。バンティングがカナダ人の有名なインスリン発見者の名前にすぎないと思っていた多くの読者にとって、この伝記は人として、科学者として彼の名誉を傷つけるように思われるであろう。その時々について、彼の馬鹿げた行為について記しているからだ。

バンティングを知る大部分の人は、このことを知っていた。彼を取るに足らない人物と書いた科学者たちから、彼の残酷さと粗野を許せないと思った彼の最初の妻の友人たちまで、相当な数の人々が、バンティングを尊敬しなかった。この状況をわかっている読者が、バンティングは思っていたよりもずっと人間味があり、魅力的なことをわかってくれることを私は望む。とにかく彼は、自身の限界を認識している我々が皆、ある程度の思いやりを持つべき男なのである。伝記作家として、私は時々バンティングに思慮のない、子供じみた、そして痛ましいところを見出した。彼はたえず自身を苦しめる重圧と状況に対処しようともがいていた。だからこそ、この上なく複雑で、人を引きつけるほど実直、そして哀れさを感じさせる彼にも気づいた。

彼の国、そして時代の状況において、バンティングは、作家ジョーン・ディディオン〔訳者註5〕のいう「偉大な文学上の登場人物」についての定義にあてはまるように思われる。[5]「とてもあいまいで、その時代と場所の要請によって現れてきたために、死後、彼の名前と生まれた国しか彼を説明できるものはない、そのような人物」。バンティングの生涯には、様々な形で彼の時代と場所が影響を与えている。彼は因襲的な田舎の文化で育てられ、無理やり都会の生活を押しつけられた少年だった。彼は、いわゆる普通の医師そして外科医になるように教育された。けれども気がつけば世界で一流の医学学術研究機関の長になっていた。彼は伝統的なキリスト教の考えに基づいて育ったが、気がつけば第一次世界大戦後の廃墟で、何にすがりつけばよいのか疑問に思っていた。彼は男らしく、そして彼の父親が母親にそうしていたように女性を扱うことをしつけられた。だが時代は変わり、女性も多くの男性も変わってしまったことを知るばかりだった。彼は自分の父親がしたようには、母親を見出すことができなかった。

ノーベル賞を勝ちとった、世間慣れしていない男。バンティングは同世代の人々の間で、またアメリカ流の生き方の間で板ばさみになった。彼は、古い伝統の影響を受けながら、現代的であることを運命づけられた人物だった。彼は生涯を通じてこの苦境から抜け出そうと、オンタリオ州ロンドンからトロントへ、そしてトロントからどこかへと脱走を試みてばかりいた。どんな小説家も、バンティングが1941年にニューファンドランドで結末をつけた方法以上にふさわしい人生の最後を創り出すことはできなかったであろう。バンティングの存命中に、彼の最も身近で心の安らぎが訪れたのは、

A・Y・ジャクソン〔訳者註6〕とのケベック旅行だった。彼らはそこで伝統的な画題を、油彩で近代的に写生している。

バンティングはアメリカ的な生活を送っていた。彼の伝記を記すにあたって国境はほとんど意味がない。それがインスリン発見の歴史、医学研究、あるいはアップルパイに関することだとしてもである。しかし、カナダの文化――他の作家たちの中でも、スティーブン・リーコック、ドナルド・ジャック、ヒュー・フッドによって書かれた場所と人々――にいささかでも精通している読者なら、バンティングが彼の時代特有のカナダにいたという空気を感じることだろう。彼の国は、墓碑に刻まれた彼の名前といつもともにあり、彼の国についての重要性を私に気づかせてくれた著者の作品を、私は本書の中でたびたび引用させてもらった。

インスリン発見後のフレッド・バンティングの人生を知れば、多くの読者が彼の精神分析をしたくなるだろう。伝記作家として、私は対象について性格分析的に書くことには慎重だった。それにはいくつかの理由がある。第一に、個人の心理状態について多くの一般概念は、相変わらず不確実で、異論の多い仮説的な根拠にとどまっていること。第二に、この本の多くの章に関して、たとえ典拠が異常に多く、しかも暴露的であるにしても、我々はバンティングの生涯に関して手がかりとなる領域――例えば、彼の両親や兄弟姉妹との関係、あるいは彼の性的衝動、あるいは彼の最初の婚約者との出来事――について知らないし、知ることもできないこと。だから、あまりにも自信に満ちた概括は歴史的ではないし、バンティングに対しても公平ではないだろう。第三に、素朴な愚直さというあらゆる彼の見かけのために、バンティングは容易に分類することが非常に難かしく、この上なく複雑な男だということ。我々は彼の写真の中にこの複雑さを垣間見ることができる。彼の顔は非常に表情に富んでいて、シャッターを押すたびに、まったく異なるフレッド・バンティングが映っているのだ。

いずれにせよ、伝記作家の役目は症例を書くことではなく、生涯を再現することにある。伝記作家は、ウォルター・ホイットマン（訳者註7）が詩人に対して求めることを成し遂げようと努力することにある。彼は「死者たちを棺から引きずり出し、そして彼らの足で再び立たせる……彼は過去に向かって言う。私があなたたちをはっきり理解しうるように、眠りから覚めて起き上がりなさい。そして私の前を歩きなさい[6]」。本書は、フレッド・バンティングを彼の足で再び立ち上がらせる試みなのである。

訳者註1：ホレイショ・アルジャー　Horatio Alger (1832-1899) は、19世紀のアメリカの小説家。130編以上の三文小説を著した。作品の多くは『Rags-To-Riches（ボロ着から富へ）』の敵意ある物語。内容は、落ちぶれた少年達であっても、努力・勇気・決断などを通して富と成功のアメリカンドリームを実現させることの可能性を描いている。

訳者註2：フランシス・スコット・フィッツジェラルド　Francis Scott Key Fitzgerald (1896-1940) は、アメリカの小説家。青春の夢と挫折、激しい恋愛を描いた代表作『グレート・ギャツビー』（1925）で、1920年（ジャズ・エイジ）の精神を見事に捉えている。1920年にゼルダ・セイヤー（1900~1947）と結婚し、1924年にフランスのリヴィエラに移住。妻が精神衰弱を患い、自身もアルコール依存症となり、広く衆目を集めるところとなった。

訳者註3：ジョン・フィリップ・マーカンド　John Phillips Marquand (1893-1960) は、アメリカの小説家。アメリカの中流家庭の生活をやわらかく風刺した連作小説があり、『故ジョージ・アプリーズ』（1937）などが知られている。

訳者註4：ジョージ・シモン・カウフマン　George Simon Kaufman (1889-1961) は、アメリカの劇作家、映画監督。モス・ハートとの共作『我が家の楽園』（1936）はピュリッツァー賞を受賞し、自作の多くの映画を監督をしている。

訳者註5：ジョーン・ディディオン　Joan Didion (1934-) は、アメリカの小説家、エッセイスト。『ヴォーグ』誌、『サタデーイブニング・ポスト』紙、『エスクウィア』誌、『ナショナル・レヴュー』誌などの編集、執筆に携わった。小説では簡潔な文体で、1960年代に興降したアメリカのカウンターカルチャーや当時の若者達の生態を描き、高い評価を得ている。作品には『川よ流れ』（1963）、「民主主義」（1984）などがある。

訳者註6：グループ・オブ・セブン (Group of Seven) は、主に1920年代に活躍したカナダの風景画の画家七人のグループで19世紀末のパリ・モンマルトルで活動したヨーロッパの印象派から大きな影響を受けている。グループには、A・Y・ジャクソン、フランクリン・カーマイケル、ローレンス・ハリス、フランク・ジョンストン、アーサー・リズマー、J・E・H・マクドナルド、フレデリック・ヴァーリの7名からなる。その他、このグループと交流があったのは、グループ結成前に急死したトム・トムソンがいる。また、女性画家エミリー・カーもこのグループと交流が深かった。彼らの絵が常時展示されているのがマクマイケル・ギャラリーでトロント郊外にある。

訳者註7：ウォルター・ホイットマン　Walter Whitman (1819-1892) は、アメリカの詩人で、代表詩集『草の葉』は1885年に出版されて一生を通して増補改訂された。その中で自由・平等・友愛の精神を民主主義の原理で高らかにうたいあげている。従来の詩の形式と内容・思想を革新した彼の詩は民衆詩人の到来を告げた。

Frederick Grant Banting

第1章

『寵児、申し分のない少年』

❖

フレッド・バンティングは、1891年11月14日に一家の農場内にある下見板張りの田舎家の一階の寝室で生まれた。バンティング農場は、アリストンの町からおよそ2マイル、オンタリオ州シムコ郡、エッサ郡区の第3租借地境界線にあった。それは、トロントの北、およそ40マイルに位置し、カナダの中心地域、肥沃で僅かに緩やかに起伏する田園地帯である。

彼の最も早い記憶は、台所のストーブの前で幼い頃に母親の膝の上で入浴させられていること、炉火の暖かさ、母親のくちづけそして彼の足指についての詩歌であった。

この小豚さんが市場に出掛けました
この小豚さんがお家(うち)におりました……

母親は、「今私は安らかな眠りにつくよう彼を寝かせます」とお祈りの言葉でもって彼を寝床にくるみ込ませ、ランプを吹き消し、そして彼を眠りにつかせる。最初、彼は怖がっていた。多分、彼の年上の兄弟達の一人が、彼のベッドの下に熊がいると彼に話したからだった。「おびえそしておどおどしたけれども、私は穏やかに私自身に、熊に話しかけて、それで熊は私の顔を咬まなかったので私は益々ずうずうしくなった。やっとのことで、私はベッドの下へ腹這いで進んでそして周りの全てを手探りして知った。私が次に熊がベッドの下にいると聞いた時に、私は誇らしげにたくらみを非難した[1]」。

台所のテーブルの先端にある棚の大きな時計は、彼の一日の時刻を決めていた。起床する時刻。食事の時刻。礼拝の時刻。後に、学課を勉強する時刻。就寝の時刻。家族の聖書は、時計の脇の棚に置かれていた。朝食後毎朝、聖書は家族のお祈りのために棚から降ろされた。毎週土曜の夜には、父親が絵の描かれた――椰子の木と色あせた月――時計のガラスの扉を開けた。時計の内側は古めかしい臭いがした。母親は、そこに殺鼠剤の小さな瓶を置いていた。右側のおもりだけが、チックタックという音を出していて、時計のねじを巻くのを必要とした。古い時計は、時を告げなかったかも知れない。フレッドは、時計の文字盤の下にある小さな棒を押すことで時計を鳴らすことができたが、どうしてかを理解することはできなかった。誰かが彼に、家族の死を予告するのに時計は自分で鳴らすのだと話した。

彼が覚えている一日の最良の時間は、夕食後と夕方の雑用の後だった。家族は、台所のストーブの周りに座った。父親は、母親が衣服を繕ったり、編み物をしたり、手の込んだ仕事をしている間、声を出して本を読んだものだった。「父親は、非常に思いやりがあった、それでももし恋愛小説の主人公が善良であったり、可哀そうに思ったならば、彼の目には涙が溢れたものだ。そしてさらに彼は強い堅固な手背で目もとをぬぐっただろうが、母親は胸をわくわくさせるような箇所を聴きたくて、『私が今暫く読んであげましょうか、お父さん?』と言って優しく本を手にとり、胸を打つ箇所が過ぎてしまうまで読んだ。読むことはもっとゆっくりとなっていった。それから父親は感情のこもらない描写を読んだものだった」。

町の仲間が訪れて来た冬の夕方には、皆が居間に座った。居間は寒く、堅い背付き椅子、古いメロディオン〔訳者註:足踏みオルガンの一種〕、テーブルの下には貝殻、部屋の隅には飾り棚、そしてはるばるイエルサルムからの磨かれたオリーブの花盤を含めてあらゆる種類のものがぎっしり詰まっていた。フレッドの父親は、ニッケルの装飾と雲母の窓を持つ大きな箱型ストーブに火をつけたものだ。

薪が燃えて、ストーブは鈍い赤色に輝いていた。就寝時間までには、部屋はうだるような暑さになった。母親は、バターナッツやポップコーンやりんごの大皿を持ち出し、それからフレッドは寒い階段を上がって二階のベッドに入るよう命じられたものだった。

バンティング家はイギリス人の家系だった、フレッドの祖父ジョン・バンティングが北アイルランドのバリフリムから出て来た1842年以来、カナダに住みついていた。ジョン・バンティングの5番目の息子ウィリアム・トンプソン・バンティングは、1849年にシムコ郡の小部落ボンド・ヘッドの近くに生まれた。彼の父親および彼らの前に在住した他のバンティング家の者達のように、ウィリアム・トンプソン・バンティングは農場経営者となり、テカムセ郡区の土地で働いた。1879年に、彼は妻として25歳のマーガレット（マギー）・グラントを娶った。彼女はアリストンの近くの村落にある製粉場経営者の娘だった。スコットランド人の家系で、グラント家は少なくとも1830年代以来、カナダに住んでいた。ウィリアムとマーガレット・バンティングは六人の子供をもうけた。ネルソン（1881）、トンプソン（1882）、ケネス（1884）、アルフレッド（1886年、赤ん坊の時に百日咳で亡くなった）、エスター（1887）、そして1891年にアリストン近郊の農場を購入直後にフレデリック・グラント。彼は、いつもフレッドあるいはフレディと呼ばれた。

ウィリアムとマギー・バンティングは、よく働き、信心深い家族で、地の塩（訳者註：聖書『マタイ伝』から で「世の腐敗を防ぐ健全な社会な人々（人）、世の師表となる人々（人）」だった。ウィリアムは、無愛想で、いささか頑固な男、アリストンのウェスレー・メソジスト教会の中心的存在で、地域社会において最高のそして最も進歩的な農場経営者の一人だった。彼は、100エーカーの農場で果物、穀物そして野菜、牛、羊そして豚を飼っていた。一家が成功した世紀の変わり目の頃に、バンティング家の人々は富裕階級で、彼らの農業社会の上流階級のメンバーだった。

「父親は、私がこれまでに知っている最も忍耐強い人の一人だった」とフレッドは回想している。「彼に対して意地悪で、不正直でそして事態を胡魔化そうと試みた隣人達は、結果として、問題が生じる度にまず最初に助けを求めて彼に頼る運命にあった。隣人達が喧嘩をした時、彼らは警察のところへ行くかわりに、しばしば彼の所へ来た。家庭に病気が発生した際には、彼らは彼のところへ訪れるのを望んだ。困った状況を抱え、そしてお金を借りることを欲した時には、彼らは彼の所へ来た。そして彼はいつもは彼らを助けることができた。彼は尊敬され、愛されもしたが、非難されたり、なぐられもした。人々は、彼が他人よりも成功した時には、彼らの失敗のために彼をとがめたりさえもした。しかし彼はいつも非常に寛容だった」。ウィリアム・バンティングは、全く公職につかず、地方の市議会への度重なる勧誘も断った。

フレッドは、彼の父親の公平な気質は農場の動物との関係からきていると考えた。「犬は、子供の頃に我々が遊ぼうと望んでいる時に、父親の足に接して横たわっていたものだ。猫は、父親が農場の仕事にとりかかろうとする時に彼の後についていったものだ……農場の動物全てが彼を知っていて、彼から離れようとはしなかった。牛、馬、羊、豚、猫、犬——全てが彼を信用していた」。

マギーは、家族の長である彼女の夫と同じくらい長くそして勤勉に働いた、ウィリアムの協力者で典型的な農場の妻だった。彼女は、夫を愛し、子供達を愛し、つらい仕事を誇りとした。とりわけ家をきちんとし、清潔に保って、そしてウィリアムと一緒に、夕方読書することを楽しんだ。彼女は、とても古風な妻だった、彼女の立場をわきまえ、そして夫と子供達の成功を誇りとしていた。恐らく、これら農場の女性達皆が我々の基準からすればばしいたげられていた。しかしウィリアム・バンティングは彼の家族について十分心配していた、彼は1903年に家屋を大きくし、レンガで囲った。そして1907年、シムコ郡の租借地境界線では、ほとんど聞いたことがないぜいたくな給排水管を屋内に取り付けた。日曜日の夕方には、マギーとウィリアムは収穫物の成長を眺めながら、彼らの成果を自慢し、彼らの農場の小道を腕を組んで散歩するのを好んだ。

フレッドの回想からは、彼が父方の親戚とも母方の親戚とも親しくしていた様子はない。確かに、彼の母親は彼の家族の風習などの言い伝えを、いつも明白な道徳を伴う物語で伝えた。祖母は、例えば、少女の頃、彼女が学校で不道徳であったならば彼女の首回りに鉄製の首輪をつけるのがならわしだった。そして彼女はある時医者に診てもらうために病気の子供をボルトンからトロントまで20マイルを連れて行き、それから病人を家へ連れ帰った。大おじはダンスパーティーで背中を刺された。というのも彼が他の仲間の女性と踊ったからだったが、進行性の麻痺になり、34歳で亡くなった。フレッドが参列した葬儀の大おじサムは生涯背が低かった。というのも彼が14歳頃、家に一人取り残されたある日、彼はウィスキーを試しに飲んでみようと砂糖の入った容器とマッグカップを持って、地下貯蔵庫へ入って行った。油っこい古いライ麦が彼を4日間眠らせ、そして彼は決して再び成長することはなかった。

大おじのサムとおばのメリー・ジェンには、養子になった三人の子供がいた。メリー・ジェンは彼女自身の子供を一人もうけたが死産だった。母親はと言えば、出産時に失神し、彼女が意識を回復した時に赤ちゃんが埋葬されたことを告げられた。それは、母親が死産の赤ちゃんを見るのは不幸になると考えられていたからだった――彼女が別の子供をもうけられなくなると思われていたのだ。例え結果が何であれ、メリー・ジェンは彼女の赤ちゃんをどうしても見ると決心した。3日後、彼女は家を後にしてそして墓を掘り起した。「マギー、私はこれまで赤ちゃんを沢山見て来ましたが、私の生涯でこれほど美しく素晴らしい赤ちゃんを見たことがありませんでした。私は、彼を隅から隅まで眺めました。私は、彼を膝の上にのせて、抱きしめました。それで、私は満足しました」。

そう、そこにはバンティング家の背後事情にハーディ〔訳者註1〕の要素があった。数年後に、フレッドは彼の遠いディケンズ風の親族、ウィリアム・バンティング〔訳者註2〕について学んだ。ウィリアム・バンティングはロンドンの高級家具職人だったが、1864年に脂肪、でんぷんそして砂糖を避けることで肥満をおさえる方法を出版していた。「バンティング療法（Banting）」は辞書に加わった——それはオックスフォード英語辞典に見い出されうる——後に減量療法と呼ばれたことの説明として。「減量する」は(bant)、「減量療法を行う」は(bantingize)、「バンティング療法」は(bantingism)だ。

カナダに戻って、フレッド・バンティングの少年時代は多くの行状で、ノーマン・ロックウェル〔訳者註3〕、トム・ソーヤー〔訳者註4〕そしてスティーブン・リーコック〔訳者註5〕のマリポサ〔訳者註6〕（その町のモデル、オリリア（Orillia）はアリストンからそれほど遠く離れていなかった）の混合物だった。フレッドは母国が比較的安定し、繁栄している時代に、安定した田舎の地域のしっかりした家庭に生まれた。我々は、1890年代そして1900年初期の生活というとこんな風景を思い描く。普通は素足で、つなぎ服の農場の少年。彼の父親がすきで土地を耕す時には年老いた馬にまたがって、母親が卵を集めるのを助け、そしてにわとりに餌(えさ)を与え、牛を連れ出し、パイン・プレインズへの遠出に際してはハックルベリーとクロミキイチゴの実を摘みとり、年老いた隣人トム・マックナイトの黄ばんだ眼をした雑種犬に石を投げ、真暗な夜に墓地を立ち去り、そして牛にびっくりさせられ、彼がにわとり小屋でとらえたスカンクの皮をはぎ、そしてリウマチ治療薬としてその油を売り、石鹸づくりとカエデの糖づくりを手助けし、冬にはボイン・リバーでスケートをし、シニー〔訳者註：ホッケーを簡単にした子供の球技〕をして遊びそして夏には泳ぎ、ジャップ、あるいはコリー、あるいはクルーガーのために犬小屋をつくり、サーカスの行進を眺め、そしていささか難儀な溝掘りのごほうびでただで入場し、教会の懇親会で鬼ごっこをし、マーチンディル夫人のヴァイオリンでダンスのステップを踏み、バンティング家の民主主義者に恐れて隠れ、次の日曜日の日曜学校を抜け出すことを試み、そしてそれからマーチンディル夫人と彼女のヴァイオリンをそっくりそのままみてほっとする……。

そんな時代に、多くの北アメリカの農場の少年達は、以前そこにいた人々、先住民について多少は学んだ。フレッドの両親は、アリストン地域で生活するのを常とした先住民について多くの物語を彼に語った——彼の母親は事実、入植地で生まれた最初の白人の子供だった——そして彼はいつも牧草地で矢じりと槍の穂先にうっとりとしていた。バンティング家の農場の右側の地域は先住民がキャンプをする場所だった。耕作地はなお、彼らのかがり火による灰をひょっこり出現させていたものだった。フレッドは、彼にとって最初の先住民、白人の服を着て、かごを売る老人を見た時、イメージが混乱するのが分かった。彼が幾度となく耳にして来た獰猛な、威厳のある先住民ではなかった。

フレッドは、かわいがられて大きくなったことをほとんど記憶していた。彼の農場での少年時代は良い郷愁からなるがらくただった。終生バンティングは誠実であることについて考えていた。そして時々夜遅くに沈思して、彼あるいは他の誰かが偽りのない真実の伝記を書くことができるかどうかと思いをめぐらした。彼が率直(すなお)に振り返った時、彼が実際には農場で孤独で寂しい子供であったことを記憶していた。彼は、姉より4歳、次兄より7歳年下だった。「年上の兄弟達は、普段は私に悩まされることはありえなかった」。農場の近くに友達がいなかったので、農場の動物そして彼のペットに引き付けられた。

彼が学校にあがった時、7歳頃だが（幼稚園は限られた大きな市の学校にのみ存在した）、フレッド・バンティングは恥ずかしがりやの、人見知りをする少年だった。彼は、自宅とアリストンとの間の長い徒歩がつまらなく、疲れさせるものだと思った。町の学校にいることは、もっとひどいものだった——学校では、町の子供達が昼食のために自宅に戻っている間、廊下か地下室で冷めた昼食を食べなければならなかった。そこに一人ぽっちで残されて、それを見つけた大きな農場の少年らによって喧嘩を吹っかけられ、小さなフレディ（フレッド）はいつも泣かされていた。

私は、この正午の1時間半と冷たい昼食に対して恐怖を抱くようになった。幾度となく、私は昼食を川にめがけて投げ入れたり、あるいはしばしばそれを持ち歩く手間をはぶくためにメイバリ家の犬に与えた。学校での最初の2〜3年間……私は昼食を持って古い遊園地へ降りて行って、路の脇に腰を下ろして、食べるのが常だった……その全然楽しくない孤独な昼食は不幸な時代として私の記憶の中に深くこびりついて離れない。私は、私の誕生日、11月14日のこと（そしてこの時期は寒い）を覚えている。人は誰もがその人の誕生日に起ったことがその後一年中毎日起こると思うものだ……そして第6回目あるいは第7回目のこの誕生日に、私は一日中泣かないという最善をつくした。私は、午後の授業まで時間を埋めるために昼食時に遊園地へ出掛けた。私は、独りぼっちだった。そして泣くまいと試みるのが非常に難しかったので、われ知らず泣き出した――当然のことながら、その年毎日私が泣くかも知れないことを意味した。この心配は一層私を泣かせた。私は、学校へ間に合うように戻ることがどうみてもかなわなかった。私はそのことについては静かに泣いたけれども、それでかえって学校と自宅で私を泣かせたつまらない事には泣かないことにした。小さな子供達でさえも泣く赤ん坊を嫌うので、泣くことは他の子供達から泣く子を引き離しがちである。だから私には友達が全然いなかった。

授業時間は昼食時間よりももっといい訳ではなかった。「私は授業中に質問されることへの絶え間のない恐怖で過ごしていた。例え私が答を知っていたとしても、クラスメートよりも先にそれを決して言えなかった。私は作文と地理が好きだったが、私の不幸の原因ともなったのはこの世でこともあろうに、綴ることだった。私は、どうしても字を正しく綴ることができなかった。どの単語も、綴り方におよそ3通りあるように思われた。それは推測だった。だから私は例外なくきまって間違って推測した」。彼は、5回、10回、100回と言葉を書き込んだ落書き頁が多数に及んだ。彼の他の成績の全てが痛手をこうむった。というのも試験の度毎に彼は綴りの誤りのために可能性がある点数の全てを失ったからだった。

晩年、バンティングは劣等感の産物だったこれら初期の体験に思いをめぐらした。このことが誇張であろうとなかろうと、彼は確かに、愛想が悪く、非社交的な少年だった。他の人々との彼の関係についての最も初期における別の当事者の報告は、90歳の年老いた遠いいとこ、マリオン・ウォールウィンのものだ。彼らが共に10歳だった1901年のある日、彼は初めてフレッドに会った。「我々は、庭にあったブランコに一緒に座った。一時間経っても、彼はひと言も言わなかった」。

彼は、安堵と慰めになるものを求めて、農場、動物そして母親のところへよく引き返そうとした。彼らが彼の言葉の綴りに費やした時間の総計は余り助けにはならなかったように思われたけれども、彼はお母さん子になっていた。※ 彼の父親は、ずっと冷ややかで、これらの問題を少年と母親に任せている間、農場経営者の仕事をすすめていた。フレッドは、彼の父親を尊敬し、従って行動し、そして後に敬愛していたように思われる。そこには、深刻な反抗あるいは父親との争いの証拠はない。

※バンティングの未出版の書き物にみられるあらゆる綴りの奇癖を再現する必要はないと思われるので、彼の問題を思い起こさせることとして、ごくたまに引用文の誤りを載せている。

フレッドがボタン付きの編み上げ靴の苦しい体験に悩んでいた時、彼は丁度おとなになり始めていた。彼が12歳頃だった時、学校へ登校するのに新しい編み上げ靴が必要だった。スコットランド人の母親は、姉エシーが彼女の大きな足には余りにも小さかったほとんど新しい編み上げ靴を、彼に降ろして渡した。母親にとって、それは素晴らしい良質の編み上げ靴で、申し分のない立派なものだった。それは小さな高い踵(ヒール)と両側の膝の中途に近づくボタンを持った女性用の編み上げ靴だった。彼は思い切ってそれをはいて学校へ行けなかった。

毎日、彼はボイン川にかかるスコットランド・ライン橋の方へ牧草地を横切って反対方向の道をとり、編み上げ靴を脱ぎ、橋の下にそれを隠し、そして学校へ裸足で登校したものだった。「毎日、私はその編み上げ靴をますます激しく嫌った。私は、それをすり減らすために、出っくわしたことごとくの石あるいは棒切れを故意にけった。私は毎朝、それらが朽ちるように川の中で濡らした。私は、粗い石で靴底のいたる所をぎしぎしこすってみたが、靴は最上級の革でつくられていた。天候が次第に寒くなったので、他の少年達は皆靴と靴下をはいた。だから気がつけば私が裸足でいる最後の少年だった。これは、まずい状況だった」。

10月の最後の週までには、絶望的な状況となり、地面に雪が積もった朝にクライマックスに達した。彼は、学校へボタン付きの編み上げ靴をはかなければならなかった。

彼は、学校の裏手の野原と裏通りまで学校に近づき、ベルが鳴るまで庭の外側に待機していて、それから彼の机をめがけて突進した。彼は驚いた――それから、彼は顔をしかめて思い出して、少しばかりあてはずれだった――誰も編み上げ靴に気づかなかったので。授業時間中ずっと、足を机の下に隠しておいて、彼は休憩時間に何をしようかと思いめぐらした。彼が後の扉にかんぬきをかけた時、起こりうる最悪の事態が生じた。彼はクラスのがき大将、小さな子供達からキャンディをゆすりとり、喫煙者で、ののしり言葉を使う、「平手打ち」のゴッデンに衝突したのだ。平手打ちがフレッド・バンティングを庭へ追い込んだ、そして彼をあざけった――「めめしい野郎」、「小さな女の子」、「母さんの編み上げ靴なんかはいて」。その最後のあざけりで、フレッドは攻撃を食い止め始めた（少なくとも、記憶している限りはそうだと、彼は1931年のこの出来事について書いていた）。「ファイト！」「ファイト！」彼ら皆が叫んだ。誰もが周りに群がったのを考えると、有名な喧嘩だった。そしてフレッドは平手打ちの喫煙者の体がへたばるまで必死になってすがりついていた。「最終的に息切れがし、憤怒と血気で打ちのめされて、『平手打ち』のゴッデンはわっと泣き出し、そして顔を上着の袖で拭いながら、哀れな、破壊された絶対的権力をすてた。ベルが鳴って、我々皆が自分達の席へ突進した。私は、その時間の英雄だった。このがき大将そして暴君が泣いているのは初めてのことだった。ボタン付きの編み上げ靴が、それを成し遂げた。私はすんでのところでそれが好きになるところだった」。

彼は今では編み上げ靴を学校へはいて行けなかった。ところが2～3日後に母親と一緒にビクトリア・ストリートを散歩しなければならなかった時、彼は大人の視界から編み上げ靴を隠すのに彼女の長いスカートに近づきすぎていらいらさせた。彼女が何をしているのかを彼に問うた時、彼は告白した。「私の可愛いちびちゃん、どうしてお前はお母さんに話さなかったの？　すぐついて来なさい、私が少年用の編み上げ靴を一足あなたに買ってあげましょう」

フレッドは、不屈の受身の抵抗で敵意のある怖がらせの世界に応えた。過ぎし日の学校時代に得た4～5回の笞打ちの罰全てが強情によるものだったことを、彼は覚えていた。ボタン付き編み上げ靴の年の終わりに、先生は質問に答えられないことに対してクラスの生徒達の前で彼に厳しい叱責を与えた。彼は何も言わなかったが、正午に本を拾い上げ、そして家へ帰った。彼は、生きている限り再び学校へは決して行かないと母親に話した。「母親は、そんなことは口に出すのも恐ろしいことであり、だから私が学校へ戻らなければならないと私に説明した。しかし私は決心していた。我々がなおも話し合っている時に、父親が現れて、母親は私が学校へは行かないつもりだと説明した――『おや、それで結構だ――私の父親はただそれだけ言った。我々は臨時雇い人を必要としていて、仕事が沢山ある――お前が労働者以上によりもっと世間で役立つことがまさか何一つないのは余りにも良くないが、善良で正直な仕事人なら申し分ない。それをよく考えなさい。わかったらお前の仕事着を身につけて、にわとり小屋を掃除しなさい』」。

にわとり小屋を掃除することは、農場のあらゆる毎日の仕事の中で、下肥えをシャベルですくうことよりもっとひどく、最も不愉快なことだった。「他にどんな言葉も言われなかったが、翌朝私はいつものように学校へ出掛けた」。授業を納得させるために、ウィリアム・バンティングはにわとり小屋の掃除をフレッドの土曜日の朝の仕事にした。

どの農場の少年も、10歳までにどれだけ長く学校にいられるかを決めなければならなかった。多くの少年は、高等学校への入学試験を受ける前に中退し、第8年級を終えることは決してなかった。二～三人の少年は1年あるいは2年長くとどまった。ごくわずかな少年が、第12年級の終わりに最終の大学入試試験を受けた。高等学校を上手く対処しえたオンタリオ州の農場の少年達は、時折ゲエルフのオンタリオ農業大学で1年ないし2年過ごすために進学した（例えば、これはジョン・ケネス・ガルブレイス（訳者註7）の教育方針だった）。大学へ進学した田舎の高等学校の卒業生は、明白なエリートで、学校へ通い始めた一群の100人当り一人か二人もいなかった。卒業の割合は都会とほとんど異なってはいなかった。このことは、我々がより高い教育でバンティングが闘うのを考える際に心にとどめておかれるべきである。彼が非常に良い成績を滅多に収めなかったという事実は、彼が知的に劣っていたことを意味していないことである。彼が耐えなければならなかった試験は、今日の同等のものに比べて遙かに難しいものだった。採点もそうであった。彼の教育的向上心およびその達成の両者において、フレッド・バンティングは20世紀の初期にオンタリオ州の農場に生まれた、若い人達の大部分に比べて遙かにすぐれていた。

彼の向上心は異常に高かった。部分的には、それらはにわとり小屋の掃除をするというつまらない仕事、そして農場の他の嫌な仕事に対する反動でもあった。部分的に、それらのことは、読むこと、書くこと、そして人生で成功するのを良いことと思った彼の家族によって伝えられた。フレッドの祖父、ジョン・バンティングは息子達に教育を続けることを強く勧めてきた。年上の兄弟の向上心の支援を助けるのに農場で働くことを必要とされたウィリアムは、実質的な学校教育を受けなかった唯一の人だった（「それなのに、1929年80歳の時に死期を迎えるまで、私の父親は私がこれまで会ってきた最も高度に教育された人達の一人だった」とフレッドは書いた）。ウィリアムは彼の息子達に対して、彼らが21歳に達した時に、1500ドル、馬一頭、馬具一式そしてほろ付き四輪馬車を約束した。彼らは、望むなんなりとにお金を使うことができた。ネルソン、トンプソンそしてケネスは、彼らの相続分を農場経営者として身を立てる援助に使った。フレッドは、彼の分け前をより高い教育を受けることに費やした。

彼の少年時代と彼の両親――恐らくメソジスト教会の日曜学校での授業も――彼に勤勉で何が可能なのかを教えた。誰しもがこれら農場社会でしなければならなかった最も大切なことは、仕事と倹約ぶりがどれほど上手く行っているのか、怠惰とだらしなさをどれほど阻(はば)んだかを見るために、居留地の道を歩いて、フェンス、作物、家屋そして納屋を熟視することであった。隣人のトム・マックナイトは、バンティング農場への頻繁な訪問者だった。怠惰で、しみったれの、年老いたトムはいつも、ウィリアム・バンティングが彼の所有地で決して儲けることができないと予言していた。しかし、バンティング家は成功した。ある朝、年老いたトムは彼の家でたる木に首をつって死んでいるのを発見された。

彼は田舎をさまよう放浪者も同然だった。そして時々食物を懇願したり、納屋に寝床を与えられたり、たえず農場の女性達を心配させた。バンティング家の納屋の干し草置き場で一晩過したこともあった。この流浪する材木切り出し人が、朝食を受け取って、お礼に彼が持っていた唯一のふさわしい所有物、酒場から盗んだマグカップを心の優しい女性にあげた。それは赤ん坊のフレッドのマグカップとなった。

ウィリアム・バンティングは、息子達に彼ら自身の動物の責任を負わせるのが常だった。「あの子羊は看病されるならば生きられるかも知れない。お前が子羊の世話をし、生き長らえるならば、それはお前のものだ」。フレッドによれば、「我々はたえず、物事、責任そして利益を分け合った。我々は我々自身で稼ぎ、そしてそれが自立、責任そして関心の意識を生み出した」。フレッドがまだ幼い少年だった時、彼の父親は町で1ドル50セントする懐中時計を彼に買い与えた。ウィリアム・バンティングは、フレッドに時計のねじを余りきつく巻かないように話した。もし彼が時計の扱いが上手く大事にしたならば、彼が年長になった時には金時計を手にするであろう。時計を持つ彼の親友の大部分と違って、フレッドは彼の時計を分解することを決して試みなかった。主ぜんまいが壊れるまでの10年間、それは動き続けた。それから、ウィリアム・バンティングは、フレッドが残りの生涯にわたって持ち続けた金時計を彼に与えた。

バンティング家は、教会活動に多くの時間を費やした。そしてウィリアムとマーガレットはフレッドがメソジスト教会の聖職者の一員になることを望んでいたことが友達そして親戚の人達によって語られていた。従順な息子である彼はしつけに反抗しなかった。そして彼を知っている人々によれば、彼は確かに日曜学校での聖書から多くの節を記憶していた。彼は、真面目にそして目的を持って命懸けでやること、道徳的規則に従って生活するのを試みること、そして同じ事をするのを他人に期待することを学んだ。彼の最初の秘書は、彼が、世の中をより良い場所とするために彼女が毎日何をして来たかを自問する必要性を彼女にどれほど熱心に教えたか覚えていた。しかし、フレッドがとても信心深くそして脱俗的であったというどんな証拠も、彼の自伝風著述に見当たらない。農場、彼の動物達、学校での彼の不愉快な経験は、教会で起こったどんなことよりも彼にとってより現実的であったり、より印象深いものだったりした。教会生活を述べている回想の一断片で、バンティングは毎週の活動の「骨の折れる仕事」について書き留めている。それから教会のそり乗り、日曜学校のピクニックそして芝生上での懇親会の楽しさを詳しく述べている。

10代の後半までに、小さなフレディ・バンティングは、背の高い、屈強で、たくましい青年へと成長していた。彼は体格が良く、ほぼ6フィートの背丈だった。彼は学校のスポーツに天分を見出し始めて、彼の学校のフットボールおよび野球チームでプレーをし、時にはアリソン町の間に合わせのチームでプレーをした。大きな試合はピクニックと休日、とりわけ春の大祝日、5月24日のビクトリア女王誕生記念日にあった。バンティングの青春時代の高得点は、5月24日のビートンでのことだった。その時、彼は2つのフットボールの試合、3つの野球試合を行い、野球での走塁と送球で競争し、そして彼の出費の全てを補ったにもかかわらず、賞金の彼の分け前として8ドルを家にもたらした。このような一日の後には田舎の少年についてのH・T・ウェブスター（訳者註8）の素晴らしい漫画——実際、彼は少しばかりフレッドのように思われた——「生涯に一度訪れるわくわくする感動」と題したものだった。1910年頃に野球のユニホーム姿でウェス・ダガイと一緒に撮られたフレッド・バンティングの写真は、幸せそうな若者で、いつでも何かをしようとしていて、1塁から3塁へと広がる笑顔である。

それは若い女性達についてもそうだった。彼の最初の女友達はイザベル・ナイトだった。彼女の父親はアリストンで私的銀行を経営していた。そして彼女の縁者はトンプソン・バンティングと結婚していた。フレッドは、相変わらず内気だったが、彼は物事について深く考えるように見えた、そしてイザベルは彼の穏やかな、ユーモアのセンスが好きだった。彼は、からかう側に変じていた。[2] 彼は老いたベッツィにまたがって高等学校へ通い、そしてもしかしたら家への帰途には少女を乗馬させたかもしれない。馬の背で見とれるほどに成長していた。勿論、彼は今では農場で男の仕事をしていた（21歳で農場の少年の相続財産は、多額の未払い労賃を含んでいた）。田畑でクライデスデール（訳者註：馬の一種で荷馬車用）と一緒の激しい一日の仕事の終わりに、フレッドは彼の母親所有のポニー、モーリーに小さな軽装馬車をつなぎ、彼自身はこぎれいになって、それから女友達と一緒に馬を御して出掛けたものだった。土曜日の夜には、若い農場主らは町の東に在る砂利のあの素晴らしい直線コースで彼らの馬を見せびらかすのを好んだ。モーリーが競走態勢に入った時には、フレッドは彼女を御することがほとんど不可能だった。農業労働者や都会人は自転車に乗った。

田舎の少年達はくまなく学ぶことがいくつかあった。彼らは少しばかり田舎者で、少しばかり無骨者だった。ある年、アリストンの志願市民軍の長が、もしフレッドが彼の友達を説得して十分な数を加入させたならば、彼を伍長にすると約束した。彼はそのようにして、伍長を示す2本線の袖章が与えられた。男達が訓練キャンプへ向けて出発するのに新しい鮮やかな赤色の制服に身を包んで集合した日、バンティング伍長は両袖に縫いつけられた袖章を付けて現れた。[3]

フレッド・バンティングの不可解な思考の多くは学校での彼の学科に関わることだった。高等学校に入って2年経った1908年7月、彼は大学3年級の入学試験を受けた。合格する成績は100点満点で33点だった。フレッドの点数は以下だった。英作文、30。英文学、39。英文法、26。イギリスとカナダの歴史、46。古代史、42。代数、40。幾何学、41。計算と測定、40。物理学、24。化学、

52。物理学と化学は合格の平均的な点に落ち着いたが、入学するためには英作文の試験を再度受け、そしてフランス語とラテン語を身につけなければならなかった。翌1909年の7月に、彼はラテン語をなんとかしてやって行き、フランス語に失敗し、そして英語の「作文」に再び失敗した。彼は、あきらめようと考え、校長先生と長い話し合いを持ち、そして入学試験をあきらめないことにした。「我々は、名声がつくであろう人を求めて、彼を抜擢したのではない」、と後にディヴィドソン校長は語った。しかし、フレッドは努力し続けた。「彼は寵児、申し分のない少年だった[4]」。

もし彼がいずれ学校を修了したならば、フレッドは何をするつもりだったかははっきりしない。彼の両親の望みは、彼が聖職者になることだった。彼が大学への申請を決めた時に、彼自身の好みは先生になることだった。彼はまた、医学が気にかかっていたのかも知れない。ある日、学校からの下校の途中で屋根をふいている二人の男をみつめるために立ち止まったことについての話を、彼は後に書き留めた。彼がみつめていた時に、彼らの足場がくずれ、彼ら二人は落っこちて、ひどい怪我をした。フレッドは医者を呼びに行った。「私は、医者が怪我した男達を診察し、それから傷口、打撲傷そして折れた骨を手当てした時に、その巧みな腕前の一部始終をみつめた。二人の男は回復した。その張りつめた少しの間に、私は生涯における最も素晴らしい貢献は、医療に関わる職業だと思った。その日から、医師になることが私の最も大きな願望となった」。願望は、叔父さんによって営まれていた町のヒップウェル薬局で、彼がまつわりついて過ごした時期に増長されていったのかも知れない。フレッド・ヒップウェルは彼のいとこで、いつも彼の最大の仲よしだった。

フレッド・バンティング自身の健康は、いつも非常に素晴らしいものだった。ある時、彼は、犬クルーガーのために犬小屋をつくるのを試みていて、彼の親指がほとんど切り取れんばかりとなった。しかし、彼の母親がテレビン油で傷をきれいにしている時に失神した。別の時には、彼は種痘に対して有害な反応を経験していた。彼は後に、蚊の刺し傷が頭から踵にかけて彼自身に再種痘することをもたらした、と書いた。反応の最悪事には、牧師が聖パウロの聖書の一節、「私はローマを見なくてはならない（I must see Rome）」〔訳者註9〕、について説教している間じゅうずっと、教会で発熱でほてって座っていた。彼は、礼拝後ただちに寝床に就いた。そしてパウロが彼をローマへ連れて行くために彼の部屋のいたる所で、彼を追いかけているという恐ろしい悪夢を経験した。「私は、やっとのことで部屋から逃れ出て、階段を急いで駆け降りて、パウロから逃れるために母親の腕の中へ駆け込んだ」。

1910年7月に、彼はやっとのことで試験問題に合格することで英作文とフランス語から逃れた。恐らく報奨として、彼の父親はカナダ西部を見るために往復旅行の汽車チケットを彼に買ってやった。彼はフレッド・ヒップウェルと一緒にウイニペッグまで出掛けた。ヒップウェルはその夏、親類の農場で働くことになっていて、それから先はバンティングだけで旅を続けた。彼は、ある朝5時にカルガリーに入り込んだ。それから7時までテリルの花屋でバラの溝を掘る仕事を得た。けれど、現地の中国料理店で一食15セントの食事で1週間働きへとへとになったので、止めなければならなかった。彼はエドモントンへ旅を続けた。それから彼が見つけ出すことのできた、一晩50セントという最も安いホテルに部屋をとった。ベランダが付いて、正面を横切って繋ぎの手すりがある2階建ての宿屋だ。ベランダには、バルコニーがあった。「そしてここにはウェイトレスか客室係のメイドの四人か五人の少女が集まっていた。彼らは、喋り、キャッキャッと笑って、噂ばなしをしていた」。バンティングの回想は、彼がその夜の夕食の間中きょろきょろ目を動かす見知らぬ人との会話を描写しているけれども、中断していて、エドモントンの安い「ホテル」の滞在についてそれ以上何事も知られていない。恐らく、そこである1つの出来事があった――あるいは次なる30年間のいつかに起こった出来事――1930年代の彼の小さなノートの1つに、「私はかつて淑女の家（Lady House）を訪れた。

私は決してそこを再び訪れないであろう」、と彼に走り書きをさせたことだ。[5]

彼は、エドモントンからサスカツーンに放浪して戻って来て、それからそこで以前アリストンに住んでいた農場で刈小麦を山積みにし、刈取り束ね機に乗って夏の残りを過ごした。彼の記憶に留まっていた印象は、大盛りの料理と初めてコヨーテを見たことについてだった。[6]

訳者註1：トーマス・ハーディ Thomas Hardy (1840-1928) は、イギリスの小説家、詩人。主要な作品は、いずれも悲劇で、その悲劇的傾向は作品を追うごとに濃厚となる。詩作は、当初田園生活を歌ったものだが、後に冷笑的な調子を帯びた叙事詩を発表する。

訳者註2：ウィリアム・バンティング William Banting (1797-1878)。医師の指示で殿粉・糖分などの減食による体重を減らすことに成功し、この療法を「バンティング療法」という。ロンドンの高級家具職人。

訳者註3：ノーマン・ロックウェル Norman Rockwell (1894-1978) は、アメリカのイラストレーター。油彩で写実的な技法を発展させ、素朴なアメリカの日常生活を描く。数多くの一流誌にイラストを描いたが、とりわけ『サタデー・イブニング・ポスト』（1916〜1963）の仕事は有名である。

訳者註4：『トム・ソーヤーの冒険』はアメリカの小説家マーク・トウェイン Mark Twain (1835-1910) が1876年に発表した、少年少女向けの娯楽小説である。主人公のトム・ソーヤー少年がミシシッピ川ほとりの自然豊かな小さな町で、ハックルベリー・フィンをはじめとした仲間達と様々な冒険を繰り広げる物語。

訳者註5：スティーブン・リーコック　Stephen Leacock (1869-1944) は、カナダの政治学者、作家。トロント大学、シカゴ大学で政治学と政治経済学の学者として活動した一方で、作家としても活躍し1920年前後には英語圏で最も人気のあるユーモア作家。

訳者註6：Mariposa（マリポサ）は、カナダの政治学者で作家のスティーブン・リーコックによって創造された架空の町。当初、モントリオール・スター紙に連載された短編小説の町で、後に一冊の本『Sunshine Sketches of a Little Town』として出版された。

訳者註7：ジョン・ケネス・ガルブレイス　John Kenneth Galbraith (1906-2006) は、カナダの経営学者。オンタリオ州アイオーナ・ステーション生まれ、ハーバード大学で経済学教授（1945～1975）を務めた。ケネディ、ジョンソン両大統領の顧問を務めた。著書に『不確実性の時代』がある。

訳者註8：ハロルド・タッカー・ウェブスター　Harold Tucker Webster (1885-1952) はアメリカの漫画家で、その作品はユーモアと読者の興味をそそる事物に溢れていて、時折アメリカの作家マーク・トウェインと比較された。生涯に1万6000以上の一コマ漫画を描いている。

訳者註9：新約聖書〈使徒言行録19章21～40節〉「神の必然」から――パウロが初めて「ローマへ行こう」と思ったことが記されている（21節）。この「見なくてはならない（must see）」は「神様がそうするように思われているから私はローマに行かなければならない」とパウロが考えていることを表している。

Frederick Grant Banting

第2章

男らしい男に相応しい

❖

1910年9月にカナダ西部から戻って、フレッド・バンティングはトロント大学ビクトリア・カレッジの一般芸術コースに入学した。彼が、またオンタリオ州およびカナダの両方において最大でそして最高だった近くの地方の大学に通おうとしていたのは理に適っていた。それに数十年前にトロント大学と提携することになったメソジスト教会のカレッジであるビクトリアに、彼が入学しようとしたのはもっともなことだった。彼の地元のメソジスト教徒の牧師、ピーター・アジソン尊師が入学手続きをする最初の日に彼と一緒に出掛けた。田舎の少年にとって、大学にも50万人の騒々しい大都市のいずれにも辿り着くのは容易なことではなかったかも知れない。

大学におけるバンティングの最初の年については、ほとんど知られていない。彼はどうやら、いとこのフレッド・ヒップウェルと一緒に下宿し、カレッジの男性合唱団で歌い、そして熱心に勉強したようだ。彼の成績が記録に残されている。合格点数は100点満点の40点だった。バンティングはラテン語で40点、英語で40、数学で50、生物学で43、ギリシャとローマの歴史が53、ドイツ語で35、そしてフランス語で25を得ていた。9月に、彼はドイツ語とフランス語の補足の試験問題答案を書くことが求められた。彼は、ドイツ語を40点で合格したが、フランス語は34点で失敗した。第1学年のコースを修了するのに失敗して、バンティングは第2学年に進学するのを認められなかった。

彼は、1911〜1912年の期間「ビクトリア」に逆戻りして、どうも第1学年を繰り返していたらしい。もし以前に決めていなかったならば、その頃までにはもう、彼は医師になりたいと決めていた。医学部への入学を認められるには、彼は第1学年を合格していなければならなかった。オンタリオ州ではその時代、そのことは上級の大学入学試験と同等の価値があった。大学の評議員会が、特別な場合に、医学部への学生の大学入学許可を認めるのを知って、バンティングは1912年2月に医学部への入学を申請した。彼の請願は、医学生の間に欠けている芸術コースを続けるという条件でどうやら承認されたらしい。

医学のために芸術を捨てるという決断は、軽々しく受け入れられたものではなかった。バンティングは、さらにその上全てを投げ捨てて、それで農場経営に身を固めるべきなのか、あれこれ思いめぐらしていたに違いない。彼の同級生の一人は、フレッドの判断について長い議論と「熱心な再検討」があったアリストンでの週末を覚えていた。彼はまた、アジソン尊師に境遇を相談した。尊師は両親の希望よりもむしろ彼自身の願望に従うべきだと彼に語った。学部のコースを変更するという決意について、アジソンが父親のウィリアム・バンティングに話すことを申し出た時、フレッドは言った。「ありがとうございます。しかし私が自分自身で父親に話すことができます。彼は理解してくれるでしょう」。ウィリアムの合意に関する解釈の一つは、若者が心に決めさえすれば何事も進められるであろうと彼が言ったということだった。フレッドは21歳になっていて、成年の男だった。それなのに彼自身についてどう決めるべきか答えを出そうとまだ努力していた。[1]

翌9月、医学を始める方向をはっきりとさせて、フレッドはビクトリア・カレッジを中途退学し、1912年の春と夏を農場で働いて過ごした。彼の所得と父親の贈物が、彼の教育費をまかなった。彼は自身の年齢について敏感になっていたに違いない。というのも医学部に申請するに際して、彼は1891年のかわりに1892年として彼の誕生日を告げていて（芸術学部への申請書で、彼は空白にしておいた）、嘘をついたからだ。そのことで彼はフレッド・ヒップウェルにより近い年齢に見えるようになった。最後の試験に失敗しただけでビクトリアで第2学年を最後まで頑張っていたヒップウェルもまたその秋に医学に入ろうとしていた。医学を選ぶのに、バンティングがヒップウェルに影響を与えたのか、あるいはその逆だったのかははっきりしない。

誕生日を偽ることは、悪意のない嘘の類(たぐい)だったが、フレッドの新しい女友達、エディス・ローチは是認しなかった。彼女の父親がウェスト・エッサ巡回のメソジスト派の牧師として務めに従事して、エディスの家族がアリストンに移った1911年夏に、彼らは出会っていた。エディスは、もの静かで、聡明、すらっとしていて、ブラウニン風〔訳者註1〕の少女だった。みたところは本当にいやな堅苦しさはなかった。彼女のフレッドとの最初のデートは、恐らく教会へ一緒に出掛けるという密会だった。それから、教会のピクニック、ボイン川でのボートをこいでの遠出、そして冬にはそり乗り、スケート遊びそしてパーティがあった。

これらのパーティのいくつかで踊ること、スクエアダンスですら、フレッドとエディスのようなメソジストは当惑したであろう。というのも彼らの教会そして恐らく彼らの両親は依然として踊ることに本質的なあるいは予想される罪悪としてまゆをひそめたからだ。バンティング家は、いくつかのメソジスト教徒の家族ほど厳格であったとは思われない。そこでフレッドは恐らく踊ることを彼自身で決心した。彼は、それに関して余り気にしないことにした。彼は、心と同じほどに脚にもメソジスト派の教義を持っていたのかも知れない――踊りのステップはメソジストの若者あるいは農場の若者にとって、とても自然にはこなせなかった。メソジストの社会ではより厳しく禁制にされていた強い酒にもまた、フレッドがそれまでのところ幾らか好きになっていたという証拠はない。知人らの記憶では、彼が相変わらず夕バコを吸わない人であったかどうかについてもはっきりしない。――けれども正直なメソジストにとって禁止されていたが、喫煙は実際にはほとんど全ての普通の若い男達によって始められていた。メソジストの道徳規範に対する彼の真面目なことと信奉からみて、フレッドは普通の若い男性だった。身につけてきたどんな小さい悪行とも一緒に、彼は若い男達および若い女性達の服装についてエディスをからかうのを好んだ。彼女は時々、彼がそれでもって余りにも成果をあげすぎていると気づいて、不満をはっきりとさせた[2]。

1912年9月、フレッドはトロント大学の医学部5年コースの最初の学年へ入学するためにアリストンからやって来た。彼の仲間の人のために役立ち、尽くしていると信じるように仕付けられた真面目な若者にとって、医学は聖職者に代わるものだった。20世紀の最初の20年まで、医師と多くの医療に関わる仕事は、一般の人々の考えるところでは地位が高いと位置づけられていた。無知なメス使用者が彼らの患者を出血で死に至らしめたり、水銀と秘薬でもって患者を毒殺した、19世紀初頭の未熟ないまいましい時代はずっと前に過ぎ去った。すぐれた医者達は助言できる最善について病状の成行きを自然にまかせることにあると知っていた。その時よりももっと最近の無力な時代さえも終わろうとしていた。医者は今では、病気を治療する知力と能力を持ち始めていた。

パスツールそしてコッホのような偉大な19世紀の研究者達は、感染症の謎を解き明かしてきた。今、ワクチン、抗毒素そして公衆衛生の改善が、チフス、ジフテリアそして結核すらも死者数を減らし始めていたし、天然痘およびコレラとはすでに戦って進歩をもたらしていた。効き目がある麻酔薬の採用がその後すぐ続くのだが、リスターによる防腐処置と消毒薬の技術の導入は、入院処置と同じように上手く、外科手術と出産に革命をもたらしてきた。貧しい人々にとって死の家であるどころか、病院は裕福な人々でさえもが手術を受け、赤ちゃんを産み、そして先進的な医療を受けに行く公共施設になり始めていた。富裕階級の多くが、病院を造るために、より多くの良い医者が養成されうる大学を設立するために、そしてその仕事が近代医学をより一層の勝利に導くであろう医学研究者のために施設を造るのにお金を寄附し始めていた。

1つの例を考えてみよう。それは上流階級の集まりでは語られなかったが、1908年に応用研究でどれほど素晴らしい偉業がドイツから世に出たことか。その年、パウル・エールリヒによる際限のない骨の折れる実験が、梅毒に対する特効の治療法としてサルバルサンの開発へと導いた。それは、幾10万人もの命を救うことのできた発見で、誘惑されやすい、罪深い人間への最高の贈物だった。エールリッヒは、スウェーデンのダイナマイトの巨人、アルフレッド・ノーベルが、研究と発見を助成するために彼の遺言で設立した、その素晴らしい賞の初期の受賞者の一人だった。生理学または医学におけるノーベル賞は、1901年に最初の授与がなされたが、医学研究にとって広く知れ渡った魅了する力の象徴であり、そして励ましとなった。

研究者および外科医は確かに感銘を与えるものだが、偉大な内科医、カナダ出身のサー・ウィリアム・オスラーの業績ほど明るく輝いた医学の大家もいなかった。最初はマギル大学、それからボルチモアのジョンズ・ホプキンズ大学で、そして最後にオックスフォード大学の欽定講座担当教授となったオスラーは、教師、探求者そして紳士として内科医の権威となった。彼の教えることにおいて、彼の古典的な教科書において、そして彼の専門職の仲間および彼の同僚の医師への深い愛情において、オスラーは医学の崇高さを職業から使命感、生き様へと象徴化した。彼の著作および彼の個人的な実例を通して、オスラーは少なくとも2世代の医学生を鼓舞し、そして今もなお伝統的な方法に関心がある医師の間ではほとんど偶像視される人物である。バンティングが医学部へ入学した時、オスラーはイギリスにいて、二人は決して会ったことがなかった。しかし、トロント大学医学部の前身に通っていたオスラーが1903年に、トロント大学の新しい医学部の建物を彼の有名な講演の一つ「医学における指導者の言葉」で開所していたことを、バンティングは知っていたのであろう。指導者の言葉は、彼らの同窓の一人からカナダの医学生への適切な助言であり、「務め」だった。オスラーは、ウィリアム・バンティングと同じ村、シムコ郡ボンド・ヘッドに、同じ年の1849年に生まれていた。彼らは、同じ教区牧師、ウィリアム・オスラーの牧師である父親によって洗礼を施されていた。

オスラーがトロント大学に出席して開所を手助けしていた新しい医学部の建物は、大学、市そしてオンタリオ州が時勢に遅れない——あるいは、なおより一層良い、第一級のもの——現代医学へと進むことを表した熱意の明白な証拠だった。1900年代の初めに、大学をまるごと近代化する動きは、医学教育を刷新することに格別の重きを置いた。とりわけ医学生および大学の研究者のために素晴らしい教育病院を創設することにそれは表れていた、多くの個人としての市民および政府は大学へお金と備品をつぎ込んだ。そして傑出した新しい人達が雇用された（オスラーはトロント大学学長の申出を辞退したが、その職務を受け入れたロバート・ファルコナーは最高によくやった。彼は、とりわけ研究と卒業生の勉学の促進に専心した）。完全に再建され、新しい場所へ移転されたトロント総合病院が1913年6月に開院した時、市と大学は世界で最も素晴らしい病院施設の一つを手に入れた。トロント大学は、医学の領域でマギル大学が持つ国際的名声を未だ得ていなかったが、20世紀の初めにおいて北アメリカで最も大きい、最高の機器・備品を備え、そして最高のスタッフを揃えた医科大学の一つだった。[3]

どうして、その頃、芸術学部落第生のバンティングが、医学部へ簡単に入学を認められたのか？そこには多くの理由があったが、それらの多くは煎（せん）じつめると医学部教育課程への申請がわずかな数だったということだ。読み書きのできる若い男女の要員はなおわずかで、その風潮はほとんど昔からだった。医療行為に対する実質的な報酬は未だ多いのものではなかった。勤務時間は長く、休暇は短かった。戦後、医学部へ入学することが難しくなり、それである学校ではユダヤ人学生に人数制限を設けたが、つい1960年末には申請しそして最小限の入学資格認定を満たしたほとんど誰もが、大抵のカナダの医学校へ自動的に入学を認められた。

トロント大学の医学生として、フレッド・バンティングは彼のクラスで全く別人だった。彼は、恐らく学部間対抗でのすぐれたラグビー選手としての活躍を除いて、どんな行状でも目立たなかった。彼は別のシムコ郡の農場の少年、サム・グラハムとユダヤ人家族オニール家のグロスター・ストリートにある住居の部屋を共有したが、大学からそんなに遠くなく、食事付きの部屋に週5ドル払った。フレッド・ヒップウェルは同じ家に住んだ。グラハムは、数学科の学生で自分が寝床についてしまった後も、夜遅くまで勉強をしている、とりわけ勉強家としてのフレッド・バンティングを覚えていた。息抜きのために、少年達はスケート遊びや散歩に出掛けたものだった。フレッドは散歩で、しばしばチャーチ・ストリートを下ってクラーク家まで出掛けたが、そこには彼らの姪であるエディス・ローチがアリストンから訪れているかも知れなかった。後に、彼女はビクトリア・カレッジでヨーロッパの近代言語学を勉強していた間、クラーク家と一緒に生活していた。フレッドは、エディスと一緒に勉強してクラーク家の家で過ごした長い夜に医学について多くのことを学んだ[4]。

フレッドの評価成績は医学で好転した。恐らくエディスの影響で、多分彼が英語および他の難しい言語から切り抜けられたからだった。彼の総合評価成績は、今や最低限の合格評価からまあまあのAの評価に及んでいて、平均するとおよそ中位のBだった。彼はクラスで明らかにわずかばかり平均より上だった。彼は医学部の最初の年に求められた必要条件を満たすために、あの先のいまいましい芸術学部コースを続けるという、より一層の困難に直面した。フランス語をあきらめて、彼は機械学と物理学を試み、1912〜1913年の最初の試みでそれに失敗した。それから最終的には翌年に41点で終えて医学部入学時の必要条件を満たして、やっと合格した。

フレッドは夏には農場で働いた。冬の間中、彼は日曜日毎に母親へ手紙を書いた。それは彼の残りの生涯にわたって続けた習慣だった。学期中に1〜2度、彼は週末に家へ汽車で行ったものだった。

彼の姉は駅で彼と落ち合って、彼らは馬が待っている教会の小屋まで歩いて行ったものだった。「私は呼びだしたものだ――『おいモーリーは何処にいる?』、すると通りの途中で馬の静かな鳴き声が私に応答したものだった。私が彼女の首を両腕でしっかりと抱きしめ、彼女をなでたので、白い頭を私の方へ向け、興奮した挨拶が私を待ち構えていたものだった。彼女は私の声を聞き分けたし、私は彼女の低いいなきを知っていた。彼女は、ほぼ話すことができたのも同然だった。私が大学から戻って来て、彼女をしっかりと抱きしめたあの夜に、我々がかわした会話と彼女が如何に応答したかを、私はいつも思い出す(5)」。

他の機会に、エディスは彼と一緒にいたのかも知れない。そして彼らが教会で一緒に顔を見せた時にフレッドと彼の恋人はどれほど大評判となったのだろう。医師になるために勉強している目鼻立ちの整った地元の少年それに人々が言い始めていた美しい牧師の娘は彼の妻になろうとしていた。トロント市で、彼がたった一人あるいはグラハムあるいはヒップウェルと一緒にいた他の日曜日の夜があった。それで彼らはセント・ジェームス広場にある長老派教会のフィラセア聖書研究会によって出された25セントの日曜夕食を目当てにぶらついて行ったものだ。そこで大量の食事を食べ、その後礼拝中寝て酔いをさますことができた。選べるほど多くの教会がある市で日曜日の夜を楽しむ方法は、教会に若い女性をつれて行くことだった。彼とサム・グラハムがエディスとメーベル・クラークをつれてバプテスト派の礼拝へ出掛けようとしたある時、フレッドは彼らが士官の制服を着ることを提案した。集会に軍服を身にまとって参加した男達へ牧師が神の祝福を請うた時、彼らは楽しい時間を過ごした。

もしそれがドイツに対する大英帝国による戦争布告後に心に浮かんでいたならば、その祝福には素晴らしいもっともな理由があったことになっただろう。軍服を身にまとったカナダ人の大多数が、遅かれ早かれ、西部戦線に送られただろう。生まれてこの方、激しい愛国心を持つフレッド・バンティングは戦争に行くことを望んだ。カナダの参戦が始まった後日の1914年8月5日に、そして再び10月に軍隊に合流することを試みた。しかしいずれの時も彼の視力（その頃はもう、彼は眼鏡をかけていた）のために拒否された。翌学年、医学に於ける3年次後に、彼は再び入隊を試み、この時はカナダ陸軍医療部局に上等兵として採用され、すぐ軍曹に昇進した。彼は、医学部の4年次に備えて軍人休暇でトロントへ戻る前に、ナイアガラの滝での訓練キャンプで1915年の夏を過ごした。その冬の大部分、彼は帰還兵の為の陸軍病院に住み込みで勤め、昼間はクラスの授業に出席していたが夜は病院での職務を果たしていた。医師の教育を早めるために、大学は1916年に特別夏季授業を設けて、バンティングのクラスに対して第5学年を短縮した。

バンティングは後に、彼の医学教育課程が「非常に不十分」だったと書いた。不足分の多くは第5学年の短縮に由来していて、その期間は講義ノートをわずか5頁ためたにすぎなかった、と彼は記憶していた。[6] 第3学年および第4学年のコースのいくつかから彼が保存していた講義ノートは、1900年代の初めに教えられたものだが、先生達は彼に医学教育で素晴らしい基礎の知識を授けていたことを示している。解剖学と生理学について第3学年のノートは、詳細にわたっていて、それに非常に専門的なものである。外科学の講義は、炎症と腫（は）れものというありふれたもので始まって、それへの対応にはカラシ軟膏および発泡膏のような反対刺激剤の使用と一緒に、瀉血（しゃけつ）（眼の周囲の如く困難な場所から血液を採るのにヒルの活用を含めて）のような古風な治療がすすめられていた。しかし、外科学の講義は外科的処置の広い領域に及んでいた。壊疽（えそ）およびショックに多くの配慮をし、そして輸血のような進歩的な技術も論議していた。

バンティングは、医学部の非常勤講師の一人であるトロントの実地医家、G・W・ロス医師から彼の第4学年で受けた治療コースの講義ノートをきちんととっていた。コースは、実地医家志望の人にとって極上の助言で、頭痛および関節炎に対してアスピリンのような最新情報に基づいた薬を使用することを勧め、実質的な忠言（肥満：「患者は最初は熱心だが助けを望まない。彼らは脂肪心を持っていて、あなたが話すようにしなければならないと彼らに話しなさい」。梅毒：「医者に支払う治療費がいくらになるかを彼に話しなさい。そしてその料金を最初に徴収しなさい」）、それから最新治療のいくつかについての解説を含んでいた。この最後の事項に関して、実質的に講義の全てはつい最近出版されたアレンの治療に充てられていたが、それについてバンティングは糖尿病を"diabetus"〔訳者註：糖尿病の正しい英語の綴りはdiabetes〕と綴っていた。ニューヨークのロックフェラー研究所で患者を相手にした経験に基づいて、フレデリック・M・アレン医師は、糖尿病は患者が摂取した食物を十分に代謝することのできないことで生じる病気で、糖尿病患者は代謝できるだけの量の食物を食べることを推奨していた。糖尿病患者は、尿に自然に現れる糖が消失するまで飢餓減食の状態にさせられるべきで、それから注意深く尿糖が測定されて、患者の許容レベル――彼らが丁度尿糖を示すであろう限度の以下――が見出されるまで食物の量を増して行く。糖尿病講義に関するバンティングのノートは、アレンがほぼ炭水化物の無い分量のものを用意することを推奨した3度煮の野菜への特別な言及と一緒に実例の治療食、運動の有用性についての解説、そして患者が彼ら自身の尿検査を行うことを習得することの推奨を含んでいる。「アレンの治療の主な点」、バンティングが指摘したのだが、「――患者を絶食させることに危険はなく――彼ら自身の体重を維持することが彼らにとって必ずしも最善ではない」。

講義は1916年におけるバンティングにほとんど感銘を与えなかった。彼は糖尿病に特別な興味を抱かなかった。アリストンの糖尿病患者である親友の死によって彼が非常に心を動かされたことについて彼の死後に語られた物語は、何の根拠もなかった。トロント総合病院における医学部第4学年の臨床実習期間中に、彼が診察した患者の中に糖尿病患者はいなかった。「私はトロント総合病院の病棟でわずか一人の患者を診たことを覚えている。私は大部分が昏睡で死にかかっている随分高齢の人達と聞いていて、それでできることは何もないと思っていた。私は糖尿病の食事療法について一度も興味を持たなかったし、何も知らなかった。私の外科的な経験でどの病棟にも糖尿病患者のような人はいなかった[7]」。

若い医学生が努力して得ることに最も興味があったのは、外科的な体験だった。1915年までに、彼は外科が彼の専攻になるものと心に決めていた。彼は自身の身体的器用さに影響されていたのかも知れない。彼はその時期に楽しく経験した魅惑の外科医達に感化されていたのかも知れない——彼らは本当に肉体を修復できる医療者達だった。1915年夏のナイアガラでの体験もまた、重要であったと思われる。彼はそこの将校の一人によって外科について考えることを吹き込まれ、それに看護師の一人が、もし彼がいずれ機会を得たならばトロント小児病院の外科主任、クラレンス・L・スター医師の下で働くべきであると、彼に語ったのだ。

翌年の冬、軍人の回復期患者の為の病院で働き、第4学年の講義を受けていた間に、バンティングは手術を初めて行った。咽喉に大きな膿瘍(のうよう)あるいは扁桃周囲膿瘍を持った兵士が、それを切開し、膿汁を排出させることを必要としていた。そうすれば彼は大隊と一緒に海外へ出掛けることができた。バンティングは周りで唯一の医師だった。そして当番の将校は彼が外科用メスを用いることに適任であるか否かを問うことに思い悩まなかった。バンティングは誰でも同じように上手に手術をすることができると思った。ただ確かめるために、彼は手術が始まる時間になっても、依然として教科書で手術について勉強していた。彼は、扁桃周囲膿瘍を切開し、膿汁が噴出した時に安堵のため息を吐いた。

それから疲れた兵士が深い眠りに陥った時に何をすべきかを知らなかった。バンティングはついに、患者が無事かどうかを確かめるために患者を目覚めさせた。「私は出血するかも知れないという心配のために一晩中彼を見守った。48時間経て、彼は大隊が国外への出発のために兵舎を出た時に大隊へ復帰した」[8]。その夏、バンティングは小児病院のC・L・スターの下で、学部在学生の研修中の外科医として第5学年の病院での実習課程をとった。

バンティングの大学時代における彼の個人的成長については、ほとんど知られていない。彼は大都市の大きな大学では田舎の少年だった。それは、田舎の流儀から都会の洗練された考えへの大きな飛躍だった。バンティングが、ほんのわずかな飛躍以上のものをものにしたとは思えない。彼は頑固な、保守的な農場経営者の息子だった。しかもそれを誇らしげにしていた。彼は、服装の着こなしがぜいたくな人、如才のない話し手あるいは現実的でない知識人であることに興味がなかった。すべきことは、仕事が上手く行き、卒業し、戦争で人としての義務を果たし、それから医師として進み、そして何がしかの良いことをすることだった。

1917年のクラス(大学の口調で「1T7」あるいは「onety-seven(ワンティ-セブン)」)は、その最終試験を1916年10月に終え、そして12月9日に卒業した。バンティングは、その時医学で最初の称号である医学士の称号を受け、彼はフレデリック・バンティング医学士になった。オンタリオ州の内科と外科医師協会によって定められた合法的な型通りの試験に合格することは、彼に医療を実施し、非公式に「医師」と呼ばれる権利を与えた。これらの試験はクリスマス前の特別な期間に行われた。というのも新しくつくり出された医師の大部分が戦闘のために出発しようとしていたからだ。12月10日に、バンティングを含めて医学部1T7の強健なメンバーは皆、兵役のために出頭していた。

彼は陸軍中尉に昇進し、トロントの後方基地病院で数カ月間働いて過ごし、ニューブランズウィック州キャンプベルタウンに送られて1カ月間を過ごし、そして最終的にハリファックスからイギリスへ船旅し、1917年3月26日に従軍した。出発する前に、彼はエディス・ローチと婚約することになっていて、ダイヤモンド指輪の贈物で彼らの堅い約束を確かなものとした。1915年にアリストンで芝生に横たわるフレッドとエディスの古いスナップ写真（口絵参照）を注意深く観察していると、我々を第一次世界大戦開始前の天真爛漫な牧歌的詩情へと連れ戻してくれる。その1915年のスナップ写真に映っているサム・グラハムとエラ・ナイトの二人は1981年にまだ存命で、第一次世界大戦前にアリストンで大人のメソジストになっていたフレッドとエディスについて思い出に耽けった。

小児病院で学生としてのバンティングの仕事は、明らかにC・L・スターに好ましい印象を与えた。整形外科手術の権威者、スターもまた、1916年に自ら志願して入隊した。そしてフランスの戦場からイギリス海峡を正しく横切って、イギリスのケント州ラムスゲートにあるグランビル・カナダ特殊病院（整形外科の）へと配属された。バンティングによれば、スターは彼の助手を務める若い医師が配属されることを求めた。1917年5月2日、バンティングは、グランビル病院に改装されていたイギリス保養地のホテルで彼の任務を始めた。

スターは神経を縫合する領域で先駆的な仕事をしていて、その効果は数年間は明らかにならなかったかも知れなかった。彼はバンティングに、後に追跡調査のために特殊な症例の記録を収集することを頼んだ。フレッドの残存する最も古い手紙は、彼のかつての女友達イザベル・ナイトに宛てて1917年5月6日に書かれたものだった（我々は、どうして彼の婚約者エディスが結局は彼からの手紙全てを破棄したのかを追って知ることになるであろう）

あなたは私から聞き知って少し驚かれることでしょうが、このことはあなたのお父様そしてお母様にとっても同じです。だからあなた自身にとってだけではないのです。もしそれが事実であったならば、エディスがそれを好まないかも知れないことをあなたは御存知です。

多くの試練の後に都合よく、私はこの病院での任命をとりつけました、それで今は陸軍中佐スターの下で非常に幸せです。彼は本当に、紳士そして外科医としていずれにおいても私がこれまでに会った最も素晴らしい方です。そして好都合にも幸運が訪れて、私にそのような人の下で働くことに私は満足しています。

……東方の水平線が晴れた日には、フランスが見えます。そして風がその方向から吹いて来る時には、激しい大砲の音が聞こえます。グランビル病院は、70フィートの岩壁から海を見渡すところにあり、あらゆる種類の船がたえずイギリス海峡にみられます。空襲は勿論たえず関心を引き起こしています。しかし実際にあっても被害はほとんどありません。そのような事態は、いつだって人に戦争を忘れさせますが、腕、脚のないそんな患者はいつもとても早く戦争を思い起こさせます。

私の仕事は全く外科的なもので、スター陸軍中佐は縫合した神経を持った神経症例を収集するという非常に興味深い任務を私に与えました。私はまた、彼のためにいくつかの実験的な仕事をするかも知れません。私は、いくつかの有益な仕事を再び得てうれしく思います。というのもここ2カ月間は非常に長く感じられましたが、今は時間が大層早く過ぎて行くと思っています。私が再びカナダに戻るまで仕事は余り早く運びえないことを付け加えることができます。いつでもあなたからお便りをいただくのを楽しみにしています。[9]

バンティングは、スターと一緒にグランビル病院に13カ月間滞在した。1918年1月に、彼はダービーシャー州バクストンの病院の新しい場所からイザベル宛に、彼が125人の患者の世話をし、手術を週に朝3回手伝い、そしてカナダの軍人のおよそ12家族にとっての「医者」であることを、手紙に書いた。これらの余分な奉仕に対する代金を請求しなかったと、彼は書いた。というのも「彼らを助けるということは、お金では決して手に入れることのできないやり方で、私に報いるという喜びを与えてくれるからです。私は昨晩、あなたがお越しいただければ幸いと思い、家におりました。病んだ母親、二人の子供がすでに(そして別の人がすぐに)、多くの満足もなく、お金もなくいます。しかし、そのような事態は我々が何という素晴らしいことを行いうるかを教えてくれます。しかもたとえ哀れみの感情を抱いても私自身は全く幸せな気分で家に戻りました。私が思うに、イザベル、あなたは看護することに実修を積んだ方がいいし、そしていくつかの事態に備えてよりもっと現実に音楽と絵画を始めなさい[10]」。

彼はそれでも、時間をもてあましていた(「私は世の中のほとんどどんな職業あるいは専門職をもってしても、軍隊ほど無駄な時間がある職業はないことを知った」)、そこでバンティングは、イギリスの内科・外科医協会のメンバーの資格を得ることで彼の専門職の資格を格上げするのを試みようと決心した。彼は試験を受けるために毎晩勉強を始めた。「もし私が忙しくなかったならば、私は何をしていたのかわからない」、と彼はイザベルに認めた。「というのも、人は「働きづめ」という習慣を得、何かを得ると同時に苦労を忘れます。そして後者は余りにもしばしばこちらに現れがちです[11]」。

苦労への言及は、スター家の口述歴史を通して知られている出来事へのあいまいなほのめかしなのかも知れない。エディスに対する婚約期間にもかかわらず、フレッドは一人あるいはそれ以上のイギリス女性と恋に陥ってしまい、しかも女性[達]が受け取らなかった高価な贈物を返すという習慣にはまってしまったと言われている。スター医師の娘である部隊の看護師は、それを返すことで始末をつけた[12]。一連のバンティングの経験は、年上の、賢い女性からの助言を必要とした若い世間知らずのバーソロミュー・バンディ〔訳者註2〕（彼らははっきりした性的類似性を持った）の物語を思い起こさせ、バンティングを海外にいる感傷的空想に耽ったカナダの農場の少年という印象を増大させる。

王立協会の資格証明書収得に向けての最初の試験は産科と婦人科だった。バンティングは筆記試験に合格したと思った。「しかし、スティーブンスという名前の年老いた試験官が口述試験を担当した。彼は、私がこれまでに聞いたことも、言うまでもなく読んだこともなかったテーマについての本を書いていた。彼の3番目の質問は彼の本からの定義だった。私は落とされた」。憤慨して、彼はメモ全てを燃し、そして本を放棄した。回顧録の中で、彼はこのことはイギリスの試験制度の不公平さを立証する試みの一断片であると主張した。更なる試験準備もなく3カ月後に、彼は試験を再び受け、申し分ない口述試験官を得て、合格した。結局、彼は他の試験を受けた。そして彼が突然フランスでの勤務のために転任させられた時、イギリス王立外科協会のフェローシップに備えた難しい試験に向けて勉強を始めていた。「私はさらに上の試験をめざすことをあきらめ、母親に手紙を書き、王立外科協会のフェローの地位よりももっと早く、戦功十字章を得ることになるでしょうと語った[13]」。

陸軍大尉F・G・バンティングは1918年6月末にフランスへ移動した。そこで彼は第3カナダ総合病院へ、それからエミエンズ－アラス作戦地区の第13カナダ野戦病院に配属された。彼は、必要とされた時にいつでも応じる、交替将校として起用された。

春にはドイツの自暴自棄な攻撃を撃退して、連合国側の軍隊は彼らの決定的勝利の攻撃となった攻撃をしかけ始めていた。バンティングは、カナダ軍隊がエミエンズの東部を攻撃した8月8日――ルデンドルフが「ドイツ軍の暗黒の日」と呼んだ――に、近くの医療支援の任務という最初の経験を得た。彼は、前線部隊で応急手当て後に後方に送られて来た負傷兵達を受け入れて、外傷の処置をする治療部署および死傷病兵をきれいにする清拭部署で働いた。彼の仕事は、彼らの外傷をきれいにし、閉じ、包帯を巻き、それから更に後方の基地病院に男達を送ることだった。死傷病兵を「きれいにする」という数日間の気も狂わんばかりの仕事（可能な限り素早く、戦争による死傷病兵をきれいにすることは職業的誇りの事柄だった）の後、戦争は次第に少なくなって、観光および土産物探しの為の時間ができた。バンティングは、交戦を心配していて、フランスからシベリアへ送られるカナダ軍隊で勤め続けることを一時的に切望した。戦闘と戦闘との間の空いた時間に、彼は解剖学を勉強し続けた。8月16日付の彼の戦争日誌は、「解剖学を1日50頁読む13日間キャンペーンを始めた」、と記録している。そのキャンペーンは、彼がアラス近郊での戦闘に参加するために北へ向かう途中にある第4カナダ分団、第44大隊の医師将校として配属された26日に、突然途切れた。

大隊の医師将校として、彼は第一線にいた。そこでは部署の多くの男達にとっての一種の一般医として勤め、担架を担ぐ人達を率い、そして交戦での負傷兵を治療するはじめてのことであった。9月2日に、第44大隊は攻撃に参加した。バンティングは彼の戦争日誌にその日のことを書き留めた。

集中砲火は両脇でものすごいものだった。私は大隊と一緒に塹壕から出撃した。我々は激しい砲火と毒ガスの盆地を通り抜けた（原文ママ）。私はデュライの西の凹（くぼ）んだ道で数人の傷を消毒し包帯を巻いた、それからデュライへ進んだ……この時までに、大隊は見えない所にいた。狙撃と砲弾とが更なる前進を阻んだ。そこで私はねらわれた者達のためにデュライの南西方面に引き返し、そして外科手当て用品を使えるドイツ兵手当て場所に連隊救援標識柱と赤十字の旗を設置した……負傷兵が続々と来た。そして私は負傷兵を運ぶ18名の担架手と20～30名のドイツ兵を管理した。親切なハイニースの夫婦は一日中働いた。一人が言った、「La querre est fini pourmoi（戦争は私としては終わっている）」。午前11時頃から午後10時まで、私は夜中に少し睡眠をとったが、約4時間はガスマスクを着用しなければならなかった。

翌日、彼は大隊に追いつき、彼らと一緒にとどまった。そして彼らは前進したので空爆で焼け出された地下室に新しい救援場所を設置し、たえまのない砲撃の下で働いた。彼は、2〜3日の休養のために引き下がり、それからカンブライの攻撃の準備に携わることになった。それは、9月27日に「非常に素晴らしい」集中攻撃で始まった。

バンティングはその数日そして数週にわたって沢山の戦闘を見た。かつて(彼が後にある『陸軍大尉グラント』について創作した草稿によれば)、ドイツ軍が反撃した時、負傷兵達は立ち去れなかった。彼は患者達と一緒にとどまり、それで彼が丁度足を切断した特務曹長が救援場所の扉の内に潜んでいたドイツ兵をしとめたその時に、彼の命を救った。別の時には、バンティングと陸軍将校付きの当番兵ケルズが、ドイツの塹壕に避難することを余儀なくされた。塹壕の床の上に手足を切断された死体の周りを道を拓いてゆっくり進んでいて、カナダ兵の一人が生きているドイツ兵のはらわたを踏みつけた。死にかけている兵士は、死の苦しみの中で明らかに苦痛の軽減を求めた身振りを示していた。「私がしとめましょうか?」、とケルズがたずねた。ピストルが発射したのを耳にする前に、バンティングは4歩、歩いていた[14]。

カンブライの攻撃の前に、救援場所の用地を調査している間に、バンティングと彼の上司で陸軍少佐L・C・パーマーは、突然砲弾が到来するのを耳にした。バンティングはラバの腐った遺体が一杯の溝の中へ飛び込んだ。「死んだラバをペタッとはりつけて、にかわ工場のような臭いをさせて」、彼が出て来た時には、パーマーは笑いに笑った――しかし次の砲弾が飛んできて彼ら二人は避難場所へ飛び込んだ[15]。

2～3日後、パーマーはバンティングのスタミナと勇気に驚嘆した。27日に攻撃が始まった時、フレッドは第44大隊のために死傷病兵をきれいにして終日働いた。それから夜を徹して働くことになる第50大隊の救援場所へ視察に出掛けた。襲撃を引き継いでいた第46大隊の医師将校が弾丸に命中したのを知って、バンティングは彼らの負傷兵を治療するために前進する決心をした。彼と一緒に担架担手の一団を引き連れて、彼は前線に向けて先頭に立った。カナダ兵達は、機関銃の隠れ家からの継続するドイツ兵の砲撃と抵抗に歯向かって、開かれた地形を横切っての困難な血まみれの攻撃状況になりかけていた。彼と一緒の数名の兵士達が負傷した時、バンティングは彼らのために大隊に随行するのを止め、それで陥没した路の途切れのない直線にくぎづけにされることになった。

次に何を為すべきかを見分けようとしている間に、バンティングは第一次世界大戦の稀な光景の一つ、襲撃のために疾駆する騎兵隊の集団を見た。彼らはすぐに、ドイツの砲火の面前で方向を変え、退却した。今度は彼の仲間の後で馬に乗っているリーダーが、彼らの真下で直接爆発したように思われた砲弾で馬から真逆さまに放り出されるのを、バンティングはじっと見ていた。馬は立ち上がって、全速力で駆け出し、それから止まり、そしてリーダーのところへ戻った。「馬は、彼がゆっくりと鞍によじ登っている間、全く静止して立っていた。彼が手綱を握った時、馬は全速力で駈けて行った。私は立ち止まって、彼が去るのを見守った……砲弾の穴、塹壕そして戦争の破壊の跡を飛び越えて行くのを」。彼はいつまでも覚えていた。そして動物が示した聡明さとしつけに魅せられた。[16]

およそ1時間後、彼が大隊の前進した治療所めがけて突進して行ったので明らかだだが、バンティングは爆発した砲弾による榴散弾（りゅうさんだん）の破片が腕に命中していた。彼は前線にとどまることを望んだ。しかし、彼自身日中の痛ましい経験後に駐屯地にいたパーマーは、外傷に適切な治療を受けさせるために彼に「任務を外れる」ことを強く主張した。このことはバンティングの前線での任務の終焉を意味した。パーマーは後に、その勇気に対してバンティングに勲章を授けられるように推薦した。彼は戦功十字章を授与された。「彼の活動と勇気は、非常に高い功績のものであった」、という言葉で公式の表彰状は結ばれていた。[17]

戦争の経験は、バンティングにとって男らしさへの通過における最後の儀式だった。アリストン広場の塹壕で泣いていた孤独な少年は、史実上で最も血なまぐさい戦場のいくつかで他人の命を救うために彼の命の危険をおかす、ベテランの医師将校となっていた。彼は、交戦中に、彼の男らしさ、強靭さ、勇気そして根性を証明してきた。彼は、医師として臨床実習の価値を証明した。そして彼が彼らの外傷を看護したので、文字通り人々の命を救っていたのだと知ることが気分を浮き立たせるのに気づいた。陸軍大尉バンティングは、静かな人だった。それに余った時間には驚くほど勉強した。彼は、何人かの仲間達の一人になったので、内気を解消し始めていた。彼らの医学研修を一緒に受けて来たIT7のクラス、そして戦闘で彼らの国を救って来たカナダ人の同胞。バンティングの海外経験は、厳密には彼をよりもっと洗練されたものにはしていなかった。むしろ、彼はより一層男らしくなっていた。彼は、数え切れないほど多数のビールのコマーシャルで後に風刺的に描かれた男の友情の絆を楽しんで、医学あるいは軍隊の仲間達と一緒にお酒を飲んだり、煙草を吸ったり、そして話をすることを好んだ。実際、それはバンティングと他の多くの世代の数え切れない人達に熱烈な必要性を満たす親密な間柄の在り方だった。少しばかり人生の複雑さに恐れを抱く、女性の存在感にどのように対処するかに少しの自信もない、少しばかり孤独な人間は、同僚、若者達そして昔なじみの遊び友達と一緒に集まった時には、安心と容認を見つけて、それで自分の殻から抜け出すことができた。

榴散弾のL字形破片はバンティングの右前腕の骨と骨との間に入り込んでいた。28日の夕方遅くまでには、彼は死傷病兵をきれいにする清拭所に辿(たど)りつき、そこで外科医が彼になめらかに麻酔を施し、榴散弾を取り出してくれた。骨折はしていなかったが、尺骨と尺骨神経にいくらかの損傷があった。腕は痛かったが、翌日バンティングは傷病兵輸送列車でフランス横断旅行をすることができて、母親に左ききの手紙をなぐり書きした。「……さて、どうか心配しないで下さい。私はフランスで最も幸運な若者です」。2日たったら、彼はイギリスのマンチェスターの総合病院にいた。そして再び右ききで書けるようになった。外科医は、傷が6週間で治癒するであろうと言っていたが、フレッドは2週間以内にフランスに戻れるかも知れないと推測した。小児病院およびグランビル病院の年長外科医の一人であるW・E・ガリー医師が彼を診察しに訪れ、そして彼もまた問題はないであろうと言った。[18]

予後は間違っていた。バンティングは次の9週間を病院で過ごした。後に、彼が傷について語った話は必ずしも首尾一貫したものでもなければ、信用できるものでもなかったが、[19] ガリーが傷で注目していた中等度の感染が非常に悪化したと思われる。あるいは、恐らく、絶え間なく出血していたのだ。バンティングは後に、同僚達が戦争について思い出を語りながら夜遅くまで寝ずに起きていた時に度々、ある時点で医師達は腕の切断を考慮して準備を整えていたが、彼は拒否して治療を自身で引き受けたと、語った。このことの真相は、「もしも腕の状態が余りに悪化するならばそれは切断しなければならない」、と誰かが発言したのかもしれない。あるいは患者の願望に影響されて、壊疽性の感染が身体の他の部分に拡がらないという、注意深く熟慮された決定だったのかもしれない。疑いなく、バンティングは、常勤医師が周囲にいなかった時には何を為すべきかを看護師達に話して、彼らに命令を下した。

彼は戦争が終わった3週間後の1918年12月4日に解放された。彼は病気休暇をスコットランドで過ごし、カナダ出身の負傷した医療人を快く受け入れたエディンバラの医師の一人に自身を紹介した。クリスマスイブには、彼はA・H・F・バーバーの家の正餐に招待されたが、その人はバンティングの以前のトロント大学教授の一人、B・P・ワトソンと一緒に婦人科学の有名な教科書を書いていた。正餐後には、医療人生について医師の間で記憶に残る物語を話すことがあった。フレッドは、エディンバラで学位を取得する仕事を行う可能性について考えていた、「しかし悲しや、2つの大きな敵対者、『時間』と『貧困』とが邪魔をする」、とイザベル・ナイトに書いた[20]。

バンティングは、グランビル病院での任務を再び始めた。それから1919年2月末にカナダへ召還された時に外科での特別研究員の地位を確保するために研究に戻った。彼はフルタイムを医師高級船員として働く、ベルジック号に乗船し、故国へ荒れた冬の航海を経験した。その航海で同僚の高級船員は、バンティングを正直な兵士に対しては規則を曲げる寛大な医師として覚えていた。ある日、「短い武器のパレード」で性病の一例を見つけて、バンティングは命令に従うという誓約を引き出し、それで気の毒な仲間を一般人の生活に戻らせた。

船は3月初めにハリファックス〔訳者註：カナダの南東部ノバスコシア州の州都〕に接岸した。バンティングは、一般人の生活に戻ることを切望していたが、その前に更に6カ月間トロントのクリスティ・ストリート病院に配属されて、兵士達の折れた骨を修復したり、真直ぐに戻したり、そして巧みに処理するのを助けたりした。

訳者註1：エリザベス・バレット・ブラウニング Elizabeth Barrett Browning（1806-1861）はイギリスの女流詩人で、美しく豊かな叙情をたたえた詩が多い。夫のイギリスの詩人ロバート・ブラウニング Robert Browning（1812-1889）との愛をうたいあげた『ポルトガル語からのソネット』（1847）が知られている。

訳者註2：バーソロミュー・ウォルフ・バンディ　Bartholomew Walfe Bandyは、イギリス生まれでカナダへ移住した小説家、劇作家のドナルド・ジャック　Donald Jack（1924～2003）の作品であるThe Bandy Papersシリーズに登場する人物。第二次世界大戦の戦士で、その偉業を記録したのがThe Bandy Papersシリーズである。

Frederick Grant Banting

第3章

町から出て行く

❖

バンティングは1919年夏に陸軍から除隊となった。外科医として研修を仕上げるために、彼はトロント小児病院で1年過ごすことを決心した。今ではもう彼にとって医学について頼りがいのある父親像のC・L・スターは、そこに戻って来ていて、有望な若い外科医達の群に囲まれていた。バンティングはそれらの何人かと既に一緒にあるいはその下で働いてきていて、そこにはW・E・ガリエ、L・ブルース・ロバートソンそしてD・E・ロバートソンが含まれた。バンティングは新進の外科医のスター達のこのグループに加わることを望んだ。彼は小児病院に主力職員の地位を得てトロントで外科の研修をしたいと思った。[1]

徒弟制度をもう1年受け入れるという決心は、相当の思いがなくてはできなかったことだった。戦争は卒業後のバンティングの人生からほぼ3年を奪い取っていた。彼は今や、20歳の後半に差しかかっていた、それなのにたいしたお金も持っていなかった。小児病院での勤務期間ずっと、彼は名ばかりの収入でしかなかった。エディスは、1916年に交わされた彼らの婚約以降、彼を待ちつづけていた。彼女は、1918年に近代言語学で金メダルを得てビクトリア大学を卒業していて、今は高等学校で教えることで生計を立て始めていた。彼らは、いつ結婚するつもりだったのだろうか？

彼は研修を終え、外科開業医として独立しようとしているのに、フレッドを支えているエディスと何故今結婚してはいけないのか？　フレッドは期待を屈辱的と思っていたのかもしれない。女性および結婚に対する彼の態度は大部分において、彼自身の家族の伝統と価値観を反映して、強烈に保守的だった。1920年代のカナダでは、自尊心のある若い男性は花嫁を扶養することができるまで結婚しなかった。もし彼女が自身で働いていたとしても、それは結婚するまでにすぎなかった。それから彼女は夫のために居を構え、子供を産み、育てるために直ちに退職したであろう。フレッドとエディスは、フレッドの研修が修了し、彼が彼自身の権利で開業することになるまで、単に待たなければならなかったにすぎなかったのかも知れない。

恐らく、彼らは少しばかり長く待つという見通しに不満ではなかった。フレッドの戦争からの帰還後すぐ、彼とエディスは彼らが果たして誰もが夢みるお似合いの組み合わせなのかどうかと思いをめぐらし始めた。何故そして正確には何時、事態が悪化し始めたのかについて、どんな信頼できる詳細な情報も見つけられない。フレッドとエディスの関係について知人の60年もの歳月が経った記憶は、党派心が強く、しかも矛盾している。けれども、話は相互が相手に抱いて来た無批判的なイメージを疑い始めている若い二人とつじつまが合っている。

皆の証言によれば、エディスはフレッドの癖のいくつかが心をかき乱すのに気づいたのだ。例えば喜んで毒づいたり、飲酒をしたり、そしてことによると彼の喫煙の習慣があった。ああ、若者達は戦後決して同じではなかった。あるいは多分、問題はフレッドが手に負えなく同じで、すなわち結局完全な紳士に変わろうとしてない、相変わらず田舎の少年であったことだった。(これは、人を欺いているとかも知れない。なぜならばフレッドはなろうと望んだ時には女性に対して申し分のない紳士でありえたからだ。エディスは彼が四六時中最高のふるまいでは全くないかも知れないのを気づき出していた)。2～3年後別の角度から見てみれば、それらの男らしい特質が学生時代と同じほど魅力的ではなかった。そして、将来についてまた当てにならなかった。フレッドは本当に成熟している最中だったのか？　彼は何時、大人になり、身を入れ、スター医師のような英雄崇拝を抱く人になるのを止め、財政的に確実になるのを始めようとしていたのか？

一方、エディスは、世間で自立して収入を得て、彼女自身の考えを持つ、成功した若い女性へと成熟していたように思われる。フレッドが遠くにいた間に、彼女が他に「関心」を抱くようになっていたこと、彼女と結婚する男性を根気強く待っているよりも人生にとってより多くのことがあるのに、彼女が気づいたのはある程度真実である。彼女は、フレッドの母親が彼の父親に対してとった従順な、進んで人の世話をする協力者であろうとはしなかった。いわんや、彼女は現代女性だった。

カップルの個性についてこれらの変化あるいはしつこさは、彼らの関係で厄介な時期の始まりへと導いた。悶着はどんな形で起こったのか？ ひとつ具体的な話がある。フレッドはかつて、彼らが乗車賃を支払わなくて済むように、彼と一緒に降車口を通り抜けて市街電車に乗り込むことをエディスにさせようと試みた。彼女は反対した。我々は大袈裟に言っていると想像しなければならない。それが結果的に深刻な個性の衝突、究極の道徳についての議論、緊張と沈黙の数日と数週をもたらす原因となった。誰かが言っていたのだが、メソジストとの悶着は彼らがいつも道徳的に厳しい傾向があることだった。戦時中に、フレッドは時折、休むことを覚えてきていた。

1919年秋から1920年にかけて、若いバンティング医師は評価の高い小児病院で病院住み込みの上級研修外科医そして中堅勤務医として彼の任務を遂行した。彼は外科手術の経験——彼が麻酔を手伝ったあるいは自身でかけた手術の日々のリストについて記録をつけた。仕事の多くは一般外科手術で、扁桃腺とアデノイドのありふれた摘出から虫垂切除、骨折の固定と飲み込んだ安全ピンの除去と多岐にわたった。スター、ガリエそして他の外科医は多くの整形外科的仕事を行った。その時にバンティングは、口蓋裂と兎唇の治療を、腱をのばすのを、骨の奇形に取りかかるのを手助けしたものだ。バンティングは週30症例の外科手術の20症例に携わった。1920年2月末までに、彼は232症例の外科手術で補佐してきたし、彼自身では101症例を執刀してきた（大部分が“t”と“a”s）〔訳者註、“t”は tonsils、扁桃腺、“a”は adenoid、アデノイド〕そして106症例に麻酔をかけてきた。

彼はしばしば、L・ブルース・ロバートソン医師の戦時の仕事の成果として病院での先駆的となる輸血行為に、最初は助手として、それから彼自身が主体となって関与した。ロバートソンは相当数の小児の重症な病弊は血液交換で克服されうると考えていた。赤ちゃんは、静脈へ注ぎ込まれる新しい血液と同時に、頭頂部の泉門あるいは軟部組織へ針を挿入することで瀉血（しゃけつ）したものだ。小児病院での実務研修の20年後、バンティングはひどい火傷に苦しむ赤ちゃんへこれら血液交換の一つを実施したことを覚えている。

子供はひどいショック状態に陥っていて、子供の体表面積の約6分の1が熱湯でやけどしていたのが分かった。外科医は子供をみて、ほとんど望みはないと言った。私は、血液を抜き取って、それから輸血をしても良いかどうかを彼にたずねた。彼は、それが価値があるとは思わなかったが、「先に進めなさい、お前ができる何でもしなさい、だが子供は死にそうだ」と言った。これが、たずねることのできた全てだった。子供は非常に幼かったので、頭頂部の泉門は閉じていなかった。そこで私は血液を抜き取るためにロイ・シンプソン医師を呼んできた。ロバート・ジェーン医師は父親から血液を抜き取り出し、シンプソンが白くなるまで赤ちゃんから瀉血した時に、私は新しい血液を注入し始めた。全体として、我々は２８０㏄を抜き取り、３５０㏄を輸血した。幼児は、それに対して上手く折り合った。翌朝、幼児の体温はほぼ正常化し、幼児は元気が良いように見えた。我々は喜んだが、次の24時間で体温は華氏１０５度〔訳者註：摂氏約40・6度〕に戻っていた。幼児は再び危険な病状となった。瀉血は、再び好ましい結果を繰り返した。３回目の輸血後、幼児は完全に回復した。

このような出来事へのバンティングの記憶は決してあまり詳細ではなかった——人々の記憶はほとんどない——そして「私がこれまでに耳にして来た」瀉血の最初の症例であると彼が主張したことは、強調し、美化しそして忘れるという彼の性癖の典型だった。[2]

彼がこれまでに医学研究を一度もしたことが無かったことについて否定することを意図して、バンティングは彼の『インスリン物語』の草稿の一節に、この主張をもうけた。彼は、研究について別の例として、スターと一緒に神経縫合の症例記録を収集した戦時の仕事を例にあげた。(トロントに戻って、彼はこれらの症例の追跡調査を試みた。「しかしなかには結果が驚くほどいいものもあったけれども、失望するものもあった。そして多くの症例は突き止められなかった」ことを覚えていた)。1919年のクリスティ・ストリート病院での職務期間中に、同僚の幾人かが骨についての仕事をしていた同じ方法で軟骨組織が移植されうるか否かを見ることに興味を持つようになったことを覚えていた。「私はトロント大学の学術研究委員会に申請し、助成金を得た」と1940年に彼は認めた。「R・I・ハリス医師と私は、古い病理学の建物で多くの実験を成し遂げた」。彼の報告書は、一流雑誌の論文から引用した2〜3頁にわたる要旨を含む、1919年4月からの特別な『軟骨組織』ノートから成るものである。その時代に助成されている研究についての大学の記録に実験の記録はなく、公表された記録もなく、言及した記録もない。軟骨組織の研究は、その時代にそれがあったことよりも、記憶および再話においてよりずっと印象的であった。バンティングは、それらを実行していることよりも、アイデアを抱え、仕事の計画を立てることの方がずっと得意だった。

いかにも、バンティングは並みの外科医と比べて、先進的な外科手術法により興味があった。彼は、新しい処置と手術を立案したり、医学研究の次なる進歩へ寄与して、スター、ガリエそして他の外科医のように先駆的な外科医になることを望んでいた。彼は小児病院に引き続いて残れないのを知って、かなり失望していたに違いない。これに関する唯一の説明には、1940年の彼自身の短いコメントがある。「トロントには外科医が非常に沢山いた。病院のスタッフである地位を得ることが、私の最大の念願だったが、これは用意されていなかった」。

バンティングは、彼の患者、病院の子供達に評判が良かったようである。恐らく、彼は同僚の一人ともめごとを持っていたので、役職は用意されていなかった。彼と病院の独裁的な医師長アラン・ブラウンは、相互に好きではなかったという彼の回顧録での発言がこのことについて多くを説明しているかも知れない。あるいは、単にスタッフの勤め口が空いていなかったのかも知れない。多分、バンティングは苦労してまで招くべき人物ではないと判断されたのだった。数年後に、友人達がバンティングを巧みな腕前の外科医として記憶しているのは、もっともだった。恐らく、彼はそうだった——手先が器用であったように思われる。しかし、世間一般の外科医としては、彼は平凡な外科医にすぎなかった。それどころか多くの人に比べて少しばかり注意が足らずそして入念ではなかった——忍耐は決して彼の強い願望ではなかった——彼自身の自伝の断章を含めて、証拠となる記録は、バンティングによる外科的業績を注目すべきとは少しも示していない。彼はすぐにその時から数年そして数時期にわたって彼の専門をあきらめている。

バンティングは、内科医および外科医として完全に開業するつもりで、1920年6月に小児病院を去った。7月1日に、彼はトロントの西110マイルに位置した人口約6万人からなる、繁栄している内陸地域のオンタリオ州ロンドン市で実地医療を始めた。ロンドンは裕福な南西オンタリオ州の半島で最も大きな都市だった。ロンドンは発展への野心的計画を持つ小さな医学部を収容するウェスタン大学の本拠地だった。エディスは数マイル離れたインガーソルの町の高等学校で教えていた。トロントが外科医で一杯だったことを考えると、ロンドンはバンティングが開業するには良い場所だった。スターは転居を助言することで大きな影響を及ぼしていたのかも知れない。ウィリアム・バンティングとトンプソンは明らかに、ロンドン市のアデレード・ストリート422番地にある大きなレンガ造りの家を地元の靴商人、ローランド・ヒルから購入するのに必要としたお金をフレッドに貸した。購入総額は、2000ドルを供出するフレッドと賃借勘定のために抵当で借りた金を取り戻すヒル家とを合わせて、7800ドルだった。フレッドは、ヒル家の新しい家が建造されている間の数カ月間彼らを住み続けさせることに反対しなかった——彼はエディスが彼の花嫁として移り住むまでその全スペースを必要としなかった——だから彼は彼の診察室と寝室のために家屋の一部を占有したにすぎなかった。彼はサーニアにいるサム・グラハムを訪れるために6月末の数日休みをとって、台所の机を脱腸修復に役立たせて彼の以前の同室者に恩を施して（彼らはサーニア病院におけるよりもずっと感染の危険性が少ないと考えた）、それからロンドンで仕事を始めた。[3]

患者が訪れるのに長い時間のかかったことが、当然バンティングを驚かせなかったはずはない。彼は、先輩の医師と一緒に始めたり、確立された開業場所を購入したりして開業に取りかかるという慣習を踏襲していなかった。彼には、患者を紹介してくれる友人の専門医が都市部にいなかったし、それに夏の長期間は他の医師との連結をとり始めるには良い時期ではなかった。広告は医師会によって禁止されていた。芝生上の表札に気づいてちょっと立ち寄れる人でなければ、どのようにしてバンティングの診療所へ通う方法を見つけるだろうか？　開業をこの方法で始めようと試みる分別ある医師は、即時の成功や弁済能力のあることを期待していなかったであろう。少なくとも最初の1年間、彼は持てあますほど時間があり、お金はたいして入って来ないものと覚悟をしていたであろう。

バンティングが、開業について、はっきりした期待を持ってロンドンへ行ったという証拠はない。多分、彼は診療を始めて、それから期待はずれだっただろう。更にもっとありそうなのは、患者は大層熟考の末に訪れるものだという事情に全く考慮を払っていなかったことだった。小看板を掲げ、診療時間を守った、だから患者が訪れる。バンティングは適切に小看板を掲げ、診療時間を守ったが、それなのに誰も訪れなかった。患者は来なかった。誰も来なかった。それは来る日も来る日も続いた。

バンティングは何もすることがなかった。終生の勤勉家――農場でする仕事に終わりは決してなかった――強要された無為が強烈に挫折感を与え、苦しめることを知った。この点で、バンティングの記憶は間違いがない。彼の会計簿は、最初の顧客が7月29日まで4週間来なかったことを裏づけている。それから、話は再び矛盾する。『インスリンの物語』の中で、バンティングはお酒の処方を欲しいと願った患者が老いた兵士だったと書いていた。（オンタリオ州では酒類製造販売禁止のこの時期に、医師は医薬用の目的に、相変わらずアルコールを処方することができた。彼らと薬剤師はにわか景気の商売を行った。「薬屋へ入って行き」とスティーブン・リーコックは書いた。「そしてカウンターにもたれかかり、脳卒中のように喉をこぼこぼ鳴らす音を立てることが必要である。そんな人々が4列に並んでいるのだ」）。しかし、インスリンの物語を彼の仲間達に語る時には、彼の最初の患者は梅毒のために治療されるのを必要としていたというのが常だった。事実、7月29日に、彼は「赤ん坊授乳」のためにあるカールサーズ（訳者註：患者の名前）からの報酬2ドルを会計簿に記録した。

バンティング医師の医療行為による7月の収入は4ドルだった。8月には、それが37ドル、それから9月に48ドルにそして10月には66ドルに上った。[※] 秋までに、彼は専門医との付き合いを進展させていた。彼が時折り麻酔を行い、そして例えば内反足および兎唇のような少数例の整形外科手術の症例で一般診療を補い始めていた。（彼はいつも彼の最初の整形外科手術の症例の一つ、片足がなくて生まれた小さな少年を誇りにしていて、その少年のために彼は木製の足と副木を組み立てた。「私はいつも、新しい装備一式で立ち上がった時の少年の顔の表情を思い出す。彼は歩いた――それから彼は走った——それから彼はそれで跳び上った。そして彼はそれから目を離すことができなかった。椅子の下にそれを隠すかわりに、彼は誰もが見られるようにそれを外に出して置いた。全てでわずか数ドルしか要せず、私は少年よりもずっと喜んだ」)[4]。時間をより充実させるために、彼はウェスタン大学で外科学と解剖学で助手としての仕事を得て、時間あたり2ドルを受け取った。彼はまた、ウェスタン大学生理学教授F・R・ミラーに自身を紹介し、彼の研究でミラーを手助けする奉仕をし、それからすぐに猫について興味深い神経学的実験でミラーを手助けして数時間を過ごしていた。

※現在の通貨に換算すると10倍。

まあまあの水準にまで、彼の開業は申し分なく進展していたが、バンティングはそれをそうとは見ていなかった。出費は依然として、必要経費を超えていた。患者がいない時、彼は一日中我慢し続けた。彼は仕事がないことを気にしていた。ロンドンの内科医と外科医とが競争相手を町から追い出すことを共謀していたのか？　彼は彼の診療所の場所を危惧した。友人で同級生のビリー・テウがその夏の終わりに産婦人科で開業を始めていた。都心から離れて開業した方が良かったのだろうか？　彼は、負債、お金そして開業医であるという考えの全てについて悩んだ。他のどこか町はずれの場所あるいは何か他の診療科がより望ましいのだろうか？　バンティングとテウは多くの夜を一緒に過ごして、考え方を比較し、ロンドンをののしり、そして彼らが仕事について何か他の進路を選ぶべきではなかったのかどうかと思いをめぐらした。

フレッドはまたエディスと彼らの将来について心配した。その時、彼女はインガーソルで不安のない収入を得ている立派な職業婦人だった。彼らは、何時（いつ）結婚することができるのだろうか？　彼女は、それでも結婚することを望んでいたのか？　彼らが結婚するのが当然であることが、万事は良くなかったと、誰かがとめることがあったのか？　更に、我々はどんな詳細も知らない。かつて恋をしていたり、素晴らしい恋愛小説を読んだりする人は誰もが、困惑、喜怒哀楽の感情そして欲求不満を想像することができる。浮世および肉体について少しばかり知った健康な男性にとって、牧師の娘との附添いの無い、成人の恋愛関係は精神的緊張を増していって、性的な欲求不満になったかも知れない。

彼は余分なエネルギーのかなりを購入した古い自動車の車庫を築くことに使い尽くした。それは250マイル未満を走行して、手放された四〜五人乗りのおんぼろの車だった。バンティングは、自動車が上手く走るかどうかを確かめることとは別に、車に占める時間をより多く割いた。彼は運転したが、その時節の運転者の気分について妥当な記述「不安定でトラブルだらけだった」。バンティングは、とうとうあきらめて、市街電車に乗るか、歩いた。自動車購入で騙されたという認識が、失敗という意識をもたらしたに違いない。少なくとも思い出の中で、彼は今や実質的に非常に貧乏だった。彼の診療室のブンゼンバーナー（訳者註：化学実験用ガスバーナー）で料理をつくり、経費を節約するために映画を見に出掛けることすらも切り詰めた。結局、彼はヒルの家族と一緒に食事を摂る手筈を整えた[5]。

彼は、絵を飾っている小さな店の窓に魅せられた7月の日に、新しい趣味を持った。バンティングの記憶が、ここで詳細のことごとくについて正確であるか否かは問題ではない。それらは好都合な物語だ。

私は長い時間一つの小さな複製画をじっと見つめた。その絵は「陸揚げ」と題されていた。それは、ロープを引っ張り、水面からころの上へボートを引き上げている男達を描いていた。私に、そのような絵を描けるかも知れないという考えが浮かんだ。私は、店内に入って行って、75セントにふさわしい絵を購入し、そしてそれを眺めながら女性に赤、青、緑、白そして黄色の絵の具を注文した。

これらを彼女は小さな箱から取り出した。それから私は彼女に絵筆を注文した。私は、絵を描くことについて全く知識がなく、製作中の画家を今まで見たこともなかった。明らかに、彼女は絵についてそこそこしか知らなかった。というのも彼女は私に油絵の具と水彩絵の具用の筆を売ったからだった。数カ月後に、一人の画家に出会うまで、私はその相異を知らなかった。家に戻って、洗濯屋から届いたワイシャツの厚紙を手に取り、絵を描き始めた。私のラクダの毛の絵筆には絵の具が余りにもどろっとしているのがわかった、箱には「油絵の具」とうたわれていた。私は油を買っていなかった。そこで診療室から持ち出したカストリウム油〔訳者註：カストリウムはビーバーの分泌物で香水・薬品の原料〕を用いた。この時期における私の最も幸せな時間は、かくして大部分が古い雑誌あるいは本の絵を真似るのを試みることに費やされることだった。私はそれらのうちのいくつかを大層自慢していた。私がとりわけお金に窮していたある時、最も良く描けた作品のいくつかを業者のところへ持参し、それらを売ろうと試みた。彼は、いささか失礼なことをずけずけ言って、私の最も良い作品をあざ笑った。私は失望し、腹立たしかった。[6]

1920年11月1日月曜日に、バンティングはウェスタン大学の彼の担当クラスの一つに膵臓のテーマで講演することが予定されていた。エディスは10月30日土曜日に彼と一日を過ごした。彼は、教科書から膵臓の解剖学的特徴と代謝におけるその役割について知識の整理に熱心に取り組んで、日曜日を過ごした。

膵臓の完全な役割が何であるかを誰もが全く確信していなかった。組織の細長く、平たい、小さな塊の断片は、胃の下で裏側に位置していて、一つの機能よりさらに多くのものを持っているように思われた。膵臓を構成する細胞の主体部分は、膵管を介して十二指腸へと移行する消化酵素あるいは膵液を分泌していることが十分に明らかとなっていた。それは膵臓の外分泌物だった。しかし、膵臓は別の仕事を行っているように思われた。というのもそれが実験的に動物から除去された時に、動物の体は直ちに炭水化物を代謝する能力を失ったからだ。過剰な糖が動物の体で増え、異常な高値で血液内を循環し、尿中にあふれ出ることになる。動物は、頻回に排尿したり、過剰に飲水したり、食べたりし始めた。要するに、除膵動物（研究者達はほとんどいつも犬を用いた。丈夫な動物の膵臓は人間の膵臓によく似ている）は、糖尿病、"sugar diabetes"の症候の全てを発症した。代謝障害である"diabetes"はギリシャ語の「サイフォン」あるいは「パイプのような」に由来している。

1889年にミンコウスキーとフォン・メリングによって膵臓と糖尿病とのこの関連が見出されて以来ずっと、科学者達は膵臓が、炭水化物を燃焼させる身体の能力を正常化する、ある化学物質、ある種の内分泌物を放出しているに違いないと仮定して来た。膵臓についての研究は、それが発見者にちなんでランゲルハンス島として知られた、独立した細胞からなる一群を含み、それでこれらが恐らく内分泌物が産生される場所であることを明らかにしてきた。しかし、誰も実際に、仮説上の内分泌物を発見していなかったし、単離もしていなかった。だからそれは依然として正しく学術的仮説で、膵臓をちょっとした神秘的な臓器のままにしておいた。

彼の講義が準備されたその日曜日の夜に、バンティングは一流の外科の雑誌、「外科学、婦人科学、産科学（*Surgery Gynecology and Obstetrics*）」の11月号を手に取ってベッドに向かい、本を読んでいる内に寝てしまった。彼の関心は、当然のことながら最初の論文、モーゼス・バロン博士による「膵臓結石症と深い関連を持つ糖尿病への膵ランゲルハンス島の関与について」、に引き寄せられた。それは、膵臓結石形成が更に主膵管を塞いでいたという稀な一例についてのバロンの研究を基礎として、膵臓変性に関する論文についての気取らない概説だった。主膵管の閉塞は、膵臓を萎びさせること、あるいはバロンが報告していたのだが、とりわけ膵臓の外分泌物を産生する腺房細胞を萎縮させることを引き起こした。対称的に、ランゲルハンス島は萎縮しているようには見えなかったばかりか、比較的正常を維持していた。バロンは、膵管が結紮されたり、縛られたりすることで故意に閉塞された場合に似たような報告を読んで知っていた。膵島細胞が障害されない限りあるいは障害されるまでは、閉塞および変性のみられるそのような症例に糖尿病が発症しなかったという事実は、多くの他の人達によって提言されてきた、膵島細胞のある分泌物が糖尿病発症の阻止に決定的なものだとする仮説を強固なものにするように思われた。バロンの論文は、実地医家が読むのには興味深く、翌日のバンティングの講義にとって良い予備知識となったが、糖尿病あるいは膵臓に関する研究に関心がない限り、特別なものではなかった。

バンティングは、雑誌を下に置き、睡眠をとろうと試みた。寝つけなかった。もしかすると、前日エディスと何かが上手く行っていなかったからかも知れなかった。あるいは後年彼を慢性的に悩ますことになる運動不足から来る、ちょっぴり眠れないことかも知れなかった。彼の頭脳は考えをめぐらし、彼が今しがた読んだことをよくよく考え続けた。１９４０年に、彼はその夜のことをこのように思い起こした。

その夜は、心をかき乱されて、眠ることができなかった。私は講義のことそして論文について思いをめぐらした。それに私は自分の不幸および私がどれほど借金から免れ、悩みごとから逃れたがっているかを思案した。

最終的に、講義と論文とが暫くの間、私の頭脳を介して相互に追いかけっこをしていた後の朝、2つについて、膵管の実験的結紮と膵臓の一部分に続いて生じる変性によって、人は外分泌物から邪魔されずに内分泌物を手にすることができるかも知れないというアイデアが私に浮かんだ。私は起き上がり、アイデアを書き留め、そして夜の大部分をそれについて考えて過ごした。

バンティングのノートは、トロント大学の医学アカデミーに保管されている。彼は、日付けを10月30日と書き下ろした。そのすぐ後で、30から31に変更した。[7] それから、彼は認めた。

糖尿病（Diabetus〔訳者註：バンティングによるDiabetesの書き間違い〕）
犬の膵管を結紮。膵島を残して腺房退化まで犬を生かしておく。
尿糖を軽減させるために膵島の内分泌物の単離を試みる。※

※彼のインスピレーションについて後程の記述で、バンティングは彼のノートを決して確かめなかった。彼はたえず、彼のアイデアについて異なった、不正確なバージョンを生み出した。その一つが「抽出する（extract）」という言葉を含んでいた。違いは、重要である。

それは誤解を招くような単純なアイデアだった。バロンの論文は、膵管を塞ぐことが膵臓の外分泌物を産生する細胞を破壊させると主張していたが、内分泌物を産生すると想像されている細胞を消失させなかった。これまで誰も内分泌物を見出せなかった理由が、外分泌物である強力な消化液が実験に用いられるどんな膵臓組織の内分泌物をも何故か中和したり、破壊したりあるいは無効にしたりしていることにあったならば、どうなるのだろう？　ところで、膵管を結紮し、膵臓を萎縮させたならば、結果は外分泌物を含まない組織を生かしているだろうか？　理論的には、あたかもそれが内分泌物のみを含んでいるかのように思われた。もし内分泌物を得て、尿糖（尿中に含まれる糖で、病気について最も容易に測れた評価）を軽減させるその力量を示すことでそれを手にしたと証明したならば、その時には恐らく糖尿病を征服したかも知れない。

バンティングは、その朝遅くにミラー教授にアイデアを言及していることを覚えていた。彼は、ウェスタン大学ですぐにアイデアを試すことが可能かどうか思いをめぐらしたかも知れない。その可能性は無かった。ミラーは、大きな動物実験用の設備を持っていなかった（彼は自分が仕事をしている猫用の場所として彼自身の研究室を使用しなければならなかった）。それにいずれにせよこの領域の専門的知識を持っていなかった。彼は、バンティングがすぐ近くに存在する正真正銘の専門家、トロント大学のJ・J・R・マクラウド教授に相談することを勧めた。翌2～3日中に、バンティングはビリー・テウを含めて、ロンドンの何人かの人々にアイデアを言及した。彼は、スター医師の娘の結婚式へ出席のためにトロントに滞在する予定となっていたその週末に、そのことで相変わらず興奮していた。恐らく、彼は全てから手を引き、研究を始めたいと思っていたに違いない。トロントに向けてロンドンを離れる前に、彼はローランド・ヒルに彼の着想について少し語った。「バンティング医師は……することが非常にわずかなので大層落胆している」、とヒルは日記に認めた。「彼は、さらに進んで研究を始めようとしていて、彼に土地を売却させるかも知れない、ある別の計画に関心がある」(8)。トロントでの結婚の祝宴で、フレッドはアイデアについて外科医の友人達に話した。彼らは懐疑的だった。しかし、バンティングはマクラウド教授がどんなことを考えるのかを知りたくて、11月8日月曜日はトロントにとどまっていた。

医学部棟にある生理学教室の教授の部屋に入った時、フレッドは背丈の低い、身なりの良い、中高年の学者が目に入った。彼はフレッドに礼儀正しく話しかけようとした。ジョン・ジェームス・リカード・マクラウドは、1876年生まれのスコットランド・アバディーン出身で、地方で教育を受け、それからドイツとイングランドで学んだ。彼は1903年にオハイオ州クリーブランドにあるウェスタン・リザーブ大学で教鞭を執るためにアメリカへ移住していた。勤勉で本格的な科学者であるマクラウドは、おびただしい論文発表によって炭水化物代謝の領域において、国際的な名声を得始めていた。彼は、生産的な研究者で、生理学で評判の良い教科書そして糖尿病に関する専門書の両者を出版していた有能な執筆者であり、普及者であると同時に、血液内の糖の性質に関する研究を専門としていた。1918年に、彼は生理学教授および医学部の副学部長としてトロント大学に赴任してきた。1920年の彼の経歴における絶頂期に、世界的に名の通った学者であり、研究者であると同時に、人気の高い有能な講演者であるマクラウドは、トロント大学医学部の誇りとなる人物の一人だった。バンティングはマクラウドがトロントに赴任してくる前に卒業していた、だからスコットランド人に教えられたことが無かったし、それにこの面会をする前に彼とどんな接触も持っていたとは思われない。真面目な教授は誰でも同じように、マクラウドは研究のアイデアを議論するために若い医師そしてトロント大学卒業生と喜んで会うつもりだった。それはいつでも起こることである。

面会はバンティングが望んでいたようには上手く運ばなかった。生涯を通じて何時でも、彼は公式な状況では上手な話し手ではなかった。この状況では、マクラウドのような卓越した教授が尊敬を集めている博識と教養のオーラのために、彼はとりわけ落ち着かなかったことだろう。彼は、糖尿病や膵臓――すでに数多くの論文発表を生み出し、マクラウドを含めて多数の専門家による最高の努力を浪費させてきた病気と臓器についてほとんど何も知らず、その上十分に準備をしていなかった。彼のアイデアについてバンティングの発表は、たどたどしく、自信がなさそうであったに違いない。[9]

　マクラウドはすぐ、訪問者が膵臓、糖尿病あるいは彼が議論している研究の類(たぐい)に関してどのようにとり組むかをあまり知らないことに気づいた。面談早々、マクラウドは、誰かの職場を訪れた傷つきやすい訪問者に不快感を与えるに違いない、時折無意識のごく普通の仕草とも言える、机の上の手紙をいくつか読み始めた。バンティングの発表に対する冷淡で、人を見下すように思われるにすぎないかも知れない口調で述べられたマクラウドの最初のコメント（マクラウドは内気な人だったので、見知らぬ多くの人にはぞっとさせられるようなよそよそしいものだった）、この種類の研究で重要な問題となる効力に対してだった。バンティング医師は、多くの高名な科学者達が膵臓の内分泌物を単離することを試みて、世界最高の機器を備えた研究室のいくつかで人生の多くの年月を費やしてきたことを悟らなければならなかっただろう。誰も成功していなかった。膵臓に関するいかなる重要な研究も、数カ月間は研究者がかかりきりにならなければならない。バンティング医師、このことを始める覚悟をされているのは確かですか？

バンティングは引き下がらなかった。彼は引き下がる類の男ではなかった。彼は本気で前言を繰返した。我々は、彼が何を言ったかを正確に、彼がマクラウドに対して何を望んだのかを正確に、あるいは彼の研究計画がどんなものであったのかさえも正確に知らない。我々が知っているのは、彼が内分泌物を含んでいるかも知れない産生組織であることを期待して、生きている動物で膵管を結紮することを含めた実験を試みるのを望んでいたということである。マクラウドはその時、膵臓に関する先端的な研究に従事していなかったが、文献をよく知っていた。彼はバンティングの提案について考えるうちに、結局は興味深いアプローチになるのかも知れないと悟ったのだ。

多くの他の研究者達が膵管の結紮を用いた実験を行っていて、生理学的効果を研究していた。しかし、それら実験のいずれもが結紮による萎縮した膵臓が内分泌物を含んでいたかどうかを調べるのに注意深い検査を遂行していたかははっきりしなかった。アメリカの科学者、E・L・スコットは、1911年にこの実験を試みようと望んでいたが、生きている動物に膵管結紮手術を実施するのが余りにも難しいとわかった。バンティングは外科医だった。だからかなり難しい手術を取り扱うことができるかも知れない。よりもっと興味深いことに、バンティング外科医はマクラウドに、内分泌物を含んでいるか否かを調べるのに膵管を結紮された膵臓を検査する主要な方法として移植片あるいは組織全体の移植の外科的技術が用いられることを提案していたのかも知れない。移植片の移植は、幾人かの専門家達によって膵臓の研究が進むであろう有望な方向として示唆されていた。移植片の移植のアイデアは、骨移植について知っていて、軟骨移植に興味を抱いていた外科医バンティングには自然に浮かんできたことだったかも知れない。ひょっとするとマクラウドは、組織移植を行うという提案がそれらを実施する能力も持った外科医によるもので、信用できる研究計画だと認めたのかも知れない。最終的に、マクラウドは、月並みの尿検査で得られる糖よりも実験中により頻回に、より正確な血糖レベルの測定を可能とした新しい技術が、膵臓の内分泌物を見出すために彼の研究室で誰かが別の試みを行う良い理由であることに気づいたのかも知れない。

マクラウドは、バンティングに彼のアイデアが試みる価値のあることを伝えた。しかし、経験のない熱狂者と正面から話し合う経験豊かな教授として彼の本分を尽くして、マクラウドは成功の見込みがないと忠告した。なんと言っても、内分泌物を求めた研究で、その30年にわたる失敗の記録があった。マクラウドを含めて、多くの科学者達が内分泌物はいずれ見出されうるものなのかどうかと疑い始めていたのは――400回という多くの企て――そんな失敗の記録のためだった。ことによると、それは本当は存在しなかった。それでも、問題に対する着手について探究されていないどんな手段でも研究されるべきである。ひょっとすると否定的な結果は価値があるのかも知れないと、マクラウドはバンティングに話した。それで、バンティングが研究を遂行するのに必要な覚悟をしたならば、マクラウドは彼に設備と動物とを利用可能にするつもりだった。

バンティングはマクラウドの忠告で冷静になった。価値ある否定的な結果をもたらすためにロンドンでの彼の実地医療および大学での役職を手放す価値があったのか？　彼は事態を慎重に考えてみたいと教授に話した。それが彼らの面談の結末だった。

バンティングは、それから助言を得るためにC・L・スターに会った。問いは、彼がロンドンをすぐ離れて、研究をするためにトロントに行くべきかどうかだった。マクラウドとの話し合いの後、スターはバンティングに宛てて、彼とマクラウドの提案は急いで行動へ移すには余りにも「疑わしい」ものだと思う、と書いた。バンティングはロンドンでの将来有望な境遇に固執すべきである。例え、彼がアイデアを追究することを強く望み、それがとても興味深いアイデアであったとしても、マクラウドは彼が夏まで待って、それからトロントに来て1カ月にわたって、つまり2つの仕事を行っても差し支えないと提案していた。バンティングは、当分の間ロンドンの仕事に我慢するというスターの助言を受け入れた[10]。

専門的な観点から、生活は良くなりつつあるように思われた。バンティングの診療業務は次第に増えて行った。1月に200ドル以上、そして2月に500ドル以上、収入を増やした（彼の実験助手の収入を含めて）。彼は、もっと多くの外科的仕事をし始めていた――腱固定は75ドルの収入をもたらした――そしてウェスタン大学でミラー教授との脳および小脳の位置測定に関する実験はとても興味深く、それにミラーがバンティングの外科的腕前がどれほど役立ちうるものかを知るにつれて、協力関係はより一層のものになっていった。バンティングは後に、この冬の期間に膵臓と炭水化物代謝を勉強することにどれほど多くの時間を費やしたかについて語り、そして書き留めた。彼のノートからの証言は、バンティングがミラーの研究室で学んでいた主題のいくつか、特に神経と反射の作用について興味を育（はぐく）んでいる間に、実際に彼の膵臓のアイデアを彼に思い出させたと、示唆している。彼がこの領域で研究のアイデアを持ち、それから11月に糖尿病のアイデアについてマクラウドに正しく相談していたように、今度は3月に彼は仔猫と犬の脚の反射作用について、イギリスの偉大な生理学者でミラーの前任教授であったC・S・シェリントン〔訳者註1〕と文通をしていた[11]。

これらの進展にもかかわらず、バンティングは少なくとも2〜3カ月間ロンドンから離れようと春までに決心していた。多分、彼は余りにも落胆していた。恐らく、彼はロンドンをただ好きにはなれないだけだと結論を下していた。彼の少年時代のアリストン広場への脱出から、正しく彼の人生の最後の旅へ臨んで、バンティングは感情の起伏の激しい不安、肉体的に彼への負担から逃れることへの願望になりがちだった。ロンドンではこの時、彼の最も深刻な悩みの種は、医学、研究あるいは金銭についてさえもほとんど関係がなくて、むしろエディスを取り巻くものだったように思える。彼女は、明らかに5月初めまではたいていの土曜日、彼のもとに訪れることを続けたが、彼らの関係は悪化していたように思われる。ある時点で、彼女は婚約を解消し、指輪を返した。いったいどれほど深くフレッドがエディスを愛していたかは明らかでない――恐らく、彼らは正しく高校時代や戦時の離れ離れの恋人達だった――けれども多分彼ら二人にもはっきりしなかった。しかし我々は、安定、保証そして幸福な家庭生活を求めた夢が粉々にくだけることに暗澹と沈思して、抑うつ状態に在るフレッドを想像することができる。花嫁と家族の家として購入していた家にもう少しで住みそうで、それから花嫁がいないとわかるのはどんなものなのだろうか?

1921年3月初旬に、バンティングはトロントでマクラウドとの接触を再開した。彼は、超一流の教授が11月に行われた彼らの議論を覚えていてくれることを願った。そして「もし実験を行うのに必要な設備使用について教授の提案がなおも有効ならば」、マクラウドの研究室で夏の初めの数カ月を実験をして過ごすことを希望した。マクラウドは、「我々が話した膵性糖尿病の問題をあなたがどう取り扱うことができるかを見るのに」、バンティングがやって来るのを喜んでいると返事をした[12]。けれども、彼自身の説明によれば、バンティングは依然として、これが彼の望んだ進路なのかどうか自信がなかった。

事態が最悪の可能性の方向へ進んでいた3月中旬頃、私は石油採掘のためにマッケンジー・リバー・バレーの遙か北へ行こうとして計画された遠征隊の消息を耳にした。彼らは彼らと行動を共にする医務隊員を採用するかも知れないと言われていた。私は隊を預かっている筈である男の名前をセント・トーマスに見つけた。私は絶望的な状況にあった。私は北方地域への旅の思いつきが気に入った。研究を行う可能性はかけ離れたと思われた。私はコインを投げた――5回中3回――コインの表は研究を行うことだった、コインの裏面は石油調査のために北極地方へ行くことになっていた。コインの裏面が勝った。それで私は職を得ることを期待してじきじきの申請をするためにセント・トーマス行きの次の列車に乗った。彼は、医務隊員を採用することが確かではないが、もし彼らが一人採用するならば、私が職を得ることができる、と説明した。私は数週間毎日、郵便集配人をじっと待ち構えた。長く待った挙句、ついに遠征隊は医師を採用しないことを決定したと伝える手紙が届いた。再び、私の財政的な望みが失われた。

ビル・テウと私は、インド陸軍医療サービスに参加することの可能性を話し合った。それで個人情報の詳細さえも知らせた[13]。

真面目な2番目の考えに関して、彼は問題から逃れるために終始インドへ逃げる準備をしていた訳ではなかった。スター医師は、フレッドの真の問題がロンドンでの診療業務に身を入れ、我慢することへの気乗り簿にあると感じて、来たる夏に備えて診療業務を確立することに集中するよう相変わらず彼に助言していた。エディスは同じ事を言っていたのかも知れない。確かに、フレッドの悩みの種の一つが財政的なものであったならば、奇妙なアイデアを追究するために数カ月休むのは愚行だった。誰も、彼が行おうとしていた研究の仕事に対して彼に代価を支払うことを申し出ていなかった。

フレッド・バンティングはそのような不可解な若い医師だった。彼の生涯のある時期に、彼以上の精神力と決断力、あるいは正しくあからさまな頑固さを持った人はカナダに誰もいなかった。他の時には、彼の不安感と自信の無さが、彼に大層打ち勝っていたので、逃げたい願望はほとんど抗し難いものだった。エディス、そしてフレッドに近い他の人々は、気分の変化、感情の起伏、いらいらさせられる変わりやすさ、そして心配事について幾時間もの持続が、バンティングの性格の特性なのかどうかと、悩んでいたに違いない。それらは加齢と共に悪くなって行ったのか？　それらは終生彼を駄目にするのだろうか？　それらは戦争の遺物の類で、多くの古参兵が苦しみそして結局は大きくなって行く何かであったのか？　野心を知るようになって、20代を通して生きて来た大多数の男達が、感情変化の傾向を認識していたのだろうか？　傷つきやすい、愛する女性がそれにいかに対処するかを知っていたのだろうか？

夏の研究をいくらか行うためにトロントへ出掛けることは、志の道半ばだった。バンティングは街から去るつもりでいたが、背水の陣を敷いてはいなかった。彼は、9月にいつでも戻ることができた。彼はトロントの夏の計画に自身を委ねる決心をして、それから明らかにマクラウドともっと詳細に計画をすすめるためにトロントへ出掛けた（彼は、イースター祭の祝日の間に、犬を用いた実験のいくつかを早めに始めるという彼の申し出をマクラウドが思いとどまらせたことにいささか失望した。マクラウドは、バンティングが戻って来るまで適切に犬を管理するのに誰も手の空いた時間がないと指摘した)[14]。これらの訪問の一つで、バンティングはマクラウドの二人の学生の研究助手、クラーク・ノーブルとチャーリー・ベストを紹介された。マクラウドはバンティングの研究計画を手助けすることを彼らに頼んだ。彼らは仕事を分け合うことを決めて、それで誰が最初に始めるかを知るのにコインを投げた。ベストがコイン投げに勝った。

1921年5月14日、土曜日の朝、バンティングは家に錠を下ろして閉め、ウェスタン大学で医学部4年生の最終試験を監督して、それからトロント行きの正午の列車に乗った。1年間彼らのために行った彼の仕事に対する感謝のしるしとして、学生達は彼に葉巻一箱を贈っていた。

葉巻はバンティングがロンドンで失敗しなかったことを思い出させるものである。彼はそれを悟っていなかったが、ウェスタン大学で教育と研究について適所を得ていた間に、彼は診療業務を築きあげることに次第に成功しつつあった。患者に対して、彼は優しく、温かく、ひたむきな内科医であり、外科医であって、評判の良さに結びついた。大学では、彼は真面目だった。もし、彼が初期の問題で非常に過度に腹を立てていなかったならば、彼の恋愛が壊れていなかったならば、ロンドンでの境遇に少し長くとどまるというスターの助言を彼が受け入れていたならば、バンティングはすぐに居心地の良い生活に慣れていたかも知れなかった。彼は、小さな市の有能な外科医であり、実地医家教師という慣習で非常勤の大学講師だったかも知れない。彼は同僚の医師達に評判が良く、多分地方の医学界で指導者になっていただろう。彼は、妻を見つけ、身を固め、家族を養い、歴史から消えていただろう。彼はトロントへ帰還後に送った人生よりもずっと幸せな生涯を送っていたかも知れなかった。

訳者註1:サー・チャールズ・スコット・シェリントン　Sir Charles Scott Sherrington (1857-1952)

は、イギリスの生理学者。リバプール大学とオックスフォード大学で生理学教授を務め、神経系分野で近代生理学の画期的な業績を挙げ、1932年にノーベル生理学医学賞を受賞。

Frederick Grant Banting

第4章

インスリンの発見

バンティング、J・J・R・マクラウドそして学生助手のチャールズ・ベストは、1921年5月17日にバンティングの研究アイデアで実験を始めた。1年足らず後に、これら三人のチームに他の研究者を加えて四人でなされた仕事の要約が、ワシントンDCに寄り集まった北アメリカ医学のエリートに報告された。聴衆は立ち上がって、現代医学の最も卓越した偉業の一つを賞賛した。バンティングは、その会議に出席していなかったので、賞賛を耳にすることは無かった。糖尿病患者にとって世界を永遠に変えて、しかも現代医学の最も素晴らしい偉業の一つである発見とも言える、インスリン発見を生み出した研究の9カ月は、彼をほとんど潰してしまった。バンティングは、それを始めた全てのアイデアを持っていた。しかし、インスリンの発見に導いたという素晴らしい成果を挙げた、それに興奮させられる研究はまた、彼にとって無常、困惑、不安そして悲劇的な葛藤がつのる悪夢でもあった。

この章は発見がどのようにしてなされたかの歴史である。聡明な門外漢なら誰もが出来事と筋道を理解することができるものである。しかし、ここでの焦点はかなり狭いものであり、それに多くの犬が膵臓を摘出され、膵抽出物を受け入れるような避け難い反復がみられる。この伝記においてはどの他の章も、それほど専門的な知識を要するものではない。多くの読者は、それが専門的に難し過ぎることはなく、それにそこそこ詳細にわたっているのが分かるであろう。読者は『インスリンの発見』(訳者註:著者マイケル・ブリスが1982年に著した伝記)で私がよりもっと苦心して作り上げた歴史に向かうことができる。その本を手に入れたばかりの読者は、この章をすべるように進むことができるだろう。

❖

バンティングは、トロントにいた最初の数週間、フレッドとリリアン・ヒップウェルの家にやっかいになった。彼の最初の実験をヒップウェルの家で行ったという話は、この上なく怪しいものである。彼は時折、研究室の犬数匹を家につれて帰っていて、それどころかヒップウェルが持っていた化学薬品で多少の検査を試みていたのかも知れない。しかし、これは真剣に取り組むべきプロジェクトだった、もっともバンティングは余りにも良く訓練されていたので、無頓着にそれに着手することはできなかった。

それは主として外科的アプローチによる研究のかなり単純な実験の一部のように思われた。バンティングは、数匹の犬の腹を切り開き、膵臓から十二指腸に通じる膵管を突き止め、それらを閉ざすことを試み、それから切り口を閉じるという手術を施しただろう。犬は大体健常状態に回復しただろう。しかし消化酵素を分泌することのできない、それらの膵臓は次第に縮んでしわがよったりあるいは萎縮しただろう。他の犬は、膵臓を完全に摘出されたかも知れない。これらの犬はすぐに糖尿病状態になっただろう。バンティングは、しなびた膵臓を得るために膵管を結紮された犬に再度手術を施しただろう。彼の説によれば、それは強力な外分泌物を最早含んでいなかったが、内分泌物を含有していたかも知れなかった。

彼は、膵臓を摘出された糖尿病犬の腹部にその膵臓の一部分を移植することを試みたかも知れない。他の、言い換えれば引き続いて行われた処置は、萎縮した膵臓の乳濁液あるいは抽出物を作成し、それを糖尿病動物に注射するか食べさせることを試みることにあった。いずれの場合においても、実験にとって解決の手がかりは糖尿病が軽減するか否かを観察することにあった。それは種々の検査で明らかにされたが、そこには尿中成分よりもっと精密な測定（とりわけ、窒素に対する糖の比率「D：N比」）（訳者註：デキストロース：窒素比（D：N比）はグルコース：窒素比（G：N比）とも呼ばれている）ばかりでなく、尿中および血中の糖量を計ることが含まれていた。もし全てのことが上手く行き、糖尿病が軽減されていたならば、実験は膵臓の神秘的な内分泌物を見出したことになっただろう。それで彼らは糖尿病に対して有用な治療を手にしたかも知れない。

5月17日に、外科手術の最初の一例で、マクラウドはバンティングに犬の膵臓摘出をどのように行うかを示した。採用された方法は膵臓摘出を2段階で行うことだった。腹部に手を入れる。膵臓の大部分を切り取り、しかし小さな残部をそのままにしておく。残部を引き上げ、それから皮下の適所にそれを縫いつける。切開部分を閉じる。残部は、なおも機能を果たしていて、それは手術から回復する間、犬を糖尿病になることから守るであろう。1週間あるいはそれより少し遅く、残部を切り取ることで第2段階を終える。今や完全な除膵犬は、すぐに糖尿病となり、1週間あるいはそれぐらいで疾病が原因で死ぬであろう。

最初の犬で膵臓摘出の第1段階を手助けした後、マクラウドはバンティングとベストに彼ら独自ですることを任せた。手術は行うことよりも説明することの方がよりずっと容易なことが判明した。バンティングとベストが一緒に犬の実験を始めた時、彼らは誤って麻酔薬の過剰で犬を殺してしまった。それから、バンティングは余りの大量出血で犬を失った。次の犬はその手術に耐えたが、それから最初の犬は感染症で死んだ。それから、その生きながらえていた犬が死んだ。最終的に、血まみれの、不成功の週の後に、バンティングは手術の技法を学び、それで第1段階の膵臓摘出から上手く癒えている犬を得た[1]。

彼は、膵臓摘出を行うことができるのを知って、他の犬で危険な膵管結紮の外科手術を始めた。彼はよりもっと多くの困難に陥った。彼が結紮した最初の3匹の犬のうち2匹は、感染症ですぐ死んだ。3匹目の犬は、彼はよくわかっていたのだが、その膵管を全然結紮していなかったかも知れない。それらは見つけるには小さく、難しい。だから膵管結紮をしたことのない実験者は、よく膵管のかわりに膵臓組織の一部分を容易に結紮してしまうことがありうる。

そこには、たえず多くの犬がいた。正直、トロント大学の供給は限られていた――マクラウドは、バンティングが実験で10匹あるいは12匹の犬を用いるかも知れないと思った。2週間で、彼はすでに10匹に手術を施していて、それらのうち7匹を失っていた――しかし堅く決意した研究者を彼自身で犬を見つけ出すことから止める理由は何もなかった。1921年の夏の間時折、バンティングとベストは、不必要な犬に1ドルから3ドルを支払って、どんな疑問も抱かれることなく、トロントの街で犬を捜し求めた。ある夜、バンティングは新しく手に入れた犬を研究室に連れて帰るのに犬をつなぐ革紐として彼のネクタイを使った。そのような活動は、医学部の恐ろしい研究室へ永遠に消えて行く家庭のペットについてトロントで噂の発生をあおった。

マクラウドは最初の犬の後はいずれの実験にも参加しなかった。しかし、彼はバンティングとベストと同じ建物の彼の部門で仕事をしていて、近くにいあわせていた。バンティングのノートは、6月14日に教授の「出発に際しての指示」を含めて、仕事の計画を議論するためにマクラウドとの2つの相談を明らかにしている。マクラウドはスコットランドへ3カ月間の訪問に出発しようとしていた。バンティングは彼の夏季住所を書き留めた。彼はまた、J・B・コリップの住所を書き留めた。コリップは、バンティングの2つの相談のうちの1つの時にマクラウドにたまたま面会していた生化学者だった。コリップは、ホルモンおよび組織抽出について少しばかり知っていて、会合にオブザーバーとして参加し、そしてバンティングが実験についてマクラウドに書いたかも知れない誰かとして、彼のことを想像するのに十分なほど明らかに興味を抱いていた。オンタリオ州ベルビル出身の花屋の息子、コリップはバンティングと同じ年齢だった。バンティングより遙かによりすぐれた学生の彼は、トロント大学の生化学教室で博士号をすみやかに手にし、現在はエドモントンのアルバータ大学で教えていた。コリップは、1921〜1922年の間、有給休暇期間をとった。彼は、マサチューセッツ州で仕事をして夏季を過ごし、それからトロントに戻って数カ月間マクラウドと一緒に仕事をする計画だった。

6月中旬、マクラウドがトロントを離れた時、研究は上手くいっているように思われた。数匹の犬が膵管を結紮されていた。それらの膵臓がよりもっと重要な実験を試みるのに十分変性してしまうにはもう数週間を要しただろう。とかくするうちに、バンティングは膵臓摘出の技術を試し、動物を糖尿病状態にし、それから彼とベストが尿と血液で行っていた検査によって糖尿病について学んで身につけ続けることができた。ベストもまた、6月中旬に数週間の軍事訓練を受けるために研究室を離れた。ベストは、彼が不在の間犬の検査をどのように行うかをバンティングに教えた。手元には、だんだん糖尿病状態になりつつあるように思われた除膵犬が1匹いた。ベストが研究室を離れた際に、彼はD：N比の検査が1日か2日経って完全な糖尿病犬の徴候であるだろうというメモをバンティングに残した。

しかし、そうはならなかった。そこでバンティングは彼自身でベストの検査をし始めたのだけれども、彼の助手の方法が不正確で、杜撰(ずさん)なものと結論を下した。汚いガラス器具そして化学薬品のむらのある溶液が結果を駄目にしているように思われた。検査をやりなおすのは容易なことではなく、楽しいことでもなかった。ベストがその月の終わりに研究室に再び現れた時に、彼はぶっきらぼうに怒ったバンティングに直面した。「私は彼に、もし彼が私と一緒に仕事をすすめて行くつもりならば、彼が多少の興味を示さなければならないであろうし、彼の仕事が全く満足のいかないものであり、彼が正確さに欠けていて、余りにも杜撰な仕事であると話した。それから私は最後に、他のたった一つのことをする前に彼が使っていたあらゆる溶液を流しに投げ捨て、ガラス器具のすみずみまで洗い、真に『正常』である新しい溶液を調合しなければならないと彼に話すことで終えた」。

チャーリー・ベストは、バンティングの怒りに驚いたに違いない。ベストは、生理学と生化学で申し分ない栄誉ある課程に在籍する背の高い、金髪で、青い瞳の、すっきりとして整った容貌の大学院生だった。カナダ生まれのアメリカ・メイン州の医師の息子である22歳の彼は、「大学」じゅうを颯爽と歩き、大学生活を楽しみ、だんだんと良い成績を手に入れ、野球について素晴らしい1921年の夏を過ごし、彼の美しい婚約者マーガレット・マホンと乗馬をし、遠出をした。彼はバンティングの糖尿病研究に興味を抱いていたのかもしれない。というのも叔母さんが糖尿病で亡くなっていたからだ。

バンティングは研究室での彼らの深夜の対決を思い出したのだが、しかりつけに対するベストの最初の反応は無言の怒りの類(たぐい)だった。「私は彼が取っ組み合いの喧嘩をしようとしていると思った。それで私は彼の顎の高さを測った。彼はぐずぐずしていた、だから私は彼が取っ組み合いの喧嘩をしようとはしていないのではないかと思った」。突然、ベストが顔をそむけ、ガラス器具を洗うために立ち去った。彼は一晩中仕事をして(バンティングの記憶によれば)、朝には全てを完全な状態にしておいた。(2)

「この体験後、我々は相互をずっとよく理解し合った」、とバンティングは書いた。明らかに疑惑を晴らした小さな対決が、誰がボスであるかを明らかにし、そして次第に仕事をする上で協力して行くことを固め始めた。それは、強い私的な関係でも、あるいは生涯続く友人関係ですらなかったが、バンティングとベストは更なる摩擦もなく一緒に仕事をした。彼らは、事実、6月は非常に上手くはかどったのでベストは2番目の学生クラーク・ノーブルに仕事をゆずるよりもむしろ引き続いて残った。その調整が、その時はノーブルにとって全く快く応じられるものだった。彼は余生の間ずっとそのことを悔いた。

研究についての共有の苦難がバンティングとベストとの間の結束を強いものにした。振り返ってみて、バンティングは、研究用の犬、手術後の管理用の特別な代謝ケージ、専用の動物手術室そしてベストのようなよく訓練された助手を備えた研究室で仕事をしていて幸運だった。さしあたって、これらのものは決して旧式の設備ではなかった。バンティングに比べて遙かにすぐれた資格を持った世界中の多くの研究者達が、ずっと劣悪な設備で間に合わせなければならなかった。バンティングは、それをそうとは見ていなかった。犬舎は、医学部棟の最上階にあるいやな匂いのする、汚い屋根裏部屋にあった。その隣にある小さな動物手術部屋は、細心の注意を要する、骨の折れる外科手術をするのを試みている研究者達にタールとバラスの屋根を通して、夏の太陽が照らしつけたので言葉で言い表せないほど暑く、とても不愉快で、悪臭を放った状態になっていた。トロントの夏の気候は、しばしばアメリカのアラバマ州のように思われた。そのような時期に、バンティングは腕をむき出しにして仕事をするために実験着の袖を切り取るという彼の終生の癖を始めていたのかも知れない。彼はまた、より一層気持ちよく眠るためにパジャマの袖を切り取った。

施設のあらゆる状況は、2つの方向で説明された。バンティングは、彼とベストが施設を使用できるようにするために、5月に全ての動物手術部屋をどれほどごしごし洗って磨きあげなければならなかったかを決して忘れなかった。数年間、誰もそこで実験を行っていなかった。それは、汚い、今は利用されていない、廃墟となったむさ苦しい場所のように思われた。事実、それは進歩的なアイデアだったので、誰にも使用されず、塵が積もるままになっていたのだ。動物手術部屋は、大学がその部屋を誰かに利用させる将来に備え、その時代に先んじて取り入れたものだった。

1921年夏の仕事に関してバンティングとベストの現存する記述はなく、ただあるのは彼ら自身の簡潔なコメント、例えばマクラウドへのベストの報告「我々は非常に暑い気候時に傷を清潔に維持するのはほとんど不可能なことがわかりました。動物手術部屋の状態はまた、あなたが御存知のように、余り良いものではありません」[3]のようなものだった。彼らの顔および腕、そして傷に流れ注ぐ汗を、どのようにして彼らは避けることができたのか？　どんなふうにして彼らは蝿を遠ざけることができたのか？　犬の尿、犬の排泄物、犬の嘔吐物そして死んだ犬の悪臭の中で、彼らはどんな具合に息ができたのか？　いまいましい研究は思ったより上手くはかどった。バンティングは度々ぶつぶつ不満を言っていたに違いない。彼は、1918年にフランスで、もっとひどい、恐ろしく悪い状況に耐えて来た。しかし、この研究の暑さと悪臭は全くひどいものだった。

7月の最初の週の間、彼らはほとんどうちひしがれていた。彼らは、膵管を結紮した7匹の犬のうちの1匹を開腹して、そして何事も起こっていないのを見つけた。その膵臓は全く萎縮していなかった。バンティングは、膵管を見落としていたか、彼の結紮が緩んでしまっていたのか、あるいは膵管が再生していたのか。犬全てを開腹すること以外にすることは何もなかった——100年間で最も暑かった7月のある日に。犬7匹のうちの5匹は再結紮されなければならなかった。2匹は死んだ。そこで、除膵犬2匹を作った。研究の7週間で成果を示す何かがあったのか？　多数の死んだ動物！　ベストは、なんという「非常に深刻な災難」として記述した。断固としてこつこつと仕事をする以外にすることは何もなかった。暫く休養、それから再び開始。[4]

7月の終わりに、彼らはようやくバンティングのアイデアを試そうとしていた。膵管を結紮され、明らかに変性した膵臓を持った犬が手元にいた。ところで、膵臓を摘出された糖尿病犬が2匹いた。バンティングの移植片の移植あるいは組織を移植する考えは、今や断念された。恐らく暑さの故に、犬の消耗が驚くほどの早さのために。かわりに、バンティングとベストは直ちに、より短時間でできて、より簡単な実験に変更した。彼らは、膵管を結紮された犬、３９１号を殺して、萎びあがった膵臓を得て、リンゲル液（生理的食塩溶液）の中で臓器を切片にし、冷やし、それをすり潰し、そして溶液を濾過した。結果は変性した膵臓の液状の抽出物となった。バンティングとベストは糖尿病犬にそれを注射する用意をした。

犬４１０号は、白いテリアで7月11日と18日に2段階で膵臓摘出がなされた。犬はほんの軽い糖尿病にすぎなかったが、十分役立つように思われた。7月30日土曜日午前10時15分に、その血糖は２００㎎／dL（正常犬の血糖は約80㎎／dLから１３０㎎／dLであろう）と測定された。バンティングは犬の静脈の一つに抽出物の4ccを注射した。1時間後、血糖は１２０㎎／dLを示した。抽出物は効いていると思われた。2回目の注射、そして1時間後の数値は１１０㎎／dLだった。血糖値の減少度はたいしたものではなかったが、それが糖尿病犬では正常に働いているかも知れないので、少なくとも上昇はしていなかった。午後、彼らは犬に糖を給餌することを試みた。犬が糖を燃焼させる能力を再び得ていたことを示唆するのだが、抽出物の注射は相変わらず血糖を抑制するのだろうか？　糖および尿を減らすのは容易なことではなかった。バンティングとベストは、最初に胃管を肺へ挿入することでテリアをすんでのところで殺すところだった。それから抽出物の1時間毎の注射にもかかわらず、犬の血糖は１８０〜２１０㎎／dLの範囲に再上昇した。しかし、恐らく抽出物の注射なしではよりずっと高くなっていったであろう。犬は、それに尿中に多くの糖を排泄していなかったので、多分良い徴候だった。

彼らの後の記述のいくつかは、バンティングとベストがこの最初の実験で非常に興奮したことを示唆している。もしそうならば、その日の実験を午後6時15分に中止する決断をしていて、彼らはこの上なく冷静だった。彼らが朝、研究室へ戻って来た時、犬４１０号は昏睡状態にあった。彼らは一度血糖を測って、犬が死ぬ前に余り糖尿病状態ではない150mg/dLという数値を得ていた。彼らは剖検をしなかった。日曜日だったとしても不注意の言い訳が立たない一件だった。彼らは後に、彼らが抽出物の試験を予定通り進ませる決心をした時、犬410号は恐らく感染で死にかかっていたと書いていた。[5]

他の除膵犬、コリー犬(406号)は、8月1日月曜日に糖尿病と感染症、あるいは感染症で死が迫っていた。他の膵管結紮犬から作成した抽出物を用いて、バンティングとベストは意識のない動物に大量の8ccを注射した。犬の血糖は下がり始めた。コリー犬は、目覚め、立ち上がりそして歩いた。それから、別の注射にもかかわらず、昏睡に陥り、そして死んだ。ことによると、別の興奮する結果、しかしその午後本当のところ何が起こっていたのかを知るのは難しかった。犬406号の例は、余り要領を得なかったのでバンティングとベストは、それについて決して詳細には書かなかった。

8月3日水曜日に、彼らはやっとのことで実験が上手く行き始めた。抽出物は、別の糖尿病コリー犬408号ではっきりと有望な結果を出した。(犬を素早く手元に用意するために、バンティングは2段階の膵臓摘出をあきらめて、その段階を同時に行った。この時期に、バンティングとベストはまた、犬のD:N比に多くの注意を払うのを止めた。というのも明らかに数字が上手く機能していなかったからだった。尿糖の評価は、排泄された尿量の少ないことでまた捨てられた)。糖尿病犬408号についてのコントロール実験は、肝臓および脾臓から作成された抽出物が同じ効果を持っていないことを示した。4日間で4回、バンティングとベストが「アイレティン(isletin)」と呼び始めた変性膵からの抽出物が糖尿病犬408号の血糖を下げた。最後は、徹夜の実験だった。その実験の最後に、犬は感染症で亡くなった(彼らは、この時には剖検を行った)そして多分ショックによるものだった。今こそ、遂に、マクラウド教授に報告するだけの価値がある成果だった。

バンティングはアイデアが溢れるほど一杯だった。8月9日に、「私はあなたに話したいこと、質問したいことがとても多いので、どこから始めるべきかほとんどわからない」、と彼はマクラウドに報告をし始めた。彼とベストは、血糖および尿糖を下げ、そして糖尿病犬の客観的な病状を改善する抽出物を手にした。彼は、更なる研究のために目下のところ「出現している」19の問題を一覧表にした。それらの中には、「アイレティン」の化学的性質を見つけ出す必要性が含まれていた。膵臓の外分泌物、トリプシンが抽出物に及ぼす影響、抽出物の作用メカニズム、膵臓組織の移植の可能性。そして――勿論――臨床応用。抽出物が人の糖尿病に働くものなのだろうか？

バンティングは、手紙でマクラウドに彼が引き続いて残って、彼の研究室で仕事をすることができるかどうかをたずねていた。しかし、彼はまた、実験室を清潔に保つための手助け、そして実験用の手袋、実験衣と動物手術部屋の改装について、差し迫った必要性を述べていた。彼は、仕事が素晴らしかったベストが引き続いて彼と一緒に残ることを望んだ。バンティングは、そこでの診療業務を閉じ、「そして私にそれらをしたい気にさせない」ためにロンドンへ出掛けようとしていた、とマクラウドに語った。彼とベストは、研究についてマクラウドの意向を待っている間、ゆっくりと実験を先に進めようとしていた。「あなたからすぐに便りがあるのを期待し、それにまたあなたの帰還を切望して待っています……」[6]。

はるばるスコットランドに行って、戻って来る手紙をどうして待つのか？　バンティングとベストは、24時間ぶっ通しの実験という大きな一押しで正しい方向へ研究に取り組み始めた。それは1匹には抽出物で治療し、他の1匹には未治療という、2匹の糖尿病犬の状態を比較するものだった。未治療の犬は4日で死亡した。抽出物を得た犬、黄色のコリー犬92号は、見事に反応しているように見えた。彼女は活発で、人なつっこく、協力的な患者だった。そしてちょっとした研究室のペットになった。バンティングとベストは、彼女に抽出物の効力が異なったものおよび混合物を試すことができた。彼らが抽出物を使い尽くした時、彼女はまだ元気だった。

抽出物を作成する為の変性した膵臓が、もはや手元にはなかった。新鮮な全膵臓から作成された抽出物の効果を研究することはたいしたことではない。バンティングとベストのノート、図表そして出版された論文は全て、この抽出物が変性膵から作成された「アイレティン」と同じように少なくとも犬92号に上手く作動したことを示している。しかしバンティングとベストは抽出物が作用することを期待していなかった。だから彼らは余りにも疲れていたのかあるいは余りにも不注意だったのかいずれかで、得られたデータについて道筋を立てて調べたり、考えたりすることができなかった。彼らは、新鮮な全膵臓からの抽出物を彼らの通常の処理を施した膵臓からの抽出物に比べて、ずっと効果が弱いものだとして片づけていた。[7] もしバンティングが彼ら自身の実験が彼にどんなことを示していたかを理解していたならば、仕事はよりずっと早く進んでいたかも知れない。彼は、なによりもまず第一に、内分泌物が得られることに先立って膵臓に存在する外分泌物を破壊しなければならないという彼の仮説が非常に疑わしいことに、そして第二に、彼らは複雑で手間のかかる膵管結紮と変性の過程の手数を省いて、代わりに新鮮な全膵臓で仕事をすることができるのに、気づいていたのかも知れない。

成功への道で鍵となる分岐点を見逃してしまい、バンティングとベストは抽出物を得るのに別の方法を試みた。彼らは、ホルモンのセクレチンが犬の膵臓を刺激して消化液を産生するのに用いられる複雑な処置を採用した。もし膵臓が外分泌物を枯渇したならば、内分泌物だけが残存するであろうと、彼らは推論した。抽出物はそれから得られる。抽出物は、この上ない脱力感から驚嘆すべき快活さをもたらしていて、糖尿病のコリー犬に見事に作用しているように思われた。しかし、猫を使っての刺激方法を繰り返す試みは失敗だった。抽出物は、もはや残っていなかった。とうとう、犬92号が病気の徴候を示して、死んだ。犬は、糖尿病状態でありながら、抽出物の注射で注目に値する20日間を生きながらえた。バンティングは、ペットの死によって涙を誘うような悲嘆にくれたことを覚えていた。

フレッドとチャーリーは、都会が眠った頃に星空と日の出によって彼らの進路の海図を作る先駆的な航海に向かう仲間と、かなり楽しい、申し分のない時間を一緒に過ごした。しかし実際には、バンティングにとってはつらい夏だった。彼が研究室にいる時間に対して、誰も彼に賃金を払うことはなかった。彼は、ロンドンから離れる時に貯蓄がなく、そこにある空き家に抵当で借りた金を払っていて、彼の家族にかなり借金をしていた。彼がその夏に得た唯一の金銭は、医療上の友人の一人を手伝うために扁桃腺摘出術を行って得た数ドル、それに加えて彼の器具のいくつかを売ることで得た25ドルだった。エディスとの関係は明らかに当惑させるような行き詰りだった。もし彼がその夏に少しでも彼女に会っていたならば、いつ頃彼が落ち着き、彼の生活にいささかの安定をもたらし、人間的に成長するのか悩まされることになっただろう。

彼はほとんど学生時代の行状に戻ってしまったように思われた。彼が、フレッドとリリアン（成功したいとこのフレッド、開業医そして自宅保有者）のヒップウェル家の邸宅を気にしていなかった時に、彼はグレンビル・ストリートの下宿屋の小さな部屋に住み続けていた。お金を節約する努力をして、彼は友達から食事をたかったり、時には研究室でブンゼンバーナーで料理をしたり、それどころかフィラテア聖書研究会の日曜日夜の夕食に戻りさえした。時には、ヒップウェル家あるいはフィラテアの女性達が研究室へ食物を持ってきた。バンティングは母親のような世話を必要とした若い男であるように思われた。

彼はまた、助言を求めて出掛ける年上の男性を持つという感覚で、父親らしい世話を必要としていた。マクラウドがその夏不在だった間、フレッドは時折、仕事、そして実験を如何に進めるべきかについてC・L・スターに相談した。彼は生理学科で唯一他の研究者、フィドラー医師と同じように他の研究者をほとんど知らなかった。この穏やかで、いささか風変わりな科学者はある蛙の呼吸運動を研究するために非常に複雑な器具をつくっていた。しかしある日、バンティングは薬理学の教授で、彼の昔の先生の一人であるベリエン・ヘンダーソンのところに、ちょっと立ち寄ることがたまたま生じた。一学生として、バンティングはヘンダーソンが好きではなかった。というのも彼は教室でどこか人をおびえさせるような変わり者だったからだ。しかし、年上の男はバンティングの仕事に好意的な関心を抱いた今、歴戦の兵士二人は、戦争についての話を交換していたのかも知れない。そして終生の友情となる基盤を築き始めた。

マクラウドにほのめかしていたのだが、バンティングは彼の研究の今後に非常に自信があったので、背水の陣でロンドンを離れる覚悟だった。9月の初めに、彼は家とその中にあるものの大部分を売却した。それは、生きた実践医療を成功させるという企ての終わりだった。バンティングはロンドンから永遠に去ることに大喜びだった。

バンティングとベストは、9月に実験を再開して、いくつかの膵管結紮を行った。そのすぐあとで、マクラウドの手紙が彼らの報告に返答するかたちで届いた。教授は慎重に励ましていた。彼は、彼らの実験結果に「全く疑いがない訳ではない」けれども「確実に肯定的」だと思ったし、彼らの実験手技を多少批判し、彼らが成果を支持するデータを集めていることを希望し、そしてバンティングに「同じ路線に沿って続ける」ことを強く主張した。バンティングは、抽出物の調整に集中し、その上今までのところまだ行っていない、手紙の中で彼が言及していた多くの疑問を取り上げるべきだった。マクラウドはバンティングの仕事に、他の研究者達の似たような前途有望な研究成果に対して起こっていた批判に持ちこたえうることを願った。解決すべき困難な問題は、「他の研究者達が引きずり降ろすことのできない証拠の砦を築き上げることであった……私は、あなたがトロントにいて下さること、それに私があなたを手助けするのに私のできる限り手を尽くすのを信じて下さるのがわかって嬉しいです(8)」。

マクラウドの許可した一つの実験をすでに行ってしまい、それに実験する準備のできている膵管結紮犬も持ち合わせがなく、バンティングとベストは仕事のやり残しはあったが、何を為すべきか全く定かでなかった。彼らは、抽出物を素早く得るためにセクレチン刺激の方法を用いることを試み、投与の他の方法を遊び半分でやった――直腸挿入そして皮下注射――そして彼らが考えた膵外分泌物であるトリプシンが膵抽出物の効果を無効にするかどうかを見出すことを試みた。実験はほとんど馬鹿げたいい加減なもので、それらの結果はほぼ価値がなかった。二人は指導と指図を待つ、ほとんど全く経験のない研究者なのだ。

マクラウドは9月21日にトロントに戻った。数日後、バンティングは彼と会って、将来のことについて議論した。面会はひどいものだった。バンティングが喧嘩腰で面会に出掛けたのであれ、あるいは彼らが話している時に怒りっぽい気質が悪化したのであれ、いずれにしろ議論が熱くなったのは疑いがない。バンティングは仕事をするのによりよい環境を望んだ。マクラウドは、その時建設中の新しい解剖学棟の施設に間もなく取って代わられる古い動物手術部屋にお金を費やす余裕がないことを、早い段階で彼に説明していた。彼はまた、バンティングとベストが計画されていたよりもずっと多くの犬を使い果たしていたことを指摘した。それは全て費用がかかり、もし余分な備品がバンティングとベストの研究に入れられたならば、誰か他の研究企画が痛手をこうむらなければならなかった。

バンティングは、彼の研究がさらにお金を使うのに十分なほど重要とはマクラウドが考えていないと、自分に骨折って悟らせた。マクラウドは、そうとは言ってはいなかった。彼はどうやら、それが部門の他のどの研究よりも重要性はないと言ったらしい。丁度、ロンドンでの医療業務および将来性を放棄して来たバンティングにとっては、研究は彼の人生において最も重要なことだった。彼は、トロント大学が彼の研究が重要と考えているかどうかの事実を知ることについて、マクラウドに二言三言しゃべった。「君に関する限り」マクラウドは応じた、「私がトロント大学である」。

「私は、研究をするために一体全体私が持っている全てを捨ててしまったこと、そして私は研究をしようとしていること、そしてもし私が求めることを彼が用意しないならば準備してくれるであろう何処かの場所へ行くつもりだと、彼に話した」。

「彼は『行くが良い』と言った」。

彼らは、バンティングが何処へ行くかで言い争った。勇敢にもか、無知にもか、あるいは両方ともかで喋って、彼はミネソタ州にあるメイヨー・クリニックあるいはニューヨークのロックフェラー研究所へ行くと脅した。マクラウドはようやくわずかばかり穏やかになり、バンティングの要望をかなえるどんなことでもするつもりだと彼に述べた。バンティングは怒って土色になった対決から抜け出た。「私は、彼がトロント大学ではないことをあのちび野郎に証明するつもりだ」とバンティングはベストに語った。[9]

内密に、マクラウドとベリエン・ヘンダーソンは研究を続行させるために上手く対処して方策を見出した。マクラウドは、バンティングとベストに仕事をするのにより良い部屋を獲得し、動物手術部屋を用意し、そして彼らにパートタイムの実験助手の若者をあてがった。彼はまた、夏の実験に対して彼ら二人に遡って労働代金を支払うよう大学にかけあった。ベストは、学生助手として通常の報酬170ドルを得た。大学での身分を持っていなかった部外者バンティングは、150ドル支払われた。ヘンダーソンは、彼を薬理学の特別助手として1921〜1922年の学年に向けて雇用した。それでバンティングはかなり楽な職務、そして月250ドルというまあまあと言っていいほどの報酬でトロント大学の職員に加わった。薬理学でのバンティングの仕事は、彼を大学の給料名簿にのせるのに手頃な手段として、ヘンダーソンと多分マクラウドによって苦心して成就されていたように思われる。バンティングが後に断言したのだが、それはマクラウドが彼と仲たがいをして無視した時に、彼を救うために勇敢に現れるヘンダーソンの一事例ではなかった。

10月になった。バンティングとベストは更に多くの犬に膵管結紮を行った。彼らは9月から膵管結紮を施した犬1匹を持っていて、マクラウドの提案のいくつかを試みるためにその変性膵を使って、抽出物による効果の他の説明として毎日の変動あるいは稀釈現象の可能性を除外した。膵臓の異なった部分から作成された抽出物を使って、より多く萎縮した部分がより良い抽出物を生み出すことを示そうと彼らは考えた。けれども実際は彼らは「B」と「A」そして逆もまた同様に間違えて、彼らが用いていた2つの抽出物を混同してしまっていた。

バンティングは、マクラウドや彼の同僚の幾人かに、仕事に参加するように勧めていた。マクラウドは、どんな他の人達が彼らと協同して仕事をする前に、計画されたように彼とベストが彼らの研究計画を仕上げるべきであると、彼に話した。

新規に膵管結紮を施した犬の膵臓が変性するのを待つ間、10月の大部分を、バンティングとベストは彼らの仕事に関連したおびただしい論文を読んで必要な予備知識とした。マクラウドは、ちょっとした指図を与えた。バンティングはある日、マクラウドが彼に課した他の参考文献を捜し求めている時に、「いまいましい小さな嫌な奴は、この主題について何もかも知っている」と部門の図書館員に向かってぶつぶつ不平を言った。[10]

ルーマニアのブカレスト大学のN・C・パウレスクの研究についてフランス語で書かれた、最も重要な論文の一つを見つけたのはベストだった。パウレスクは、数カ月だけバンティングとベストの仕事に先んじた膵抽出物を用いた実験を記述していた。彼の実験結果は、かろうじて良いというもので、いくつかの例ではより良いものだった。しかし、ベストが外国語をすっかり間違えたのだが、彼はパウレスクの仕事に見つけた問題に驚いた。その問題は、彼がフランス語の「non plus（だけでなく）〔訳者註：英語の not only〕」を英語で「no good（効果がない）」〔訳者註：フランス語の no bon と取り違えた〕」を意味すると誤訳することで生じていた。バンティングとベストは、パウレスクと他の研究者達が彼らのすぐ後について来ているのか、あるいは彼らに先んじているのかさえもよく分かっていなかったが、インスリン発見の競争でそれをどう見るかはその人次第である。実際は、トロント大学の研究者達は、彼らが競争しているとは気づいていなかった[11]。

バンティングは研究に関して次に何をするべきかという問題について多くのことを考えた。最終的に、彼は膵臓組織の移植という彼の創意に富むアイデアを試すことに決めた。この時点で、マクラウドが明らかに介入し、彼らの夏の実験を繰り返し、それを強化することを二人組に助言した。彼らは試み、混乱した結果を得て、術後の出血で除膵犬2～3匹を失い、それで再び実験を中断した。明らかに彼らの研究計画は仕上げがされたと決めてかかって、彼らは研究について論文の草稿を書き始めた。マクラウドは、11月14日の学部の生理学ジャーナルクラブの会合で研究成果を講演することを彼らに求めた。会合の日取りは、たまたまバンティングの30歳の誕生日だった。「私の人生の半分が過ぎた」とバンティングはその日の朝の明け方、小さな日記帳に書き留めた。彼の前に存在する大きな問題は、外科を止めるべきか、そしていつ結婚をするべきかだった。「現時点では、膵臓の内分泌物を目がけて勉強し、研究し、それからもし可能ならば糖尿病を治療するのに役に立つであろう形でそれを単離することが、私の義務である[12]」。

ジャーナルクラブでの講演はバンティングにとってあまり上手くは行かなかった。彼は、公開で話すことの経験がなく、緊張していた。それにマクラウドは、バンティングが話すことが余り残されていないほど、彼の研究に関して完璧な紹介をした（聴衆の一人の記憶によれば、「フレッドは、マクラウドが全ての事を非常に完璧に紹介したので彼が話すことは何も残されていないと言って、全く無言で座っていた」）。それどころか、彼の紹介が非常に印象的だったので、学生達の幾人かは明らかに彼らが聴講した興味深い研究に責任があるのはマクラウドと思って会場から出てきた。[13]

勿論、それはマクラウドの研究室で、彼の指導の下に行われている仕事だった。初期の研究計画を超えて進むべき時期だった今、マクラウドは研究を指図することにより積極的になり始めていた。11月15日のバンティングとベストとの会合で、彼は若手の同僚がジャーナルクラブの会合で次の段階について恐らく生存期間の実験であるとしていた提案を取り上げた。彼らの抽出物で除膵糖尿病犬を、どれほど長く生きながらえさせることができるのか？　バンティングとベストは、試し、見出すことに同意した。

しかし、抽出物がなかった。膵管結紮と膵変性の方法による抽出物の新しい供給をするには、もう1カ月あるいはそれ以上かかるかも知れない。16日の深夜に、バンティングは素晴らしいアイデアを思いついた。膵島細胞は動物胎児のかなり早い時期に発達し、出生後に消化が始まるまで膵臓の外分泌物が必要とされないことを知って、バンティングは胎児膵が外分泌物による中和から免れて、膵臓の内分泌物を含有するはずだと推論した。彼は、牛が処分に備えて太らされる間にしばしば妊娠させられることを知った。そこで、彼とベストは地方の食肉処理場へ出掛けて行って、何匹かの牛胎児の膵臓を切り放し、それから抽出物を作成するためにそれらを研究室へ持ち帰った。

それは成功した。牛の胎児膵からの抽出物は、変性膵の抽出物と正しく同じように効果的に血液および尿中の糖を減少させた。膵管結紮と変性を待つことは考えなくてよくなった。抽出物の供給は食肉処理場で入手できる胎児膵から容易に作成されることができた。

その大きな進歩を見せたことで、バンティングとベストは、膵臓摘出によって糖尿病状態にさせられた犬27号を用いて、延命実験を始めた。バンティングとベストは、抽出物が人の糖尿病患者に長寿をもたらすのにすぐに用いられることを願っていたのは疑いがない。確かに、彼らの興味深い仕事について、噂がトロントの外に広がり始めていた。アメリカの最も有名な糖尿病専門家の一人、ボストンのエリオット・ジョスリンは、トロント大学の研究が彼の糖尿病患者に少しでも希望を抱かせるどんな根拠でも彼に与えられるかどうかをたずねてマクラウドに手紙を書いた。ジョスリンは、糖尿病患者を治療するのに利用できる最も良い治療法、彼の同胞であるフレデリック・M・アレンによって2〜3年前に開発された「低栄養療法」の原理――バンティングが1916年に医学部で学んでいたアレンの治療法――を用いていた。それは一般的にアレンの「飢餓」療法と呼ばれていたのだが、バンティングはその暗黒面について知らなかった。最も重篤な糖尿病患者は、生き続けるのに足るだけの食物を代謝することができなかった。彼らの食事療法は非常に厳しく制限されなければならなかったので、その糖尿病を持ちこたえさせるのに食事療法を維持することは、じわじわと餓死することを意味した。ジョスリンと他の糖尿病専門家達は、患者を延命させるために回復の見込みのない試みで、生きる骸骨の状態にまで体重を減らされた患者を治療していた。糖尿病患者達の志気を維持する手助けをする方法は、もし彼らが十分に生きながらえたならば、何かより良い治療法が発見されるかも知れないという希望を約束することだった。トロント大学の研究がその治療法を今にも生み出さんとしているのか？　とジョスリンは訝(いぶか)かった。

マクラウドは11月21日に彼に返事を出した。仕事は未だ結論が出ていなかったが、「我々が糖尿病の治療で真に価値があるであろう何かあるものを手に入れていると私は信じております。それで我々はできる限り実験を急がせていますことを、私は個人的には言っても差し支えありません[14]」。2日後、彼らの犬で仕事をしている間に、バンティングとベストは人に少量の抽出物を試すことを決めた。いつでも大事なことは自身で試してみることを望んだバンティングは、皮下に1・5ccを注射した。少なくとも、抽出物は害がないように思われた。というのもそれがどんな反応も惹起しなかったからだった。およそこの頃から、研究は意図的に抗し難い疑問へ向けて進められて行った。抽出物が、人の糖尿病にも作用するものだろうか?

バンティングとベストが、その最も強力で、最も純粋な形態を見出そうと試みるために抽出物を調整し始めるにつれて、実験のペースは速度を増した。12月2日と3日に、彼らは、余りにも強力な形態（彼らは後に分かった）あるいは著しく不純な形態のいずれかで抽出物を得た。というのも注射は延命実験犬27号を、反復する痙攣と極度のショックに陥らせた。犬は、最終的に死んだ。抽出物によって殺されたのだ。バンティングとベストは、別の実験犬33号を延命実験に切り換え、そして先に進めることを続けた。

次に、彼らはリンゲル溶液よりむしろアルコールで膵臓を調合することで抽出物の作成を始めた。まず最初に、彼らにアルコールの使用を言及していた（それは、しばしば抽出に用いられた、一般的な溶媒だった）マクラウドは、彼らに膵臓／アルコール混合物を如何に蒸発させて残渣を残すかを教えた。それで残渣を食塩水に再溶解させ、注射可能な抽出物を作り出した。別の日に、彼らはアルコールで抽出された成犬の膵臓を用いて試すことを決めた。実質的には、これは彼らが8月中旬に試みていたのと同じ実験だった。その時、彼らは結果を読み違えていた。今では、彼らは抽出物が作用したとはっきり理解した。終始、誰でも冷却された全膵臓から「活性の成分」を得ることができる（すぐ彼らは食肉処理場から得た牛の全膵臓を試みた。それもまた作用した）ことが、判明した。この発見は、バンティングの初期の仮説についての実験的反証だった。膵臓の外分泌物は内分泌物を崩壊しない（理由は、外分泌物が膵臓内に蛋白分解消化酵素トリプシンとしてではなく、不活性トリプシノーゲンとして存在するからである）。しかし、バンティングとベストはそのような理論的疑問について考えるには、仕事の次の段階へ着手するのを試みることに余りにも忙しかった。もし抽出物が糖尿病患者に効果があるように作成されたならば、誰が生理機能について関心を持っただろうか？

J・B・コリップが、血糖レベルと酸塩基平衡との関連に関してマクラウドと一緒に仕事をするために、その秋トロントに戻ってきていた。バンティングの仕事についてその初期の議論の場に居合わせていたので、彼はその進捗に興味を抱いていて、幾度となく手助けをすることを申し出た。バンティングとコリップは友達になりつつあった。それでバンティングはマクラウドにコリップが手助けしてくれるかどうかをたずねていた。マクラウドは、そのことを愚かなことと思っていた。しかし、バンティングとベストの最初の研究計画が終わった今、そして抽出物を作成するのに膵臓の供給を得ることに問題がなくなろうとしている今、マクラウドはコリップに膵抽出物に取りかかるグループに加わることを勧めた。彼は１９２１年12月12日頃に取りかかった。

コリップは、よく訓練された、経験豊かなそして創意に富む生化学者だった。彼は早速、バンティングとベストの方法をわずかだが有用なやり方へと改良を加えて、有効な抽出物を作成し始めた。多分、彼の研究室が犬舎から数ブロック離れた病理学の建物の中にあったので、コリップはマクラウドの提案の一つを取り上げて、家兎で実験を始めた。彼はすぐ、抽出物が正常家兎の血糖を下げるのを見出した（バンティングとベストは正常動物で抽出物を試すことを考えていなかった）。この発見は抽出物の力価について容易な家兎テストをチームに授けた。それから、彼の最初の犬の実験で、コリップは抽出物が重篤な糖尿病の別の特徴であるケトン尿をすっかり一掃することを観察した。[15]

四人からなるグループは、今や1つのチームとして仕事をし、大抵の日は昼食の折に会合し、彼らの成果を共有し、仕事の次の段階を計画していた。彼らは、糖尿病で失われた機能である、グリコーゲンの形でグルコースを貯えるという肝臓の能力を抽出物が回復させるか否かを見るのは重要なことだと知った。コリップは検証することを買って出た。12月22日に、彼は抽出物で治療された糖尿病犬の肝臓がグリコーゲンで満たされているのを見つけた。これは興奮させるような結果だった。というのもこれまで終始、血糖と尿糖を減少させる抽出物が糖尿病を軽減することに実際に働いているかどうかについてはかなり不確かなところがあったからだ。恐らく、そのことは糖レベルにある事態が起こることを正しく引き起こしていた。今や、グループは抽出物が糖尿病で失われた生理的な機能を回復させる証拠をつかんだ。

コリップがチームに合流して2〜3日後に、バンティングは神経がどうかなりそうな打ち砕くような失望の高まりに苦しみ出した。彼とベストは、他の組織からの抽出物を調べることをためらわず進めていった。膵抽出物だけが作用したのは確かで、彼らはそれをより大量に作成することを試みた。12月18〜22日の週に突然、彼らの抽出物のいずれの一群(バッチ)の製品も効果のないことがわかった。その同じ週に、彼らは、力価があることを知っている、かなり古い抽出物を人の糖尿病に試すことを決心した。彼らは明らかに、計画をマクラウドあるいはコリップに話さないと決めた。12月20日に、バンティングは、病気が急速に悪くなり始めていた糖尿病の同級生ジョーゼフ・ギルクリスト医師に電話をした。抽出物を彼に注射することはとても危険だった(犬27号を想像してごらんなさい!)、しかしギルクリストはその日に研究室にやって来て、抽出物をいくらか飲み込むことに同意した。それは効果がなかった。それにこれからも決して効果がないだろう。というのも今日のインスリンでさえも経口的に投与された時には作動しない〔訳者註1〕からだ。彼らの動物実験に戻って、バンティングとベストは動物の血糖を下げるのに連続して7回も失敗した。それからクリスマスのために中止する。クリスマスはグリコーゲンの実験でコリップの良い結果の日だった[16]。

マクラウドは、バンティングのために12月30日にエール大学でのアメリカ生理学会の会議で11月中旬までの仕事の結果を発表する手配をしていた。バンティングの講演は、「膵性糖尿病に対するある膵抽出物の有用性」と題が付けられていた。会議の名声とカナダ人達が何か重要なものを発見しそうだという噂のために、そのセッションはアメリカの糖尿病研究における大物達の皆を引きつけた。膵抽出物でもって広範囲にわたる仕事をしていた幾人かの生理学者に加えて、聴衆には低栄養療法の父であるフレデリック・M・アレン医師が含まれていたが、彼の広範な研究と網羅的な臨床の仕事は彼を疑いなく世界の卓越した糖尿病専門家にしていた。もしアレンに北アメリカでの臨床実践で好敵手がいるとしたならば、それは多分家柄の良いニューイングランド地方の人であるジョスリンだったが、彼もまた出席していて、とりわけ小児糖尿病に関わっていた。バンティングの名前は、実のところこの会議のプログラムに2度載っていた。というのも神経生理学でF・R・ミラー教授とのウェスタン大学での彼の仕事が、共同著者としてプログラムに掲載されたバンティングを含めてミラーによって書き上げられていた。しかし、それはバンティングが彼自身で発表することになっていた糖尿病の論文に比べて取るに足らないものだった。

「私は、我々の仕事を発表することを求められた時に、ほとんど麻痺してしまっていた。私は思い出すことができなかったし、考えることもできなかった。私は、以前にこの類(たぐい)の聴衆に向かって話をしたことが未だなかった」。彼には、どんな類の聴衆にも講演をする経験がほとんどなかったし、演者として生来の才能も持ち合わせていなかった。それにまた、発表することに至るこの研究計画を抱くことを除いて、科学者および医師の中でも講演の力量に関して彼が本分とするものではなかった。バンティングは、ニューヨーク・ヤンキースを相手に打席に立つために突然連れて来られた砂地の空地で野球をする人のようなものだった。

彼は三振させられた。余りにも下手な発表だったので、会議の座長を務めていたマクラウドは、質問の時間に割り込み、質問に対して上手く受け答えをし、彼の研究室の評判を守った。会議でどんなことが言われたか記録はないが、聴衆の幾人かはトロント大学の仕事について投げ掛けられたかなりの批判を覚えていた。バンティングとベストによる実験の多くの欠点を鑑みて、批判は全くありそうなことだった。たった一つの例を取り上げてみれば、彼らは実験犬について体温の表示度数を読んでいなかった。だから他の研究者達が膵抽出物で見出していた最も一般的な中毒性影響——膵抽出物が発熱の原因となったことに関連する質問に上手く受け答えすることができなかった。

研究を守ろうと努力して、マクラウドは、抽出物が糖尿病犬を生存させ続けたと思われることの事実（8月に犬92号で得ていて、今犬33号で行っていたので）に加えて、抽出物の注射が血糖を下げたことを所要時間の全てを使って強調した。マクラウドの抗弁は、バンティングの発表と比べてより大きな影響を与えた（「バンティングはたどたどしく話し、マクラウドは見事だった」のをジョスリンは記憶していた[17]）、その結果トロント大学が興味深い仕事をしているという会議後の印象に至らしめた。多分、彼らはすぐ、更なる進展を報告するつもりであろう。研究発表は大成功でもなければ、大失敗でもなく、むしろ研究途中の進捗状況報告のようなものだった。

しかし、バンティングは彼の個人的な失敗で恥をかかせられた。他の人達がトロントへの帰途の旅で寝ていた間じゅう、バンティングは彼に何が起こったかについてよくよく考えて喫煙車に一晩中座っていた。彼は、それらの実験をする努力を続け、最悪の状況下で日夜仕事をし、良い成果を得るのに数カ月を要していた。その上それらの成果を上手く発表することができなかった。その代わりに、マクラウドはバンティングの仕事について話していた。彼はそれどころか、彼自身がまるで研究室にいたかのように、その成果を「我々」の仕事と言う厚かましさだった。マクラウドは、研究室でどれほど多くの実験を実際に行ったのか？ バンティングが思い出すことのできるものは何もなかった。彼はどれほど多く、手助けと激励を与えてきたのか？ バンティングが思い出しえた全ては、警告、いや気、落胆、9月の喧嘩だった。バンティングとベストが仕事をし、マクラウドはほとんどの場合邪魔をしていたというのが事実ではなかったのか？ 仕事が他の人達に説明されていた時——ジャーナルクラブ、あるいはニューヘイブン、あるいは学会のセッションを除いて、バンティングはマクラウドの部屋で著名な客員教授と同席した時のことを記憶していた。その折に突然、それは「我々」、「我々の仕事」だった。だから人はマクラウドがその全ての立案者という印象を持った。本当に研究室で仕事をしている人達が無視されている間に、「よく喋る人と著述家」が名声を手に入れつつあった。一般世間の代表のような人であるバンティングは、恐らく一般大衆のレンズを通して出来事を見る気にさせられていた。正直な農民達はいつも口先の上手い都会ずれした人達によって騙し取られていた。戦争の最前線で地獄を経験した男達は、決して栄誉を手にしようなどとは思わなかった。お偉方達は、いつも取るに足らない男を脇に押しやるように思われた。

バンティングは、もしマクラウドが彼に答えさせてくれさえしたならば、酷評する人達に答えられていたのにと彼自身を納得させた。何故マクラウドは彼に答えさせなかったのか？ あらゆるパターンを考え合わせて、バンティングはマクラウドが故意に仕事を占有しようとしていると決めつけた。バンティングはトロントに戻って友人達に、彼の成果を盗まなくてもマクラウドを信用できないと話し始めた[18]。

1922年1月に仕事の成り行きが、バンティングの半ば被害妄想を引き起こして、確固たる確信に固まった。敵はマクラウドは当然だが、コリップもまただった。コリップは、もう一人の素晴らしい科学者で、マクラウドのように正教授であり、身分の低いバンティングやベストがいつも親しくなることを望み得たよりもずっとマクラウドと親しかった。コリップは、別の研究室で自分の創意で仕事をしていて、実験の結果をバンティングとベストと共有する代わりに、たえず最初にマクラウドに話すように思われた。それにコリップの結果は、とりわけバンティングとベストがクリスマス前に彼らの抽出物でもって抱えた苦労に比べて、いまいましいほど非常に良いものだった。恐らく、それは人で試すのに適した形の抽出物を得るのに彼が責を負うことを、マクラウドに提案させることになったコリップのその技術にあった。けれども、その割り当てられた仕事はまた、コリップとマクラウドが仕事の極めて重要な領域の支配権を握りつつあるように思われるという点で、別の進捗を招いた。彼らはまた、手柄を持って行くつもりなのか？

1月の初めに、ケトン尿について議論するためにジャーナルクラブの会合があった。マクラウドは後に、その夜、コリップとバンティングとベストとの間に多少の「緊張」が存在していたことに気づいた。それは、抽出物がケトン尿を軽減した発見に対しての功績についてであったのか？　バンティングとベストは抽出物を「発見した」。コリップは抽出物がケトン尿を軽減しうることを「発見した」。誰が功績を得るべきなのか？[19]

バンティングは、臨床試験のわくわく感と栄誉を分かち合うものと思っていた。彼がどんなものを発見しようとも、人の糖尿病を治療するというアイデアは、当初から研究についての彼の考えの一部分だった。彼は、どんな最近の医学研修あるいは経験を身につけていても、グループの単なる一員にすぎなかった。しかし、事態の成り行き、そして恐らく人々が、彼を脇にじりじり押しやることをたくらんでいた。臨床試験で試される予定の抽出物を作成するのはコリップだった。ところで、マクラウドの友人で、内科教授ダンカン・グラハムが、バンティング以外の誰かに臨床試験を実施することを指図した！　グラハムは、バンティングがトロント大学の教育病院であるトロント総合病院で患者を治療することを可能にする役職への彼の申請を拒否した。グラハムの裁定は——糖尿病患者をこれまで治療したことがなく、現在のところ実地医療を実施していない外科医バンティングは、人の糖尿病に進歩的な研究を行うことに適任とはされなかった——それは正しく患者についての興味と理解されて、専門的に言えば理にかなっていた。バンティングにとって、それは偉い人が彼を望んでいないという別の証拠だった。

彼は、直接マクラウドのところへ行って、彼を何とかして説得して彼とベストが作成した抽出物で最初の臨床試験が行われるようにと、抵抗した。マクラウドはグラハムに臨床試験が行われることを説得した。1922年1月11日に、バンティングとベストは彼らが作成し、犬で力価を試した抽出物を、カレッジ・ストリートを横切ってトロント総合病院の病室Hへ持って行った。トロント大学の若い卒業生であるウォルター・キャンベル医師は、そこで糖尿病患者を診ていた。バンティングとベストが病室の外で待っている間、キャンベルの下で研修中の内科医、エドワード・ジェフリー医師が、名前をレナード・トンプソンと言った14歳の施療院の患者の臀部にコーヒー色の抽出物15ccを注射した。少年の糖尿病と食事療法が、彼を皮と骨の65ポンド（訳者注：1ポンドは約454g、従って約29.5kg）にまで体重を減量させていた。彼の呼吸に関しては、糖尿病性アシドーシスの甘い香りの、病的な臭いだった。医師が用いた量は、同じ体重の犬に用いられていた量の約半分だった。

注射はトンプソンの臨床病状に対して速効的な効果はなかった。バンティングとベストは、少年の血液と尿のサンプルを手に入れるのを期待して待った。彼らは、病院が検査を行い、翌日彼らに結果を知らせると告げられた。「そこで何かがあるとは思われなかった。だから我々は研究室に戻った」。とバンティングは認めた。[20]

その方がかえって良かった。というのも検査の結果は励みとなるものではなかったからだ。トンプソンの血糖値は440mg/dLから320mg/dLに下がったが、依然として明白な糖尿病の数値だった。尿中の糖は大量で、減少は非常にわずかだった。尿中のケトンは影響されなかった。トンプソンは、少しでも明らかな臨床的改善を示さなかったばかりか、注射部位の一箇所に無益な腫れ物を生じさせた。これは、ほとんど全く効果のない抽出物によって、明らかに惹起された中毒性の副作用だった。彼は非常に重篤な糖尿病の少年だったけれども、医師達はこの抽出物をこれ以上トンプソンに投与しないと決めた。記録の中のいくつかの所見は、同じ頃に一人あるいは二人の別の患者がバンティングとベストの抽出物の治療を受け、ほとんど効果が無かったので誰も糖あるいは尿の検査をすることに思い悩まなかったことを示唆している。フレデリック・バンティングとチャールズ・ベストによって糖尿病を治療するために作成された膵抽出物は、それの正式な臨床試験の一つに失敗した。[21]

J・J・R・マクラウドはバンティングの能力あるいは判断に決して特別に高い評価を持たなかった。この臨床試験の失敗で、バンティングはマクラウドの評価をさらに一層落としたに違いないし、それにそれを知ったに違いない。バンティングは、彼を脇に押しやっている一連の出来事に持ちこたえるために大担に介入した。けれども彼の介入は失敗してしまった。彼とベストは、抽出物の精製に取り組むことをコリップに割り当てるというマクラウドの良い判断を、恐らくまたバンティングに糖尿病患者を治療することを許可しないというダンカン・グラハムの良い判断も分かってきた。それはバンティングを恥じ入らせるもう一つの挫折だった。

挫折は、研究についての最初の新聞記事が現れた時に、一層悪くなった。トロント・デイリー・スター紙の報道記者ロイ・グリーナウェイがトンプソンの臨床試験について耳にし、これらの医療行為を調べ始めていた。マクラウドは、糖尿病患者に早まった、そして全く誤った期待を生じさせるかも知れない評判の可能性にぞっとさせられた。彼は、仕事がどれほど予備試験の段階であるかを強調し、糖尿病に対して「いつの日か我々がほんのわずかでも手助けすることができるかも知れないというグループの希望」を話すように気をつけて、グリーナウェイとの非常に用心深い取材会見に応じた。グリーナウェイの記事は、1月14日に掲載された。ここが、バンティングにとっては、「我々」そして「我々の」に満ちた記事だった。それにまた彼とベストが目標をたいして達成していなかったことをほのめかしていた。確かに、マクラウドの陰謀をたくらむという意思は明白だった。

悲哀がつのると、バンティングはマクラウドが彼の仕事を盗むのではと疑っていることを他の人達に公然と話した。1月のある時、マクラウドはついに、バンティングが部下の研究を自分の手柄にするという地位の高い大学教授の恥ずべきことと言って公然と彼を非難しているのを知った。マクラウド、グラハム、C・L・スター、ベリエン・ヘンダーソン、アンドルー・ハンター教授そして恐らく他の人達を含めてのあわただしい会合後に、バンティングとマクラウドはそこに多くの誤解があったことに同意した。今、彼らは過去のことを水に流そうとした。マクラウドは、グループの業績発表の時に研究への参加者の名前をアルファベット順に載せることで功績の問題を解決するものと考えた。従って、バンティングが最初で、ベストは2番となった[22]。

コリップが抽出物を精製する仕事をしている間、バンティングはすることが余りなかった。彼はグループが必要とした実験用の外科手術をなんでも行った——余り多くなく——彼とベストの延命実験犬33号の世話をした。それからコリップに供給される抽出物の準備をするベストの手助けをし、それに彼の将来について気をもんでいたのかも知れない。「ベストと私は、他の人達と同じようにマクラウドの下で単なる助手になった」、と彼は多くの年月を経た晩年にこれらの数カ月について認めた。「我々は彼らの実験に必要とされた時に抽出物を求められた。我々は除膵犬そして他の外科的仕事を用意することを請われた。計画はおろか実験も、結果も、我々とは議論されなかった[23]」。

コリップは、来る日も来る日も、夜な夜な、抽出物を精製するのを試みて働いていたので、彼はバンティングと何かを議論する必要性がなかった。バンティングは、コリップを手助けして複雑な抽出過程を進展させるどんな専門的な技術も持っていなかった。12月初めに、抽出物を調整する彼らの方法を彼に示した後は、バンティングもベストも研究にたいして貢献していなかった。実際、彼らは今や彼ら自身の抽出物を作成するのにコリップの多少改良されたものを用いていた。それを仕上げるのに、バンティングは明らかにグループの一連の責務を破って、他の人達に対してあらゆる種類の困惑といざこざを引き起こして、失敗した臨床試験での問題をとても分かりにくくしていた。バンティングに対するコリップの態度は、彼を全く無視するものだったのかも知れない。あるいはあからさまに批判的、それどころか軽蔑したものだったのかも知れない。1月のある時、コリップは、時折抽出物が家兎に惹起した重篤で、時には致死的な痙攣は、効力のある薬用量が余りにも度がすぎる血糖降下を生じた影響により生じたものと気づいた。このことは今では「インスリンショック」として知られている低血糖反応を惹起させていた。もしもこの現象とその解決法（糖）についてコリップの発見が最初のトンプソン少年の臨床試験の後に起こっていたならば、動物実験がインスリンの致死的性質を明らかにしてしまう前に、抽出物を人で試すことを主張していたことに対して、彼はバンティングを非難するとりわけ格好の理由を持っていただろう。彼は当然のことながら、危険なむこうみずなことでバンティングを責めることができたかもしれない。

ある1月の夜遅く、多分16日に、コリップは抽出物をどのようにして精製するかを見出した。彼は抽出物の活性成分を「捕える」ことができるのを見つけた。最初に、活性成分が溶けているが不純物成分の大部分は含まれていない膵‐アルコール溶液を作った。それから、活性成分自体が粉状で沈殿する限度にまでアルコール濃度を上げた。「私は、これまでに私に気づかせた恐らく最も素晴らしい興奮のその瞬間を古い病理学棟の最上階で全く独りで経験した」とコリップは1949年に思い出を語った。[24]

1月23日に、レナード・トンプソンは膵抽出物の2回目の注射を受けた。この時、それはコリップの精製された抽出物だった。結果は目を見張るものだった。少年の血糖は正常にまで下がり、尿中の糖はほとんど消失し、ケトン体は尿中から本当に消えていた。元気のない、半ば昏睡状態の子供が、目に見えて快活となり、そしてますます元気になった。少年は体力がずっと回復したように思えると医師達に話した。医師達は感動したに違いない。というのも彼らは研究者達が何か非常に重大なことを見つけた最初のはっきりした証拠が目に入っていたからだった。彼らは糖尿病を治療することを発見した。

それは喝采と賞賛の時であったはずだった。しかし、発見者達の間での私的な関係はほとんど信じられないほど、崩壊していた。1月17日と24日の間に、コリップは彼が大発見したことをバンティングとベストに話した。彼らは彼がそれをどのようにしてなし遂げたかをたずねた。彼は彼らに話すことを拒否した。

態度に平静を装ってはいるものの、コリップは疲れていて、それに世間知らずだった。見えない所で、彼は彼の栄光を彼らの顔にこすりつけようと試みていて、尊大だった。著書『インスリンの発見』〔訳者注：本書の著者が執筆〕の中で認（したた）めたのだが、私はコリップがバンティングのように、疲れて、いらいらしていたと推測している。チームにどんな信頼も残されていなかった。被害妄想が被害妄想を生んでいた。もし対決が1月24日の夕方までに起こらなかったならば、私は今では信じるに至っているのだが、コリップとマクラウドはバンティングとベストに話すことなく、先に進めていって、コリップの精製された抽出物をトンプソンに試していたのはありそうなことである。

それはバンティングの手に負えないものだった。仕事の全て、あらゆる失敗、計画、期待、論争、間違った出発、励みとなる成功、臨床、試験、挫折、その他種々のことがあった後、この時に、謎を解いた、遅れて来た人、コリップがいた。コリップは秘密を持っていて、それをバンティングに話そうとはしなかった。多くの男らしいカナダの男達はこのような二枚舌に対処する唯一の方法があるのを知っていた。コリップの顔がシーツのように白かったのを、バンティングは覚えていた。「彼は去るそぶりをみせた。私は前に立ってオーバーコートの片腕で彼をひっつかんだ。そしてほとんど彼を持ち上げて椅子にしっかりと座らせた。私は言われた全てを覚えていないが、彼の背が大層低いのは幸運だったと彼に話しているのを覚えている――さもなくば、私は『彼を地獄へ叩きのめしていた』かも知れない」。「バンティングは完全に怒っていた。それなのにコリップは幸いなことにひどく傷ついてはいなかった」、とベストは書いた。「私は自分の命令に従って全力を尽くしてバンティングをとり押さえていたのを思い出すことができる」。クラーク・ノーブルはかつて、バンティングがコリップを押さえつけて、彼ののどを締めつけている漫画を描いた。彼は、それに『インスリンの発見』という題をつけた。[25]

J・J・R・マクラウドの妻はかつて、インスリン発見時期の苦労についてのいくつかを友人に語っていた。彼女の夫が家庭でくつろいでいると、電話のベルが鳴って、それで彼は研究室での益々つのる口論を処理するために急行しなければならなかった。コリップに対するバンティングの攻撃直後の結果についての詳細は、何も残っていない。1月25日に研究者四人全員によって署名された和解協定の類だけが実在する。バンティング、ベストそしてコリップは、マクラウドの全般的な指示の下に、大学に創設されたばかりのコンノート抗毒素研究所と協力して、抽出物を開発するために一緒に仕事をすることに同意した。合同会議はなく、方策は以前と変わらずなんの変化もないものだった。バンティング、ベストそしてコリップの各々が、独立で特許を得る手続きのどんな手段もとらないと約束した(コリップへのバンティングの怒りには、彼がこのことを試みようと計画をしていた確信が含まれていた。コリップはバンティングが同じことをしないとは信用していなかったのかも知れない[26])。

バンティングとコリップは、「遠慮なく言い合って」いた。カナダ人でよくいう、どんな二人の少年も校庭で、あるいはアイスホッケーの氷上の中央で遠慮なく言い合うというやつだ。確かに、緊張は和らぎ、チームはその素晴らしい勝利のために開発し続けることができた。コリップはウォルター・キャンベルの患者達に試すためによりもっと多くの抽出物を生産した。キャンベルと彼の同僚、A・A・フレッチャーは他の糖尿病患者六人に臨床試験を広げた。1915年に大学にコンノート研究所を創設させた、抗毒素に興味を持つJ・G・フィッツジェラルド教授と一緒に仕事をすることで、コリップはさらにずっと多量の抽出物を作る準備をした。トロント・スター紙の記者グリーナウェイはさらに多くの情報を求めてチームを絶えず困らせていた。そこで彼らは自分達の仕事について中間の科学的報告書の出版を決心した。2月末に執筆されたが、論文はバンティング、ベスト、コリップ、キャンベルそしてフレッチャーによる『糖尿病治療に於ける膵抽出物』と表題がつけられた。その論文は、1922年3月22日に「カナダ医学協会誌」(*Canadian Medical Association Journal*)に掲載された。

マクラウドは、抽出物の生理的効果を探究し、しかもトロントが膵臓の内分泌物を本当に発見したという主張を固めるために計画された、いくつかの実験を指図していた。例えば、ベストは糖尿病患者の呼吸運動に対する抽出物の影響を検証するために実験に取り組んでいた（彼は糖尿病患者の被験者としてジョーゼフ・ギルクリスト医師を起用した）。クラーク・ノーブルは、高血糖家兎への抽出物の効果を研究するのを手伝うためにチームに加えられていた。コリップは抽出物を調整した。キャンベルとフレッチャーは臨床試験を取り扱った。バンティングは何をしたのか？　たいして多くはなかった。犬を糖尿病にするために数匹に膵臓摘出手術、抽出物の投与前後に肝臓の脂肪量を測定する実験でマクラウドを手助けするという、いささか実質上は不要な仕事だ。バンティングは悟ったのだが、マクラウド、コリップそしてキャンベルという真の専門家達のために実験助手として尽くすことを除いて、彼がすることはほとんど何もなかった。

バンティングは、それらが全て彼とベストがしてきたことをもとに築き上げられていると思った。1月25日の明白な和解にもかかわらず、バンティングは相変わらず戦闘体制にあって、功績について彼の正当な分け前を失うまいと決めていた。誰もが、コリップが実際に使える膵抽出物を作成したと言っていた。バンティングは、彼とベストが実際に使用できる抽出物を作成したと信じていた。彼らは、彼らの夏と秋の一連の実験からあらゆる根拠（そして少なくとも、バンティングは、雑誌「実験と臨床医学（*Journal of Laboratory and Clinical Medicine*）」の2月号に掲載された、「膵臓の内分泌物」という彼とベストの最初の論文を見て満足した）を得たのみならず、またあの冬の延命実験があった。1月末まで、犬33号はバンティングとベストの抽出物で8週間以上もの間、生きながらえていた。確かに、この犬はバンティングとベストが有効な抗糖尿病抽出物の発見者であると納得させる証拠だった。

もしバンティングとベストの犬の状態に関する記録が完全で、疑いのないものであったならば、それは彼らが有効な抽出物の発見者である証拠になったかも知れなかった。しかし、バンティングはよくわかっていたに違いないのだが、記録は完全なものではなかった。さらに、マクラウドがバンティングに指摘したのだが、彼が持っていたデータは、余り重篤な糖尿病ではなかったゆえに、犬が長生きしていたという可能性を除外していなかった。もしバンティングの犬の膵臓摘出手術が完璧でなかったならば、膵臓摘出術では全くありふれた欠点で、膵臓の十分な残存が抽出物の有無とは関係なく犬を生かし、長生きさせたかも知れない。

彼らは調べることを決心した。犬33号が1月27日に殺された。「独立した、公平な」病理学者が、剖検を行った。彼はバンティングが膵臓の小さな一部分を取り残すという誤ちを犯していたのを見つけた。それは組織の小さな結節に過ぎず、直径が数ミリメーターで、十二指腸の粘膜下に付着していた。確かに、それが影響を生じさせるには十分ではないと、バンティングとベストは思った。しかし彼らはそれが影響を生じさせたかも知れないと認めなければならなかった（膵臓の小さな一部が時折影響した。今日、誰もこれが影響したかどうかを確かめることはできない）。バンティングは、彼とベストの優先権を決定的とするために用いることを期待していた根拠の一つが、不完全な手術のために割り引いて考えられなければならなかった。「実験は最終的な結論づけではない」、と彼とベストはそれを彼らの出版された報告書に入れた。さらなる失敗だった。全てが上手く行っていなかった。[27]

「私にとって、それはとてもつらい時期だった。ベストは研究室で仕事についてマクラウドおよび他の人達と相変わらず親密だった。私は全くお門違いだった。マクラウドはあらゆる生理学的研究を引き継いでいた。コリップは生化学領域を引き受けていた。グラハム教授とキャンベル医師は研究のあらゆる臨床的側面に関して責任を負っていた。彼らの誰もが、私と一緒に仕事をすることを全く望んでいなかった」。バンティングは、それを全て放棄し、そして「私が役に立ち、望まれている範囲内で」、実地医療に従事しようと思った。時折、彼は新しい研究に進むことを夢みていた。癌はどうなのかと、明らかにマクラウドの生理学教科書でそれについて読んで時間をぶらぶら過ごしていた間に、彼は思いをこらした。2月4日に、バンティングは彼のノートの一つに書き留めた。「癌の治療は、組織細胞の増殖を阻止する何かの物質（化学的なものあるいは内分泌物）の獲得（obtain、原文のママ）によって発揮されるであろうと、私は考える」。翌日、彼はアイデアを抱いた。「癌から得た液体を注射し、そしてそれが隣接する細胞に増殖を惹起するかどうかを調べる」。2月中そして3月に入って、彼は癌についてとりとめなく読んだ[28]。

また、あれこれ考えるという彼の個人的な境遇の問題もあった。ベリエン・ヘンダーソンの薬理学教室における彼の仕事は、確かに苦境を救ってくれるものだったが、学期の終わりには終了することになっていた。バンティングは何をすることができるのか？　マクラウドは生理学教室で彼を必要とするのだろうか？　どんな身分で？　生理学の教授？　それはありえなかった。30歳の若手の講師あるいは研究室の実験助手か？　おそらくそうだろう。

あらゆることを複雑にしたのは、エディスが彼の生活に戻っていたことだった（彼女は決して彼の生活から離れてはいなかったのかも知れない）。そして3月に、彼らは将来に対するもうひとつの不安を経験した。我々は、そのことについてバンティングの卓上カレンダーに書かれたたじれったいわずかなメモからわかる。3月17日「Eがこれまでに書いた最も人間らしい手紙。別れの手紙」その下に、彼は書いた。「余り良くない——少しの蒸留酒（a little spirit）」。恐らく、それは手紙のことを指していたが、彼の1940年の原稿、『インスリンの物語』の中で、バンティングはその冬の出来事が彼を打ちのめしたことを告白している。「少しの蒸留酒（a little spirit）」は、バンティングが彼の悩み事と不幸を消すために、毎晩鎮静剤として用いていたアルコールであったのかも知れない。研究室への彼の出勤は減った。しかし、研究室にはアルコールがあった。禁酒時代に、酒類は高価で、それに手に入れることが困難だった。強い濃度のアルコールが膵臓抽出物を作るのに使われていた。「二度の機会に、私は実際に研究室から純度95％アルコールの0・5ℓを盗み、水で薄め、眠るためにそれを飲んだ。私がしらふで床についたのが、1922年3月の月で1晩あったとは思われない[29]」。

大学のグループは、ランゲルハンス島で作られた、抽出物に名前をつけるのにラテン語の語源、インスリン（*insulin*）を用いることに決めた。この言葉が、はじめて公に用いられたのは、J・J・R・マクラウドが1922年5月3日にワシントンDCでの排他的なアメリカ内科医協会の会議で発表した論文でだった。その機会はほとんど発見の公式発表に近かった。聴衆が講演を聴いた時、彼らはトロント大学でのインスリン発見が近代医学の進歩における幕明けの出来事とはっきり理解した。トロントグループは真価を認めるという起立による意思表示を受けた[30]。

バンティングの名前はマクラウドが講演した論文に載っていた――実際、バンティングはアルファベットの順位のゆえに最初に来た――ベスト、コリップ、キャンベル、フレッチャー、マクラウドそしてノーブルの名前と一緒に。しかし、バンティングは拍手喝采で誇りとする場所には居合わせなかった。バンティングはトロントに戻っていて、彼とベストは彼らが旅をする経済的余裕がなかったと他人に話していた。誰も、これが真の理由であるとは信じなかった。

訳者註1：経口的に投与された蛋白質から作られた薬は、一般的に消化管で分解されて効果が損われる。最近、開発がすすめられている経口インスリン薬の効果は確かめられているが、市販には至っていない。

Frederick Grant Banting

第5章

バンティングの勝利

バンティングは、大酒飲みの抑うつから回復し、抵抗し始めた。ここに、彼が3月の失望と過度の飲酒から急に抜け出た道のりについて、1940年に書かれた、彼のメロドロマ的な記述がある。

❖

3月31日の夜、10時30分頃に、ベストがグレンビル34番地の私の部屋にやって来た。部屋は煙草で青白かった。私は寝る準備をしていた。ベストは、状況を判断し、寝る準備を止めるよう言い続けた。彼は私に、作用する抽出物を得ていなくて、マクラウドはやきもきしていると話した。コリップは、彼の手順を書き留めていなかったので、それを再現することがかなわず、抽出物を作成することができなかった。キャンベルは全くお手上げだった……私は彼に言った、彼らが全く忌々しいものを得ることに興味がなく、そして私はヘンダーソンに雇われた教職学期を終え、それで今度は我慢するのに相応しい人がいる場所を捜すつもりだと。

それから、ベストは私の態度を変えてしまった恐らく唯一のことを言った、「私はどうなるのか？」「君の友人マクラウドが世話をするであろう」、と私は言った。ベストが応えた。「もしあなたが出て行くならば、私も出て行く」。しばらくの間、沈黙があった。我々が一緒に知った初めの頃の実験の喜びの全てに思いをめぐらした。この点で、誠実な行為があった。私はグラスを空にした。「それは、インスリンが糖尿病患者の血管内を循環するまでの、いつかは手に取るであろう最後の飲酒である。それを承諾しろ、チャーリー。我々が止めた場所で、明朝9時に実験を始める」。ベストは喜んだ。我々は腰を掛け、我々が数百回と行って来たように実験計画を練った。

バンティングは、いくつかの事実を取り違えていた。だから記憶の中で体験をセンセーショナルに扱っていたのかも知れないが、それが起こったことを信じない理由は何もない。ベストは後に、いささか似たことが他の場合にも起こったことを付け加えて、話を裏付けた。バンティングが絶望的になってそれを必要とした時に、ベストによる友情のこの表明は、彼の栄誉を年下の者と分かち合うというバンティングの後の決意に欠くことのできないものであったように思われる。バンティングが上手く行かなかった時に、ベストが彼の救出に現れた。

より重大な影響をもたらした失敗は、コリップのもので、インスリン開発を目指したあの冬の計画の全てを駄目にし、それで次の4カ月間バンティングの運命は途方もない逆転をすることになった。彼は、有効な抽出物を作成する能力を全く失ってしまった。それは多分、七人の患者が治療されて、最初の論文が起草され、大規模なインスリン生産の器械が医学部棟の地下2階に取り付けられた後の3月中旬頃に起こった。コリップがこれらの相当な量の一群(バッチ)の製品をつくろうと試みた時に、それらに活性のないことがわかった。彼の小規模の研究室での方法に戻してみて、彼は似たような結果を得始めていた。最初は非常に活性の弱い抽出物、それから全く効力がないものだった。研究室の問題は、最も重篤な糖尿病患者の一人である小さな少女が昏睡に陥った時に、悲劇となった。科学者達が手元に持ち合わせた、弱くて不十分に調整された抽出物が、彼女を一時的に生き返らせた。それが使い尽くされた時に、少女は昏睡状態に戻って亡くなった。

コリップがそれを書き留めていなかったので秘訣を失ったというバンティングの主張は、少しばかり道理に適っている(コリップは敏速で直観力ある研究者だが、几帳面に記録を保持することは得意でなかった)、しかし簡単に割り切るにはほど遠かった。1922年にインスリンを作成することは、インスリンをつくろうと試みた他の誰もが翌数カ月経って見つけ出したが、隠れた困難と変わり易いものに満ちた、未知の世界での冒険だった。振り返ってみて、正真正銘の驚きは、コリップが3月に失敗したことではなく、彼が1月にそもそも成功したことだった。彼の抽出を繰り返すという試みにおいて、彼は薪ストーブと目盛りのない計量カップを使って料理の傑作を再現するのを試みるシェフ、あるいは全ての投球に対してホームランをかっ飛ばそうと試みる野球選手のようだった。彼の悩みごとに加えて、コリップは家族がインフルエンザでうちのめされていたので、貴重な時間を研究室から離れて過ごさなければならなかった。

抽出物およびその特性へ進展する研究の開発計画は、皆が抽出物をどのようにしてつくるのかという問題に立ち戻っている間、一時中断されなければならなかった。このことは、バンティングの記憶の中では、ベストが説得して彼を研究室へ戻した時だった。彼は、ある満足感で戻ってきたに違いない――占拠していた大立者達は彼らの最善を尽くしていた。今やバンティングとベストは再び必要とされた――コリップの明らかな杜撰（ずさん）さあるいは愚かさに理解しえない軽蔑と組み合わさって。見下げた奴が聖杯を見つけ、それからそれを失う。彼らの闘争に続く、1月25日の合意は、バンティングとコリップとの関係を一時的に収めるのにほんのわずかな間だけ成功した。バンティングは、その春にコリップに対して非常に激しく怒っていたので、恐らく彼らの間に別のすさまじい争いが生じた。幾つかの風評の中で最もありそうなことは、バンティングがある日医学部棟の通路でコリップをひっつかみ、もし彼が方法を見出さなかったならばカレッジ・ストリートへの道すがら彼の尻を蹴っとばすと言ったということである。通りすがりの人達が彼らを引き分けた[1]。

事実は、バンティングが自己憐憫と自己弁明する思い出で自分のことを考えている限り、彼はインスリン情勢から決して遠ざかってはいなかったと言ってもいいほどだった。コリップのインスリン生産失敗以前は研究および臨床試験で彼には重要な役割がなかったことを示唆していることに、彼は間違いはなかった。しかし、トロントで大発見という噂が流布し始めるにつれて、バンティングは非常に上手く目立つ場所へ引き込まれ、それどころか優勢な状況におかれた。

何よりもまず第一に、以下に述べるこれらのような路線を用いることなくしてインスリンの発見について話したり、書いたりすることは難しかった。

「彼らはそれをどのように行ったのか」

「ところで、それは全てバンティング医師と彼が抱いたアイデアで始まった……」

それは全て、バンティングと彼のアイデアで始まった。彼に考えがあった。彼のアイデアがインスリンの発見に導いた。彼とベストは、彼のアイデアを試すために実験を行い、そしてそれは全て上手く行った。確かに、他の幾人かが助けた。それは丁度エジソンやマルコーニを人々が手助けしたように。しかし発明のアイデアを持った人を発明家とは呼ばないのでないか？　ある時、聡明な実業家が大学の理事会に対して、起こったに違いないことについて見解を申し出て、説明をしたのだが、「もし誰かが我々に気に入らせるアイデアを持ってここの我々の工場施設を訪れたならば、我々は彼にそれを完成させる機会を与えたでしょう。我々は彼が勝手に使える専門家達を配置し、彼に鋼のような強い性質の必要なものを彼に提供し、そして彼が失敗するかも知れないことがないような提案で彼を手助けするでしょう。けれども我々は彼を発明家と見做(みな)すでしょう」(2)。

門外漢には、インスリンの発見に導いた複雑な共同研究の過程を理解するのは容易ではないかも知れない。多くの部門の医師達でさえも、全く大間違いをしていた人が偉大な素晴らしいアイデアを持っていたバンティングだったという主張の欠点に、気づかなかった。欠点とはこのことだった。膵臓の外分泌物を崩壊させるために膵管を結紮するというバンティングのアイデアは、インスリンの単離に際して生理学的に根拠がなく、技術的にも重要なことではなかった。それはバンティングとベストに膵抽出物をいじくりさせ始めたという意味を除いて、上手く行くアイデアではなかった。彼らの膵抽出物をもてあそぶことの結果は、マクラウドにさらなる仕事に支援させることを納得させ、そしてコリップが彼らに加わるというバンティングの要望に同意させるのに十分だった。これらの良い結果は、幾分かはJ・J・R・マクラウドの助言の結果で得られた。誰もが全く不活性な膵抽出物をつくることが困難であるゆえに、また、素早く、多くの血糖値を読めるのを実践的にした新しい化学的技術のゆえに。そしてバンティングとベストが慎重であるべきことを十分に知らなかった未熟な熱狂者であったがゆえに。コリップがバンティングとベストの粗製の抽出物を精製することに成功した時、やっとトロントチームは、パウレスクと幾人かの他の先駆者達によってすでに達成されていた内分泌物に対する探索の段階を凌駕して進展していた。著書『インスリンの発見』の中で大層長々と論じたのだが、インスリンはJ・J・R・マクラウドによって指導されて、多くの研究者の間での協力の結果として1921~1922年に世に出た。マクラウドはベストの手助けを得たバンティングによって始められた計画を発展させ、勝利を得る成果にまで進めた。唯一最も重要と言える技術的な偉業は、コリップによる抽出物の精製でなされたことだった。自力では、バンティングとベストは多分インスリンの発見を達成していなかっただろう。彼らの仕事は、引き継がれて、他の何処かで勝利の結末をもたらしていたかも知れない。

マクラウド、コリップのようなそんな内部の者そして彼らの友人達を含めて、非常にごくわずかな科学者達はインスリンがどのようにして発見されたかを知っていた。1922年12月に、バンティングとベストの初期の仕事の不備について容赦のない暴露がケンブリッジ大学の研究者であるフランコン・ロバーツ博士からイギリス医学誌（*British Medical Journal*）への長い書簡の形で掲載された。しかし、それはインスリン発見そのものの祝賀で忘れられてしまった。そしてよりずっとよく知っておくべきだった歴史家および教科書執筆者達さえも、バンティングのアイデアが実際に持っていたよりもっと重要な生理学的意義をもつそれを認めるのに1950年代まで待たなければならなかった。[4]マクラウドはバンティングにロバーツの批判を見せないことに決めた。インスリン発見についてのバンティングの報告の全てから、それにベストのよく考えた上での意見から察するに、バンティングは膵管結紮のアイデアの限界を決して理解していなかった。彼はアイデアを持っていた。彼とベストは、アイデアを上手く成就させるためにいまいましい生き地獄を経験した。アイデアが上手く行き出した丁度その時に、最初はその考えを決して信じなかったマクラウドがやって来て、仕事と功績を占拠した。バンティングの作りあげた説の最初のそして最も確固たる信者は、バンティング自身だった。

それにバンティングは、いつも彼らしい手に負えない根性を持ち合わせていて、有利な立場の闘争を放棄する訳にはいかなかった。希望のない絶望の時期でさえも、バンティングは何が起こったかについて彼の見解を広め続けることで戦い続けた。彼がどんなことをしてきたのか、彼らが彼をどんな風にして取り扱ってきたのか。発見過程についての彼の説明は、まことしやかなそんな響きを持っていた。それで、少なくとも思慮の浅い点で、彼の確信はマクラウドとコリップが正当に彼のものである功績と栄誉を持ち去っているということだった。門外漢の誰もが、科学者は不正行為とは無関係なものと知っているし、あるいは思っている。教養があり、影響力のある教授等が、お人よしですぐ信用する若い研究者を注目の的から徐々に追放していたかも知れないという考えは、信じられないことではなかった。グループの誰もが、インスリンのかもし出すオーラはきっと非常に輝かしく、とても魅力的なものであるはずだとかなり早い時期によく分かっていたに違いない。陰謀を企てる教授が誘惑に敗けて、バンティングとベストを一体どうやって輪の縁に軽く押し出しうるかに気づくのは難しいことではなかった。

それなのにフレッド・バンティング自身については、彼の不器用さにもかかわらず、好感のもてる若い人の魅力があった——多分彼の不器用さゆえに。アイデアがどのようにして彼に閃き、マクラウドの妨害、自身の金欠病、1921年夏の熱さと悪臭に対して彼が如何に戦い、そして今彼が如何に事態から追い出されようとしているかを、たどたどしい、入念に仕上げられていない流儀で説明する、この粗野で率直な若い医師ほど正直な男がこれまでいたのか？　彼の人生においていつでも、フレッド・バンティングは他の男達の友情と忠誠心を手に入れることができた。彼の友人達に対する正直さ、男らしさ、率直さそして彼自身の誠実な行為のゆえに、彼らは彼が好きだった。フレッドについて偽るというどんな様子も決して見られなかったし、彼について行いに二通りはなかった。彼は、彼が考えていることを言い、それに彼が考えていることは真実だった。彼は自分を信じてもらうことを期待する。だからもし彼を信じなかったならば急いで立ち去っているか、それについて戦う準備がされているかも知れない。インスリン発見の「真実」の物語を話す彼に耳を傾けた大多数の人は、彼を信じた。彼らの幾人か、かなりの地位にある彼の友人の仲間は、彼が進路を元に戻し、インスリンの仕事とインスリンの栄誉の最前線に戻る方法を見出すというような非常に重要な助言を彼に与えた。

ベリエン・ヘンダーソンは彼の最も気心の知れた相談相手だったかも知れない。バンティングはたえず、自分とインスリンをカナダに引き留めておこうとしたことに対して、ヘンダーソンに過度の感謝と信頼を寄せた。ヘンダーソンは、早口で喋り、時折気取っていたが、男らしくそして誠実な人で、大学の不誠実な駆け引きを避ける術を知っていて、彼の仲間から一般的に好意を持って評価されていた。彼がバンティングに与えた助言についてほとんど知られていないし、助言を与えた動機についても一層知られていない。一般的に言われていたのだが、とりわけベストによってだが、ヘンダーソンはマクラウドが嫌いで、バンティングの偏執病(パラノイヤ)に敵対させたのだと。恐らく、彼もそうした。他の人達はヘンダーソンがよりもっと政治家らしいと思った。というのもヘンダーソンはバンティングの憤怒の極端な状態を和らげるのを助けたり、彼の科学的無知および彼の作法の上品さの欠如を軽蔑する大学の人達とバンティングとの間に必要とされた調停する役割を演じていたからだった。

バンティングの以前の指導者の一人である、G・W・"ビリー"・ロス、治療学者は、バンティングのうぬぼれに協力した。ロスは自身が、研究に手を出していて、結核を治す血清の発見を1909年に公表していた。随分もっとしっかりと基礎づけられたインスリンの発見は、ロスをこの上なく感動させ、彼は直ちにバンティングに心酔した。カナダ医学における卓越した人物ロスは、彼自身ではなく、彼の父親、尊敬すべきサー・ジョージ・ウィリアム・ロスがオンタリオ州の最も新しい自由党の州知事であったという事実の美徳で、優れた医学的／政治的縁故者等の幾人かを知っていた。州知事ロスの息子は、如何に有力者を動かしてこっそりと目的を遂げるかを知っていた。例えば、患者の一人であるスター紙の記者ロイ・グリーナウェイにインスリンの仕事に、そしてよりもっと特に物語についてバンティング側に注意を促していたように思われる人物、それがロスだった。グリーナウェイはインスリンに関する2回目の大がかりな記事を1922年3月22日に公表した時（*CMAJ, Canadian Medical Association Journal*、カナダ医学協会誌の論文に合わせるために）、小見出しは「バンティングはこの結果に全てを賭けている」だった。研究についての記事は、バンティングの立場をかなり強調したものだった。続報の記事は、「バンティング医師による発見」の「画期的な」物質に関して、「医学史上で成し遂げられてきた最も輝かしい研究の一つ」、とロスと身元を確認できる、トロントの医師の言葉を引用した。これは、正しくバンティング支持に働くロスの骨折りの始まりだった。

いとこのフレッド・ヒップウェルは、当然のことながらバンティングの主張を擁護することを決めたもう一人のトロントの医師だった。実際、ジョーゼフ・ギルクリスト医師、糖尿病患者でバンティングの同級生も、バンティングの非常に親しい友人アンガス・〝スコッティ〟・マッカイのような他の同級生と同じく、そうだった。バンティングは相変わらず告白を聞く父親の類としてC・L・スターの所へ行ったが、また他の外科医の友人、D・E・ロバートソンによって理解された。ロバートソン、実利にさとい直情的な男は、評判についてのくだらない騒ぎにだんだん我慢できなくなってきたようである。彼にとって、それは糖尿病患者の身体にインスリンを入れるという仕事の進路を邪魔しているように思われた。

反目の状況に我慢のできない他の当事者には、コンノート研究所の所長であり、衛生学教授であるJ・G・フィッツジェラルドがいた。フィッツジェラルドは、バンティングとコリップの争い時にはっきりとは仕事に関わっていなかったけれども、1921年の夏の早い時期にバンティングと接触していたのかも知れない。[4] コリップは、1922年の春にチームの抽出物生成の専門家となり、フィッツジェラルドおよびコンノート研究所との橋渡しを務めていた。インスリンが大変不足した時、フィッツジェラルドとコリップとの関係は疑いもなくよそよそしい状態になっていたように思われる、恐らくコリップがコンノートの施設で余り時間を過ごしていなかったからだった。[5] ベストがバンティングを研究室へつれ戻した時の出来事は、コリップには問題を処理する能力があるように思われなかった仕事に誰かが取りかかった方が良いと、フィッツジェラルドが我慢し切れずにベストあるいはマクラウドに話すことで始まっていたのかも知れない。

インスリン発見者四人皆が、インスリンを製造するこつを再発見するのを試みて長時間働いた。バンティングのノートは、抽出物を作成するのにグリセリンを使用した実験がインスリンの多量生産には至らなかったことを示している。マクラウドとベストは、むらのある真空蒸留器の使用をあきらめて、温かい空気の流れによって抽出液からアルコールを気化させる過程に頼ることに決めて一緒になって働いていたように思われる。コリップは明らかに、アルコールの代わりにアセトンを用いることを示唆していた。バンティングはたえず、インスリン生産過程の再発見でベストが最も重要な役割を持っていると認めていた。晩年に、ベストはいつもその役割を主張していた。著書『インスリンの発見』での慎重な記述の範囲を超えて、ベストが、グループの貯えた知識を利用しそれから多分バンティングと一緒に仕事をして、グループが2カ月して確かめた活性を持った抽出物の最初の一群（バッチ）の製品を5月半ばに生産したと推測する理由がそこにあると、私は信じる。

彼は、それで持って何をしたのか？　コリップは、彼の完成した抽出物をトロント総合病院で試すためにウォルター・キャンベルに手渡していた。ベストは、フィッツジェラルドあるいはマクラウドの同意があったかなかったかわからないが、彼のものをバンティングに渡していた、と思われる。これは、バンティングの再起において極めて重要な前進となる行動の大きな変化だった。突然、初めて、彼は臨床的に用いるためのインスリンを手に入れた。

彼は、多分友人達の助言で、インスリンを臨床的にまさに用いようとして意識的に地歩を固めていた。早い段階で彼が医療を実践していなかったという事実が、臨床試験に対して彼を不適任と判定する理由となっていた。それは、永久的な支障とはならなかった。というのも１９２２年の春に、バンティングはブルーア・ストリート・ウェスト１６０番地に診療所を実際に開所し、私的な実地医療を始めたからだ。さらに最も重要なことに、４月にカナダ政府の軍人民間復職局の当局者が、トロントでバンティングおよび他の人達とインスリン状況について話し合った。その上特別の糖尿病クリニックのためにトロントのクリスティー・ストリート軍人病院で患者と施設を利用できるようにすると申し出た。バンティングがその世話をすることになった。今や、バンティングは医療を実践するのみならず、インスリンを使用するのにキャンベルがトロント総合病院に所有したよりも、ずっと良い臨床設備を持った。それゆえに、ベストが再びインスリンを手に入れ始めた時、臨床試験をするのにインスリンがバンティングのところへ行くのを阻止するのは難しかった。キャンベルとトロント総合病院は事態から切り離された。

再発見された抽出物の人での最初の試験は、多分ジョーゼフ・ギルクリストだった、彼は5月15日にクリスティー・ストリートクリニックでバンティングと一緒に仕事をすることに同意していた。翌週、インスリンはアメリカのニューヨーク州ロチェスター（トロントからオンタリオ湖を横切って丁度向かい側）のアメリカの内科医ジョン・R・ウィリアムズ医師に手渡された。利用できるようになるや否や彼は抽出物を約束されていて、それで彼はその名前をジェイムズ・ヘブンスという死にかけている糖尿病患者の命を救うのに試すことができた。１９２２年5月21日に、イーストマン・コダック社の副社長の22歳になる息子ヘブンスは、アメリカでインスリン注射を受ける最初の住民となった。最初の注射は効果が無いように思われた時に、バンティング自身が何処が悪いのかを調べるためにロチェスターに渡った。彼は、素早くインスリン投与量を増やすことを助言した。より多い量の注射は効き始めた。そしてバンティングはヘブンスに抽出物の供給を続けることを約束した——他の糖尿病患者からの要請の殺到を恐れて、成果の公表がない限り。

マクラウド、グラハムそしてフィッツジェラルドがインスリンを世話する臨床医としてバンティングの論法を自発的に受け入れていたかどうか、あるいは彼らがコントロールできない既成事実で自分達が困難に直面していることに気づいたかどうかははっきりしない。コンノート研究所の長として、フィッツジェラルドはバンティングとベストの背後で支持をはっきりと打ち出すことで重要な役割を演じていたのかも知れない。彼は確かに、コリップを支持しているように思われなかった。というのも5月の終わりに、J・B・コリップはトロントを去って、アルバータ大学での仕事に戻ったからだ。ベストはコンノート研究所でコリップに代わってインスリン生産を預かった。この頃、マクラウドは文通の中で「私の臨床仲間」としてバンティングに言及し始めている。マクラウドは、インスリンを入手することについてバンティング宛に届いた沢山の問い合わせに対して上手く管理できていることでほろ苦い安堵のような感触を持っていたのかも知れなかった、いずれにしろそれらの全てに誰かが返事を出さなければならなかった。

バンティングは後に、インスリン情勢をこのように書き留めた。「事態は手詰まりだった。ベストと私はインスリンの生産を管理した。そして私はクリスティー・ストリート病院にクリニックを持ったが、どうしたらよいかわからない患者が大勢いた。だから私は、医学部とトロント総合病院が私をスタッフとして雇うまでその病棟用のインスリンを手に入れることができないようにした[6]」。バンティング（とベスト）が、そのような冷酷で、道徳的に疑わしい態度をとって、実施してしまったかも知れないことを信じるのは難しい。バンティングがインスリンの大部分を管理したというのは事実である。これらの週のいつか、コンノート研究所のインスリン生産の2／3はバンティングの所へ行って、彼の私的実地診療とクリスティー・ストリートクリニックとの間で分けられることが（コンノート研究所と発見者達との間で明らかに）同意された。残りの1／3は、トロント総合病院と小児病院で使用ができるようにされていた。

バンティングがトロント総合病院で使用されるインスリンの条件として役職を要求していたといいと、医師達およびトロント大学の上層部は状況がどうしようもないのを理解し始めていた。インスリンは、トロント大学の全く管理外でバンティングによって使用され出していた。大学は、その教育病院でバンティングがインスリンを使用する権利を拒否し、大学の医学部での役職を彼に提供することを拒絶し、そして（明らかに）どんな類のいかなる終身役職も彼に申し出なかった。インスリン発見者に何という振る舞い！　さらに事態を複雑にしていたのは、バンティングがトロントを去るのに魅惑的な申し出を受け取り始めていたことだった。5月初めに、彼はバッファロー大学での重要な地位に誘いをかけられた。6月初めに、イーストマン・コダック社のジョージ・コダックがバンティングにロチェスター大学の新しい医学部に来て、仕事をすることを勧めた。[7]その月半ばに、バンティング、ベストそしてクラーク・ノーブルはジョン・ハーヴィー・ケロッグ医師のバトルクリーク療養所で職員を対象に講演するためにアメリカ・ミシガン州バトルクリークに出掛けた。コーンフレークおよびピーナッツバターの創案者であるケロッグは、もしバンティングが施設の職員に加わるならば彼のために療養所の建物に特別ウィング（翼棟）を建て、彼に年間1万ドル支払うことを申し出た。[8]バンティングはトロント大学から望まれているという感じがしていなかった。彼と彼のインスリンは、ほとんど他の誰からも欲しがられていた。事実、発見の噂が北アメリカ中に広がった今、糖尿病患者と彼らの医師達はインスリンをやかましく要求していた。数百、数千の死の淵にある糖尿病患者が、この素晴らしい物質で彼らの命を救えたことだろう。

もし発見者達だけでも、再発見された初期の方法で今すぐ利用できる量よりもう少し多くのインスリンを生産することができたならば。その春、トロントグループは彼らの限界を悟った。それでインスリンの開発で彼らに協力するというインディアナポリスのイーライ・リリー社からの申し出を受け入れることに決めた。トロントとリリー社は彼らの知識の全てを出し合うことになった。リリー社の報奨物は、アメリカ合衆国の市場で1年間の専売権だった。他の製造会社の機先を制し、品質管理を維持するために、トロントグループはインスリンに関する特許を取得した。そして管理のために大学の理事会にそれを引き渡した。

バンティングは、以下のことを除いて、これらの協定に異議を唱えなかった。それはヒポクラテスの誓いをして来た医師として、発見に関するいかなる特許も取ることに対して当事者にならないことを示唆していたことである。したがって、最初の特許申請はベストとコリップの名前でだった。(バンティングの名前は後に、不実表示という起こりうる告発を避けるために加えられなければならなかった。彼は、誰もが彼の職業上の道徳に疑義を差しはさまない、入念な保証を与えられた)。リリーの化学者達は、6月初めに抽出物に関して仕事を始めた。彼らの生成物が臨床試験を行う準備が整った時に、計画では非常に熱心にインスリンを望んでいた主要なアメリカの糖尿病専門家達の幾人かに提供し始めることになっていた。彼らのうちの二〜三人は、すでに彼ら自身で抽出物を作成することを試みていた。コンノート研究所のベストがどんなに生産しえたとしても、初期のリリーによる生成物の相当な割合がまた、補足のためにトロントへ発送されただろう。

もし、バンティングがアメリカ合衆国から受け取っていた申し出のうちのいずれかを受け入れたならば、カナダでは更なるインスリンの臨床試験を行うことがひょっとしてなかったかも知れない。既に、バンティングが治療していた一人の小児糖尿病患者、ジェイムズ・ヘブンスは、ニューヨーク州ロチェスターに住んでいた。発見がなされた大学、市、そして国を離れるバンティングとインスリンの可能性は、恐ろしいことだった。そのような窮地に対して責めを負うべき人達について社会の非難は、激しいものだった。トロント大学はインスリンの発見を駄目にしていたかも知れない。そのような筋書きに直面して、バンティングと話し合うことが絶対に必要だった。大学および病院のどんな類の役職が、バンティングを満足させるだろうか?「もし我々が現在の状況においてトロントに糖尿病クリニックを維持できれば」、トロント大学学長ファルコナーは病院理事会の理事長にやんわりとした言い方で認(したた)めた。「それは関与した全ての人にとってとても好都合なものになるであろうし、もしそれがアメリカ合衆国へ移譲させられたならば不幸な出来事になるであろう」、と我々には思われる。[9]医学部の特別委員会は、行き詰まりをどのようにして終結させるかを検討した。

彼の成功が如何にゆるがないものになろうとしているかを悟って、バンティングは、調理場、研究室そして外来患者用の施設を備えつけられた、新しい50~100病床の糖尿病病棟がトロント総合病院に付け足されることを提案した。明らかに彼は、ロチェスターにあるイーストマンの富を引き出すことができると考えて、その施設を築くのに50万ドル調達する援助を申し出た。クリニックと並行して、大学は糖尿病とインスリンに関する臨床と研究の仕事が上手く機能するように編成するために、そこの小児科ユニットに似せて、内科の副科を創設すべきである。仕事に責任を持つ上級内科医は彼のスタッフに解決すべき困難な問題を割り当てるだろう。それで「そのような研究の成果は、実際にそれらを行ったり、あるいは他の方法でそれらを立案することで直接関与した人々の名前で発表される〈つもりだ〉」。[10]

ダンカン・グラハムはバンティングに何かを与えることに反対だった。グラハムは恐らく、経験のない、軽率な、多分頼りにならない臨床医から彼の患者を守らなければならないと考えていた。数週間にわたって、D・E・ロバートソンはグラハムの抵抗を押し潰す上で役に立った。バンティングについての彼らの苦情は彼らの友情をほとんど台無しにしたが、ロバートソンは最終的に、ジレンマは――「キャンベルは糖尿病について全てを知っているがそれを治療することができない、一方バンティングは糖尿病について何も知らないくせにそれを治療できる」、とロバートソンが表現したのだが[11]――ある種の歩み寄りによって最も上手く解決されうるものだとグラハムを説得して止めさせた。

バンティングは、彼もまた妥協で益しうると悟ったに違いない。というのも彼とギルクリストは、リリーのインスリンを間もなく手に入れようとしているジョスリンやフレデリック・アレンのような世界で一流の専門家達と同じグループでインスリンの臨床試験を行うには、嘆かわしいことに準備ができていなかった。専門家の手助けなくしては、バンティングはもたつき、愚かに見えたかも知れない。

6月末に、大学の医療施設は恐らく、不本意ながら、折れて従った。バンティングは、ダンカン・グラハムの下での役職、それにキャンベルおよびフレッチャーと協力してトロント総合病院で32病床の糖尿病クリニックの管理を提案された。バンティングは、年間6000ドルというかなりの給料を受け取り、新しい私的患者を引き受けず、そして医学部で一時的な大学職員の資格を与えられることになった。バンティングはこれらの条件を受け入れるのに時間を要した。また一方トロント大学は何事も早く処理しなかったのでクリニックは8月の終わりまで始まらなかった。

1922年の夏におけるバンティングの最優先事項は糖尿病患者を治療することだった。彼らは、北アメリカの至る所からトロントを不意に訪問し始めていて、インスリンを請い、金持ちのある人達はインスリンにいくらでも支払うことを申し出た。「糖尿病患者が至る所から群がり」、とその7月にフレッドはチャーリーに書いた。「それに我々が抽出物を地面から魔法で出すことができるとでも思っているようです[12]」。長い冬の間中、マクラウド、グラハム、コリップあるいは彼の妨げになる他の誰かを見い出して行動が束縛されていた後だから、気がつけばバンティングは突然、彼自身がたった一人でインスリン事情を預かっていた。コリップは永久に去ってしまっていた。マクラウドは魚の膵臓に関する研究を行うためにニューブランズウィックへ出掛けてしまっていた。グラハムは舞台裏へ消え去っていた。そしてベストでさえも1カ月の休暇をとってトロントを離れ、メイン州に滞在していた。

ただインスリン生産が上手く行っていたならば、申し分のない夏になっていただろう。そうは行かなかった。ベストと他の人達によって開発された新しい製法が、旧式で、危険で（それらが医学部の建物を爆破しかねなくなっていたという一点で)、経費がかかり過ぎで、それに全く当てにならなかった。医学部の地下室で作られたインスリンは、この上なく不純で、注射すると痛みを伴い、しばしば効果がなかった。ロチェスターのヘブンスは、トロントから夜行列車で輸送されていたインスリンの注射でひどく苦しみ、病気を一層悪化させ、昏睡し死の淵をさまよった。時々注射を受けていたジョーゼフ・ギルクリストと数人の糖尿病の兵士は、痛みと大きな膿瘍でひどく苦しんだ。

バンティングは、数人の私的糖尿病患者を受け入れることに同意し、その内の三人はアメリカ合衆国から連れてこられたとても重篤な子供達だった。マイラ・ブラウスティン、ルース・ホワイトヒルそしてテディ・ライダー。60年以上経った後、1922年のその夏に6回入院したテッド・ライダーを私は取材している。その時、彼は世界中で生存している誰よりも、より長くインスリン治療を受けていた。ほとんど驚くべきことと言ってもいいのだが、彼の93歳の母親、ミルドレッド・ライダーもまた存命で、取材されるのに応じてくれた。勿論、彼女は息子に比べてずっとより多く、トロントについて覚えていた。

彼女は、バンティングが内科医である彼女の義兄に、より多くのインスリンを入手できるかも知れない9月迄、テッドがトロントに来るべきではないということをどんな具合に話していたのかを覚えていた。「彼は9月には生きていないだろう」、とモートン・ライダーが答えた。バンティングは同情的になった。ミルドレッド・ライダーはバンティングのブルーア・ストリートの診療所を覚えていた――どうみても少しも診療所らしくなく、古い台所の飾り棚にほんのわずかな必需品。奇跡の薬を持つ医師が彼女には少しも恐ろしいとは思われなかった。それに彼女はトロント総合病院の看護師および医師が彼が誰なのかをどうみても知っているとは思われないことに気づいた。順番に、バンティングは私的診療所でテッドを治療することを彼女に説得した。なぜならば彼らがトロント総合病院における糖尿病患者の特別食について非常にわずかしか知らなかったからだった。バンティングが夏の夕方にやってきて、いくらかのインスリンを持参した。彼とライダー夫人は、彼が彼女に女友達とのいさかいについてそしてマクラウド教授と折り合って行くのがどんなに難しいかを語っている間じゅう、緑樹の影の下、賃借の部屋で一つの大きなテーブルの周りに座っていたものだった。話変わって、7月10日に最初のインスリン注射を受けた時、体重がわずか26ポンドに過ぎなかった、小さなテッドは1日に4回ほどものインスリン注射によく反応していた。

バンティングは、彼の古い同僚の軍医で、トロントで実地医療を行っていたL・C・パーマーが、ある日電話をして来た時、さらに別の私的患者を受け入れた。

彼は私に、脚(あし)に非常に広範囲にわたる感染性の壊疽に罹患した重篤な糖尿病患者をみて欲しがっていた。彼女の命を救う唯一の行為は手術だった。しかしトロント市にいる最高の外科医が手術の危険にさらそうとはしなかった。明日、彼と一緒に症例をみられるだろうか? 彼のようなそんな人に私がかなうことをするのがない世界で、私にはすることが何ひとつなかった。会話が終わった時、私は椅子で上体を後に反らし、それから1918年9月26日カムブライの戦を前に偵察をするためにパーマーが私を一緒につれて前線へ行った日のことに思いをめぐらした……。

そのような経験が男達をまとまらせた。だから彼が私に彼の症例をみることを求めた時、私は彼を失望させることができなかった。患者は私が当初考えていたよりもさらに悪い状態だった。彼女の脚はよくない病状だったが、診察では彼女の全身に病変が生じていて、彼女は今にも糖尿病性昏睡に陥るばかりなことを示していた。我々は急いで彼女を病院へ搬送した。五人の患者がインスリン注射をはずされ、彼らの投与量がこの新しい患者に与えられた。翌日、彼女からアセトンが消えていた。彼は、笑気と酸素麻酔下に迅速で、見事な脚の切断を行った。私は2～3時間毎に検査を行い、アセトンと糖の両者をコントロールするのに必要とされたその時、しかも大量のインスリンを投与した。数時間、さらにまたそれから数日が過ぎた。彼女は正常に癒えて、傷口の縫い目の糸が取り除かれた。彼女は絶え間なく回復した。数年間、彼女は義足で歩き回った。それは重篤な糖尿病患者に施された最初の大手術だった。[13]

インスリンの供給がつまずき、それから7月半ばに再び不足した。幸運なことに、リリー社の化学者達は、トロント大学が意のままにすることができるよりもずっと多くの専門的技術およびよりずっと良い装置を用いて、今ではインスリンを作ることができた。彼らの最初の一群（バッチ）の製品は「アイレチン」とラベルを貼られて7月3日にトロントに届き、直ちに患者に用いるのに向けられた。月の終わりに、効果のないことが判明するコンノート研究所の製品、それにインスリンを当てにする人達のリストに加えられた脚の切断手術を受けた人、シャロット・クラークのためにバンティングはリリーがどのようにして良いインスリンを生産することができるのかを視察するためと、それにより多くのインスリンを持ち帰れることの望みを抱いて、インディアナポリスへ急いで出掛けた。「我々は彼のために150単位を用意した」、J・K・リリーは認（したた）めた。「そして私が彼と一緒にそれを持って帰れると話した時、彼は私の肩に抱きつき、涙を流した……バンティングは実に素晴らしい奴だ」。[14]

彼は、1922年のあの夏の犬を相手に実験に取り組んでいた時期、あらゆることをしていて、どこにでもいるように思われた。時折、彼は抽出物を作成するのを試みて医学部棟の地下室でコンノート研究所の装備で仕事をしていた。インディアナポリスでインスリンをつくるのに用いられていた素晴らしい器機を見て、バンティングはトロント大学理事会の長であるサー・エドマンド・ウォーカーの都心部にある事務所に現れ、インスリン製造設備を再装備するのに1万ドルを要求した。ウォーカーが異議を唱えた時、バンティングは激怒した。「理事長殿、我々はそれでもこの設備を手に入れることに着手しました。だから私が知りたいのは、もし私が彼らのためにそれを得るとするならば、たとえあなたが駄目だと判定しても、理事会がお金を同意して認めるか認めないかです[15]」。彼は大股で歩いて外へ出ていき、列車に乗ってニューヨークへ向かった。H・ロール・ガイリン医師は糖尿病患者で金持ちの父親に電話をした。父親はチェックにどれだけの金額を書き込むのかをたずねただけだった。彼は偉大なフレデリック・M・アレンと意見を交換するために、ニュージャージー州モリスタウンに向けて旅立った。6カ月前にニューヘイブンの会合で彼の先見性が仕事の提携に結びついていたイーライ・リリー社の研究部長G・H・A・クルーズと相談のためにマサチューセッツ州ウッズホールへ向かった。最後に、ジョスリンを訪れるためにボストンへ。事態の中心にバンティングがいた。2〜3週間後に、ホワイトヒルズ家は、テディ・ライダーの6回目の誕生日を祝うために仮装パーティを催した。到着した最後の招待客は、長いピンクのガウン、肘までの白い手袋、柄つき眼鏡そして大きな白い帽子を身につけた、背の高い、すらりとした人である。彼こそバンティング医師だった。

ある晩、一人のアメリカ人が彼の所へやってきて、インスリンに対しての権利に100万ドルを申し出た。ロール・ガイリンは、その夏彼に、もし彼がニューヨーク市に移ったならばクリニックのパートタイムの仕事で年間10万ドルの純益を容易にあげることができると話した。バンティングはトロントの彼の患者に定額を請求した。シャーロット・クラークに対して100ドル、インスリンを受け取っている彼の糖尿病患者については四六時中の待機である際には週25ドル。これがバンティングの最善である。「医学的倫理についての彼の考えは、従来の実地医家達ですらほとんど騎士気取りと見なす、提言された献身的行為の一基準を示している」、と一人のジャーナリストが彼について初期の物語の一つで書いた[16]。

彼の同僚皆がバンティングの考えを共有した訳ではなかった。数カ月後、糖尿病の子供をトロントへ連れてきた裕福なアメリカの出版社の妻が虫垂炎になった時に、彼女はビリー・ロス、それから卓越した外科医ハーバート・ブルースに紹介された。ブルースは彼女の虫垂切除に500ドルを請求し、ロスは相談料として250ドルを付け加えた[17]。

またバンティングは最悪の状態にいた。社会のエリートを育てたWASP（訳者註：ワスプ、White Anglo-Saxon Protestant: アングロサクソン系の白人新教徒）のバンティングは、偏見の気風を作り出していた。手に負えない、しつこく頼む、裕福なアメリカ人を拒まなければならなかった。ある日、彼は秘書に意見を述べて「ねえ、そうでしょう、もし僕がそれほど多くのユダヤ人が糖尿病だったと知っていたならば、これまでに一度だって、その中へ入って行こうなどと思ってもみないよ」と言った。彼はかつてホワイトヒル夫人にインスリンを欲しがる人々を避け続けるのが如何に難しいかを語ったと、ミルドレッド・ライダーに話した。「そしてその上、彼らはほとんどユダヤ人の患者だ」。「バンティング先生」。彼女は応酬した、「私達がユダヤ人なのを知らないとでも言うつもりですか？」「もし床が開いて、私を飲み込むことができれば、私は幸せであっただろう」、とバンティングはミルドレッド・ライダーに語った。

バンティングは、彼の偏見について語ることでさえも、正直さを備えたそのような無邪気な雰囲気を持っていた。ミルドレッド・ライダー、ロール・ガイリン、そしてその夏にバンティングに会った他のほとんど誰もが、彼が好きだった。インスリンがどのようにして発見されてきたかについて彼の物語を聞いた時、彼らは彼に同情しがちだった。アレンは彼にモリスタウンのリハビリテーション医学研究所での勤め口を申し出た。ジョスリンはバンティング商会の「熱心な後援者」になった。両医師は、患者を治療するに際して用いるべき食事療法計画に関してバンティングに助言を与えた。薬品会社リリーのジョージ・クルーズは、トロントの仕事が優先されるようにアメリカの臨床試験プログラムを画策することを約束した。そして、彼はバンティングに手紙を書いた、「あなたはあなたの仕事に相応しい名声を得るばかりか、あなたとあなたの仲間にとって医学におけるノーベル賞を手に入れるのに向かっての第一歩になることでしょう[18]」。

薬品会社リリーの化学者と装置は、8月にインスリン不足を徐々に解消することを可能とした。臨床試験は他のセンターで始まった。新しい供給物はまた、バンティングが最終的にエリザベス・ヒューズを治療することに同意するのを可能としたが、彼女の母親はインスリン状況をたずねてトロントへ手紙を数回書いていた。エリザベスは、1916年の合衆国大統領選挙に敗れた共和党の立候補者で、その時ハーディング大統領の政府で国務長官として務めていたチャールズ・エバンス・ヒューズの14歳の娘だった。1919年に糖尿病を発病以来、エリザベスは、アレンの食事療法を厳密に守って、そして彼女と彼女の両親は彼女が死ぬ前に何かが発見されるという万が一の希望を抱いて、アレンとジョスリンが用意できる最高の治療を受けていた。3年経って、彼女の体重は75ポンドから60ポンド、それから50ポンドに落ちていった。そして1922年の春には50ポンド以下に減っていた。8月15日にエリザベスをトロントへ連れて行くのに足るインスリンがあった時、彼らはまさに微妙に限界の状態にあった。バンティングは、背丈がほぼ5フィートの、生ける骸骨に会った。彼女の皮膚は剥落し、頭髪の毛はもろく、絶食による結果だった。彼女は、今日我々がアフリカの飢餓地域でみる突き出た腹をし、身体にはどんな肉もほとんど残っておらず、辛うじて立つことができた。15歳に達してから丁度3日過ぎて、エリザベス・ヒューズは体重が45ポンドだった。

彼女は、バンティングのインスリン注射に見事に反応し、尿から糖がすぐさま消失し、血糖は正常レベルにまで下がった。トロント総合病院の糖尿病クリニックはエリザベスがトロントに到着1週間後に開院した。だから彼女はバンティングの最後の私的患者となった。これら患者全ての治療に従事して、バンティングは救命物質をたまたま供給することになった、未塾な内科医だった。彼は糖尿病の複雑さ、あるいはインスリン発見前の糖尿病の専門家達によって詳細に立案された食事のバランスの入り組んだ原則についてほとんど何も知らなかった。ジョスリンとアレンが、その夏彼に助言を与えた。もしそしてもし患者が抽出物に反応したならば、食事療法を極めて徐々に調節しなさい。テディ・ライダーはこの方法で治療された。しかし、エリザベス・ヒューズに対して、バンティングは、慎重さを捨ててしまい、彼女は太らせることを必要としていて、インスリンは彼女にそうすることができるかも知れないというはっきりとした考えを採用することに決めた。彼は、バターとクリームの巨大な一盛りで栄養価を高められた普通食で彼女に体重を増えさせた。エリザベスは幸運をとても信じられなかったし、それにまたジョスリンで訓練された彼女の私的看護師はバンティングの気前の良さを容易に信じられなかった。明らかに、彼は糖尿病患者のために知られた食事療法のあらゆる原則を破っていたので、バンティングはエリザベスと看護師に食事について秘密にしておくことを誓わせた。

トロント総合病院の糖尿病クリニックが8月末に始まった時、バンティングはエリザベスと他のアメリカの子供達を除いて、彼の私的な患者を皆そこへ移した。彼とダンカン・グラハムは、ほとんどすぐインスリンに対する料金、請求書(コンノート研究所は抽出物に対して1cc当たり1ドルを請求していたが、患者は毎日2～8ccを必要とした)、患者からの文通、バンティングの診察予約の期日、病室で患者の割り振り、そして患者の退院後の治療についての誤解と紛争のもつれた混乱状態に陥った。ベストは、多分この時期の、誤った陳述でグラハムがバンティングを非難して、ある日バンティングとグラハムとが喧嘩していた出来事の話を覚えていた。「私は、訪ねて行って、彼の襟くびをつかんで持ち上げた」、とバンティングはベストに話した。「そして言った。『教授、あなたは私を嘘つき呼ばわりするのですか？』そしてもし彼が『そうだ』と言ったならば、私は彼を平手で打っただろう。しかし彼は『いいや、ただ恐らく誤解にすぎない——私は君を嘘つき呼ばわりしていない』、と言った[19]」。

ある意味で、破壊的力がトロントでは彼にはありバンティングが素晴らしい申し出の一つを受け入れて、ニューヨークへ行った方が良いと、グラハムは彼に話していた。トロントの洗練された、教養のある医学組織の中でバンティングの評判は、いつでも信じられない問題を不意に引き起こしそうな、手に負えない腕力を持った、野生人であったらしい。他の人達は、彼を子供っぽい、やっかいな、とても周到で、時に思慮がないと見ていた。彼はしばしば、ダンカン・グラハムの秘書、ステラ・クラットンに秘密を打ち明けていた。彼女は私に、ある日どうして彼女が彼に我慢し切れなくなったかを話してくれた。「フレッド・バンティング、あなたは15歳の少年のように行動している」、と年下の若い女性が彼に言った。「どうしてあなたは大人になれないの？」グラハムは後に、もし彼がインスリンとそれが次に引き起こしたあらゆる問題を分かっていたならば、彼はそのやり方から抜け出していたかも知れないと、彼の友人達に語った。

アラン・ブラウン、小児病院の主任医師もまた、バンティングが好きでなかった。だからそこで彼に役職を与えるという考えに抵抗した。バンティングによれば、その行き詰まりは、D・E・ロバートソンが彼ら二人を一緒に部屋に招いて、「君達二人、強情な、くそいまいましい馬鹿者よ、今すぐ握手をしなさい」と言った時に、ようやく打開された。「我々はこの病院でインスリンが必要であり、バンティングは症例が必要である[20]」。小児病院での彼の注目すべき一例は、糖尿病歴6カ月の11歳のカナダ人の少女、エルシー・ニーダムだった。彼女はその10月のある日にブドウとオリーブを腹一杯に詰め込んで、昏睡となって病院に運び込まれた。昏睡状態の糖尿病患者はかつては亡くなった。バンティングとグラディス・ボイド医師は、少女にインスリンを投与した。インスリンは彼女の血糖を余りにも低下させたので、バンティングは彼女の足が冷たくなったのを知って、彼女にブドウ糖を与えた。インスリンと浣腸、発熱、一時的精神錯乱、それから彼女の病状の激変の数日後に、エルシー・ニーダムは意識を取り戻した。[21] 他の臨床医達がインスリン治療を経験し始めるにつれて、それは人をこちらへと生きている状態に戻す驚くべき薬だということがわかった。エルシー・ニーダムは、エリオット・ジョスリンがインスリンがもたらした「準キリストの復活」と呼んだトロントの最初の例だった。

バンティングは、トロント総合病院のクリニックでの症例のほんの一部のみを取り扱ったにすぎなかった。負担の大部分は、キャンベル、フレッチャーそしてグラハムに降りかかった。糖尿病患者は、奇跡の物質による治療を受けようと試みてトロントに群がり続けた。バンティングの私的診療所にアプローチした人々は、しばしばフレッド・ヒップウェル医師が面接したが、彼は要請を選別して、最も重篤な症例のみをクリニックに送った（多くの糖尿病患者、とりわけより年のいった、成人発症糖尿病患者は食事療法のみで全く上手く治療することができた）。治療を求めた多数の手紙と嘆願が直接ダンカン・グラハムのところへ届いたが、彼は入院を最も必要とした患者を選び出すのに彼の時間の大部分を費やさなければならなかった。医師の誰もが、急速に糖尿病とインスリン治療の専門家になりつつあった。

バンティングは臨床を専門とする医師ではなかったが、インスリン治療の複雑さを探求するという期待に魅了されていた。彼はインスリンを糖尿病患者を正常に復活させる素晴らしい効力を持つ治療法と認めた。バンティングにとって、そして恐らく他の男性医師達にとっても、インスリンの最も印象的な効果の一つが糖尿病患者の性欲と性的能力を回復させることであった。バンティングはクリスティー・ストリートのクリニックの古参兵達が、彼らの仲間の一人が週末の休暇から戻ってインスリンが彼を再び男にしたことを公表するまで、どれほどインスリンの効果を疑っていたかを、話すのが好きだった。「夜までには、病院の糖尿病患者皆がインスリンを求めていた[22]」。

バンティングも糖尿病患者を治療し始めた彼の友達――ヒップウェル、アンガス・マッカイ、ジョーゼフ・ギルクリスト自身――もインスリン治療を受けている糖尿病患者にとっての適切な食事療法に関して専門家達の中で入念な議論になったことには加わらなかった。常識がバンティングと彼の友人達に、インスリン使用者は逆にむしろ患者の食事にそのインスリン投与量を調整して、普通に食べさせるべきであると語っていた。フレッドは、主治医のラビノウィチ・イスラエル（インスリンを投与することになる最初のモントリオールの人）に毎年素晴らしいメイプルシロップ5ガロンを送った糖尿病患者の訪問をかつて受けた物語を語った。患者自身は相変わらず、嵩と炭水化物欠如の目的で処方された、味のない、3度煮た野菜の軽食をとっていた。「私は密かに思いました、『神様そして糖尿病専門医ラビノウィチ様』。私は年老いた紳士に言いました。『私はあなたが私のために何かをして下さることを願っています。私はあなたに、三度煮たキャベツの5ポンドをシロップのブリキ製容器に満たし、それをラビノウィチに送りつけて、彼にそれを食べなさいと言って欲しい。そしてあなた自身はメイプルシロップを食べて、食べずにいることはありません』。気の毒な老人は驚愕で私をじっと見つめたので、私は彼に言いました。なおも真面目に、『私が言っていることは言葉通りを意味しています』。我々はしばらくの間話し合いました、それから彼は去る時に言いました。『あなたは依然として私に、キャベツについてかかりつけの先生に話すことを望んでいますか?』『いかにもその通りです』。我々は握手をし、彼は去って行った。私は座って、それからラビノウィチに手紙を書いた[23]」。

文字通りに事実ならば、バンティングの勧めは患者にとって良いものではなかった。しかししばしば、彼の常識は、練達された、経験を積んだ臨床医の専門的技術よりもずっと良い医療であったかも知れない。1920年代の終わりに、ラビノウィチ自身が、今日では広く支持された取り組みである、インスリン使用者に対する普通食の最初の支持者の一人となった。そしてバンティングは彼と彼の友人達が用いた、そつのない現実的な取り組みを説明する別の良い物語を手に入れた。

1923年の初期、トロントには現代的なバランスのとれた食事療法が患者に供される2つの場所があった。すなわちF・W・ヒップウェル医師が外来患者を預かっていたウェスタン病院そしてアンガス・マッカイ医師が担任だった古いグレイス病院だ。

インスリンが一般的な使用となって約3年後、私は病理学棟の廊下でエドワード・ジェフリー医師に出会った……彼はトロント総合病院で糖尿病の外来患者を預かっていた。彼の最初の言葉は、「私は君のインスリンを大したものとは思っていないよ」、だった。「何か問題でも?」、と私はたずねた。すると、彼は説明した。彼は外来部門の糖尿病患者をみていて、彼らを病棟に紹介すると、彼らが病院から病院内にいる限り尿中の糖を消失させ、それを維持して見事に上手く行っていた。しかし彼らが病院から外へ出るや否や彼らは再び尿糖を出現させて、それで病院へ戻さなければならなかった。彼は、彼らが可哀想な人達でセロリ、トマト、レタスのような新鮮な野菜そしてクリームとバターを買うことができない。だから彼らは食事療法を守れないのだと、説明した。彼がたずねた。「私は彼らといかにつき合うべきなのか?」「彼らを皆、ウェスタンあるいはグレイス病院の外来部門へ送りなさい。彼らは多分究極的にはそこに着地するであろう」。ジェフリーは、手に負えないユーモアを解するセンスに恵まれていない。それで言った。「おお、私にはそうすることができない」。私はそれからすぐ説明をした。患者が家庭でテーブルの上に何を置き、そして如何に多くの糖が尿に排泄されるかを見つけ、尿糖排泄に基づいて患者が食事を食べられるのに十分なインスリンを投与すべきであり、そして可能ならば患者に仕事をさせ続けるために彼がどんな事でもするようにと。彼は、報告が真実で、私が的はずれな人間だと、見事に確信していた[24]。

バンティングの判断の堅実さについての自信は、1922年の夏の間、エリザベス・ヒューズの素晴らしい着実な進捗によって絶えず強められた。この最も由緒のある若年性糖尿病患者は——家族の思慮分別そして彼女の病気の発症からの綿密で詳細な記述で記録された模範的な病歴の両者において——彼女のインスリン注射と高カロリー食に見事に反応し続けた。彼女の身体に肉付きが戻るにつれて、彼女は週あたり2から2・5ポンド体重が増え、身長が高くなり始め、そしてインスリン注射を自身で打つことを身につけた。その全てに対して、彼女はあふれる喜びに満ちた感激と興奮を回復の成果として添え、彼女を確実に模範患者にしていた。

エリザベスは、当然のことながらバンティングを敬慕した。「先生は非常に魅力的で、大層慎み深いので」、と彼女は母親宛の手紙に認めた。「あなたが最も興味を抱いていることについて何かを先生に話させることがあなたのできる全てです」。彼女のトロント時代における健康回復期のハイライトの一つは、彼らが一緒に外出したある夜だった。バンティングはエリザベスに彼の診療所を、それからその上にある彼が今住んでいる部屋を見せた。部屋の壁には彼の本と油絵が並べられていた。「先生の趣味は本と余暇に絵を描くことであるように思われます。私はただあなたが先生の描く油絵を見ることができたならばと望んでいるだけです。油絵はとても素晴らしく、偉大な才能を見せていて、もし先生がすでに有名な医師であることで栄誉を得ていなかったならば、私が思うに、先生はきっと著名な画家として栄誉を得ることでしょう[25]」。

バンティングはエリザベスが体重を増すにつれて医学的栄誉を得つつあった。彼は、インスリンおよび国際的な新聞で評判を得たトロントにおける彼女の治療状況を調査するためにイギリス医学研究審議会によってカナダに派遣されて来ていた、例えばH・H・ディルのような視察の生理学者達に、彼女を見せた。エリザベスもバンティングも報道記者らによって悩まされることを好まなかった。「彼らは本当にとても不愉快ではないこと？　私は、国中にそのように書かれるのがひどくいやです、それに発見を安っぽくしていると思うの。お医師様達は、私を介して先生の発見を宣伝していることで先生をからかい始めている。そんな立場にさせられて気の毒なバンティング先生。だけれど、それってひどくいやらしくないこと？」[26]　しかし、彼らの噂はインスリンの発見をした人としてバンティング医師を確かに宣伝していた。

臨床医としてバンティングの最も素晴らしい時が1922年11月末に訪れた。それは北アメリカの主要な糖尿病専門家達——アレン、ジョスリン、J・R・ウィリアムズ、ロリン・ウッディアット、ラッセル・ワイルダー、H・R・ガイリンそしてその他の人達——がインスリンおよびそれでもっての彼らの治療経験に関して討論のために3日間トロントを訪れた時だった。糖尿病患者を治療するという6カ月の経験を持ったフレッド・バンティングが彼らの討論において積極的な役割を担った。彼は、ヒューズ嬢の例を非常に詳細に報告した。それから会議の最後の日に、ヒューズ嬢自身を紹介した。

やれやれ、私達が昼食のために腰を下ろそうとした丁度その時に、とうとう先生方が皆おみえになりました……どうして良いのか分からず大層そわそわする私を先生方皆が戸口に立って、じろじろ見ていました。私が見上げる度に、私に目を凝らす先生方の一人の目をまともに見たように思われます……アレン先生は口を大きく開けて言いました——おお！——それが先生が口にされた全てでした。先生は、これまで誰にもそのような大きな変化を見たことがないと、ただ何度も何度も言い続けられました……そしてジョスリン先生はこの上なく優しい方です。先生がすることのできた全ては、私を見て、微笑みそして糖尿病に罹患した誰にもそれほど健やかなのをこれまで見たことがないと口に出すことでした。他の先生方は私に関係する何か特別されることがなかったので、当然、彼ら二人の先生方がここでは主役を務めていました。だからとても自然に他の皆さんは背後に控えていましたが、正しく同じ事柄に驚嘆していました……バンティング先生がこの素晴らしい抽出物の100㏄を私達に下さるために最後の夜に数分間お見えになった時に、先生がおっしゃいました。ジョスリン先生が、私をみられた後これまで治療した糖尿病患者で最も素晴らしい例であるとここでの会合の一つで話されるのを、皆さんが聞くという光栄に浴したと。さあ、そのように立派な人から発せられるそのことを想像してみて[27]……。

糖尿病を治療することのできなかったかも知れない人がなしてきた全てについて考えてみてほしい。彼は、これまでインスリンで顕著な偉業を企ててきていた。ヒューズ嬢の実例。彼は、次の最も興味深い例、ジョーゼフ・ギルグリストという名の遠慮なく発言する内科医を担当した。彼は、最初のインスリン治療を受けたアメリカ人、ジム・ヘブンスを治療し、シャーロット・クラークに対してその足の切除を行い、エルシー・ニーダムを昏睡から蘇生させていた。彼は、それ以前の彼の全人生におけるよりも2〜3カ月でよりもっと多くの確かな偉業を成し遂げた。

バンティングは今や、糖尿病患者から偽りのない感謝のほとばしりを経験し始めていた。インスリンは重篤な糖尿病患者にとって救済手段だった。インスリンを発見した人あるいは人達は彼らの救世主だった。

「私が生きていれるのはあなたのおかげです……」

「願わくは、あなたに神の加護があらんことをそしてあなたが素晴らしい発見を続けられますことを」。

「私はあなたが私に対してなさった全てに関してあなたにとても感謝しています――神の素晴らしい贈物によって私の命を救っていただいたことに対してあなたに」。

「あなたのインスリン発見は、これまで私の人生で受けて来た最も素晴らしい出来事でした。それは私の子供の命を救ってくれました……」

「寿命が延びたことを神様そしてあなたに感謝します」。

「あなたが事態について静かに思いめぐらす時、それはあなたのお仕事がたえず死が不可避であったことから人々を呼び戻すのを可能にする手段であったと気づくほど、かなりの申し分のない感動をあなたにきっともたらすに違いないでしょう(28)」。

バンティングは、インスリンの発見に対して彼に感謝する手紙を世界中から受け取った。何処に行っても、感謝している糖尿病患者が個人的に彼に謝意を表した。彼の身体的外見は、彼を匿名とするには余りにも特色がありすぎた。トロントでは、彼は街角で認識され、全く見知らぬ人の命を救うことで感謝されがちだった。

1922年秋の終わりまでに、インスリンはアメリカ大陸を横断して臨床的に試験されていた、そして医学的専門家および一般の人々は糖尿病についての勝利であるように思われると布告し始めていた。バンティング医師を獲得するためにトロントに殺到した招待状は、それがどんな事態を引き起こすことになるか、その状況を説明している。彼をインスリンに関する仕事の縁(へり)へ、それで神経衰弱の危機へと至らせた一連の失敗の後1年足らずで、バンティングは北アメリカで最も賞賛された医学者になっていた。賞賛は続いた。

1922年12月21日、バンティングはニューヨーク市で医師を相手に講演を行った。「普段控え目なニューヨークの医師600人が昨夜、糖尿病に対する新しいインスリン治療の発見者、トロントのF・G・バンティング教授（原文のママ）に並はずれた賛辞で医学協会の科学の持つ平静な雰囲気を妨げた。カナダ人の科学者で明らかに30歳代はじめの声の低い男は、専門家の聴衆による盛んな賞賛が収まる前に3度も立ち上がって、感謝の印に頭を下げることを強いられた」。フレデリック・アレン医師は、その会合においてバンティングについての発言で、「彼は現代医学の最も偉大な発見の一つを成し遂げ、そしてバンティングの名前は医学の歴史に刻まれることになるであろう。優秀な人達は、バンティングが2年足らずで成し遂げたことを行うのに30年間成功することなく試みてきていた」、と述べた[29]。

2〜3日後に、バンティングはアメリカ実験生物学協会連合の会合が開催されていたトロントに戻っていた。「北アメリカ大陸のあらゆる地域からの医学者達が昨日、トロントのF・G・バンティング医師を歓呼で迎え、彼を現代における最も偉大な恩恵を施す人々の一人と認めた。糖尿病に対するインスリン治療の発見者は話すことを強いられた際に非常に熱烈な歓迎を受けた……午後中著名な科学者達は彼の治療を議論し、それが現代医学における最も偉大な進歩の一つであると宣言するのに加わった」。アレンは彼に賞賛に満ちた敬意を払った[30]。

1923年1月16日、バンティングはピーター・ベント・ブリガム病院で催されたハーバード大学医学部協会で講演を行った。若いカナダ人の医学生ハロルド・シーガールは、彼の日記に成り行きを記録した。「会場は人で溢れていた……8時15分にジョスリン医師がバンティングと一緒に会場内に入ってきた——典型的な極度の緊張状態に見えるトロントっ児……バンティングは、私が医学の会合で未だかつて耳にしたことがないような賞賛で迎えられた。インスリンのヒーローは、居心地の良くない光栄の終わりを待って頭を下げたままで立っているにつれて、賞賛の音量は次第に高まった……ジョスリンは明らかに大いに感動し、頬に涙のしずくが流れ落ちた……私はごく普通にみえる物静かな人によるこの新時代を開く講演について、より良い記事を認(したた)めるために、私にもっと多くの活力があれば良かったのだがと思う。バンティングは、白亜の壁面の長い棚状の出っ張りに腕をのせて黒板を背に立った時、偉大な人のように見えた。そして患者症例について詳細を思い出した際に顔を少ししかめた……」[31]。

Frederick Grant Banting

第6章

インスリンのヒーロー

「バンティングは……今非常に目立っていて、その中に浸っているように見える」。J・J・R・マクラウドは、1923年2月にJ・B・コリップに認めた。(1) インスリンの発見にバンティングと少なくとも同等に貢献し、そしてともにインスリン研究の前進に深く関わった二人の科学者は、バンティングが受けていた賞賛に、もっともなことだが懐疑的だった。彼らは多分、バンティングの名声について彼自身の矛盾する感情を理解していなかった。彼らは、疑いなく彼が注目の的になることが時たま選ばれたものであることをわかっていたが、彼がその中に「浸っている」ことが、どれほどほぼ無理であったかには気づかなかった。

多くのふるまいで、彼はいかにもオンタリオ州アリストン出身のありふれた人物だった。彼は高い地位の人そして権勢のある人と親しく付き合うことについて何も知らなかったし、彼の生涯において一度に一組以上のスーツを所有したことが決してなかった。アリストンは、当然のことながらその生え抜きの若者の偉業を誇りとしていた。町民は、フレッド・バンティングが偉大な発見に関わっていたのを知って、オペラ・ホールで彼に熱烈な賞賛を与えた。そこには、フレッドがどのようにしてそのような偉大な仕事を、上手くやり遂げたのかについて、少しばかり困惑があるようだった。なぜならば誰も彼を並外れて目立ったり、前途有望であるとして記憶していなかったからだった。彼の母親は報道記者達に、彼の名声と栄光にもかかわらず、全く普通の少年だったと語った。

少しばかり前、彼が家にいた時に、私は彼に言いましたの、「新聞に載った名前と同じあなたなの！あなたは、よく農場で鶏卵集めをし、母親の腰に抱きついて歩き回った、同じ小さな少年なの？」

それどころか彼は全く変わりません。彼は相変わらず小さな少年です。彼が在宅していた時には、私達の部屋に入ってきて、ベッドの縁に腰掛け、両親に何でも話したものでした。彼は今でもそうしています。彼は、両親に気苦労や心配の機会を与えたことが決してありませんでした。だから私は今でも彼が決して名声を望まないと確信しています。[2]

(1924年2月のアリストン・ヘラルド紙ほど、普通の人々がフレッドの名声を受けとめることに困った状況を上手く説明したものはなかった。最初の頁には、バンティング、「アリストン出身の輝かしい若者」、そして新しい図書館のオープニングについての記事を含んでいた。その週の他の主要記事は、ニューヨーク州ロチェスターの女性が神によってアリストンに如何に導かれて来たかを述べていて「神による治療の実例」だった。地方のペンテコステ派教会のパステア・バルネウェルが、「お祈りと信心以外にどんな手段」も用いずに、女性の身体から4つの腫瘍を神が取り除くことに成功した。それらの一つは、およそ男性の握り拳の大きさだった)。

インスリンは、フレッドをアリストン以外の目もくらむほどの新しい仲間の中へ投げ入れた。D・E・ロバートソンは、その日トロントに到着したエリザベス・ヒューズと彼女の母親を彼に引き渡した。それから彼を一流の仕立屋に連れて行って、きちんとした青色のスーツとオーバーコートを注文した。2〜3カ月以内に、青色のスーツでは十分でないことがわかった。正式な服装が、インスリンのヒーローに栄誉を授ける最高の儀式で必要とされた。バンティングは正式な服装を嫌った。彼は、「誰も礼装用ワイシャツに身をつつむという想像を決して思い描かなかった」、と不平を言うのが好きだった。儀礼的な行為が求められた初期の行事の一つ、オタワの晩餐会で、彼はタキシード用のズボンを持参することを忘れてしまった。それなのにタキシードの一組を借りることができないことがわかった。彼は、彼に敬意を表した晩餐会への出席を回避することはできなかった。黒のタキシードに青色のズボンをはき、隣席の賓客、カナダの首相が気付かないことを願う以外に為すべきことは何もなかった。

カナダの首相、マッケンジー・キングは正装の失策に気付かなかった。彼は、バンティングが自分の役割に全く自信がなかったこと――彼は上手く控え目にしていたのだが、慎み深さがいささか大袈裟であると、気付くことによりもっと観察が鋭かった。「私はバンティングに何処に住んでいるのかとたずねたら、彼は屋根裏部屋と答えた」。ベストは同じ類の問題を抱えていたが、キングは日記に書き留めた。概して会話は申し分なく、彼らは二人とも「楽しい人達」だったと。(3)

その晩餐会までに、バンティングは報道機関からいらいらさせられていた対応にむかつき始めていた。彼らの職務を果たしている報道記者達にしつこく悩まされていることを含めた個人的な悩みの類は別として、バンティングは、インスリンについての報道機関による早まった報道が糖尿病患者を誤った方向に導いていたふるまいについて、トロントグループの皆が感じた不安と怒りを分かちあった。そしてそのことが研究者達に終わりのない誤解と余分な仕事をもたらした。報道記者達がこの度の旅行でオタワ駅で彼に会った時、彼は報道記者達を相手に話すことを断った。しばしば口ごもり、はっきりものが言えなかったけれども、バンティングは時折、成句の気のきいた表現で機智と教養に頼った。彼は報道記者達に、彼らがインスリンについて余りにも多くの「くだらぬ話」を活字にしてきたので、彼らに話をすることは「全く豚に真珠」であろうと語った。バンティングが総督と一緒にライドウ・ホールで昼食をしていたというのは事実だったのか？　「新聞対策の目的ではなく」。

彼は総督であるビング卿と昼食を実際に摂っていた。彼らは新聞記者達に対してのメモを比較していたのかも知れない。とにかく、その日はバンティングに彼の感想を卓上カレンダーに書き留めさせた。

高貴な人々および一般の人々はいいが、私は心の奥底から彼らを気の毒に思う。あらゆる人々の中で、彼らは自由の権利が最も少ない。彼らは、あまねく吹聴するそれらいまいましい報道記者達なくして、何もすることができない。

そこには、自分自身にとっては最も大切である非常に多くの事情があるので、解決の曙光を決して見ないであろう。しかし記事のために彼らの狂気じみた情熱でこれらの報道記者達は最も神聖な場所に入りさえした。

可哀想な総督ビング。[4]

公の席で話すことは、バンティングにとっては報道記者と付き合うのとほとんど同じくらい難しく、厳しい試練であった。彼は、物静かで、口が重く、緊張しがちで、聴衆の前では普段通りにくつろげなかった。話す前に、彼は多くのことを心配し、それでその後落ち着かなくなった。「私がこれまでに行ってきたどの講演でも」、彼は1936年に書いた。「胃酸過多、利尿、下痢そして発汗が先立って始まり、そして続いていた」。シール・ハリスは、バンティングが先立ちそれからカナディアンクラブウィスキーが続いたが、良い講演を行った時の出来事を覚えていた。[5]彼が得た名声のこの早い時期に、バンティングは彼の発見を公表するという義務を果たして、社会の期待に背かないようにしなければならないと思っていた。我々が以下に見るように、公表が発見をよりしっかりと彼のものにするのに役立つという考えが、時折彼の心によぎったのかも知れない。

名声は大層疲れるものだった。1923年2月までに、バンティングは注目の的から逃れて、いくばくかの平穏無事を手に入れることができればいいのにと思っていた。「これは恐ろしい生活である」と、カナディアンクラブの昼食会で多くのトロントっ児達が彼を歓呼して迎えた後の日に、彼は卓上カレンダーに書き留めた。「責務が続々と――余りにも多くの事態が私にどっと押し寄せている――自分自身のために十分な時間がない」。その全てから逃れたいという願望は、バンティングの残りの人生の間ずっと繰り返される決まり文句となったが、それは1920〜1921年にオンタリオ州ロンドンであった状況と正に同じであった。しばしば、我々は彼がそれに従って行動したのを見るであろう。しかし彼の最後の飛行まで、彼はたえず彼の責務が思い出された。

賛辞は彼の残りの人生の間ずっと続いた。彼は、1920年代および1930年代になされた5つの異なった調査において、「最も偉大な現代のカナダ人」あるいは多少その変形のものに選ばれた。首相は、たいてい2番に来た。ある最近の学術的著述は、バンティングが「神話程度の文化的ヒーロー」あるいは「理想上の典型的なパターンのヒーロー」を求めた彼の同胞の必要性に合致したことを示唆している。[6] ヒーローとしてバンティングの名声について最も簡単な説明は、彼がその時代の最も偉大な医学的発見の一つを成し遂げたということである。実際のところ、バンティングの偉業に対して最も早く、そしてこの上ない熱烈な賞賛が彼の同僚の医師達から来ていた――彼ら自身が神話のヒーローを多分必要としていた。しかしまた率直にインスリンを賞賛していた。また賞賛はカナダ人に限られたものではなかった、というのも北アメリカのいたる所で医師および新聞読者が、苦労を乗り越えて彼の素晴らしいアイデアを勝利と不朽の名声にまで発展させた、ありふれた田舎生まれの医師の物語を誇りとしたからだ。

バンティングの横顔は、カナダ人が無意識に敬愛したヒーローの神話にぴったりの彼の気質が持つ側面を本能的あるいは無意識に強調されていた。彼は世間ずれのしていない田舎の少年、働き者だった。彼は母親を愛し、彼は苦労を乗り越えて成功した。勿論、このことは全て事実正しかった。だから彼の人生についてこれらの状況の側面に触れることなくしては、バンティングについて書くのは多分難しいことだっただろう。しかし新聞記者達は、バンティングの地味さから長所をつくり出すのを試みて、さらにそれ以上に、時にはほとんど滑稽なほど極端な状況にまで及んだ。彼はなんと慎み深く、謙虚だったか！　もし彼が平凡な境遇の出で、小中学生時代に聡明なひらめきを隠していたならば、報道記者達はこれらを偉大な人達の経歴にみられる共通のテーマとして捉えた。そして当然、我々は偉大な人達に新聞記者を相手に円滑に協力することは期待できない。インタビューされることへのバンティングのそっけない拒絶の一撃にもかかわらず、それでもやはり一人の報道記者が彼に心酔した。

オンタリオ州ロンドンを訪問していて、バンティングは一人の報道記者によって立ちはだかれた際に、そのほとんど沈黙の時間の質問で、牡蠣（かき）と甲羅に閉じ込もった亀の素晴らしい二役を演じた……

彼は余りにも控え目なのでもう少しで狂暴にならんばかりである。しかし人は誰も彼にあきれて助けることができない。彼が受けて来た名声の全てが、彼をいい気にさせてきた訳でなかった。彼はうぬぼれが強い訳ではない。彼はそんなに自意識過剰でもない。彼は心から慎み深く、売名に全く無関心である。彼は、泳ぎに行きたい時にクラスの前で何がしかを詳しく説明することを求められた小さな少年を、人に少し思い起こさせる……彼は、人々が彼について思っていることに適（かな）う、どこかバーナード・ショー〔訳者註1〕の特徴を持つ軽蔑を持っていて、それで人はそのためにあきれて彼を手助けすることができない。それはすがすがしい無礼である。(7)

ここでの仕事の進展は意図的あるいは直観的な話を作ることですらないので、偉大な出来事が偉大なそして賞賛に値する人達によって創造されているに違いないということが報道記者やあらゆる人々の憶説である。スティーブン・リーコック〔訳者註2〕は、黄金が発見されたかのように思われた土地の所有者である平凡な農夫、その男の人について古典的な物語を書いた。突然、トムリンソンが持つ入江のトムリンソンが「資金調達の天才」になった。

グレイトレークの地域でトムリンソンが持つ入江の近くにある彼の権木農場での古い時代の彼を知っていた誰もが、直ちに彼をたたえたものだった。いつも表している奇妙な、当惑した表情は、今だけ、勿論、経済紙はそれを「理解できない」と呼んでいた、相変わらずの顔付きだった。もしフィナンシャル・アンダーストーン紙（*The Financial Understone*）がその顔を「企業の長の鋭い目つき」として認めることがなかったならば、困惑のように見えたかも知れなかった彼の目は好奇心が強く、あちこちに動いたということで確かなようだった。もしコマーシャル・アンド・ピクトリアル・レビュー（*Commercial and Pictorial Review*）がその顔を「謎めいた」と呼び、それをイラストレーションでどんな疑いも残さず証明していなかったならば、人はそれにみられるあらゆる美点に対して彼の顔に飾り気がないと思っていたかも知れない。確かに、今や資金調達の天才トムリンソンが持つ入江のトムリンソンの顔は、土曜日の雑誌の欄の雑誌記者によって普通には語られていなかったが、通常は仮面としてより多く言及されていた。そしてナポレオン一世が、また同じであったらしかった。土曜日の編集者達は、トムリンソン、最も新たに出現した最も評価の高い資金調達の卓越した威圧的な人物について奇妙な、印象的性格を描写することに決してあきることはなかった……。

幾人かの記者達は、彼について感情を強く出すようになった。どんなビジョンと、彼らは問うた。

その計り知れない顔の静かな夢見る目の背後に横たわっているに違いないビジョンを、人はただ読んで知るだけだったのか?[8]

科学についてのカナダの天才が、1923年2月にヒーローの歓迎に合わせてアリストンに戻った時に、トロント・スター紙の記者は、「バンティングの最もおざりな一瞥(いちべつ)ですら物事の表面下を見通し、普通の目には明らかにされていない秘密を読み取るという印象を与えた。両眼が眼鏡の奥からいかに見渡していた」かを、観察していた。[9]

リーコックの物語で、トムリンソンの農場の富は黄鉄鉱だと判明する。資金調達の天才は、幸いにも彼の農場と彼の無名へと戻って消えてしまう。バンティングは時折逃れることはできたが、決して戻ることはできなかった。というのもインスリンは現実のことだったからだ。そして彼は、勿論、その発見者だった。同世代の医学教科書の執筆者達は、あたかもアイデアがインスリンの発見に必須の生理学的洞察であったかのように、アイデアについてバンティングの説明を活字にした。1980年に、バンティングに数回会ったことがある、非常に有名なイギリスの医学者は、いかにそのカナダ人が科学的疑問について興味を抱いた状態で、「天分の実直さ」を持っていたかについて、私に感動して言い続けた。バンティングをよりよく知った、あるいは彼らの科学をよりよく知った人々は、彼はエッサ郡区の第3境界線出身の非常に魅力的なトムリンソンであると気づいた。

バンティングの人気について不可欠なものは、彼がインスリンを発見した天才であるという信頼の持続だった。我々は見てきたのだが、それは1922年の夏と秋にインスリンを供給した医師としてバンティングの目立つことによって大いに強調された、人の心を動かすような信頼だった。しかし、それは普遍的に抱かれた信頼ではなかった。というのも少なくとも数人の他の人達、特にマクラウドとコリップは実際に何が起こっていたかを知っていたからだ。彼らには友人あるいは影響を及ぼす人がいない訳ではなかった。

バンティングにとって、そして彼の友人達にとって、誰がインスリンを発見したかについての進行中の議論で彼がトップの座にいること、それに彼のトップの座が相応しい社会および公共機関の評価によって保証されていることが、とても重要なことだった。思い出してみてほしい。バンティングの素直さ、彼の注目の的になることへの嫌気、控え目な態度そして他の謙虚な特性は、彼自身の偉業の確信でたえず和らげられていた。しかも、彼は偉大な仕事を成し遂げ、それで彼は名誉と栄光を受けるのに値した。彼が、J・J・R・マクラウドやJ・B・コリップよりもずっとそれを受けるに足るなんて、確かにとんでもないことだった。

インスリンに対する功績についての論争が、一時的に、半ば公然と、1922年の秋に突発した。マクラウドはトロントに戻っていた。バンティングは、偉大なインスリン医師として高い評価に乗っていた。偉大なイギリスの生理学者サー・ウィリアム・ベイリス〔訳者註3〕は、発見に対する主たる功績がマクラウドに行くべきであると主張してタイムズ紙に手紙を送りつけることで火口に火をつけた。彼はバンティングをより重要ではなく、もっと後の協力者として退けた。記事がトロント・スター紙に引用された。ベストがマクラウドの所へ赴いて、ベイリスはバンティングに対して不公平であると不満を述べた時に、マクラウドは「バンティングはそれに慣れるようになるべきであろう」、と答えた。マクラウドが意見表明で意味したことが何であれ――バンティングは報道での事実の歪曲に我慢しなければならないであろう。あるいは彼は序列の2番に我慢しなければならないであろう――それはバンティングにとって危険信号を意味する赤旗だった。彼はスター紙のグリーナウェイをかり立てて、マクラウドに会いに出掛けた。マクラウドがしゃくにさわる新聞記事について論評するのを拒否した時、バンティングはグリーナウェイに部屋から去ることを求め、それからマクラウドを相手に遠慮せずに言った。彼は、春以来の不当な行為についての新しいリストを編纂して来ていた。彼に思い出されてきたマクラウドによる信用を落とすコメント、バンティングがインスリン研究の助成金の一部を使う完全な自由をマクラウドが拒絶、バンティングの仕事を無視したマクラウドの論文。彼はマクラウドが再び事態を操作していたと確信を抱いた。バンティングは、マクラウドがベイリスの手紙の主張を間違っているときっぱり否定しない限り、社会全体を巻き込んだ議論を引き起こすと脅迫した。

マクラウドは降参し、言葉づかいが慎重な声明書をグリーナウェイに手渡した。スター紙は「インスリンに対する功績をバンティング医師に与える」という見出しの下でそれを掲載し、グリーナウェイはそれを功績の問題に決着をつける確固とした声明書として解釈した。実際は、マクラウドはただ初期の膵管結紮実験に対しての功績をバンティングに与えたにすぎなかった。バンティングは、このことに気づいて、糖尿病の治療に用いられているようなインスリンの発見に対する全ての功績を彼に与えることを主張した。マクラウドは拒否した。[10]

これまで――1922年の秋――発見におけるチャールズ・ベストの役割について真面目な議論はなかった。1921年6月の彼らの対決後に、バンティングとベストは、見たところは衝突もなく、味方になった相棒として支障なく一緒に仕事をしていた。彼らは映画、演劇そして夕食に出掛けた。そしてフレッドの女性達との複雑な関係はたえず物事のその面で少しばかり勢いをそいだけれども、時には2組の男女が一緒にデートをした。彼らは、仕事について共著論文を4編発表した。バンティングは、通常これら初期の実験をバンティングとベストの仕事として説明した。彼はまた、彼が落ち込んでいた時にベストが助けにやって来たことをいつまでも覚えていた。人は、個人に向けた忠義をきっと容易には忘れないのだろう。

一方、バンティングは彼自身でインスリンの臨床使用へと移って行った（ベストの1922〜1923年の仕事はコンノート研究所でインスリンを生産することにあったが、絶えず失望させられ全体で多少期待はずれになった。リリー社のインスリンの相当な量が、1923年に入ってもまだまだトロントへ持ち込まれなければならなかった）。そして彼は自分のアイデア、すなわち1921年11月に胎児膵への方向転換のような副次的なアイデアに対しても功績を分かち合う理由が全く分からなかった。彼は、発見におけるベストの役割について強調することを必ずしも心に留めてはいなかった。私の著書『インスリンの発見』の中で結論づけているように、バンティングはベストを、彼と一緒に戦争を貫徹し、彼が傷ついて横たわった時に彼を救った同志として見ていた。マクラウドとの口論でこのことを考えて、それに功績を分かち合うことについて教授に訓戒するという気持ちもあって、バンティングは仕事におけるベストの役割を明らかにする声明書を出した。

アイデアが私のものなのは、事実ですが、ベスト氏は我々が成し遂げた成功に対して同等の功績を持たなければなりません。功績が彼に対してのものでなかったならば、私は決して何事も成し得なかったでしょう。我々はアイデアを分かち合い、それらを一緒になって発展させて、並んで仕事をしてきました。しかし彼のたゆみない献身と熱意、そして彼の忍耐強く、細部にまで気を配った仕事がなければ、我々が得る進歩を決して成しえなかったことでしょう。

まさに最初から、それはバンティングとベストの一事例でした。そしてもし我々の希望がはっきりと理解されるならば、彼に当然与えられるべきであるあらゆる名誉を授けられたベスト氏を見たいと強く願うものです。(11)

我々は、あの9月の喧嘩の詳細を決して知らないであろう。マクラウドは「信じ難いいざこざ」をかき起こしてきたバンティングの「新たな爆発」に言及した。バンティングは「私に関して不信の種をまくことに非常に上手く成功していたので、私は恐らく誤解されうるどんな一歩も踏み出さないことが必要になるであろう[12]」、とマクラウドは書いた。インスリン委員会の委員長として職務を務めることで発見の管理をする手助けをしていた、大学理事会の有力メンバーであるアルバート・グッダハム大佐は、わだかまりを一掃することを試みた。彼は、バンティング、ベストそしてマクラウドに何が起こったかについて各々に意見を書き留めるよう求めた。バンティングは報告する話について彼の側に立ったものを書き上げる試みを実際には数カ月早く始めていた。

彼が報告書を書き上げた時、彼は同じ出来事についてマクラウドの話と一致させるのは実質的には不可能であるという自己本位の3500字からなるものを仕上げていた。バンティングは、非倫理的あるいは不適切な態度についてマクラウドを直接非難しなかった。その上インスリンの生理学的研究を計画することにおいて素晴らしい仕事に対して彼を認めることに全く異存はなかった。しかし発見はバンティングのもの、恐らくバンティングとベストのものだった。彼の最も辛辣な非難はコリップに向けられ、抽出物に対する特許権を欲していたとコリップを非難した。多少おとなしい結論の中で、彼自身とマクラウドとの間の誤解の多くは、ただ教授が彼を信頼し、もっと協力的だったならば、きれいに片づけられていたかも知れないと、バンティングはほのめかした[13]。

信頼と協力は決して回復されなかった。次の一勝負はその秋で、研究室のスペースをめぐっての喧嘩だった。バンティングは研究と一緒に臨床の仕事を追加したいと望んでいた。インスリンの特質と作用を立証する多数の研究プロジェクトを監督していたマクラウドは、生理学講座に彼のための部屋を持っていなかった（そこの講座で、バンティングは役職についていなかった。彼の大学での唯一の地位は医学部の上級実地教授で、それはトロント総合病院のクリニックでの彼の仕事を単に合法化するためのものだった）。大学の他の誰もが、彼に研究室スペースを提供するつもりがあるようには思われなかった。ベリエン・ヘンダーソンが彼の救助にもう一度やって来た時に、バンティングは「私自身の主導で大学の外に私的研究所を発足させることになっている」と、認めた。ヘンダーソンはバンティングにスペースを提供し、そしてマクラウドはバンティングの仕事の維持費を支払うことに同意した。[14] 1922年10月中頃から、バンティングは再び大学に研究室のスペースを持った。彼はまた、新しい助手、サディ・ゲアンズ嬢を雇った。トロント出身の彼女は最初の資格を家政学でとって、それからマクラウドの生理学で人文科学の修士を終えていた。彼女に仕事をすすめた時に、ヘンダーソンはゲアンズ嬢に話したのだが、バンティングは男性の助手の方が良かったかも知れなかったが、人に支払う十分なお金がなかったのだ。

バンティングは、マクラウドの窮屈な管理下にあったと思っていたことからはじめて解放されて、今では彼の責任で研究を行っていた。発見後のインスリンでの最初の実験で、バンティングは幾羽かの家兎にインスリンとジフテリアおよびチフス毒素とを一緒に注射した。家兎は死んだ。インスリンを投与する他の方法を研究していて、彼はインスリンをアルコールで稀釈し、それを犬に経口的に投与した。結果、酔った犬は、犬の檻の中でよろめき、それから倒れた。「泥酔」と彼は書き留めた。インスリンの経口投与も直腸挿入のいずれも、どんな効果もなかった。[15]

彼は糖尿病の原因を探索し始めた。膵臓の島細胞がインスリンを生産できなくなった時に、糖尿病が恐らく発症すると考えて、彼はこのことを証明するのを試みるために膵臓を刺激するという方法で実験を行った。例えば1922年11月10日に、彼は手術台上の生きている犬の膵臓血管へ温かい湯を注射することを試した。それが可能性のありそうもないと思われた時に、彼は膵臓組織の上全体に温かい食塩溶液をただ注入した。「私は膵臓の大部分が『半ゆでにされた』と評価すべきである」、と彼はノートに書いた。すぐに、彼は膵臓に対する熱の影響を評価するためによりもっと複雑な手法を考案した。それには、腹腔内へ差し込み、膵臓の一部分を切除して、臓器の周囲にゴム管を巻きつけ、それから管の突出している両端の切り口を閉じることを含んでいた。空中にぶら下げられて垂れ下がる犬を用いて、バンティングは多少随意にその膵臓を「潅注する」ことができた。

彼は、過剰な血液供給、過血症が島細胞からのインスリンの過剰分泌とそれらの結果として起こるインスリン枯渇をもたらすという仮説に基づいて仕事をしていた。12月頃に書かれた、短報の中でそれについて苦心して仕上げていて、その中で過体重と糖尿病との関連は肥満において横行結腸ののろのろした動きに由来していると更に進んで主張した。こののろのろした動きの横行結腸による圧迫が、膵島変性に導くことになる膵臓にうっ血を引き起こすのかも知れないと、バンティングは思った。そこで、「糖尿病にとって道理に適った治療」とは、バンティングが示唆したのだが、低糖質摂取、必要とあればインスリン、そして膵臓への障害物〔訳者註：腸管ののろのろした動き〕を取り除き通過をよくするためにきつい腹帯を着用することだった[16]。

バンティングはこの論文を出版しなかったが、それでも結構だった。彼の研究と推理は悲しいことによく知られていなかったが、そのことはおんぼろのフォード自動車で農夫の下手な修理が上級の技術者の仕事であったならばいいなと思うことと、重大な生理学的研究に対しての願望と同じ関係であった。

バンティングは彼の持論について二人の著名な生理学者と議論した。1922年11月24日に、有名なヨーククラブで夕食をしながら、彼はJ・J・R・マクラウドそして訪問中のノーベル賞受賞者アウグスト・クローグに彼の仮説について話した。クローグは、インスリンの過剰分泌をもたらすことにうっ血以外に何か他のメカニズムがあるに違いないと丁寧に示唆した。恐らく、それは神経的あるいは内分泌的刺激だった。バンティングは、そのようなメカニズムが内分泌に作用することを証明するとクローグに挑戦し、クローグがそんな証拠もないのをしぶしぶ認めた時に彼は自分が優勢になったと思い、それで揺るがされることなく彼の仮説と一緒に帰宅の途に着いた。我々は、その夕方の会話がクローグに与えた印象をただ想像するにすぎないが、彼はその後ですぐ、ノーベル賞の候補として重要な推薦を認めた。彼はバンティングとマクラウドの2人を推薦した。そしてマクラウドの助けなくしてはバンティングはインスリンの発見を達成しえなかったと主張した。[17]

バンティングは1922～1923年にかけての冬に研究を続けたけれども、大学における彼の将来について解決すべき問題は、偉大な発見者がどのように栄誉を授けられるかの問題とからみ合ってきた。1922年秋に、新聞記者達は、なぜトロント大学がバンティングに名誉と賞賛を沢山与えなかったのか？と不思議に思い始めた。大学は、オンタリオ州は、そしてカナダの人々自身は、発見と発見者にどんな栄誉を授けようとしているのか？

バンティングは彼の将来を研究に身を置くことを望んでいた。それは、「糖尿病（訳者註：原文は diabetus で、敢えて diabetes とはしてない、バンティングの実験ノートに基づく誤った綴り）」のアイデアが如何に上手く行ったかを鑑みて、当然希望するに足ることだった。バンティングの研究に関する訓練不足、インスリン研究がどうして現実に成功したのか、それに彼が現在関わりあっていることの不器用さの点からみて、バンティングが実際上医科学の最先端で役割を果たすことができたと信じるのは、幻想的であり、世間知らずで、ほとんど馬鹿げたことだった。バンティングは内科と外科で診療するために訓練され、資格を与えられた。もし彼が実地医療を行うためにトロント大学を去っていたならば、彼は彼の実力に最も適したインスリン発見後の生涯の仕事を選んでいたかも知れない。

フレッドは、明らかにこのことを考えてはいなかったし、そのことを話すのに最も適任とされた人、J・J・R・マクラウドにも耳を傾けなかっただろう。言い換えれば、マクラウドがフレッドの限界を理解していたかも知れない限りにおいて、マクラウドはインスリンの発見者が実地診療を普通に行うことは決してできないと指摘したかも知れない。彼は、糖尿病患者に悩まされ、それに彼の名声に拘束されて糖尿病の専門家にならなければならなかった。バンティングは、インスリンでさえもこの専門において長期に持ちこたえる影響力を彼に授けないだろうことを自覚していたのかも知れない。いずれにせよ、彼はこれまで糖尿病に余り興味を抱いたことはなかった。インスリンの経験が確かに彼の興味を刺激したけれども、彼が征服してきたと思った病気にとどまるのではなく、それはよりもっと多くの病気の治療を見出すことにあった。彼自身そして彼の友人達の目には、彼が糖尿病の医師ではなく、むしろ発見者、アイデアを持った研究者だった。彼が取り組んでいたアイデアが、糖尿病の成因について、重要な何かに導こうがなかろうが、そこには他の疾病と他のアイデアがあった――彼が1922年初期に、癌について抱いていた考えが思い起こされる。そこには、見出されるべき他の内分泌物があるかも知れなかった。研究のために彼の生涯をささげるのに必要な経済的支援と自由な時間を彼に与えれば彼は何かを生み出すかも知れない。

バンティングにとって他の可能性がある進路は、トロントから離れて、医科学と医学研究でいくらか高度な訓練を受けることだった。それは、チャールズ・ベストが勧められて従い、すぐに行動を起こした道だった。バンティングにとって、それは余りにも遅すぎた。世界的に有名なインスリンの発見者が、再び大学院生になることは恐らく不可能だった。それに彼がどうしてそうしなければならないのか？　彼が読んで来た本の量ではなく、彼のアイデアの質の問題が、医学研究で成功したのではないのか？

なかったのか？　バンティングが得るのに値した唯一の高い称号は――彼は多くの名誉学位を得た――彼のインスリンの仕事についてのいくつかに対して１９２２年に与えられた、トロント大学からの医学博士号だった。

トロント大学は、あの有名なバンティングの置かれた境遇に率先して取り組もうとはしなかった。何もしないことは、通常の学究的な鈍重さなのかあるいはバンティングの能力についてより考えられた上での疑念からくい止められたのかは、特定され得ない。学長サー・ロバート・ファルコナーおよびその時代の研究所の主な所長達と教授連によって行使された、ほぼ狂信的な行動の自由が、バンティングの問題に関して彼らの考えていることを浸透させるのを難しくしていた。大学のかなりの人々、とりわけ理事会の一員として勤めている門外漢等は、疑いなくバンティングは際限なく研究設備を与えられるべき偉大な天才であると信じていた。大学で最も影響力があり、評判の高い医学者達――マクラウド、ダンカン・グラハム、Ｃ・Ｌ・スターでさえも――に話し掛けた誰もが、バンティングについてのみならず、インスリンがいかに発見されたかについても、異なった意見を伝え聞いたのかも知れない。これらの人達の誰もがバンティングを決して同等の人とはみなしていなかったかも知れない。皆は、ずっとさせられて口にはしないが、大学の有望な人として彼に終身の上級者職を提供することに熱心ではなかったのかも知れない。明らかに、一部の理事は情報に通じた意見を実際にビリー・ロスに打診していた。というのも彼は理事会のメンバーで、バンティングが発見に対して全面的に責任があると認めることに気が進まない、「独自の行動をする人」の一団を見分けていたからだった。[18]

バンティングの社会的評価を大学の名目だけの職の容認と結びつけるためにキャンペーンを企画し、実行することを、バンティングの友人達、特にロスとベリエン・ヘンダーソンに引き起こさせたのは、それほどの心情の脅迫が彼らにあったのかも知れない。アイデアは、オンタリオ州行政機関に働きかけて、あらゆる普通の講座とは別に、バンティングが生涯の役職を維持するためにトロント大学に特別な研究職を設けることに基金を出すことを認めさせることだった。「マクラウド教授と一緒に仕事をする気がないし、一緒にするどんなことも持ちたくない」と、バンティングは研究職につこうと思った時に最初に書き留めた。ヘンダーソンがアイデアをファルコナーに提案した時、マクラウドは「大物としてねたんで――そして彼らが提案するように行政機関がそのようなやり方でどんな手段でも講じるならば、コリップ、彼の大事な自己本位の門弟が無視されることになるであろうとデフリーズ（訳者註：コンノート研究所の副所長）に異議を唱える」のを、バンティングは耳にした。[19]マクラウドがその提案について考えた時に、それから得ていたかも知れなかった唯一の満足は、バンティングが彼の講座に所属しなくなることだった。大学におけるバンティングの身分が、非常に好都合な理由にかなうには普通の講座から独立していなければならなかった。彼は、それらの講座のいずれでも教授であることとには相応しくなかった。

バンティングに栄誉を授けるためのキャンペーンは、彼を唯一のインスリン発見者として認めることから展開した。バンティングは、1922年9月に執筆していた発見についての報告のコピーをビリー・ロスに手渡していた。ロスは、それを主だったカナダの政治家達の間に思慮深く回覧させた。このバンティングのグループは州の政治家達ばかりでなく国家的にも影響を及ぼすことを望んでいた、なぜならばカナダ政府がカナダ人によるあらゆる科学的偉業の中でもこの最も偉大な業績を高く評価する方向に確実に導いて当然だからである。オタワに対しての攻撃を効果的なものとするために、ロスはアメリカの指導的影響力を持つ糖尿病専門家達に加えて、チャールズ・エバンス・ヒューズに宛て手紙を書いた、その中でカナダはバンティングに栄誉を授けることを考慮していることを述べ、そして事実上彼の偉業についてインスリンの発見者としての推薦状を懇願していた。ロスはインスリン発見に携わった他の当事者達の誰についても彼らの意見を求めなかった。どの政治家も、インスリンの発見に関してJ・J・R・マクラウドの評価を受け取っていなかった。

ロスはまた、大学の前副学長（すぐ学長になることになる）、前内閣の大臣、新しく任命されたオンタリオ州の最高裁判所長官、そして自由党の強力な大立物であるサー・ウィリアム・ミューロックに積極的な援護を懇願していた。ミューロックは、首相マッケンジー・キングに内閣での最初の仕事を課していた。ミューロックは、国務大臣としての任期中に、グリエルモ・マルコーニ（訳者註４）が英国政府とのトラブルで困った状況にあった時、彼を手助けしていた。ミューロックは、バンティング一家とは間接的なつながりだったが、随分前に土地購入の抵当権のことでフレッドの父親を手助けしていた。80歳代の政治家は、バンティングの事例をマッケンジー・キングと一緒に熱心に取りあげた。彼はバンティングをもう一人のマルコーニとみなした――そして人類の恩恵に適うこの偉業を成し遂げたカナダ人の若者は、それ以上の人物だ。疑いなく、カナダは彼に栄誉を授けなければならなかった。

その素晴らしい科学者に、国はどのように報いることができるのか？　非常に最近までは、インスリンが伝えた功績からカナダ人は君主（訳者註：イギリスの国王）からの称号を推薦されているかも知れない。しかし暴利をむさぼる準男爵達に関する戦時の興奮状態に影響されてか、１９１９年にカナダ政府はカナダ人に対して称号を最早要請しないことを決定していた。それで、バンティングの友人達は、彼にナイト爵位が与えられるのを強く迫ることができなかった。次なる最上の表彰は財政上のことだった。ロスとミューロックは知っていたのだが、有名な政党の大立物の友人達のために財政的危惧なく社会生活を支えるのを可能とする特別な基金を立ち上げることは、全く一般的なカナダ人の慣例だった。バンティングが経済的な危惧なく研究生活を安定させることができるように、彼の負担を取り除いてもいいのではないのか？　しかし、正しく国が軍人のヒーロー達に報いていたように、バンティングに生活のためにある種の年金を、個人的基金よりもむしろ社会的基金で与えて欲しいと考えていた。

バンティングは、ロスに発見についての報告書を手渡していた。それは彼の友人達の企画立案に関係していたのだが、それに功労賞に向けての要請を証拠立てる手紙を少なくとも1通書いた。バンティングにとって、キャンペーンの正当化は、功績が合法的に彼のものであることを取り損なわないように確実にすることだった。ロスとミューロックは心からヒーローを崇拝していた。彼を偶像視した人々にインスリンの物語を語り、それから彼が試みたがっていた癌について考えがあることに言及するバンティングが想像できる。結末を、ミューロックはキングに宛てて書いている。「研究に関して、バンティングには研究の才能があります。部分的ではありますが、研究の成し遂げた仕事の事柄についてはほぼ非凡な才能があると思います。彼を知る人々は、彼を飾り気のない、気取らない、内気で、思慮深い人と評していて、彼が癌の問題を解決すると考えています。彼に仕事への専心を可能にする機会を与える価値はないものでしょうか？」[20]

バンティングが同じ話をフレデリック・M・アレンとエリオット・ジョスリンに語っているのを想像できる。彼ら二人は、インスリンが実地医療でもたらしていることにとても眩惑させられ、それにインスリン発見の過程を再検討するにはインスリンを用いることに余りにも忙しかった。彼らは、賞賛に満ちた、強力な推薦状を認(したた)めた。

アレンより：インスリンは奇跡を成し遂げ続けています……バンティングはインスリンの発見においてはっきりとした、異議の唱えられない優先権を持っています。それは疑いなく現代医学の先端的な偉業と同列のものでしょう……バンティング医師とお会いして、私は彼のとても前途有望な才能に印象づけられました、そして彼はこの一つの発見で終わらないでしょう。ジョスリンより：私が想像した全て、そして私が望んでいたそれ以上のことが多分成し遂げられているかも知れません。F・G・バンティング医師は益をもたらしました……数週間も前ではなく、バンティング医師は私の家で一夜を過ごし、午前2時まで寝ずに起きていました。そして彼がすでに成し遂げてきたことと同じほど注目に値するかも知れない、他の未開発で、未だ熟考されていない仕事についても私に話してくれました。バンティング医師に対してカナダ政府からの助成金の通過を図るのに、私に何かできることがあれば、是非お教え下さい。[21]

他の主だったアメリカの糖尿病専門医からの推薦状は、たいていとても大袈裟に表現されたものだった。その時代の最も有名なアメリカ合衆国の政治家の一人、チャールズ・エバンズ・ヒューズはインスリンが彼の娘エリザベスにいかに働いたかをマッケンジー・キング宛に書いた。「私はバンティング医師の仕事に対して私の感謝の気持ちを十分に言い表すことができません」と述べている。[22] このような友人達がいれば、彼の敵について心配する必要があったのは誰なのか？ とりわけ、誰も彼らの意見を求めることがなかった時には。

キングは、「発見において最も意味のあることがバンティング医師によるもの」という信念を確かめるために、サー・ロバート・ファルコナーにたずねるという用心をしていた。学長の返事は、非常に如才のないもので（「そこには、勿論ベスト氏についての主張もありますし、それにさらにアルバータ大学のコリップ博士はインスリンの精製と関連して化学面で価値のある仕事を行いました。これら二人の紳士をある程度まではさらに高く評価すべきかどうかは、あなたが決める問題です」）、それは実質的には意味のないものになった。[23] バンティング自身は、栄光から取り残されかけているベストについて心配し始めていた。ベストにはトロントに強力な友人がいなかった。バンティングの友人達は、ベストを共同研究者というよりもむしろ助手として見がちだった。それで上手にそして用心深く彼を独力でなんとかするようにしておいた。しかしオンタリオ州知事のE・C・ドルーリがバンティングのために研究職を設けるという考えをバンティングと話し合うために彼の研究室にやって来た時、バンティングはドルーリにバンティングの大学教授職だけではなくバンティングとベストが大学教授職に任命されることを求めた。

コリップもマクラウドも、バンティングを高く評価する企てを少しも心地よく思わなかった。彼らは個人的な異議を公にはしなかった。恐らく、彼らはバンティングに挑むことがどうしようもなく難しいものだと気づいたのだ。多分、彼らは来歴が彼らによる非難の不当性を立証するものだと悟ったのだ。ほとんど疑いなく、彼らはインスリンに対する功績についての徹底した公の論争が当事者皆にとって不名誉なものと気づいたのだ。どちらの支持者もが、他の発見者達に代わって、少しばかりひそかな外交的手腕を可能とするカナダ人の政治的つながりがある友人を持っていなかった。コリップとマクラウドの二人は継続する研究に深く関わっていたが、マクラウドについては特にトロント大学のインスリン委員会の秘書として責任を負わされていた。彼はまた、反目することで腹一杯にさせられていて、友人宛の手紙で、「もしあらゆる発見がこの問題が抱えているのと同じく、優先権などを言い合うことを必然的に伴うことにでもなれば、それは彼らをすたれさせるのを試みる仕事に当てることになるであろう」、と意見を述べている。(24) それで、バンティングと彼の友人達の主張に挑むことのできた唯一の人が争うことを拒否して、政治的な領域を離れた。

いくつかの他の意見はバンティング賞賛運動に関わるものであったかも知れない。晩年に、ベストは、バンティングがミューロック、ロス等によって意識的に選ばれていたと信じていた。なぜならば彼はオンタリオ州人のグループだったからだ。マクラウドは外国の人で、コリップは今遠方のアルバータで仕事をしていた、ベストはアメリカ合衆国で生まれていた。正にその通りで、バンティングの目立つことは、トロントにおける地元身びいきに関係する何がしかがあった。

ベストは正しかったかも知れないが、バンティングの友人達に対して公平に言えば、これらの範疇では彼らが持っている意見についての証拠はほとんど見つからなかった。マクラウドの非難に外国人とするほどそんな外国人嫌いあるいは身びいきという表現は、そんな証拠が無いためにインスリンの物語では驚くべきことである。唯一の例外は、マクラウドが1928年に辞職した際に、ベリエン・ヘンダーソンによる彼の妻へのコメントである。「たとえ彼がイギリス人あるいはアメリカ人であろうがなかろうが、生理学講座にいる他のうぬぼれた、横柄な外国人を見たくない」。カナダ人の国粋主義には勿論、カナダは才能ある人達がアメリカ合衆国へ移住しないようにその人達に対して報いなければならないという強い意識は勿論のこと、彼らの同胞の功績にカナダ人の心からの誇りが存在した。前者の意見は、とりわけ1920年代の初期、より青々としたアメリカの牧草地へ高度に訓練されたカナダ人の相当なそして持続する大移動の時期に、広く認められていた。

インスリンの問題はまた、トロント大学の本質と管理についての社会的関心事とからみ合うことになっていたのかも知れない。医学部の近代化は、その最初の「専任」教授の任命を含めて、トロントの実地医療従事者の保守派の人々から強力な抵抗を招くことになった。ビリー・ロスは、その保守派の人々の中にいた。彼はバンティングを他の不満を抱く、大いに政治に関心がある医師達の幾人かに紹介した。とりわけ野心的な外科医ハーバード・ブルースは、その時バンティングを支持するとても効果的な陳情を行った。彼らは、バンティングを医学部の新しい体制、マクラウドそしてグラハムのような人達に反対するのに利用できるひとかどの人物とみていたのかも知れない。問題は、バンティングが保守派の人々の主要な攻撃標的の一人である外科学専任教授C・L・スターに心酔していることだった。大学の危機についてD・E・ロバートソンとの長い話し合いの後、バンティングの卓上カレンダーに一つの混乱したメモ書きがある。「私は双方に多少正当なところがあると確信している。マクラウドは間違いなく自己本位でありそして私はブルースやロスが何かそんなものでありうるとは信じられない。けれどもグラハムとスターはマクラウドが好きで、ブルースとロスを嫌っている[25]」。より一般的に、それらの身分が高く、権勢のある専門職の研究者達よりもむしろ、バンティングのような古風な普通の医師によってなされた偉大な発見を見ることは、ロスそしてブルースのような旧態然の医師を元気づけたに違いない。

最終的に、ロスとミューロックは身分の高い自由党員に任命された。大学の問題の多くは、古い流儀を擁護する自由党員および州の保守党員による近代化と能力重視のエリート主義に反対する無視された少数の人と一緒に、オンタリオ州での同志の闘争に転じて行った。尊大で冷酷な科学の支配階級に反旗を翻し、単純で大層虐待されたオンタリオ州の天才、フレッド・バンティングの理想を進めることは、自由党員の申し分のない目標となった。時々、ロスとミューロックの策謀は、自由党党派の陰謀に近いものだった。

栄誉を授ける計画が進むにつれて、バンティングは時々ベストのためにひと肌脱いだが、決していつもあるいは完全に上手く行った訳ではなかった。その他の点では、彼は友人達の仕事に満足し、生涯にわたって彼らに感謝していた。別の思いについては、彼の文書にたった一つのヒントがある。1923年5月の終わりに、バンティング、マクラウド、そしてエリオット・ジョスリンの皆が、ニューヨーク市で糖尿病に関する講演を行った。その後で、ジョスリンは明らかに、彼がバンティングとベストにインスリンの発見に敬意を表して最高の名誉を授ける企画をしているところの、多少差し迫った記事や講演や行事についてバンティングに語った。その夜、バンティングはジョスリン宛に手紙を急いで走り書きした。

敬愛するジョスリン先生

私の日記の多少新しい頁は私が持ち合わせている便箋代わりの全てですが、あなたが気になさらないだろうと思っています。

私は、あなたに手紙を認めずには寝床につくことはできません。

私は、あなたが私に話して下さった今日、私の中に呼び起こした気持ちをあなたに伝えることが叶いません。そしてベストもまた大層幸せだろうと確信しています。私の幸せを台無しにし（そして私はあなたにお話ししたい）そしてあなたが我々二人の名前のみが言及されるべきであると言われたことに対して、その点について唯一お伝えしたいことがあります。私は、あなたが皆の名前、とりわけマクラウド教授に言及していただけたらと思います。私は今では非常に多くの物事について大層いろいろなことに気づいています。恐らく、私は自己本位でした。そして正しく将来を見通していませんでした。

最近、私はマクラウド教授が幾人かの人によって批判されていることを知りました、申し訳なく思っています。そこでそこから教授を救い出すために何かをしようと思います。というのも彼はとても素晴らしい人で、インスリンに関してそして糖尿病患者のために非常に多くのことを成し遂げてきたからです。私自身としては、この事実のゆえに個人に向けたどんな非難的要素も減らしたいと望んでいます。

私は、この個人的な内密の短い手紙を差し出すという機会をとらえて、私に対する貴殿、ジョスリン先生の御親切への感謝を表したいと存知ます。

私は、貴殿が糖尿病を研究し、教育し、治療しようと捜し求めながら、親切で、自己本位ではない利他主義な人格から大いなる刺激を受けました。[26]

朝の厳しい夜明けに、バンティングは明らかに決心がつかなかった。何のサインもない、手紙が差し出された。

ジョスリン宛の手紙には、バンティングが時折、彼の主張の功績について疑いを持っていたことを示唆している。他の個人的な見解は、その春の彼の最も典型的な心的状態を説明している。トロントの内科医、ジョン・ハリス・マックフェドラン医師が3月のある夜バンティングを夕食に招待した。そして彼について日記に次のように記述した。

その名前が、ホルモンであるインスリンの発見者として医学界に浸透するであろうバンティングは、ユーモアの鋭い感覚および意図に固執するという多くの証拠を持って、非常に内気な慎み深い人である。勿論私が推測するにこの研究所がインスリンの管理を得るという条件で提供された、病床数100の管理および助手スタッフ30名を持つ、給料が年間1万ドルになるというアメリカの施設の申し出を、彼は拒否したのだから、彼を不当にあしらって来たが信頼する組織すなわちトロント大学に対して彼は忠実なのである。金に窮した男にとって、それは非常に魅力的であったが彼はここにとどまった。だからこれからも居残るであろうと私は信じている。彼は極めて優秀とは思えないが、アイデアのある人であるには違いない。

名声と幸せとが一緒に、１９２３年の最初の6カ月にバンティングに訪れた。賞とメダルのシャワーが、トロント大学そして他の大学から彼に降りそそぎ始めた。オンタリオ州キングストンのクイーンズ大学は、5月に彼にとっての最初の名誉学位を授与した。よりもっと重要なのは、オンタリオ州政府が年間1万ドルの助成金を直接支給し、トロント大学にバンティングとベスト医学研究講座を創設することを、その月に発表したことだった。バンティングは、年間５０００ドルの給料で医学研究講座の終身教授になった。

ロスは、オタワの政府にバンティングの年金のために圧力をかけ続けた。バンティングの理想に合わせて、より多くの正当性を加えるために典型的な意思表示の印として、ロスはバンティングとベストがインスリン発見の優先権を持つことを言明する特別な決議をトロント医学協会で可決させるよう手配した。１９２３年6月27日に、カナダの下院は満場一致で、「バンティング医師が生涯を医学研究に充てるのを可能とするのに十分な」、生涯年金７５００ドルを、インスリン発見の表彰としてバンティングに授与することを認めた。バンティングは今や、独立して裕福な医学研究者だった――１９２０年代には1万２５００ドルは使い出があった、そしてさらにすすんで１９３０年代でさえも――研究以外に何もすることもない生涯にわたる役職に任命されることで。そのようなことは、インスリンの発見に敬意を表した同胞および友人等の彼への感謝の気持ちだった。「バンティングはこの偉大な発見の手柄を奪われたくなかったのです」、とミューロックはロスに認めた。「報道機関が今では、バンティングの仕事について大層立派に述べているので、彼をいい気分にさせているといういささか危険な状態にしています。しかし、私は彼が良識のある男であると考えます。天才は、いつも慎み深いものです[27]」。

年金のニュースは、バンティングが会議、観光そして夏の休暇のためにイギリスに向けての途上にあった、「フランスの皇帝号」で航海中の彼に届いた。「私は彼らがあなたに同額を授与することを望んでいます」、と彼はベストに認めた。「確かに、祝福は今や次から次へと十分我々に降りそそいでいます。我々は自重しなければいけない」。

電報と手紙の殺到が海を渡って彼についてきた。カナダ全国博覧会の管理者達が8月にトロントで開催される開会の式典で彼に議長を務めることを望んだ。ロスはフレッドに代わって彼が受諾したと伝える電報を打った。ヒップウェルが受諾することへの反対を助言する電報を正しく打った時だった――「名誉以外に得るものは何もなく、広告を介して失うものが多いかも知れない」。疲れを知らないロスは、バンティングの登場を支援することを医学アカデミーから得るために陳情し、行事の「騒々しいパレード」の状況を控え目に取り扱うようカナダ全国博覧会の当局者達を説得した。それからバンティングには医学的専門職の威厳を促進するのにこの機会を受け入れるよう説得した。その時に、カナダ政府の気前の良い贈物を分かち合っていないことでベストがこの上なく失望しているというニュースが届いた。ベストとフィッツジェラルドは、キング首相に再考させようと試みていたが、運がなかった。ベストは、バンティングの仕事に対してのみ表彰を懇願するというロスのやり方のために不当に扱われていたのを確信した。「ロス医師は、私が大嫌いで丁度良かったのかも知れない。バンティングとベストを征服することができて……ロス医師が私の友人の一人とあなたは言われます。私は、それを認めることができません」[28]。

バンティングはベストの手紙で心がかき乱された。「あなたは何らかの方法で面倒を見てもらえることでしょう」、と彼に請け合った。そしてコンノート研究所が何らかの世話をすべきであるとフィッツジェラルドに認めた。バンティングは、ベストが博覧会の式典で然るべき役目を与えられるように必ず手配したことだろう――「そこが地獄であったならば良いのにと思っています」。フレッドはうんざりしていた。「今、私が一体全体望んでいる全ては、研究室で静かに、邪魔されることなく、仕事にとりかかれることです。私がただ放っておかれるものならば、誰もが好むどんないまいましいことでも手に入れることができます。私は、新しい領域で従来とは考えがかけ離れたある新しいアイデアを持っていて、インスリンに関係する診療および全てのことを放り出そうとしています、それにその全てにうんざりしています[29]」。

バンティングが、イギリスへのこの旅行で彼と一緒に栄光以上のものを持っていくことを期待していた証拠の痕跡がある。バンティングの卓上カレンダーには、6月2日にエディス・ローチの兄と妹と一緒に、エディスが今教えているポート・ホープに出掛けて行って、彼女をトロントへ連れ帰ったことを記録している。「私と一緒に、エディスをアリストンの家に連れて行った」、と翌日彼は書き留めた。「我々はその夜、教会へ行った」。彼は、フィラデルフィアとワシントンで講演する準備にせき立てられ、そして6月6日に、彼のカレンダーにもう一つだけ密接な関連がある内容の記入を行った。「私は確かにエディスについて何をすべきか知らない。彼女は、正しくこれまでに私の心を捉えた唯一の女性である。それなのに彼女はきっと疑いを持っている──そして依然として……」。

エディスのいとこ、スペンサー・クラークは、バンティングが総力をあげて、彼と結婚して、新婚旅行に海外へ出掛けることを彼女に説得する努力をしていた頃のことを覚えていた。彼女は行かなかった。彼女がはっきりと彼に断ったのか、婚約を復活させることに同意したのかどうかは知られていない。バンティングの友人達の幾人かは、彼が時計の鎖にダイヤモンドの指輪をつけているか否かで、エディスとの関係についての事情を知ることができると言った。しかし、誰も、いつフレッドが指輪を持っていたか、どんな時にエディスがそれを持っていたかを正確に思い出すことができなかった。証言が優勢なのは婚約がなおも休止中なのを示唆している方向に傾いている。バンティングは6

月末に、イサベル・ナイトそして「レイラ」と呼ばれたある人を含めて、他の数人の女性と会った。彼と同級生の数人は、モントリオールでの2〜3日の間中男女の集まりで楽しい時間を過ごしていたように思われる。気がすすまなかったけれども少なくとも彼らの一人と泊まることになった。「列車では警察官の行動を大層恐れていた」、とバンティングは言及した、「彼と一緒にモントリオールから子猫を家へ持ち帰ったからだ[30]」。

スペンサー・クラークはまた、友人達がフレッドにイギリスへのこの旅行で彼の他のあらゆる活動と新婚旅行とを一緒にしようと試みないように助言していたのを覚えていた。良い助言、というのもバンティングはイギリス本国での新しい経験について内容的に目もくらむほど、奮闘を要することが続いて、彼が後に、「私がこれまでに経験してきたことを通して、最も辛く苦しい体験の一つ」、として書いたほどだった。彼はくる日もくる日も、イングランドおよびスコットランドの卓越した医学者達に紹介され、オックスフォードおよびケンブリッジ大学での病院見学の間じゅう、昼食、夕食時に、彼らの研究室で彼らとの会合が行われた。彼が会ったのは、C・S・シェリントン、A・V・ヒル、ホールデインズ家の父と息子、サー・オルモース・ライト、ベイリス、スターリングそして他の多くの人達だった。彼の案内者は夏季を過ぎてもまた、しばしばベリエン・ヘンダーソンだった。恐らく不慣れなバンティングに授けうる幾分手助けのためにだった。「私はV・E・教授〔訳者註：V・H・教授の誤植とすれば、ベリエン・ヘンダーソン教授を指している〕を待っています」、とバンティングは7月のある日ヒップウェルへ宛て走り書きをした。「ああ、ありがたい、彼は今夜ここにいることでしょう。フレディ、彼は素敵な人です。私は、彼ほど素晴らしい人を知りません……私は少しばかりの平穏とくつろぎを手に入れる我が家を持てたら嬉しいことでしょう。なにもかもが素晴らしいのですが、私は我が家と普通の生活が好きです[31]」。

バンティングの厳しい試練の一部は科学者達と会うことだった。彼らは仕事に精通した人達であるばかりか、また非常に洗練されていた。「ケンブリッジ大学へ出掛ける前に」、と彼は1940年に思い出話を書き留めた。

ヘンダーソンは私に、我々はある新しい硫黄化合物を単離したばかりのサー・ガウランド・ホプキンズの研究室を訪ねるつもりだと語った。私はこのテーマに関して読むことで知識を得た。そして我々が彼の研究室を訪れた時に、彼が何について話しているのかを理解することができて嬉しかった。彼は晩餐のために大学の学寮の一つに我々を招待したが新しい体験だった。それから晩餐後に我々は橋を渡って大学の学寮のグラウンドに入って、樹の下に腰を下ろした。それは素晴らしい心のこもった夕辺だった。私は仲間の一人だったJ・B・S・ハルダンを思い出す。私は、テーマが生化学に関するものだった研究室での会話には上手くついて行けた。しかし音楽、演劇、本、絵画、歴史、国際的な出来事そして政治に関しての議論に耳を傾けた時、私はどうしようもなく無知だった。私は、これらの人達の多才さに驚いた。その夜、私は自身の特定の仕事以外の話題に関しての勉強に毎日少なくとも1時間をとっておこうと決心した。

オックスフォードでは、彼がサー・ウィリアム・オスラーの邸宅を訪れた時、そこは故郷、トロントの北に位置する農場地域とさえもつながっていた。バンティングは、1919年に亡くなっていたオスラーと一度も会ったことがなかった。この旅で、オスラー夫人は、ノーザン・ガーデンズであの有名な「オープン・アームズ（Open Arms：大歓迎）」に彼女と一緒に泊まることを彼に勧めた。彼は、オスラー自身のものであるベッドに寝たものの、眠ることは出来なかった。

サー・ウィリアム・オスラーと同じ家に滞在して、同じベッドで寝て、同じ浴槽につかって、同じ鏡でひげを剃って、同じベランダで語って、同じ書物と写真を眺めていたということは、想像の飛躍へと寝つかせる着想を抱く人を満足させるものである。私の頭上には、聖人のような彼の父親と母親の写真がある。彼らがどれほど彼を誇りにしていたことか！　オスラー夫人は魅力的である。彼は、素晴らしい境遇、友人達、書物そして心地良い家庭を持っていた——なぜならば、彼はあらゆる事柄が素晴らしい、そして全ての人々が心地の良い類の人だった。彼は他の人々に与えて、それが彼に戻ってきた。[32]

旅の最も記憶に残る出会いは、2〜3日後に訪れた。イギリスはロンドンのカナダ高等弁務官であるP・C・ラーキンは「謁見」の作法についてバンティングに前もって指示を与えた。彼は、7月18日午前10時にバッキンガム宮殿に到着することを求められた。シルクハット、手袋そしてモーニングの他の附属品を求めて大急ぎのどたん場の買物があった。非常に神経質なバンティング（「私は自分が神経質になっていたのを認めるのを気にしない」）は、指図されたように宮殿に到着した。彼の連絡員である国王の第2秘書が、だぶだぶのズボンをはき、靴をひきずって歩きそして身内に糖尿病患者がいることが判明した時に、くつろぎを自覚し始めた。

やっと、私は2階へ、それから幅の広い廊下を先へ、そして重い二重扉を通り抜けて、中央にたった一つのテーブルが置かれた部屋へと連れて行かれた。私は、国王の到着を知らされ、国王と一緒に一人残された。それは不思議議なことだったが、私は我々が注視されていないかと訝（いぶか）った、それに護衛者あるいは誰かがそこに居合わせるべきだと思った。陛下と二人だけにして欲しくないとふと私の心に浮かんだ。というのももし何かが国王に生じたならば私はとがめられるかも知れないからだ。私は、あたかも極めて貴重なもろいうつわを手の中に持ったかのような、正しく同じ感覚を抱いた。陛下はこの上なく慈悲深くあらせられた。だからすぐに私はすっかりくつろいで、我々は医師、病院そして研究の仕事について語っていた。私は陛下がお持ちの知識の量に驚かされた。それに私は幾人かの高名な外科医の所得およびいくつかの病院を維持するのに要する経費を知っておられた事実にびっくりした。陛下は、心から関心を寄せられてみえる印象を私に与えた[33]。

宮殿から外へ出る途中で、バンティングは報道記者に出くわした。「『バンティング医師はすぐに見えますか？』私は、私の肩越しに視線を向けて、いい加減に指し示して、それから『かなり直ぐ』と言った」。バンティングは、大股で歩いて報道記者達と写真家達とをやり過ごし、待っているタクシーに乗った。タクシーが引き離れたと同時に、報道記者達は彼を見誤ってしまったと悟って突進して来た。彼は手を振った。絶対的存在の国王について報道記者に何を話すことができるのか？　エピソードは、ロンドンの報道記者達によって「世界で最もはにかみ屋の天才」としてレッテルを貼られて彼を戸惑わせた。レッテルは、モントリオールでの友人達との彼のふざけを思い出した友人達を楽しませた。

バンティングは、ロンドンでの国際外科学会に登壇した。英国での最初の医学講演に同行する報道記者達を寄せつけないようにすることはできなかった。学会開会日の午後、グループは、釘づけにされた聴衆に向かって上品なセルジュ・ヴォロノフ医師によって草稿なしでなされた、フランス語の美しい流暢な講演に耳を傾けた。ヴォロノフは、老人を猿の睾丸移植で若返らせることができると主張するフランス人の外科医だった。猿の腺に関するヴォロノフの発表のすぐあとに、バンティングによるインスリンについての発表が続いた。バンティングは、ヴォロノフに比べて余り印象的ではなかった。「バンティング医師は……恥ずかしい思いをさせられた」、一人の報道記者が書いた、「前置きの発言もなく、ぶっきらぼうにいきなり説明を始め、発見について神経過敏で痙攣を起こして、見苦しく、ほとんど聞き取れない説明を終えて2分後には、文字通り会場から逃げ出した。聴衆は発表が終わったと悟って、急に拍手をし出した時には、彼が立ち去って2分が経っていた」。バンティングに対して「講演者ではなく、有言実行家」と親切に呼んだ報道記者は、彼が厳しい研究室の仕事で神経が張りつめていたと憶測し、そして彼らの素晴らしい偉業と上手くつき合うのに見事な言い回しを潔しとはしない北米の新しいタイプの人達の一人と彼を評価した。バンティング自身は、ヴォロノフと比べて彼がどれほど下手に発表したかを決して忘れなかった[34]。

バンティングは、7月24日にエジンバラで開催された第11回国際生理学会でより良い仕事を行った。彼とマクラウドとは、彼らが最近行った仕事を討論するセッションを共有した。バンティングは、彼とベストが血中インスリンに関して行った実験と彼とサディ・ゲアンズとが膵臓のインスリン分泌に影響する因子に関して試みた仕事についての短報を発表した。この発表は、その日の早くに講演され、マクラウドのインスリンに関する基調講演の疑いなく副次的なものだった。マクラウドは、トロントグループの仕事について、つまりインスリンについて知られていることに関して堂々とした要旨を講演していた。「非常に公正だが、少しも自己本位でない訳ではなかった」、とバンティングは、傾聴した講演について批評した。彼とベストの仕事は、マクラウドの非常に長い話の中で3つの短い文章で紹介されていた。

ヘンダーソンは、バンティングをポーツマスへの一晩の旅とイギリス医学協会会議での講演のために、エジンバラでの発表セッションから真直ぐ駅に連れて行った。彼はここではよりずっと打ち解けて芝生の上に居て、他の臨床医達とインスリンについて話をした。「私は体調がすこぶる良く、私の胸の中から馬鹿げた考えを大層上手く解放してくれました」。討論の間に、一人のイギリス人医師は彼らがイギリス医学協会のポーツマスでの会議を思い出した時、「私はインスリンに関するバンティングの講演を聞いた」、と彼らがどれほど全てと言うことができるだろうかと意見を述べた。[35]

エディンバラの学会は、研究論文を聞くためにそこに居合わせた人達からみるとなおさら重要な会合であった。スウェーデン、ストックホルムのカロリンスカ研究所からのグループは、非常に注意深く耳を傾けて、インスリンのセッションの全てを食いいるように聞いていた。彼らの出席は多分、カナダで報道されて、バンティング、そして恐らくマクラウドがノーベル賞の候補者になるという噂を引き起こした。報道機関は見通しを質問するためにバンティングを捉えていなかったが、彼は猿の腺に比べてよりもっと若返らせる力をインスリンが持っているというニューヨーク・ワールド紙（*New York World*）に公表されたストーリーが真実ではないことを報道記者に話す義務があると実際に思っていた。もちろん糖尿病患者に関して効果があることは間違いないのだが、インスリンと彼の名前が、ヴォロノフの「若返りの薬」のように結びつけられることはなかった。[36]

バンティングは恐らく、パリのフォリー・ベルジェール（訳者註5）で過ごした夜、幾人かの老いた道楽者達を見た。彼はイギリスでの仕事の後そこで数日間過ごした。彼の観光は、ルーブル美術館、サント・シャペル寺院（訳者註：シテ島にあるパリ最古のステンドグラスで知られる教会）、ベルサイユ宮殿、ナポレオンの墓、1918年の戦場のいくつか、そしてフレッド達の戦場、またラパン・アジル（訳者註：モンマルトルの有名なシャンソン劇場）のような知られたナイトクラブ、そこではだらりとぶら下がる骸骨が踊り子達の中に身をかがめていた。彼の訪問のハイライトは、パスツール研究所にあるルイ・パスツールの墓を訪れることだった。「私にとって、そこは神聖な場所だった。パスツールは、長年にわたって私の崇拝の対象だった。私は、彼の生涯が人類にとってどれほどの恩恵をもたらしてきたことかと思った。フランスの科学的な気質は、あらゆる医学研究者達の中の最も偉大な人、パスツールで最高潮に達した」。

イギリスを離れてカナダに戻る前にバンティングの最後の訪問の一つがリード夫人のところだった、彼女は戦時中に彼の贈物を拒否していた女性の一人、キャサリンの母親だった。娘は不在だった。「キャサリンに会えないのは不幸な出来事で大変残念なことである。しかし恐らくそれが我々二人にとって最善な結果であって、運命とは思いやりのあるものだった。私は彼女達にほんの少しばかり興味を抱く。そしてその若い女性を分析し、そして事実がわかると、想像力の感じられない、教育を受けていない、思慮のないあるいは愛情のないあるいはいささか好ましくない人物であることが判明する[37]」。

帰国の旅の間中、船舶での読書が、たとえH・ライダー・ハガード〔訳者註6〕の『洞窟の女性（*She*）』であったためだとしても、彼は女性達をじっくりと考えてみた。船上で読んだハガードの神秘的な誘惑する女と少しでも似ている人がいるとは思われなかった。唯一、一人「興味を惹かれる」女性は、「しかし彼女は少しばかり頭の良い人で、話題が多い熱気のあるアメリカ人でありそうだけれども、私には彼女が会う煩わしさの価値があるとは思えない」、とバンティングは書き留めた。船上には、「心ひかれる子供」がおり、可愛らしいがふっくらした赤毛のモントリオールから来ていた名前をマイルズと言った。彼女は上手に踊った。6月以降のフレッドの日記帳にエディスについて何の言及もない。

彼の船は、8月18日にケベックの埠頭につけられた。そこに乗船した新聞記者達は、インスリンのヒーローを見つけ出すことができなかった。彼は他の医師の船室に隠れていた。記者達がとうとう彼に追いついた時、彼は思いついてイギリスでは単独インタビューに応じないという履歴を設定してきたと言った。しかしもし著名人達がこのように彼らを取り扱ったならば、報道機関はその仕事をどのようにすることができたのか？「やれやれ、いったいなぜ人を放っておいてはくれないのか？」[38]

彼が放っておかれるのを試みる前に、一つの大きな社会的現象があった。世界最大の博覧会として宣伝されていたカナダ全国博覧会が、8月25日にトロントで開幕した。オープニングの日の参加者数は、7万6500人という記録だった。それは、博覧会場に向けて行進する退役軍人を伴う、軍人と科学者の共有の記念日だった。そこでバンティング――「今こそ獲得しようとするカナダ人のものであるその偉大な財産を、彼らの頭脳と労働によって、カナダのために得つつあるカナダ人を代表する人」――は野外の主ステージで講演した。彼は、優秀なカナダ人を国内にとどまらせられるように医学研究に対する支援の請願を発した。それは、同級生で友人でもあるボーモント・コーネルによって彼の代わりに書かれていた。「行進する軍人達の音楽とバンティング医師の講演は、カナダ人の現世代が戦争と平和の問題に上手く携わっているという態度の生き生きとした示唆だった」。1923年のカナダ全国博覧会で一定の業績をあげた人々に対する特別メダルは、一面にバンティングの肖像、もう片面にはダファリン門が入っていた。[39]

バンティングは、ようやく1923年秋に集中的な研究に身を入れだした。彼の仕事の成り行きは次章で議論される。10月も終わろうとする頃、彼はアリストンに住む両親を訪れるために休暇を1日とった。彼は翌26日金曜日の早めに、トロント市へ車を運転して戻ってきた。そして直接ブルーア・ストリートの彼の診療所に向かった。電話が鳴っていた。バンティングがそれに応答した時、友人の一人が彼にお祝いを述べ、新聞を広げるよう話した。そこには、フレデリック・G・バンティングとJ・J・R・マクラウドとがインスリンの発見でノーベル生理学・医学賞を授与されたというニュースが載っていた。あらゆる科学的名誉の中でも最も偉大なものを得たことを知ったバンティングの反応は、激しい怒りだった。

マクラウドだって！ マクラウドだって！ マクラウドだって！ ベストについて何の言及もない。私は、駆け出して行って、研究室に向かってできるだけ速く車を運転した。私は、彼についてどう思っているかをマクラウドに話すつもりだった。私が研究室の建物に着いた時、フィッツジェラルドが階段にいた。彼は私に会うために来ていた。そして私が怒り狂っているのを知って、私の手を取った。私は彼に受賞するつもりはないと話した。私はストックホルムに宛て、私が受賞するつもりがないばかりか、彼らが……くたばってしまったらよいのにと打電するつもりである。私はフィッツジェラルドに、あらゆる研究の中で最初から最後までマクラウドの頭脳で考案されたアイデアを一つあげること――あるいは彼が自身の手でもって成し遂げた実験の一つでもあげることができるならやってみろと言った。

フィッツジェラルドは話す好機がなかったが、彼が機会を得た時に、言ったのは「私の部屋で君に会うために待ってる紳士がいる」、だった。それはアルバート・グッダハム陸軍大佐だった。彼の存在感の重みが、私を怒りから静めた。彼の穏やかで、強烈な個性は、いつも私に父親を思い出させた一人だった。彼は私にお祝いを述べそして言った。「バンティング、君はストックホルムに到着するのにともかく11日を要する。明日、ケベックから出航する船があって、君はそれに間に合う。私は君がそこに居合わせて欲しい。というのも君はノーベル賞を取る最初のカナダ人であるからだ。私が君が要する経費の全てを支払うつもりである――だがしかしそれについて言ったことを何もして貰いたくない』。

私は彼にお礼を述べ、それから受賞を受け入れることはできないと彼に話した。私はストックホルムに行くつもりがなく、それにノーベル賞を受け取るつもりがないことを。

彼は全ストーリーを知っている数少ない一人だった、それに彼は私の感情を理解していたし、私と同じ考えだったりしたが、考慮されなければならない他の理由があると述べた。私がまず最初に自国のことを考えなければならない――この名誉を受けるべき最初のカナダ人が受賞を断ることにでもなったならば、カナダの人々はどう思うだろうか？　次には、考慮すべき科学があった――意見の違いがあるからといって受賞について同意をしない科学者達を世間の人々はどう思うだろうか？　私は状況のこの側面を考えていなかった。彼は私に即座に決めることを求めなかったが、何事かを急いでするものではなく、「24時間待つのが良い」と言って頼んだ。

ベストはボストンにいた。その夜、彼はハーバード大学医学部学生を相手に講演することになっていた。可哀想なベスト、私は彼が失望させられるだろうと分かっていた。私はフィッツジェラルドとグッダハムに言った――私が何をしようとも、ベストは私と分かち合うであろう。フィッツジェラルドはチャーリーに電報を打つことを勧めた[40]。

ベストがハーバード大学での講演を終えた後に、ジョスリンが立ち上がって、バンティングからの電報を読み上げた。「……私は発見の功績でベストが同等と見なしています。句読点、彼がノーベル賞評議員会によってそうとは認められていないという精神的苦痛は、句読点、彼と分かち合うつもりです」。2〜3日後に、マクラウドは彼がノーベル賞の賞金の半分をコリップと分かち合うつもりだと公表した。

バンティングは彼の怒りを公にすることを考えた。風評についてトロント・スター紙の新聞記者、アーネスト・ヘミングウェイ〈訳者註7〉がもっと精力的で、トロントから永久に去ることに関心がなかったならば、彼はバンティングから内部の極秘情報を詮索していたかも知れない。バンティングは、仕事においてコリップの功績が他の人達のそれと「同等」であるという報道機関への教授の声明をめぐって、マクラウドともう一つの無遠慮な最後の対決を行っていたのかも知れない。というのもマクラウドがすぐに、コリップは功績について「正当な分け前」に値する資格があるという趣旨で明確化を発表したからだった。トロント医学アカデミーが、11月6日にマクラウドに栄誉を授けるために特別の晩餐会を催した。バンティングと彼の友人の数名は、医学アカデミーが受賞について予知していたに違いないと（間違って）主張して、晩餐会への出席を拒否した。バンティングの友人の数名は、賞金の分かち合いへのマクラウドの主張に対して彼らが異議を唱えることにせめて許すことを彼に望んだ。彼の名誉のために、バンティングは彼らをなだめて、それを見送るよう強く迫った。「あらゆることがベストにとってこの上なく不公平であったと思うと同時に、私はこの問題におけるマクラウド教授を理解できないがゆえに、トロント大学と科学一般はそれらの立場をとるために信用できないものだった。賞について実際に何の手立てもありえないので、現今では憤慨の爆発は収まってきていて、いかなる追加の論争もただ害になるだけに過ぎなかった[41]」。

11月26日、トロント大学はノーベル賞受賞者に科学称号の名誉博士を授けた。（ファルコナーは、ベストにも同様の称号を授与することへのバンティングの懇願を拒絶し、その代わりにより低い名誉称号をベストに授与することを申し出た。ベストはそれを断った）。バンティングは相応しい威厳で言い放った。「あらゆる人の中で最も誠実な友人そして最高の助言者」としてベリエン・ヘンダーソンを引き合いに出し、あからさまに言い続けた。「もしインスリンが依然カナダ人を思い起こさせていることをあなたが誇りとするならば、その原因はベストに帰すべきである」。しかし彼はまた、彼の仕事についてのマクラウドの是認がイギリス銀行の証書にどれほど似ているどころかとんでもないと言った。彼は、インスリンの発見に対するノーベル賞についての言及でマクラウドの名前と彼の名前が永遠に結びつけられることに深い恨みは全くないと言った。彼は、自分とベストがどれほど上手く続く60年間、J・J・R・マクラウドの信用を不当に傷つけるかを思いつかなかったのかも知れない。ノーベル賞の世話人等自身でさえも、1923年の受賞はバンティングとベストとに行くべきだったと誤解して信じるようになった。[42]

ノーベル賞の賞金は、およそ4万ドルになると公表された。しかしカナダドルに対するスウェーデンの通貨クローネの割引き両替率は、それが相当により少なく、およそ3万ドルになった。バンティングの取り分である1／4は、7750ドルだった。1923年は、彼の総収入がどうやら3万ドル以上になるので（所得は、彼の研究職教授に資金を出す州からの効力が遡る助成のようなそんな金額で膨れ上がった）、財政的見地から言えば彼にとって非常に良い年となった。彼は借金状態から抜け出していて、相当な貯金を築き上げていた。バンティングが1923年の所得税を支払うのに借金しなければならなかったという、スティーブンソンの伝記での話は真実であるかも知れないが、それは彼が購入した1万5000ドル以上に値する公債を少しでも現金に換えることを望まなかったという意味に限られたことである。[43]

訳者註1：ジョージ・バーナード・ショー　George Bernard Shaw（1856-1950）は、アイルランド生まれのイギリスの劇作家・批評家。1935年にノーベル文学賞を受賞。

訳者註2：スティーブン・リーコック　Stephen Leacock（1869-1944）は、カナダの作家でユーモア作家として知られている。

訳者註3：サー・ウィリアム・マドック・ベイリス　Sir William Maddock Bayliss（1860-1924）は、イギリスの生理学者。アーネスト・スターリングと心臓・血管系の研究を行い、史上はじめてホルモン（二人の造語）を発見し、セレクチンと命名した。

訳者註4：グリエルモ・マルコーニ　Guglielmo Marconi（1874-1937）は、イタリアの電気技術者で無線電信の発明者。1898年にドーヴァー海峡越えの通信に、1901年に大西洋を隔てた通信に成功。イギリス海軍と艦船に無線通信装置を装備する契約を締結した。1909年にノーベル物理学賞を受賞。

訳者註5：フォリー・ベルジェール Folies Bergère は、フランス、パリのミュージック・ホール。ベル・エポックの1890年代から1920年代まで絶大な人気を得ていた。著明な出演者には、モーリス・シュヴァリエ、ジャン・ギャバン、ジョセフィン・ベーカー、チャーリー・チャップリン等がいる。

訳者註6：ヘンリー・ライダー・ハガード Henry Rider Haggard（1856-1925）は、イギリスの小説家で『ソロモン王の洞窟』（1885）などの出版で知られ、1912年にナイト爵を受けた。

訳者註7：アーネスト・ミラー・ヘミングウェイ Ernest Miller Hemingway（1899-1961）は、アメリカの作家。第二次世界大戦後の青年達の虚無とデカダンスに満ちた生活を描いて一躍「失われた世代」の代表的作家となる。作品には、『武器よさらば』、『誰がために鐘は鳴る』、『老人と海』などがあり、1954年度ノーベル文学賞を受賞。

Frederick Grant Banting

第7章

不老不死の霊薬

バンティングは、1923年秋にカナダで最初となる医学研究職教授として仕事をすることに身を固めた。彼は申し分のない給料、サディ・ゲアンズという熟練した助手、彼の研究に必要とするもの全てをまかなうのにインスリン使用料からの十分な財政的支援、そして大学における彼の友人達と後援者からの好意を得ていた。彼は大学構内の医学部棟本館にあるベリエン・ヘンダーソンの薬理学講座に部屋を構えていた。彼は、彼の私的診療業務をいとこのフレッド・ヒップウェルにすっかり移譲していて、糖尿病と付き合うことがずっと少なくなった。彼の職業的な野心は、研究を介して学問と健康管理へ新しい貢献をすることにあった。彼の私生活における最も重要な未解決の問題は、彼が結婚するのかしないのかであった。

膵臓とインスリンに関する彼の実験は、前の冬と春を通して気まぐれに続いていた。より多くの研究は、生きている犬の膵臓を温めるのにバンティングの「灌流システム」を用いることによって、膵臓への充血の影響についてなされた。X線が膵臓の島細胞を破壊する試みに用いられた。多数の家兎が、明らかにインスリンショックに対するある種の防御手段の探索を目的として除脳された。バンティングは低血糖状態を困惑して見出していたに違いない。というのも彼は、低血糖反応を引き起こすこともなく、非常に低い血糖値——18と9mg/dL、二重チェック、2匹の犬で——を得ることができると思った。これは、とてもありえないことである。

1923年4月27日、バンティングはようやく犬の膵臓を移植することを含めた実験を始めた。それは多分、彼が元来内分泌物の探索で用いるつもりであった処置の一部であった。彼は犬の膵臓の小部分を除いて全て切り取って、その残部を皮膚下に縫い合わせて、それから残部への神経を最初に、次に本来の血液供給が切り取られてから犬を観察した。膵臓の小さな断片の島細胞は、明らかにインスリンを供給し続けた。しかし、実験は、バンティングがイギリスに滞在していた間の1923年の夏過ぎに、誰かが誤って犬を手術して、死んだ時に立ち消えになった。[2]

1923年の秋に、更に2〜3の実験を行った後、バンティングは彼の研究をまとめあげて執筆した。論文『インスリン生産に影響する因子』は、1924年早々にアメリカ生理学会誌（*American Journal of Physiology*）にやっと発表された。それは、インスリン発見後に膵臓あるいはインスリンに関するバンティングの唯一の実質的な仕事だった。共同研究者と功績を分かち合うことへの彼の決意の一部として、彼は助手であるサディ・ゲアンズの名前が論文に載るべきだという彼女の異議にがんとして言うことを聞かなかった。バンティングは、糖尿病の成因について彼の充血仮説を断念し、それにそれらのいずれもが実現されなかったのだが、充血とインスリン分泌について、ほんのわずかばかりの混乱した結論を述べていたに過ぎなかった。論文は何の貢献もなかった。それは、注意深く読んだ人々に、研究者としてバンティングの適性について疑いを抱かせていたに違いない。

1923年10月31日、つい今しがた公付されたカナダのノーベル賞受賞者が、ちょうど3年前に偉大なアイデアを思いついた、オンタリオ州ロンドンで語った。「3年前に私は婚約することになり、2年前の去る5月に結婚し、そして今日私はインスリンとの離婚を申請します」、と彼は発表した。彼はすでに、インスリンよりも遙かにもっと重要なあることに対する研究に乗り出していた。彼は、その夏イギリスに滞在中に明らかにアイデアを熟考していて、9月に細菌作用に関してある考えを持って新しい実験ノートに取りかかっていた。バンティングは、あらゆる細菌毒素が「幾分似かよっていると推測した……問題は、どこでこれらの毒素が働き、そしてどこでそれらの作用を阻止するか、あるいはどこで抗毒素がつくられ、そしてそれを形成するのに身体のどこを促進すればいいのか、ということである[3]」。

彼は事態の本質が副腎皮質にあると考えた。副腎あるいは腎上体の腺は腎臓の上にある2つの小さな被嚢様の臓器である。それらは、機能的に全く異なった2つの部分、内髄質と外被あるいは皮質からなっている。1859年以降、動物はそれら副腎なくしては生きられないことが知られてきた。強力で、興味をそそられるホルモンであるアドレナリンあるいはエピネフリンが、世紀の変わり目頃に副腎髄質の内分泌物として初めて単離された時に、研究者達は副腎摘出動物を生かし続けることができないと知って失望させられた。彼らは、次第に髄質ではなく、副腎皮質が生命を維持するのに必須であると気づいた。皮質で生産された何かが、多分他のホルモンあるいは内分泌物が生と死の間の相違を生じさせた（そしてまた恐らくアジソン病を治療した）。バンティングは明らかに、この事実から副腎皮質からの分泌物が普遍的な抗毒素、あるいは少なくともその産生を可能にしているという仮説を推論した。

彼は2〜3日後に彼の仮説を試した。コンノート研究所の農場で、彼は死にかかっている馬から副腎を取り除いて、副腎皮質の抽出物を作成した。4匹のモルモットが、副腎皮質の抽出物を加えたジフテリア毒素の致死量を注射された。抽出物は毒素の影響を相殺するものだろうか？

いいえ！　モルモット3匹がすぐに死んだ。しかしバンティングはモルモットがジフテリアが原因で死ぬという徴候を示したとは思わなかった。4匹目のモルモットは1週間生きたのだ。せいぜい96時間以内に死んだはずだった。コンノート研究所のフィッツジェラルドは、モルモット60匹を殺す毒素の量を投与されたと述べた。

「全てのことについて何か疑わしい」、とバンティングは書き留めた――確かに、そこには何かがあったに違いない。けれども、これらの実験後の数日間、大物がかなり興奮していて、オンタリオ州の保健大臣は医療関係者の集まりで、彼がバンティングと協議をしていたこと、そしてバンティングが「今世界に向けて提供するという、インスリンよりもずっと素晴らしい何かを持っていると話した。それは素晴らしいことだが、私はそれについて更なる言及を勝手にすることはできない。バンティング医師は、新しい発見に関して正に完成された仕事にしようとしているところである。発表は間もなくなされるであろう[4]」。

バンティングがインスリンよりもずっと素晴らしい何かを発見したというニュースは、通信社によって取り上げられて、北アメリカおよびイギリス中に報道された。イーライ・リリー社のG・H・A・クルーズは、彼を祝福してトロントへ電報を打った。「我々がインスリンで行ったようにあなたと一緒に協力して仕事をする機会を我々に与えることを望みます」。発見が悪性貧血——1920年代の恐ろしい病気——に対する治療であるという噂が、その病気に苦しむ多くの人々にバンティングへ手紙を書いたり、数人にはトロントへ出向かせることを招いた[5]。

ベリエン・ヘンダーソンはバンティングに代わって新聞記者に話した。彼はただ条件付きの否定をしたに過ぎなかった。「バンティング医師は、何か大層素晴らしいものを手にしたようだが、我々はそれを信じなかった」。彼らは実験を繰り返そうとしていた。だから5〜6週間内に結果についてより良い感触を得ているかも知れない。「一般の人々が2年足らずのどんな期間内にもインスリンタイプの新しい発見を期待するのはあさはかなことである」と、ヘンダーソンは、パスツールでさえも各々の発見には3年あるいは4年を要したことを付け加えて、戒めた。バンティングの仕事は、悪性貧血に関するものではなく（実際に、ボーモント・コーネルはバンティングの研究室でそれについて仕事をしていた）、より理論上のものだった。「我々は、医科学における画期的なアイデアであるかも知れない何かを6カ月以内に手に入れることを期待するが、それについて今はまだ話すことができない[6]」。

研究室において、彼らはモルモット、副腎皮質の抽出物、ジフテリア毒素の実験を繰り返していた。「モルモットは、背を弓なりに曲げた状態で座り、毛は逆立ち、破滅の運命にあった」、とバンティングは実験動物の1匹について走り書きした。モルモットは全て破滅の運命にあった（他のモルモットがその足をかみちぎっていたからクロロホルムで麻酔をかけなければならなかった1匹を含めて）、しかし抽出物を得たモルモットは他のモルモットと比べて2～3時間長く生きているように思われた。恐らく、抽出物はジフテリアの働きを阻止することに作用したが、それ自体はモルモットに有毒だった。多分、問題は抽出物から不純物を取り除くことにあったが、正しくそれは膵抽出物と同じだった。同じ手法のいくつかが試みられた――溶媒としてアルコールに切り換えたり、それを温かい空気の流れで蒸発させたり――しかしこれらの新しい抽出物はモルモットを延命よりもむしろ短命にするように思われた。その秋、よりもっと多くのモルモットが犠牲にされた。死をもたらすことの少ない実験は、リンゲル溶液にぶら下げられた筋肉組織の収縮への抽出物の効果を研究することを含んでいた。キモグラフ（運動記録器）と呼ばれた実験器具は、ドラムの周りに巻きつけられたすすでいぶした紙に尖筆で記録するものだが、成果を記録した。目的は、バンティングがアドレナリンが含まれていないことを欲した彼の抽出物で作られた記録とアドレナリンそのもので作られたものとを比較することにあった。

ある日誰かが、キモグラフに向かったバンティングの写真を撮った。親しい友人のまなざしをして、カナダの科学の天才、北方のエジソンが、今にも生命のそのものの鍵を発見するばかりになって、そこに座っている。友人達と希望を与える人は、科学と研究に情熱を注ぐ国のおかげではなく、むしろエジソンの如く、才能があれば何かを発明することができるという北米人の信念の継承者達だった。一方カナダ人の伝統をたどるならば、我々は半世紀前のアリソン地域出身の、ロバート・フレイザーと彼の永久機関を持ち出さなければならない。[7]

バンティングは、1〜2カ月後にモルモットの実験を放棄し、それから副腎の万能薬に対する研究で、彼の1921年の膵臓実験に似た、よりオーソドックスな技術に戻った。インスリンの実験では、除膵犬を膵抽出物で生きながらえさせるのを試みることも含まれていた。バンティングは今、犬に副腎摘出を行い、それから犬に生きながらえさせるのを試すために副腎皮質の抽出物を数回与えた。彼の膵抽出物から強力な膵外分泌物を除去するための技術を彼が発見したと早期に信じたように、彼は新鮮な副腎皮質から抽出物を作成するという彼の方法がアドレナリンによる汚染を防いだという感触を得ていたようである。

それは、再びそっくりインスリン研究のように行きそうではなかった。バンティングがいかに注意深く手術を行っても、犬が抽出物でいかにいじくられても、犬は副腎摘出後1〜2日以内と非常に早く死んだ。1924年の春までに、バンティングは多くの犬を使い果たしてしまっていた。そして彼の仕事によって得たものは何もなかった。彼は、多少これに似たことが起こるかも知れないというほのめかしをしていた。11月のノーベル賞授与式の期間中に、彼はロウル・ガイエレンに手紙を書いていた、「私は、非常に不安定な境遇で何かを期待する非常に多くの人々と運命を共にしています。しかし私には提供するものが何もありません」。1924年3月に、バンティングと一緒に仕事をしていたボーモント・コーネルは知人に、バンティングが「どんな栄誉もマクラウドには行かないように何か大きなことを独力で行うというアイデアに今取りつかれている」、と話した。知人は記録にとどめたのだが、コーネルは「大層多くの媚びへつらいがバンティングに悪影響をもたらし、そして彼を大層不幸にしてきた」と信じていた。[8]

インスリンの研究でベストが果たしていたのと同じ役目をして、これら全ての実験で助手を務めていたサディ・ゲアンズは、もし彼が彼の活躍した時代に要求する人々によってたえず邪魔されることがなかったならば、バンティングの研究はよりずっと生産的であったかも知れなかったというコーネルの意見と同じだった。彼は相変わらずインスリンについて講演を行い、インスリンについての論文を執筆し、インスリンに対しての名誉称号を受け、インスリンについての訪問者と会談し、そしてインスリンに対する社会全体の感謝に乗じての資金調達について大学での協議に加わっていた。研究室で何かを達成することに絶望的で、バンティングはますます気が散ることを憤った。それでひた向きの献身を必要とする職業として医学研究についての見解を公表し始めた。「研究の仕事で成功しようと望む者は、仕事に対して覚悟を決めなければならない。仕事の時間を制限する労働組合との関係を断たなければならない。研究室で生活し、活動し、そして生活に我慢し、もし必要性があれば仕事をしているかたわらで食事したり、就眠することを覚悟しなければならない」。

「結婚生活と研究は滅多に両立しなかった」、と1923〜1924年の冬に執筆された論文に書き加え、そして苦闘する医学部学生は彼らの恋慕の情を凍結状態にしておくべきであるというオスラーの勧めを引用した。(9) 彼は恐らく、女性達との情事で多くの問題を抱えていた時期に一致して、この文章を書いた。美辞麗句にもかかわらず、バンティングは決して凝り固った独身男性ではなかった。彼は、家庭、健康そして家族の美徳を深く信じていた。だからもし彼が当を得た妻を見出すことさえできたならば、結婚することに躊躇(ちゅうちょ)しなかっただろう。

そこには異存のない候補者が存在した。インスリンの天才は、かなり男前の32歳の医師だった。少し猫背で、粗野な顔付きをした、ある観点で馬づら。しかし他の観点では、こざっぱりしていてあるいは威厳があり、彼の目には魅力的なきらめきがいっぱいで、疑いなく微笑みの人。また、勿論、彼は世界的に名が知れ、そして財政的にも不自由がなかった。全体的に見て、バンティング医師は、どの女性もこれまでに会ったであろう独身男性の結婚相手として最も恰好な一人だった。多くの美しい女性達は、男前の独身医師を夫に持って落ち着くことを期待して、2〜3年間心に抱いて待った。うんざりするほど十分なこれらの女性達は、バンティング医師を追い回し、その結果テレビの連続ホームコメディのような場面を生み出した。フレッドは、一日の終わりに彼を待つ糖尿病クリニックの恋の病にかかった看護師につかまえられることなく医学部棟からそっと抜け出るために、例えば、サディ・ゲアンズと共謀しなければならなかった。逃避は、女性が彼の車の中で待っていたならば、とりわけ困難になった。

バンティングについての初期の伝記作家の一人、シール・ハリスは、インスリン発見後のこれら数カ月間の彼を、看護師の女性達を歓迎している、「長期にわたって飢えた女たらし」と表現している。

バンティングの好みをとらえた看護師は、たった一人だけではなく二〜三人いた。彼と一緒に食事をする誘いを異なった女性にほどほど十分にし始めて、彼は考えていたよりもずっと容易だとわかった。それでいやしくもすぐさま彼は、さしあたって、科学に対する禁欲的な忠誠の主張者とのけ者にされながらも、有名人としての噂が広まった後に残ったどんな機会でも満たすデートと恋愛の策略のせいでやっかいな状況に夢中になってしまった。彼の目的にとって幸運なことに、彼が最も興味を抱いていた看護師達は異なった夜が休みだった。それで彼は夜の勤務が同時休みが生じた1〜2回の不運な場合を除いて、最初の看護師、それから衝突することなく別の看護師を連れ出すことができた。そして彼は別の人に好意を示すことでもう一人の看護師を傷つけなければならなかった。[10]

ハリスの話は間違いないかも知れない――彼は1923年にバンティングと時折時間をつぶした――とはいうものの多分誇張されているかも知れない。確かに、うわついた行為が一つあり、それについては非常にあいまいだが、特別な証拠が存在する。1924年初めに、確かに自由奔放な因習にとらわれない交流を持っていたボーモント・コーネルは、我々がキャサリン・バリーと見なしている昔の恋人にバンティングを紹介していた。「彼女は素晴らしい人と彼が私に話した素敵な女性であると思えた』、とバンティングは書き留めた。ある日彼女はバンティングに、話したいことがあると言って、彼女のところへ訪れるよう誘った。バンティングは後に、彼らの出会いについて回顧録を起草した。彼女は、彼女の小さな屋根裏部屋のベッドに座っていて、彼はたった一つの椅子に腰掛け、彼女の身の上話を彼に語った――「彼女は幸せを求めてあらゆる類（たぐい）の楽しいことを色々試してみた」――それから回顧録は突然中断する。[11] バンティングの記録にはまた、キャサリン・バリーからの4つの手紙が含まれている。バンティングが彼女と交際していた数カ月の間、彼女は乳児を亡くした未婚の母であったと思われる。バンティングに宛てた彼女の手紙にはっきりと疑いを招くような内容は何もなく、オンタリオ州ブロックビルから「親愛なる人」として彼に宛てて書かれた、1924年4月22日の手紙に唯一のあいまいな一節があるにすぎない。

この全てに耳を傾けていただけて、あなたは何と心の優しい方でしょう。思いますに、あなたは全く素晴らしい方です。世間はあなたを賞賛しています。けれども世間はあなたを知っていますが、わずかな部分にしか過ぎません。報道機関が報じてきたよりも、あなたはずっと素晴らしい方です。複雑で分かりづらい女性の心は、あなたについて神様と合意ができています……。

私はいつもあなたに感謝しています、そしてもし私にあなたを友人と呼ばせていただけるならば、多くを語ること以上に嬉しいことでしょう。私は価値があるどんなことでも努力するでしょう——あなたの賛同が得られることを行い、言うために——あなたに値するにはいささか小さな基準で。

キャサリン

この手紙の日付の時にはすでに、バンティングの愛情は惜しみなく別の方にふりそそがれていた。彼の目は、トロント総合病院の放射線技師である美しい、陽気なマリオン・ロバートソン嬢に注がれていた。マリオンは、オンタリオ州エロラ近郊の町の出身で、背が高く、すらりとした、金髪碧眼の医者の娘だった。マリオンは、社交的魅力の全てを持つ彼女は、彼女の父親によってトロント医学界に上手くつながっていて、そして彼女の職業ゆえに医学について聡明に語ることができた。彼女はまた、バンティングに強く引きつけられた。彼の友人の数人は、フレッドと会って直ぐ彼女が彼と結婚するつもりだとマリオンが語っているのを覚えていた。

フレッドはマリオンに恋をした。しかし、簡単に愛情の転移をするのには余りにも長い年月の間、彼はエディス・ローチと交際し、彼女を愛していた。彼は、二人の女性を愛していた。あるいは少なくともエディスとのしがらみで束縛されていたと思われる。状況は混乱したクライマックスに向かって突進した。ある段階で、バンティングはマリオンとエディスとが会うことを望んで、それでマリオンをエディスのアパートメントに連れて行った。エディスはマリオンに会うのを望まなかった。事態は、エディスの母親が亡くなった、1924年5月に危機に陥った。彼女の母親との死別とフレッドに我慢しなければならないことの狭間で、エディスは今にも神経衰弱にならんばかりだった。彼女の兄は、フレッドが彼女を決して再び悩ませないことを強く要求して、ローチ家からバンティングに出て行くことを命じなければならなかった、と言われている。

それは口述歴史である。書かれた記録から、エディス、あるいは彼女の家族、あるいは両者は、フレッド・バンティングに能天気にダイヤモンドの指輪を身につけたり、エディスの生活から突然去ったり、そしてマリオンと結婚させたりしないと固く決めていた。彼は、エディスに対してある点で弱味があったに違いない。恐らく、彼は婚約不履行の訴訟に対して責任があった。以下に示されたあいまいな証拠が示唆しうるかも知れないが、彼女は彼らの間にあった多少の性行為のエピソードから生じた損害賠償の要求を彼に抱いていたかも知れなかった。フレッドとエディスとのロマンスの最終決着は、１９２４年５月に３日間を要し、そして２つの書類を作成した。一つは手書きの同意書で５月13日の日付が入れてある。しかしエディス・ローチとフレッド・バンティングによって署名されたのは明らかに11日に起草されていて、彼女の兄、Ｈ・Ｃ・ローチにより証人として署名されていたが、以下のように読みとれる。

> 我々署名人等は、これによって今後相互に決して邪魔しないことに同意するものであり、そして２０００ドルの金額と指輪に対して、上述の額が全て支払われた時に、エディス・ローチ嬢はフレデリック・バンティング医師に対するあらゆる要求を放棄するものである、しかも彼のほうでは彼がエディス・ローチ嬢に対するどんな要求をも放棄することに同意する。いずれの当事者も、他方を傷つけさせるかも知れない、いかなる個人的情報を利用しないことに同意する。この同意書は、双方がどんな更なる紛糾状態をも避けることを望むという合意でもって作成されているものである。

他の文書は、５月12日に書かれた、フレッド宛のエディスの別れの挨拶を認めた手紙で、彼が保持していた彼女からの唯一の手紙である。彼女の母親の死について語った後、彼女はお別れの挨拶を述べた。

苦しみは私の心から消え去りました。そうすれば時が経つにつれて私達の愛について過ぎ去った良い思い出のみが、私が大事にしたいこれらの事柄に関して依然として残ることでしょう。そして不愉快な事柄は顧みられずにきっと忘れられるに違いない、と私は確信しています。1週間より少しばかり前に、私は自分の母親を亡くしました。昨日私はあなたとあなたへの私の愛もまた葬り去りました。しかしいいえ、以前のフレッドへの愛は今夜努力して獲得しました。そして私が思いますのに、私達の青春時代の愛はいつも私と一緒のことでしょう。家から降りてきて、アリストンを通り抜ける時、私はいつも懐かしい川岸と懐かしい家をあこがれと幸福感の喜びで見つめています。これらのものは私が暮らしたいと願う記憶に残っている事柄です。ですからそれらは我々二人を和らげ、非情にしないことを祈っています。

あなた御自身のように、私が他の人に注意を向ける時が訪れるかも知れません。理想的な人がみえて、いかにも難しいことでしょうが、もし訪れることにでもなれば余り遅くならないことを祈っています。私は、その目標を求めてこの世で事態が起こることを信じています。道程は厳しいものですが、その全てに対処すべき理由があり、そしてこの期待は私の支えになっています。あなたはこんな風にはまた考えようとはなさらないでしょうね。そしてその期待は心の痛みを和らげることになるでしょう。

フレッド、あなたは、昨日私を厄介だと思われたかも知れません。私は、あなたが考えられたほど奥深くあなたの心に入り込んでいるとは思いません。それをやり過ごすのに、私にどれほどの時間を要するものか、あなたには決して分からないでしょう。私はそれをしなければならなかったのでした。それに私はあなたが理解してみえるとは思いませんが、そうは言いましても私達の誰もがお互いに完全には理解し合ってはいないのです。私の理性が宿る心と精神は平和なものです。私は、平和を幸福の鍵だと信じています。ですからあなたがそれをまた信じて、平和を得られたらと願っています。私達は二人とも、2年前にそうであったよりも精神的にずっと強くなっていると思います。ですから私達が人生に失敗しなかったということが真実であるかどうかは強い精神を築くことにあります。恐らく取るに足らないものかも知れませんが、私は自制と自信を取り戻して来ました。そして私は笑い、前に向かって進み、なんとか人生をやって行けると確信しています。私はあなたを信頼し、信用し、尊敬しそして賞賛しています。というのもあなたには素晴らしい点が沢山あります。そしてこれらのものは私の手元にとどまることでしょう。

傷つけるほど深く愛している人達にのみありうることですが、私達は良かったり悪かったりして、お互いを傷つけてしまいました。しかし私は嵐が過ぎ去っていることを願っています。私達は、たとえそれが過ぎ去った利己心だけからの恋愛であったとしても、それを全て乗り越えてお互いに愛し合って来ました。それは、決して忘れられないことでしょう。私はあなたの友人ですし、いつまでもそうありたいと願っています。私は、あなたが正しいと信じていることをなさろうとされると信じています。私達の私的な出来事はどうかと言えば、私達の同意の約束を思い出して、あなたが正当な理由をお持ちのこと、それに私達のいずれにとっても将来どんな面倒ともなりえないつまらない事柄に対してのみ、あなたが行ったり、言ったりされると私は信じています。そしてあなたは私が同じことをすると信じても差し支えありません。

私達が初めて会ってから、翌夏で13年になります。それらの年月にあなたが私をこの上なく幸せにしていただいた回数は数え切れないほどで、本当に価値のある回数です。私はそれらの時間を持てたことが嬉しいですし、後悔もしていません。全く愛したことがなかったよりも、愛しそして失った方がずっと好ましいのです。しかし私は本当に失ってしまったとは思いません。

神様があなたを守り、あなたフレッドを祝福し、そしてあなたをより素晴らしい人にされんことを。

敬具

エディス

二人の関係については、これ以上何も知られていない。どうやらエディスとフレッドはお互い再び決して合わなかったようだ。数年後、エディスはようやく結婚した。彼女は決して子供をもうけなかったし、決してフレッドについて語りもしなかった。フレッドはエディスと結婚しておけば良かったと思うようになった。

副腎の研究は、正しくエディスとの仲たがい後数週して、突然好転した。5月15日、犬24号は、バンティングの抽出物の注射をすると明らかに、副腎摘出後ほぼ3日間生きながらえた。「副腎の組織が肉体に残存しているのか——私はそれを信じないけれども、でなければ抽出物が副腎皮質の活性成分を含んでいるのか」、バンティングは彼のノートに書き込んだ。彼とサディ・ゲアンズは、バンティングが夜の勤務時間、ゲアンズ嬢は日中の勤務体制で、犬を24時間監視し続けた。

今、朝のごくわずかの、静かな時間に犬と一緒の孤独な研究者がいる。「この部屋は寒い」と、バンティングは18日の午前2時に書き留めている。犬が生きながらえてくれるといいのだが。翌日、犬は症状を示し始める。彼らは、犬にもっと多くの抽出物を投与する。「もしこの犬が抽出物投与後に生き返るならば、人は救うことはできないかも知れないが、抽出物の中に何かがあると信じることはできる」。よりもっと多くの注射にもかかわらず、人工呼吸にもかかわらず、犬は死ぬ。手術後175時間と30分生きながらえた。バンティングは、熟練した外科手術の技術があれば他の研究者達が、どんな抽出物をも用いることなく、副腎摘出犬をそんな長く生きながらえさせるのに少しも問題がなかったことさえも知らなかった。バンティングよりも遙かにもっと専門的技術を意のままにして、多くの研究者達が副腎皮質からホルモンを単離しようと試みていた。

フレッドとマリオンは、カリブ海で開催される会議に寄せて長期の新婚旅行に丁度良い時に結婚する計画を立てていた。バンティングは、彼の過去にあったエディスとの出来事にきりをつけていた。しかし、それが彼の過去の全てではなかった。6月3日、誰かがマリオン・ロバートソンに宛て、このタイプライターで打った手紙を郵送した。

親愛なるお嬢さんへ

私は、あなたが有名な医師と付き合っていることを、噂に聞いています。多分、彼は一つの出来事以上のために有名なのです、そして私はあなたがたの友情が何かもっと深刻なことに発展しないことを願っています。なぜならばもしそんなことにでもなればあなたはみじめになるでしょう。彼は私の人生をめちゃめちゃにしました。だから彼に一層仕事に精を出させるために、もし彼がいつか結婚するならば約束不履行に対して彼を訴えるつもりです。それに私はあなたが素晴らしい女性と聞いていますのであなたがそれによって引きずり込まれることを望んでいないのを知っています。私は、彼がもてあそんだ唯一の女性ではありません。だから他の女性達のことも聞かされているかも知れません。もし彼ができるものならば、彼に事実ではないと言わせてみて下さい。それで彼は私から聞くつもりでしょう。しかし女性の誰もが夫について新聞で私が話しかねないどんなことも見て知って、誇らしげにはならないでしょう。もう当然、人々が彼の別の面を知ってもいい時です。彼にあなたをもてあそばさせてはなりません。あなたは、いつの日か私の名前を耳にすることでしょう。そしてあなたは誰がこの手紙を書いたかを知ることでしょう。それにそのお陰であなたが私に感謝されるだろうと思っています。

「親愛なるお嬢さんへ」という普通ではない挨拶を根拠に、私は手紙が2〜3週間前に「親愛なる男性へ」としてバンティング宛に手紙を書いた女性、キャサリン・バリーによって認(したた)められたと、信じている。エディスがそれを書いただろうなどとは全く思いもよらない。

6月4日の朝、バンティングは研究室に入ってきて、その日の午後に結婚するつもりであるとサディ・ゲアンズに話した。「結婚し終えるまで誰にも話してはならない」、と彼は言った。「やれやれ、お願いだから！」、と彼女は言った。午後3時に、フレッドとマリオンは彼女の伯父、ジェイムズ・キャヴェン医師の家で結婚した。最も近い関係のある親族だけがその場に居合わせていた。フィラシア聖書研究会でフレッドを知っていた女性達の数人が、どうやら行事について探り出したらしく、著名な人が彼の花嫁と一緒に階段を降りてきた時に話しかけるために戸外に集まっていた。「これは正しく素晴らしいロマンスの始まりと思われました」、と彼女等の一人が覚えていた。「ところで、私達は突然有名になった彼をただ手をこまねいて、じっと見ていなければなりませんでした」。

結婚式についての噂の一つは、新聞報道を避けるために早められたということである。もう一つの可能性は、1924年におけるトロントの郵便事情の優秀さのせいである。マリオンは、恐らく6月3日に郵送されたその日に、匿名の手紙を受け取っていた。彼女は、手紙によって非常に心を乱されていたのかも知れないので、フレッドは彼らがすぐ――明日に結婚すると決めることでようやく最終的に事態を整理することができたのだろう。何が起こったにしろ、最も有名なカナダ人と彼の美しい花嫁は、トロントから西へ約60マイルのところにある温泉の出る保養地、プレストンスプリングス・ホテルで彼らの結婚生活の初日を過ごした。フレッドは、結婚初日の一日中、同僚の糖尿病に関する本にわずかな文章を載せるために机の前に座って、執筆しなければならなかった。[12]

結婚ほやほやの人達はすぐにアメリカ合衆国に向けて出発した。そこでフレッドはエール大学から名誉博士号を得て、アトランティック市で論文を発表し、そしてテディ・ライダーと彼の家族を含めてトロントに在住していたことのある糖尿病患者の数人との旧交を温めた。フレッドとマリオンは、親戚への訪問という結婚後の通常の巡回をこなして、そして7月中旬に彼らの本当の新婚旅行に向けて熱帯地方へ旅立った。それはユナイテッド・フルーツの好意によるもので、そこが主催する熱帯アメリカにおける健康問題に関する国際会議に、バンティングは出席することに同意していた。

旅は、1920年代の古典的な医学的視察という名目の観光旅行だった。ユナイテッド・フルーツの、巨大なバナナ事業は、ラテンアメリカの人々の健康を向上させることへの関わり合いを意思表示しようとしていた。従って、その会議には、ジャマイカのキングストンにある豪華なマーアトル・バンク・ホテルでの10日間協議するために、アメリカ、イギリス、フランスそしてドイツから著名な医学者達が招集されていた。会議の途中で、キューバの首都ハバナへの訪問そしてその後に中南米諸国への長い旅行があった。医師達は伴侶を同伴し、同業組合が請求書を支払い、そしてどんな医学的セッションも終わりまで居座っているのに相応しく、半ダースほどのダンス、パーティ、シャンパン夕食、そして観光旅行があった。

この旅に関するバンティング家の経験は、ほとんどの場合マリオンのペンを通して残存している。

彼女にとって、旅行は青い海、大きな満月、くすんだ茶色の肌の女性、素晴らしい有名な人達、上品なホテル、きらめく入江の光、マリンバ楽団に合わせてダンスをすること、そして貧民街で生活している多くの悲惨な地元の住民だった。フレッドは、夏の活動に対してより中味のつまっている取り組み方だった。ニューヨークからハバナへの船旅で、講演の準備をしなければならなかった。上陸して、医師達は病院、大学そしてハンセン病の居留地を見学し、それに熱帯地方の疾病について随分議論した。キングストン会議の初日の対立は、キューバの科学者アリスタイドス・アグラモンテが黄熱（病）の原因を発見したという野口英世の大胆な誤った主張を問題にした時で、医学の歴史の地図でさもなくば内容のない会議にさせるのにそれ自体十分なものだった。バンティングはインスリンと糖尿病に関する彼自身の論文について心配していた。そして最終的に会議出席者である彼の同僚の一人、ベイリー・K・アシュフォード大佐からそれへの対応について助けを得ていた。彼はアシュフォードに、彼が本当に医学についていかに知らなくて、彼がこの類の間近に迫った集まりにいかに不慣れなのかを、告白した。「まさか、君！――それは中味が重要で、言葉ではないのだ」、とアシュフォードは彼に語った。バンティングの復習された講演は困った状況もなく運んで、かなり温かい歓迎を受けた。[13]

彼は、多くのセッションで本分を尽くして、食いいるように聞いたり、彼の仲間の科学者達とできる限り意見を交換したりした。熱帯医学に関する権威ある教科書の著者、サー・オールド・ガステロニは、彼らがスプルー（訳者註：sprue スプルーは脂肪便を伴う一時消化不良。tropical sprue 亜熱帯スプルーは熱帯地方で腸の感染症や栄養欠乏症に合併して発症するスプルー）の研究に関して共同研究をすることを提案した。というのも熱帯病がしばしば膵臓と関連していたからだった。会議の癌に関するセッションはまた、彼に考えることを得させ、それから彼はトロントに戻って研究を実行するためにアイデアを手早く簡単に書き留め始めた。糖尿病に関しては、彼の報告は熱帯地方における糖尿病発症の増加が生のサトウキビの代わりに精製された白砂糖の消費増加と明らかに一致したゆえに、精製白砂糖がとりわけ糖尿病を発症させるらしいと、間違って、彼を推論させていた。彼は、余生の時々、このアイデアに道楽半分に手を出した。[14]

彼はまた、糖尿病の権威者が熱帯病に関する会議で何をしていたかを自問した。

なぜ私はここにいるのか
全く明白ではない
糖尿病なので
あらゆる疾病の中で
伝染病ではない
どんな病期においても

と彼はある日、いたずらな詩の才能を披露している。[15]

バンティングは疑いなくそこに出席していた。というのもユナイテッド・フルーツは、その会議を最近注目を集めているノーベル賞受賞者によって名誉あるものにしたいと願っていた。このことを遂行するために、フレッドとマリオンに、その会議に出席している他の人達と同じく、6週間無料のカリブ海の船旅という等価のものを与えることをいとわなかった。フレッドは、旅に附随する親睦を目指した活動の大部分、とりわけ観光旅行に参加した。それですっかり日焼けしてしまった。会議に出席していたシール・ハリスもまた、バンティングがラテンアメリカのぞっとする貧困と身の毛もよだつような病気、マヤ文明の廃墟の両者に恐ろしくそして気の滅入るのを見出していたことを覚えていた。マリオンは、グアテマラが彼女の夫には「愚人の国」のように思えたと記録した。外国人が通り過ぎているのに、街では革命が荒れ狂っていたホンジュラスは、思慮分別があるとは思えなかったのかも知れない[16]。

フレッドは、彼の妻の熱心で、とても楽しみに満ちた社交に肩を並べて進みたいとは思わなかった。マリオンは、パーティ、正餐、友達、音楽、踊ることが大好きだった。フレッドは数年間にわたって踊ることを習っていたが、相変わらず農民の足取りで、決して心から踊りを楽しめなかった。「毎晩」、シール・ハリスは書いた。「彼は時刻の早い真夜中まで憂うつそうに上体を起こして座っていた。それなのに捜し求め、感心して眺めた彼の妻が、楽しい時間を過ごしていた間、ダンスフロアの片隅で踊り相手のいない女性と戯れていた……なぜ彼がダンスフロアにいる彼の妻に合流しないのかとたずねたジャマイカの思いやりのある仲間の観察者（多分ハリス自身）に対して、彼は踊ることは暑い夜には余りにも活発な所作で、それで代理人によって彼の役割をさせるのがいいと言って、全ての事をジョークで通した」[17]。

ある日、まる一日てんてこ舞いのペースは彼にとって余りにも多すぎた。他の医師達と一緒にぎっしりと詰まった観光旅行の日程を終えて、彼はホテルにとどまっていたマリオンが手配した夕べの社交的のために部屋に遅く戻った。「私はそれを楽しむことができなかった」と彼は彼らの旅日記に認めた。「それでマリオンと私は大変騒々しい言い争いをした」。

日記は、新婚旅行者達が、あと知恵によって豊かにされたハリスの伝記がほのめかすほど、全く不幸ではなかったことを示唆している。8月4日：「我々二人だけの静かな夜を持った——我々が家を離れて以来最高の晩」。8月11日：「初めて、我々二人に相応しい食事をし、それは全く素晴らしい」。言い争いに対するフレッドの言及は、インクでなぞられていた[18]。確かに、新婚旅行者達だって、時々騒々しい言い争いはある。一方、ハリスは多分あと知恵に満足しただろう。なぜならばバンティングが確かに多くの他の人達に話をしていたように、結婚が失敗だとマリオンとの結婚式の夜から分かったと、恐らく後に彼がハリスに語っていたからだ。

彼らは、9月初旬にトロントに戻って、アベニュー・ロードのマンションに落ち着いた。フレッドは敷地一区画を購入し、翌年位にブロアー・ストリートと大学とのちょうど北側のベッドフォード・ロード46番地に彼らのために建築された3階建てのれんがと砂岩からなる快適な家を持った。バンティング夫婦はお互いに彼らのいつもの生活に落ち着いた。1920年代の医師の妻にふさわしいように、マリオンは賃金労働者に家事を任せた。彼が再び研究に身を入れたので、彼女は彼女の有名な夫、医学研究教授のために家を切りもりしたことだろう。

バンティングはその秋、友人のスコッティ・マッカイと一緒に仕事をして、癌に関する最初の実験を試みた。彼らは、いくらかの人の腫瘍組織を入手し、それを凍結させ、抽出物を作成し、そしてそれをかなり多くの犬、家兎そしてモルモットの胸部に注射した。何事もたいして起こらなかったので、彼らはどうも研究を取り止めたらしい[19]。

更にもっと深刻だったのは、魔法の副腎皮質の抗毒素に関する進行中の研究だった。副腎腺を摘出されたよりもっと多くの犬が、抽出物を注射されて、死んだ。バンティングは、種々の異なった方法で副腎の摘出を試み、種々の異なった方法で抽出物の作成を試み、ある段階でそれらの中にアドレナリンの含まれていないことを期待して、胎児牛の副腎から抽出を試みるのに彼のインスリン実験を模倣した。何事も上手くいかなかった。「副腎摘出後に、たった一つ一定した結果があるように思われる」、と彼はある日フラストレーションの状態で書き留めた、「即ち——死亡[20]」。

彼は仕事を押し進めた。研究の多くが、副腎摘出動物の臨終の不審番を続けるしかなかった。バンティングの副腎の実験ノートは、病んだ犬の死の苦しみの気の滅入るような列挙である。どの頁にもどの頁にも、落ち着かない犬、嘔吐する犬、小刻みに震えそして痙攣する犬、腹ぺこの空腹犬、食物と飲物を拒絶する犬、咳をする犬、鳴いて、傷をなめる犬、はえにパクッと咬みつき、よだれをたらし、排便をし、出血し、寝そべったり、しっぽを振り、ひきつり、口から泡を吹き、死にかかっている犬、檻で死んでいるのを見出された犬であふれている。

反生体解剖主義がインスリン実験をしているトロントの医学研究者達を悩ませていた――マクラウドはバンティングとベストに動物福祉運動の熱狂者達によって気づかれないように、彼らの犬を建物から建物へとこっそり移動させることを助言していたほどだった。「反生体解剖主義」はインスリンを疑うキャンペーンを続行することを試みたけれども、彼らはただ愚かなことだと思ったにすぎなかった。というのも現に人道主義の究極の目的のための動物の価値ある犠牲であるという素晴らしい実証があったからだ。インスリン発見後の犬を用いた研究は、より多くの問題があった。反生体解剖主義者達は、生きている動物の膵臓を「半ゆでにする」というバンティングの1922〜1923年の実験で犬に与えた極度の苦しみに気づいて、公表した。彼らにとって、インスリンの発見者は冷酷な生体解剖者、無力な動物達の残忍な殺し屋だった。

もし、彼らがもっと後の犬を用いた実験の詳細の全てを知っていたならば、動物愛好家達は更にぞっとさせられていたかも知れない。実際は、彼らのうちの幾人かが時折バンティングに向けてトロントで世論に訴え続けた。インスリン発見後の研究中のある段階で、例えば、彼はドイツ語のレッスンを受け始めて、彼の教師が反生体解剖主義者なことが分かった。彼の1940年の回想録、『インスリンの物語』で、彼と握手するのを拒んだイギリス人の来訪者の思い出を語った。彼は、これらの反生体解剖主義者達の一人あるいはその他の人に動物を直接見せるために彼の研究室に招待した。彼は体験について以下のように書き留めた。

私は、まず彼を4階の屋根裏にある動物部屋に連れて行った。犬達は……我々に大きくうるさい歓迎をした。7つの檻の列に7匹の犬がいた。犬5匹は手術を施されていた。そして私は彼に手術を施されていない犬2匹を選んで取り出すように誘った。彼は躊躇し、それから「手術を施されている2匹を選んでも良い」、と言った。私は、それらを指し示して、「ためらわずに進めなさい」、と言った。彼は、手術を施されていなかったただ2匹だけを指し示した。この選択の誤ちの理由として、これら2匹の犬がほんの2~3日前に収容されていたに過ぎなかったということだった。彼らは、街でとらえられ、ないがしろにされ、そして捜しまわられていた。彼らは、我々に慣れていなかったし、また研究室での犬について必要とされた世話を尽くす十分な時間もなかった。

私はそれから檻の扉を開け、犬を外に誘い出し、そして彼らの手術の傷を見せるために寝返りをうたせた。とうとう私は、扉から2番目の檻を開けた。そして外へ私の素晴らしい犬を飛び出させた。彼女は、手術を3~4回施され、頻回の採血がなされていた。その犬は他の犬に示された注目に不快になっていて、彼女の時間が到来した時にはほっとして、それで彼女は無視されてはいなかったことをはっきりと理解した。私は訪問者に、これは私が血を抜き取らなければならない犬であると話した。彼女はあっちこっちへと跳びはね、走り回った。私は、らせん状の屋根裏の階段の頂上に行って、習慣であったかのように頂上の階段に腰を下ろした。そして犬は私の腕の中へやってきた。私は彼女を下へ携えて行き、そして彼女を床に下ろした。訪問者が降りてくる間、彼女はあっちこっちへと走り回った。我々が廊下に沿って歩いていたので、犬は前後にと走った。我々はそれから1階へ、次いでキャンパスと広い、広い世界へと外に導く開けっ放しのドアに向かって、広い階段を降りて行った。犬は走り回ったが、私が準備をしているかどうかを見るために、たえず私の方を振り返った。

私は反生体解剖主義者に、この犬が多数回の手術を施されてきたこと、これまでいた恐らくどの犬よりも頻回の採血をされていたこと、そして多分犬に苦痛をもたらした抽出物の多数回の注射を受けていたこと、そして実験的観点から私にとっては少なくとも世界中で最も価値のある犬であること――しかしもし彼が暴力を用いることなく犬を連れ出すことができたならば、彼は犬を手にし、従って犬を生体解剖から救うことができるということを、話した。

彼は弱々しく指をパチンと鳴らして彼女を呼んだが、彼女はほんのわずかですら彼に歓心を買おうとはしなかった。私は大胆な意思表明をしていたのだが、私は自分の犬について理解していた。それに私は犬が私を理解していたと信じている。人間に関しての記事で涙があふれた晩年にしばしば、私は犬からの信頼と忠実に対して感謝してきた。

バンティングはこの物語をインスリン研究の時期に活字にしている。副腎研究の大部分の期間中には、それはいかにもありえないことだろう。同様に、動物実験についてのバンティングの一般的な言及は、彼の成熟期そして恐らく動物管理の規範がよりもっと高度に進んだ時に書かれていて、1920年代半ばにおける彼がとった方法の実体をどうみても反映していない。

私はいつも彼ら［反生体解剖主義者］のたいていの仕事について共感していた。だから私は気がつけば自身が、十分な知性を持つ彼らの仕事に対して、大層我慢できる程度に、余りにも極端になるのを引き止めようとしがちになっていた。私はいつも、犬が手術、術後管理、看護、採血などに関して、できうる限り人間のように取り扱われるべきであり、必要でない限り何事も苦痛を招くことはなされるべきではなく、そして麻酔薬が私的患者あるいは病院の患者の場合に使われるように犬にも用いられるべきである、という意見を持っていた。私はいつも、外科医として訓練を受けてこなかった人は誰もが、犬に手術を施すことを許されるべきではないと、主張してきた。完全な消毒あるいは無菌処置は、いつも守られるべきである。どんな手術も、特別な目的であることを除いて施されるべきではない。研究室で働く人は、動物に対して生来の愛情を持ち合わせていない限り、動物を世話することに雇用されるべきではない。[21]

バンティングは動物の取り扱いが荒っぽく、時折不必要で非情な苦痛を与えていた。同時に彼は、動物に優しかった、とりわけ愛玩用の犬に対して。動物および動物を用いた研究に対する彼の態度は、正に彼の農場体験に由来していた。動物は人間に役立つために存在した。人は誰もが、動物を調達し、それらを殺した（そしてそれらの多くを食べた）。相当なものではなかったが、避け難いことだった。うろたえることは、何もなかった。動物に対するこの取り扱いは、例えば、純粋にスポーツのために狩猟する人達によって動物に負わせられた痛みおよび苦しみに比べてずっと正当化されていた。道理に適った目的がある限り、動物を殺したりあるいは実験を行うことは少しも誤ったことではなかった。バンティングは、冷酷な実験を含めて、彼の全ての実験には目的があると信じた。彼はまた、ほんの数匹の犬を少々荒っぽい取り扱いをすることについて過度に心配することなく、動物に対する現実の間違った取り扱いについて十分知っていると思った。

勿論、副腎に関する研究でバンティングが殺した56匹の犬は、取るに足らない数だった。トロントグループが膵内分泌物を発見する前は、そのための研究において世界中で数千匹の犬が研究者達によって犠牲にされてきた。今、同じかあるいはよりもっと多くの数の犬が、1930年代に幾つかの研究チームが成し遂げた副腎皮質ホルモンの段階的な単離の過程で彼らの命を捧げていたのだ。トロント大学では、J・J・R・マクラウドが1920年代初めに動物研究についてより厳しい管理に向けて手段を講じ始めていた。彼は学部選考委員会を設立していた、それでオンタリオ州の研究者等に対して動物実験に関する法律制定の認可を任せられた[22]。しかし以降は、多分部分的にはインスリンの偉業に対する賞賛のゆえに、動物に対する懸念が減って行ったように思われる。バンティングは彼の動物に望んだどんな実験でもする完全な自由を得た。

1924〜1925年まで、大学における医学研究についての重要な問題は、バンティングのような誰かがどれほど行動が制限されるかもしれないかではなくて、よりもっと多くの人命救助に関わる発見に対する彼の探求にどれほどよりもっと多くの支援を行えるかだった。バンティングに対して資金を調達するという計画は、1922〜1923年にインスリンが世の中に現れて以降、進行していたことだった。けれども、私欲的な生命保険のセールスマンによって立案され、公表されてきたバンティングへの100万ドルの生命保険の寄付という保険契約に対する計画を譲り受け、そして新たに作り直すのに最も適った方法を大学の中心勢力が見出すのに、数カ月という長い月日を要した。最終的に、1925年の春に、主としてサー・ウィリアム・ミューロックの熱意による主導で、総力をあげてのキャンペーンが、ちょうど創設されたバンティング研究財団のために寄付金を調達し始めた。それが着手したのは50万ドルを調達することだったが、そこからの収入は研究でバンティングに更なる支援を与えることに、そしてまたトロント大学と他のカナダの大学で良いアイデアを持っているが資金のない将来のバンティング達を支援することに用いられようとした。だから、彼らはフレッドがとてもはっきりとした詳細な記述を書き留めていた苦難に悩む経験をしなかっただろう。

ベストが学業を終えてからバンティングとベストとを研究チームとして再結成させるという期待がいささかあった。しかしそれはインスリン発見の勝利という輝かしい光彩によるあいまいさから引き出されつつあった、当時の他のバンティング達を支援することと同等の関心事だった。地方の医師であるW・イーソン・ブラウンの仕事について多くの興奮させることがあった、彼は１９２３年にエチレンで非常に新しい麻酔薬を発見したと思われた――そして熱心な志願者、フレッド・バンティングでそれを試した。それから、フレッドの同級生で、時には講演草稿の代作者であり、女性達をうっとりとさせる友人、ボーモント・コーネルが悪性貧血で成功しかかっているという取り組みがあった。バンティングと同じように農場の息子コーネルは、オンタリオ州ニュー・アセンズ出身者で、医学研究と小説を書くことに時間を分けていた。１９２３年と１９２４年に、コーネルは「p.a.（訳者註：pernicious anemia, 悪性貧血）」を引き起こす細菌を発見したと確信していた。もし彼が発見していたならば、発見はインスリンとほとんど同じほど偉大なものかも知れない――「私は本当にフレッドを的確に捉えたと思っている。だから正しくここで私に一度、あなたがた皆に言わせて下さい。たとえ私が的確に捉えていたとしても、私は少しも熱中させられたうぬぼれも感じないという妙な心的状況にあります。私は、門外漢のこの出来事および神の力が疑いなく私を助けていることをずっと自覚していた。神をほめたたえよ[23]」。他の医師達がアイデアを持ってバンティングのところと大学に訪れたが、それらのうちの幾人かは癌治療のにせ医者で、他はオンタリオ州セントキャサリンズのW・J・マクドナルドのように明らかに何かをたくらもうとしていた。マクドナルドの例においては、彼は高血圧を軽減すると思われる肝臓の抽出物を持っていた。多くの資金とエネルギーが抽出物を試験するのに必要とされたし、その抽出物が有効ではないと見出される前に、マクドナルドがウェスタン大学の教授からそれを盗んでいたという告発で、多くの悪い印象がもたらされた。残念ながら、誰もコーネルの悪性貧血について、それを注意深く試してみようとは考えなかった。そして年代の終わりまでに悪性貧血はビタミンB_{12}欠乏症候群で、食事に肝臓を摂ることでほとんど克服しうるものであると明らかにされた。

バンティング研究財団への寄付のためのキャンペーン活動は、インスリンがトロントで創造されたという大きな期待を反映していた。学長ファルコナーは、バンティングは彼の発見の始まりにすぎないと世間に向けて語った。将来学長となるキャノン・H・G・コーディは、もし一般の人々だけが研究を支援するならば、「我々がトロントの名誉および人類の利益にとって他の素晴らしい発見を生み出さないと、誰が言うことができるだろうか？　と主張した。カナダ人は成し遂げてきたので、どんなことでもカナダ人は成し遂げられる。我々には素晴らしい多数の学生がいる。彼らの中にもう一人のバンティングとベストがきっといるだろう」。サー・ウィリアム・ミューロックは、財団の仕事の成果として克服されるべき他の疾病を理解していた。「もしも、そのような貢献の理由のために何か偉大な発見が、例えば癌、悪性貧血、動脈の硬化、あるいは依然として命取りになる幾つかの他の疾病に有効な治療に対してなされることが生じたならば、どれほどの幸せが各々の貢献者に訪れることだろう」。トロントの新聞はまた基金調達者等の熱意に影響されていた。スター紙は、例えば、「時間が経つにつれて、トロントにとってのみならず全人類にとっても最も重大な結果の一つと証明するかも知れない事業……偉大な知的財産所有権共有のためにあらゆる創造的科学研究エネルギーの放出」、と歓迎した。トロント以外（チャールズ・エバンス・ヒューズが５００ドルを寄付した。他の感謝しているアメリカ人等が数千ドルを加えた）からのほんのわずかな名ばかりの寄付と努力を特色づけた基金募集で、計画目標は約20％だけ上回った[24]。

バンティングは、公式にはキャンペーン活動に参加しなかった。一般の人々にとっては、彼が研究室で一生懸命に働き続けていて、死に歯向かいもう一つのタッチダウン（訳者註：アメリカンフットボールの得点で、敵のゴールラインを越えるかエンドゾーンに入ることで6点となる）で得点する用意が整っていると知ることで十分だった。友人達はノーベル賞賞金の全てを医学研究に寄付するという彼の最初の意向について彼と徹底的に議論していた。バンティングは、彼が人類に対して十分以上のことをすでに成してきたというミューロックの反対意見を押し切ってバンティング研究財団へ1000ドルを寄付すると主張した。そして器具を購入したり、彼の助手と同僚の研究者達の給料を保証するのに身銭を切るという終生の習慣を開始した。

数年にわたって、彼は数え切れないほどの講演を行い、医学研究について雑多なテーマで幾つかの論文を書き、そして次第に一般的な講演へと発展した。それは、研究生活に必要とされた類（たぐい）の人の言葉による記述であるばかりか、科学に対する賛歌であり、研究を通して得られた進歩であった。バンティングは、彼がどんな人間であったかそして彼がどうなりたかったかの組み合わせとして、理想的な医学研究者を想像した。例えば、1920年10月31日の夜から推論して、彼は研究においてアイデアを持つことの重要性を強調した。「アイデアは研究において最も価値があるものである。我々はそれらが何処から来るのかを知らない。それらは、命令された時に現れるものではない。それらは探し出さなければならないが、それらが存在しても必ずしも探索者に報いるものではない」。研究者は、考えることに多くの時間を費やさなければならなかった。バンティングは思ったのだが、考えるのに最高の時間は夜遅くだった。「というのもその時間は、考えの明晰な一貫した傾向を妨げるというそんな邪魔をする要素から、人が解放されているからである。これらは、あらゆる時間帯の中でも最高である。研究の進歩を阻止している問題に対して創造が暴れるのを許される時、科学的事実について切り開かれたマイル標石が繰り返しくつがえされ、そして大昔に母なる自然によって設計された、事実のモザイク模様が天地創造以前から形成されているそんなことにぴったりと合う時、である」。
推理小説のファンであるバンティングは聴衆にシャーロック・ホームズを読むことを勧めた。それに彼は医学研究を医科学の「秘密情報機関」の権力に例えた。しかも、研究者は並はずれた特性を持つものだった。

秘密情報機関のメンバーのような研究者は、彼が研究しようとしている主題に対して現情報の全てを余すところなく知らされていなければならない。彼は観察について鋭い能力を持ち合わせていなければならない。彼は思い切り、独創性、粘り強さそして常識を持っていなければならない。彼は進取の気性に富まなければならない。というのも彼が時折権威者に従わなければならないかも知れないが、もし彼が成功するならば、必要とあれば、伝統から離れて、彼自身の作戦計画に従わなければならないからだ。自己超脱、自暴自棄そして献身でもって、彼は彼自身のアイデアと究極の目標を追求しなければならない。とりわけ、彼は熱心、誠実、知識の広さ、忍耐、思慮深さそして忠実さでもって仕事をしなければならない。

最終的に、バンティングによれば、研究という探求は勤勉と決断力の問題に帰着した。人の探求するという自発的な決意のエネルギーに、彼のメソジスト派聖職者の信条およびエラ・ウィラー・ウィルコックス〔訳者註1〕の詩を参考にして、彼はいつもこの考えで研究について彼の意見を導いた。

もしあなたが犠牲を払い、十分熱心にそして十分長く考え、そして勤勉に仕事をする用意がされているならば、分別内であなたはこの世界で望む何でもすることができ、そして望む何でもありうるという意見について、私は確固たる信者である。
そこにはどんな可能性もなく、どんな宿命もなく、どんな運命の力もない
妨げることができ、邪魔をしあるいは制御することができる
断固とした精神の確固たる決意を。
贈物は何もないとして考慮する。志(こころざし)だけは素晴らしい。
あらゆる事が早かれ遅かれその前に屈する。[25]

詩句は鼓舞していたが、事実ではなかった。意志のどんな総計も、決意と決断のどんな総計も、素晴らしい卒後訓練あるいは熟練した生化学者にとって代わることはできないかも知れない。バンティングは彼の副腎の研究が9月にストックホルムでスピーチを行うことに同意していたノーベル賞講演のテーマに十分な見込みがあると何となく考えていた。しかし、サディ・ゲアンズが生理的食塩水のみで治療されたコントロール犬が他の犬のいずれよりも長く生きながらえたことを知った時、バンティングはこの研究による講演をあきらめて、何度目か分からないほどの回数にもかかわらず、講演に備えてインスリンを素材とした彼の発見についての草稿に手を加えた。

1925年の夏にフィッツジェラルド家との牧歌的な数週間にわたる北米大陸旅行の後、フレッドとマリオンはストックホルムへ出掛けた。1940年に記録されたのだが、彼を称えたノーベル賞晩餐会でのバンティングの最も重要な思い出は、スウェーデン人が賓客の消費すると予測したアルコールの驚異的な量についてだった。恐らくアルコールが多少手助けしたことが、バンティングが述べたことについてストックホルム発の新聞記事をもたらしている。[26] 科学が生命の霊薬にも匹敵しうる腺液を発見するかも知れないと彼は言った。多分、バンティングは何もそのようなことを決して言ってい

なかった。しかし恐らく彼は本当にそう言っていた。2年間、彼は副腎皮質にその腺液を探し求めていた。バンティングは決してそれを見出しえなかった。数年経って、他の研究者達がその腺から非常に強力なホルモンを本当に単離し始めていた。しかしその時までに、バンティングは他のあることに研究テーマを変えていた。それもまた余り上手くはいっていなかった。彼は「彼自身で大きなもの」を見つけ出すつもりは決してなかった。彼はインスリンよりもより良い何かを見つけ出すつもりは決してなかった。

訳者註1：エラ・ウィラー・ウィルコックス　Ella Wheeler Wilcox (1850-1919) は、アメリカ人で、ジャーナリスト、詩人で10歳になる前に小説を書いた。詩集も多く、最初の作品は『水の滴』(1872) で、『情熱詩集』(1880) で世間に認められた。

Frederick Grant Banting

第8章

生粋のカナダ人である

研究における失敗は決して試すことがないからではなかったのだ。バンティングは、心配のない終身在職権を持つ生活の誘惑に次第に負けていって、研究室あるいは机の前にいることが段々少なくなる燃えつきた研究者あるいは学者のパターンには、決して陥らなかった。勤勉と決断が成功を生むものと考えられていた。そこに、意志とエネルギーが必要だった。医学研究教授バンティングは、しばしば昼夜休みなく、しかも週末にも仕事をし、彼の給料を正当化しようと試みて、非常に長い時間を自分の研究室で過ごした。その後で、彼は長い休暇旅行でその全てから逃げていたのかも知れない。

1925年の夏、イギリスに滞在している間に、バンティングはウィリアム・ジャイの研究室を訪問した。彼は新しく創設された英帝国癌研究基金からの支援で癌に関する興味深い仕事をしている卓越した研究者だった。1922年以降時々、バンティングは癌に対する治療を見つけることにあれこれ思いめぐらしていた。ところで、彼はラウス肉腫として知られた、ある種のにわとりの腫瘍に関するジャイの研究に興味をそそられた。ロックフェラー研究所のペイトン・ラウスは、この腫瘍が一羽の鳥から別の鳥へ無細胞ろ過液の注射で媒介されうることを1911年に実証してみせた。それは、後にウイルスと呼ばれる不思議な非細胞からの生成物の一つによって引き起こされる癌の一種であると思われた。このことが起こりうるという考えは容易には受け入れられなかった——ラウスは最終的に彼の仕事に対してノーベル賞を受賞したが、1966年まで対象とはならなかった——そして1920年代に、ジャイはラウス肉腫に大きな関心を抱いて癌研究の最先端にいた。

バンティングは同じ問題を取り上げる決心をした。表面的には、それは扱い易く、魅力的に思われた。ラウス肉腫を伝染させることで、研究室で容易に癌を発生させることができた。それから、その創造を中断させる方法を見出すのを試み、ラウス肉腫を防いでにわとりを守るだろうある作用物質――ワクチン、血清、抗毒素、なんでも――を見つけ出そうと試みることができた。もし全ての癌がラウス肉腫のようであり（例えば、他の微生物の原因で伝染しうる疾病であり）、そしてラウス肉腫を治療あるいは阻止できたならば、その時あらゆる宝庫を開けていたかも知れない。

そのことは、バンティングに暫く仕事への準備を整えることに導いた。特別な純系種のにわとりであるプリマス・ロックがオンタリオ農業大学から入手されなければならなかった。それから、癌を引き起こす作用物質を単離し、観察するのに必要な、高性能の遠心分離機と顕微鏡とが海外に注文されなければならなかった。バンティングとサディ・ゲアンズは1925～1926年の冬に数羽のにわとりで仕事を始めたが、1928年頃まで本格的には癌研究に着手しなかった。励みとなる成果は到来に長年要するであろう。

思わしくない副腎の実験は徐々に終わらせていった。バンティングとサディ・ゲアンズは、『副腎機能不全』というタイトルの長い論文で成果を執筆し、1926年にアメリカ生理学会誌（*American Journal of Physiology*）に発表された。その論文は、文献として全く寄与しなかったし、他の研究者達によって引用されることは滅多になかった。そして普遍的な抗毒素を単離するというバンティングのいまいましい望みを効果的にカムフラージュした。

癌プロジェクトの開始に足踏みしている間に、バンティングは1925年の初期に彼が始めた実験、仕事の始まりをもたらした子宮に含まれる作用物質の単離を試みることに道楽半分で手を出した。暫くの間、妊娠家兎の基底膜脱落（子宮内部を覆う粘膜）からつくられた抽出物には、未知の何かだが強力な物質を含有しているように思われた。多くの妊娠家兎と多くの失望させる実験、とりわけ家兎の脳からの抽出物と同じ強力な結果を出した実験の後、フレッドは実験をあきらめた。この仕事で論文を出す価値はなかったし、否定的な結果のデータすらもなかった。「このことは、私がこれまでに経験して来た最悪な年の一つだった」と、バンティングは1926年の春にイギリスで研究していたベストに書いた。「しかし、『それらはまたただ耐えて、待つ人にのみかなう』、と我々をして希望を抱かせて欲しい[1]」。

これらインスリン発見後の年月で大学におけるバンティングの唯一の成果は、J・J・R・マクラウドの名声を傷つけるのを続けることであった。彼の生涯の終わりまで、バンティングはマクラウドをひどく嫌い、けなした。彼の講演での言及ではマクラウドの名前をあげたことは決してなかったが、推測では十分に疑いのないことだった。バンティングがインスリンの研究で他の人達が彼に差し伸べていた支援の欠如に関して語った時には、マクラウドを意味した。アイデアはないが研究者の仕事を自分の手柄にした、上級教授とかつて一緒に仕事をしていたことについて彼が語った時には、マクラウドを意味した。彼が創意に富んだ研究者達を養成することに失敗した研究室の管理者について語った時には、マクラウドを意味した。トロント大学がこれまでに得た、たった二人のノーベル賞受賞者である1920年代の生理学教授と医学研究教授は、一緒に仕事をしなかったばかりか、恐らくお互いに話をしたこともなかった。大学の人達は、バンティングとマクラウド、あるいはバンティング夫人とマクラウド夫人を同じ社会的行事へ招待しないように気をつけた。フレッド・バンティングはマクラウド家に招待されたことが決してなかった。

J・J・R・マクラウドは公然とは抵抗しなかった。しかし教えること、非常に沢山の書きものそして研究活動を続けたが、それらの大部分は炭水化物代謝とインスリンに関連したものだった。彼は、幾人かの優秀な学生をトロント大学に引きつけた（不幸にもユダヤ人であったそれらの学生は、上流階級の反ユダヤ主義の浸透した研究所で出世を望むことはできないと直ぐに悟って、個人診療所あるいはよりもっと寛大な都市へと去った）。そしてインスリンと糖尿病について2つの重要な本を書いた。それら2つの本の中で彼は発見が本当はどのようにして生まれたかについて彼自身の無味乾燥な、科学的見解を示した。

マクラウドがバンティングの敵意による悪影響に気づいたのは疑いがないことで、彼はバンティングが彼の誠実さをあちこちに印象づけていたという疑問符の下で暮らさなければならない教授となっていた。その時そしてその後数年間、トロントの研究者達を取り巻く周囲の状況は、インスリン研究の間じゅうずっと「実際は」どんなことが起こったかについての見苦しいゴシップで汚染されていた。マクラウドーコリップ闘士達は、バンティングとベストをへまな無能力者として反撃の噂について加担を広げることを巧みに操作したけれども、その大部分はマクラウドに対するバンティングの中傷を反映していた。それは悲惨で、醜い事態だった。だからとりわけバンティングにとって、もし理解されなかったならば崩壊した関係は職業上からみて全く不利益なものとなった。怒りと強情と自尊心とで、彼はトロント大学における最高の医学研究者から自身を断ってしまった。ベリエン・ヘンダーソンおよびD・E・ロバートソンの如き、その様な友人達そして支援者等は、決して代理人ではなかった。彼を困難から救い出すには、マクラウドあるいは同等の力量がある誰かがいなくては、バンティングはとても成功をおさめることはできなかった。

マクラウドへのバンティングの憎悪は、彼の判断力では永久的によく理解の及ばない領域だった。幾人かの他の時たまの敵に対しては、彼の態度が著しく変わった。1922年のインスリンの争いは、バート・コリップとの芽を出しかけていた友情を台無しにしてしまった。1925年の夏のある日、コンノート研究所のフィッツジェラルドとの対談後に、バンティングはコリップに宛てて、副甲状腺ホルモンに関する彼の最近の研究に対してお祝いを述べる手紙を書いた。ついでに、彼は彼らが会って、そして過去を葬り去らせることを望むと認めた。コリップは「1922年の大騒ぎの冬の不幸な誤解」を残念に思うと、同じ類の返事を書いた。[2] 1年後に、バンティングはアルバータを訪れていた時、彼とコリップは一緒にカルガリーのロデオを見物した。彼らの友情は実を結び始めた。

同じ旅の終わりに、バンティングとダンカン・グラハム、トロント大学出身の二人は、カナダ医学協会によるビクトリア会議の期間中に同窓生の夕食会に出席していた。「ある陽気な人が立ち上がって、我々二人をトロント大学代表にし、それでウェスタンオンタリオ大学の祝宴に出掛けて祝辞を述べることに指名した。仰天し、驚いたことに、グラハム教授が立ち上がって、私が座っているところにやって来て、それから我々は腕を組み合って出発した。別のビルディングへの道のりの間ずっと腕を組み合ったままだった。彼は、私を2つの大きな大学の絆として紹介し、私にスピーチをするよう求めた」。バンティングは大喜びだった。[3]

彼は、それらの年月にチャーリー・ベストと余り会わなかった。バンティングと違って、ベストは彼のインスリンによる名声は彼が医学研究で身を立てる上で必要な技術と知識が今はまだ身に備わっていることを意味していないのを悟った。1922年にインスリンについて学ぶ為にトロントを訪れていた、イギリスの著名な生理学者であるH・H・ディルから役立つ助言を得て、ベストはすぐさまトロント大学で医師の称号を取得し、それから上級の大学院で研究をする為にトロントを離れた。チャーリーと彼の花嫁、マーガレットは1920年代の中頃をイギリスで過ごし、そこでベストはディル指導の下で博士号を修得した。これらの年月におけるバンティングからベストへの残存する2〜3の手紙は、バンティングがしばしば彼の同級生達あるいは古い戦友等との間にみられるように親密ではないけれども、親しくそして打ち解けたものである。バンティングとベストは一緒にもっと研究することについて話し合っていた――そしてバンティングがどれほど生化学者を必要としていたかを理解していたヘンダーソンのような友人達は、バンティング研究財団からのお金が復活する共同研究を支援しうるかも知れないと推測した――しかしそれについて何事も起こらなかった。1927年にベストがトロントへ戻って来た時、彼はコンノート研究所のインスリン生産部門の主任として仕事を再開し、フィッツジェラルドの衛生学部で職を得て、それに生産的な研究者として彼自身の権利で独立した生涯の仕事を始めた。

バンティングが1920年代中頃に研究室で何かを首尾よく成し遂げることに失敗と気づいた挫折感は、彼の結婚が間違いだったことが明らかになった途端に憂うつなみじめさを深刻なものとした。結婚初夜から性行為の不一致があったかどうかはともかく、フレッドが時折ほのめかしたのだが、バンティング医師とバンティング夫人は、彼らの性急な恋愛行動が彼らを信じ込ませていたほどに共通なところがほとんどないと、すぐさま悟った。

フレッドは、結婚生活および家庭生活に関して因襲的な態度を維持した。彼は、彼の母親がそうであった如くに何もかもがそうであろうと妻に期待した――女性の全ての仕事を非常に上手くこなし、大勢の子供を産みそして育て、決して不満を言わず、彼女の夫に男の仕事をさせた物静かな家庭的な人。フレッドは、父親が勤勉な農夫であった正しくそのように、勤勉な医学研究者になるつもりだった。彼は、日が暮れて家に帰り、玄関で靴をぬいで、それから楽しい夕食（あるいは、現代的な都会様式に順応して、出来たての夕食）の席につけるものだと思っていた。食後には、彼は本を読み、煙草をふかしそして暖炉のそばに座り、あるいは多分おしゃべりするのに他の仲間の幾人かと集まって、あるいは恐らく研究室に戻って、何がしかの更なる仕事をする。彼が帰宅した時には、妻が彼を待っているだろう。1920年代にフレッドを知っていた女性等が彼の理想的な妻のイメージについて語った時はいつも、彼らは彼に対して全く忠誠で絶対的で犬のエアデールテリアのような結婚相手を求めていた、と述べた。彼は時々自身を同じイメージによくしたものだった。

マリオンは、エアデールテリアではなく、家庭的な人のタイプではなかった。彼女は、現代的なトロントの社交のめまぐるしさを楽しむつもりの社交的で、女性らしい、「現代的な」女性だった。彼女は、カナダ全体で最も有名な男性と結婚していた。だから素晴らしい社会的名声という心地の良い成り行きに対する用意ができて、恐らく熱望していた。トロントにおける高貴な身分は、確かにカレンダーが予定で一杯なことを意味した。晩餐会、舞踏会、宴会……儀式……美しく着飾って、見事に気取った、興味を引き起こさせる、優雅な人々と歓談すること。家事を切り盛りするのにお手伝いさんを雇うことができた。自身の権利で素晴らしい女主人役になることで、義務を果たし、また夫の友人に好印象を与えるようにすればいい。確かに、これといって何もしないで家にいたり、あるいは妊娠で「引きこもって」人生の最高の時期を過ごすのは、かなりのむだである。

フレッドは、マリオンの会話と社交の手腕それに洗練されたセンス――1920年代の現代的な女性の特性の全て――に魅了されていた。しかし一方では、それらを行使するのを彼女に望んでいなかった。それらは、ただ特別な場合に限られていた。多くの場合、彼が期待していたのは、彼女が彼の母親のように、全く因襲的であるのが当然だった。時折、彼女は彼の美しい聡明な妻としてみせびらかすことであり、しかも彼は彼女を自慢にすることだった。普段は、彼女の役目が従順なエアデールテリア犬のような妻であることだった。フレッドのマリオンへの心酔は、美しい人形症候群という1920年代の「トーキー（発声映画）」の変形であった。

マリオンは彼らの結婚の現実によって、なおさら一層ショックを受けていたに違いない。彼女は、魅力的で、才気溢れた、人を引きつける発見者と結婚したと思った。今になって、彼女は彼が田舎者の身だしなみと嗜好を身につけた、保守的で、無愛想な、独裁主義の田舎者だとわかった。彼女は、彼が研究室から家に戻って来て、靴をぬぎ、そしてお茶に呼んだ夫人に対して魅力的であることを拒否するという態度のために不快な気持ちにさせられた。夕食は何時だった？　フレッドは、研究室用に着た服装を着換えることすらなくテーブルの前に座ったものだった。そう、彼は研究室での服装の上にガウンを着ていた。しかし繊細な人ならば恐らく犬のにおい、それに途方もない犬の毛を発見することが出来ただろう。そして彼が犬にメスを入れた時に着ていた同じ服装でローストを切っていた。

なぜフレッドは夕食に備えて、せめて服装を着換えることが出来なかったのか？　なぜ彼はマリオンの友達に好意的でありえなかったのか？　なぜ彼は話すことがわずかそれぐらいだったのか？　なぜ彼は申し分なく正装し、重要で興味をひく人達と会うのに、夕方によりもっと頻繁に外出することを好まなかったのか？　なぜ彼は妻と彼女の友達を遠ざけたけれども、「仲間」と出掛けるのに多くの時間があり、それにいつでもビールの悪臭を放って帰宅したのか？　マリオンは、彼女の友達によって「何とも言えないほど潔癖すぎる」として記憶されていた。彼女は夫の礼儀作法と態度を粗野で下品と気づいた。彼らは気質および価値観で全く相容れなかったので、彼らの性生活もまた満足なものだったと信じるのは難しい。その上、彼らは、金遣いの荒い嗜好についてマリオンを責めるフレッドと一家の所持金について彼の管理に苦情を言うマリオンのせいで、ほとんど確かに金銭について言い争っていた。最後に、マリオンの父親が公言した供述によれば、そこには怒った男達が反抗的な妻達に対してしばしば行ったことを、どうもフレッドにするように仕向けた最も一般に知られていない側面、喧嘩と怒りとフラストレーションがあった。彼は妻をなぐった。[4]

そういう訳で、結婚はひどい間違いだった。しかし不道徳なアメリカ合衆国に比べて離婚の頻度が遙かに少ないのは、愛国主義者の自尊心の問題であった１９２０年代の保守的なカナダでは、誰もが容易に修正出来る誤ちではなかった。社会的に立派なカナダ人が運の悪い結婚から抜け出るのは容易なことではなかった。離婚にかなう唯一の理由は、実質的には不倫だった。そして1931年まではそれらの人達の交際の間柄で別れることすらもカナダ議会の特別議決を必要とした。

フレッドとマリオンはお互いに耐え忍ぶのに必要な調整をし始めること以外に、ほとんど選択の余地がなかった。ますます、彼らは我が道を行った。フレッドは研究室へ、マリオンはガールガイド（訳者註：1910年に英国で創設され、アメリカのGirl Scoutsに相当）活動のリーダーとして有り余るエネルギーのかなりを使い果たした。彼らは、ベッドフォード・ロードの家で別々の部屋に暮らしていたが、大学に姿を現しそして彼らの幾人かの友人との交際を忠実に続けた。ヒップウェル家のような他の人達は、何かがとても好ましくないことを知っていた。ベリエン・ヘンダーソンは知っていたかも知れないし、知らなかったかも知れない。しかしそれは1928年のある夜バンティング家を訪問後の彼の妻に対する情報を人がどのように解釈するか次第であった。「マリオンはガールガイドで非常に熱心に仕事をしていて、フレッドはそれは夫のたまものと言う。彼女は多分できるだけぼんくらな妻であるつもりだ。私は密かに人の背に抱きついて寝るのがとても好きである」。そこには、フレッドとマリオンが課題を上手くやってのけるのに見込みのない努力で、多少古いロマンスに再び火をつけた非常に親しい時期が疑いなくあった。それにまた彼女がどうしようもなく大声をあげて泣くのにまかせた悪夢のような時期があったに違いない。

彼の結婚は、フレッドが後に詳細には書かなかった彼の人生の数少ない一側面だった。でも、たとえ彼が書いていたとしても、文書は後に処分されていた。現存する物語の2つの未完の原稿は、これらの不幸な年月を描いていると思われる。未完原稿の一つでは、一人の医師がちょうど夕食を終えようとしている、「ロイヤル・ウィンターフェアの開会式に出掛けようとしているお歴々の一行の一員として皆が盛装していた」。医師は、一人の患者を診る為に呼び出されて、それで彼の妻が言う、「同じことを……彼は大層しばしば耳にしたこと。『今さら、私はあなたを伴わなくて出掛けるつもりはありません』『……私には、私達がなぜ一緒に物事をすることができないのかわからない』……『皆さんは全員大層失望されることでしょう』……『わかったわ、私にはあなたが何処かへ出掛けたいとは思えない』……『彼の女友達の一人がちょうど彼のところに立ち寄った。それで私が推測するのに誰かが私の付添いの男にならなければならないでしょう』……」。未完原稿の2つ目では、バンティングは結婚の誓いが「エアデールテリア犬の如き忠実」な状態でとどまっている類の人々を非難している。「しかし晩餐のために盛装している時の妻をただ見ているに過ぎない、彼女のことごとくの気まぐれに対してお金を配る為の金銭出納係である、名前以外は共通することが何もない、彼女が何をしていようと心からの関心が持てない男は……相変わらず誠実そして忠実である大変な仕事を持っている[5]」。

他の小説家達は、ある行状ではバンティングの行いに無気味に似せて迫真性を模倣していた。1925年にシンクレア・ルイス〔訳者註1〕は、医師達と医学研究について、即座に古典的アメリカ小説、『アロースミスの生涯（*Arrowsmith*）』を出版した。物語の後半に、マーチン・アロースミス医師は、美しい社交界の名士、ジョイス・ラニヨンと結婚する。それから地味に生活して、研究を続けるという彼の平凡な望みを彼女の願望が邪魔するという振る舞いに当惑させられる。

彼女は彼に、彼女の誕生日、ワインについての彼女の嗜好、花に対する彼女の好み、それにひげそりの手順を注意深く見ることへの彼女の反対を、覚えていることを求めた。彼女は彼女自身の部屋を持つことを望んだ。彼女は彼が部屋に入る前にノックするよう強く言い張った。そして彼女は彼が彼女の帽子をほめることを要求した。

研究室での仕事が大層興味深くて、彼が晩餐に合流することができないかも知れないと事務員の電話で連絡した時には、彼女は激怒して口も利かなかった。

……彼が寝つきたいと望んでいたけれども、彼が男女の気ぜわしい関心に夢中になっているのに彼の愛撫の間、彼女がいかにはっきりと差別待遇をしているかが分かるのは困惑させられることだった。[6]

バンティングは『アロースミスの生涯（*Arrowsmith*）』を読んでいたかも知れないし、読んでいなかったかも知れない。彼は、3階の彼の研究室で彼の本と彼の油絵と一緒に多くの時間を過ごしていた。彼は医学書とカナダの文化についてのかなり良い蔵書を集めていて、それに部分的にはさらにもっと教養が身につくためにという彼の決意を実行するのに、かなり広範囲の読書家となっていた。彼はしばしば、カナダの歴史について、とりわけ先住民と彼らの医術への取り組みに関して彼の興味について語った。時折、彼は読書した中から2〜3のメモを書き留めておいて、そして先住民の医術あるいは医学の歴史についていつの日か本を書くことについて語り始めた。

ボーモント・コーネルは1922年に小説『ルネッサンス（*Renaissance*）』と1923年に『ランタン湿地（*Lantern Marsh*）』を出版し、そして新進の創造力に富んだ作家としてかなり多くの批評家の注目を引いていた。そこには、作家でありながら医学研究者、コーネルがいた。1920年代中頃までそして彼の残りの生涯の間、医学研究者のバンティングは、しばしば彼が創造に富む業績について最も崇高な表現形式で書くことを考えていると述べて、著作物のある作家になるのを熱望していた。コーネルの影響では全くないが、彼自身の淋しさ、彼の考えと感動を表現することへの願望、それにひとしきりの常習的な睡眠不足が、バンティングを執筆を試みることへと駆り立てた。彼のお気に入りの読書は歴史や医学の本ではなく、探偵小説だった。彼の最初期の文芸作品は、とりわけ嗅覚に鋭い感覚を持つ先住民の血が半分混じった分析化学者、サイモン、すなわちサイラス・イーグルスを生き返らせるという試みだった。サイラスはトロントのカールトン・ストリート1番地にスタンフォード・コーネルと生活していて、彼の創造主によれば以下のような人物である。

基本的には孤独な人で、時折昼夜を研究室で過ごし、しばしば長椅子でそこに眠っていたものだった……彼は油絵を描いたり、スケッチをすることでくつろいだ。作品のいくつかはかなり良いものだったけれども、彼はそれらを決して公開しなかった。彼が描いた全てが全力を尽くして描いたものだった。しかし不規則な食事、運動不足、長椅子で眠ることなどは彼の健康を徐々に蝕んでいたのは事実だった。彼は余分な器具に給料の大半を使った。たとえひどい咳をしていたとしても、大層多量の煙草を吸っていた。

バンティングはサイラスが整えうる様々なシャーロック・ホームズばりの推論を書き留めた――急いで、いらいらして吸う煙草の外側の紙は、必要以上に早く燃える。人が決まったやり方で足を組み合わせる時、あなたは彼がうそをついているのかどうかを脈うつ静脈を見て、言うことができる――しかし彼は出版してしまおうと試みたたった一つだけの物語を書き終えたばかりだった。『サイラスと冷たいひと飲み』は、犠牲者が液体空気を飲み干した（冷たいひと飲み）後に亡くなるというほとんど読む価値のない話だった。バンティングは、1927年に国際雑誌社の編集者に物語を送った。「随分つまらない……時々、話の筋を理解するのが少し難しい……余りにもシャーロック・ホームズをしのばせる……かなり退屈で面白くなく、型通りに構成されていて、たいした趣も、魅惑するものもない」、ものであるとして冷たくあしらわれた。編集者は、プロの「多作の小説家」との共同で改作することを勧めた。それでバンティングは彼との合作の可能性について、スター紙の記者グリーナウェイを含めて幾人かの親しい友人となっていたかなり多くの地方の著述家に実際に話をした。彼はまた、サイラスの断章を書いた。その中で偉大な探偵は執筆することを試みていて、つまり「編集者が望んでいることよりも、むしろ彼が望んでいることを書くんだという結論に至っていた。彼は、冒険のスリル、自然を相手の苦闘、そして祖先から受けついだ我慢強い血統を持つ開拓者カナダ人の生活の物語を愛情のこもったいつくしみで敬愛した。彼の先祖はシムコ地域に移り住むことになった最初の集団の中にいたのだった[7]」。

　バンティングの関心はしばしば、シムコ郡とアリストンの農場での少年時代に向かった。まして自意識の過剰もなく、しかも彼の小説におけるよりもずっと文筆の気楽さでもって、彼はこの伝記の第1章に用いられた物語の大部分を書き尽くした。彼はしばしば、完全な自叙伝をいつか書くことについて語ってかつてそれに向かって約80頁をものにした。彼はまた、アリストン時代からの信じられない話のいくつかが小説に用いられうると気づいた。例えば、ある日町で乾燥ソーダビスケットの一箱を買ったウエストエッサの年老いたジェリー・マッゲイグの話があった、彼は非常に空腹だったので帰宅途中にそれらの全てを食べた。家に着いた時に喉が非常に渇いていたので水差しの水を飲んだ、それからビスケットが膨れあがった時に胃が破裂して亡くなった。これは、バンティングが『喉が渇いた話』と名づける計画だった一連の話の中で最初のものになる筈だった[8]。

　ベッドフォード・ロード46番地の夜の2階で走り書きをしていた時、自身の喉の渇きをいやす為に、彼はライウィスキーの一瓶を壁下の幅木の後（うしろ）に隠して取っておいた。インスリン研究のストレスの時期に一時的に問題となっていた、彼の飲酒は彼の生涯を通じて変わらない事実であったが、これらの年月に問題となったという形跡はない。彼はひどいチェンスモーカーで、たいていは先端に飾りのついていないバッキンガム煙草で、時々パイプ煙草だった。

彼のお好みの息抜きは、いつも油絵を描くことだった。バンティングはインスリンの仕事が最高潮であったブロアー・ストリート160番地の時期に、彼の秘書に手紙を口述させながらスケッチをして上階で座っていたものだ。彼は自身の作品を壁に掛けて飾るのが好きだった。そしてある夜誰か他の人の作品に飾り変えた――樹液からカエデ糖を作るサトウカエデの油絵で彼が賃借りした建物の玄関の広間に飾られていた――ふさわしい場所に雪を描いているという点では部分的に彼自身の作品。[9]インスリンの発見者として旅行中に、バンティングは北アメリカそしてヨーロッパの多くの画廊を訪れて、絵画を購入し始めた。彼の初期の購入品は良くなかった。というのも判断基準となる情報を持ち合わせていなかったし、判断力にも欠けていたからだ。彼は絵画に関する嗜好に純な愛国心をもたらした。そしてノーベル賞受賞後すぐに彼の最初期の助言者の一人であるオンタリオ州インガソール出身のゴードン・ペインに、仕事をしているビーバーの絵を彼のために描いてもらうことを依頼した。彼は一連の作品を念頭に置いていたのかも知れない。というのもペインが記者に語ったのだが、バンティングの目的はキャンバス上にカナダを永続させることで絵画と愛国心とを結びつけることにあったからだ。ペインは、野外作業を行う為にトロントから北へ150マイルのアルゴンキン公園へ旅をして、それで期日通りにバンティングのために『ビーバー・ダム』と題した大きな油絵を完成させた。[10]バンティング自身は彼の同級生等によって依頼され、後にトロント大学に寄贈された、油絵の肖像画のために座った。トロントの画家、カーティス・ウィリアムソンは惨めな仕事をした。いつかバンティングが自画像を描くことになっていたならば彼が描いたかも知れないよりもずっと出来が悪かった。

他のトロント在住の画家達は、1920年代初期のゴードン・ペインよりもずっと効果的にアルゴンキン公園そしてカナダ郊外を描いていた。トム・トムソンとグループ・オブ・セブンの作品の展覧会がカナダの伝統的教義固執の因習の大部分をくつがえした時代に、バンティングはトロントの現場にいた。そのメンバーは少なからず自意識過剰に宣言したのだが、最初の本当のカナダ絵画運動が1910年代の終わりおよび1920年代の初めにトロントで活気を呈した。アーサー・リスマー、ローレン・ハリス、J・E・H・マクドナルド、A・Y・ジャクソン等、溺死したトム・トムソンの仲間達は、カナダ人が多分見た筈のようなカナダの風景を描くことに着手した——飾り気なく、ありのままに、色彩豊かに、モダンに。彼らは、1920年にトロントでグループとして展示することを始めた。彼らの作品への非道な行為と妨害の物語、そして容認を勝ち取る為の苦しいもがきは、感受性の鋭い画家達による生来の誇張した表現と抜け目のない自己普及促進を少々加味の両者を反映していて、大部分が作り話である。

実際、グループはカナダの絵画状況に即時の計り知れないインパクトをもたらした。若いフレッド・バンティングがトロントで初期の医学研究を行った時に克服したのとほとんど同じように、彼らは素早く不幸な出来事に打ち勝った。正しくバンティングの成功は彼が気づきあるいは認めえた以上に他の人達に依存したように、グループはトムソンが油絵を描きそして溺れ死んだアルゴンキン公園のカヌー湖について無垢の考えを持ってはいなかった。正しくそこはバンティングの名声に対してファンがいたように、彼らの作品にとってもまた需要があった。1920年代の多くの富裕階級のカナダ人は、都会、人混み、堅苦しさよりもむしろ、郊外へ、自然へ、簡素な生活へ回帰していた。グループ・オブ・セブンは、彼らがぴったりのレンズを提供したので幾分人気があった。グループの最初の展覧会から5年以内に、そのメンバー達はなお徹底して、部外者の印象のふりをしたちょうどその時に、賞賛されそしてひいきにされて、事実上カナダ絵画の国家的確立となっていた。

バンティングは、トロント大学の職員と学生の作品からなるハート・ハウス写生クラブの展覧会に2つの小さな油絵を出品することで、1925年1月に彼自身の油絵の最初の小さな公開展示を試みた。スター・ウィークリー紙の批評家は、予想されたことだが大学の画家達の大部分に伝統重視なのを見出したが、バンティングのスケッチの一つにトム・トムソンの影響を、他の作品にはローレン・ハリスの影響を見た。バンティングのオンタリオ北部地方の風景は「正しくグループ・オブ・セブン気味」だった。それに全体的に見て医師は「試験管（チューブ）から絵の具のチューブへの持ち運び」をかなり成功裏に成し遂げていたと思われた。他のスター紙の記者は、むしろ寛大ではなく、バンティングが相当する唯一の学校は医学校（訳者註：トロント大学医学部）であると示唆していた。[11]

バンティングのローレン・ハリスとの最初の予期しない出会いは、この展覧会（訳者註：トロントで開催されたトム・トムソンとグループ・オブ・セブンの作品の展覧会）の時に起きた。彼は、高度に形式化されたハリスのレイク・スペリオールの丘の油絵に激しく心をかき乱され、それを見るのに幾度となく戻り、そして、気がつけばたえずその絵のためにひと休みするのを望んでいた。バンティングの眼科医であるジェイムズ・マッカラムが、偶然グループ・オブ・セブンの重要なパトロンになることが生じた。彼はハリスの油絵についてバンティングの意見を聞いて、それについて画家と語ることを彼に説得した。マッカラムはバンティングとハリスとが会うように手配した。バンティングはハリスに、どうして彼が絵を描こうとするのかが分からないと話した。ハリスは、バンティングが科学者として古い実体を新しいものに変換することで創造力が豊かなように、創造性のあるものを生み出そうと試みているのだと説明した。ボーモント・コーネルは、文学で同じ事を行おうと試みていた。バンティングは、創造力が豊かな科学者と創造性がある画家との間に類似を見つけることができるかも知れないと思った。「全ての偉大な科学者のように、彼は必然的に画家だった」、とバンティングはサイラス・

イーグルスについて書いた。

1925年4月に、ローレン・ハリスはバンティングをトロント文芸クラブの会員に推薦した。彼の推薦の動議に対する賛成者は、大学の絵画サークルの指導者であるドイツ人の教授で才能ある画家、ベイカー・フェアリーだった。トロント大学からわずか1～2ブロックしか離れていない文芸クラブのある地区は、1920年代にトロントの画家、作家そして音楽家達にとって、集うその場所だった。勿論、会員は男性だけだった。それは食事を共にするクラブで、その会員達のエネルギーは、寸劇、祝賀会、スケッチ旅行そして変わらない素晴らしい友情へとあふれ出ていた。グループ・オブ・セブンは全員が会員だった。ところで、実際は、彼らの大多数がこの上なく厳しい評論家だったので、そこでの昼食会は「ぼろくそにけなす人達が囲む食卓」と呼ばれることになった。バンティングはクラブ活動で先頭に立つ参加者ではなかった――彼は音楽的あるいは演劇的才能を持ち合わせていなかった――しかしテーブルを囲むことにおいて申し分のない仲間だった。というのも彼は男達がくつろぐ為に歌うこと、物語を話すことそして楽しい飲酒を愛したからだ。ひやかしたり（リスマーは、かつて『バンティング医師』のスケッチをした）、ファーストネームで呼び掛けたり、そして風刺的に描くという文芸クラブでの昼食会は、トロント大学の堅苦しい形式ばった行為あるいはベッドフォード・ロード46番地での社交的そして性的緊張状態の生活から心身をさわやかにする気分転換となるものだった。1920年代の終わり頃の数年間、バンティングはクラブの実行委員会委員の一人だった。

バンティングは、1920年代中頃のある日、A・Y・ジャクソンに会いに行った時、生涯の素晴らしい友達付き合いの一人に彼を加えた。彼は自信なさそうに自身を紹介し、ジャクソンが描いたいくつかの戦争画を見ることができるかどうかを知りたいと思った。ジャクソンはいくつかの絵を彼に見せて、それでバンティングは作品一点を買った。彼の友人達は彼をそう呼んだのだが、アレックあるいはアレックス・ジャクソンは、バンティングよりも8歳年上の生涯独身者で、男性仲間ではとりわけ親しみのある、認められることへのグループの追求について情熱的な信奉者だった。有名な画家と有名な医師は、最初からお互いにそりが合った。恐らく、彼らは彼らが経験した初期の苦闘の物語を交換し合った。彼らは、既成の体制に反抗して勝利を収めるのに立ち上がってきたという、彼ら自身そして相互についての神話を共有した。「私は、本当に合衆国へいつでも出掛けられた……この国で人々を目覚めさせ、そして彼らの目の前で何が正しいかを分からせるというとても大変なこと……しかし神にかけて私はこの国を愛している……」バンティングは、彼のインスリンの仕事でどれほどJ・J・R・マクラウドに助けられていたかを決して話さなかっただろう。A・Y・ジャクソンは、彼のスケッチの何枚かを買い、そして彼を晩餐に家へ招待した、彼自身の初期の後援者の一人がJ・J・R・マクラウドであるとバンティングに決して語らなかった。医学分野におけるノーベル賞受賞者の二人が、実際に文芸クラブのメンバーだった。J・J・R・マクラウドは、インスリンの仕事が始まる直前の1921年3月に加入していた。1923年の春に、彼は会員資格の失効するままにしておいた。[12]

1927年3月に、ジャクソンはバンティングに彼と一緒にケベックへスケッチ旅行に行くことを勧めた。彼らは、ケベック市の下流に位置するセントローレンス川の風に吹きさらされた南岸に沿ったサン・ジャン・ポール・ジョリの小さな町に向かった。それから記憶している限りでは一番寒い3月のある日に屋外で絵を描くことを試みた。これらの状況下で、バンティングは男らしい男にとって相応しくない活動である絵を描くことについて彼が思っていたためらいをすっかり解き放った。「私はある日、小さな写生箱とその上に雪を吹き積もらせている風と一緒に横木を杭（くい）につけた柵のわきにうずくまっているバンティングを見つけた」、とジャクソンは思い出を語った。「私が彼のところへ近づき、そして『さて、どれほど絵を描くことが気に入っているのかね?』と言った時、服のえりを立てそして帽子を引き下げて彼はせっせと絵を描き続けていた。彼は、『つまり、これはめめしいゲームと思うと言った[13]』。

バンティングはフレデリック・グラントとして偽名の下、種々様々なスケッチ旅行を続けた。彼がバンティングとわかった時には、彼はインスリン発見のバンティングのいとこあるいは兄弟であるとしたものだ。トロント大学の有名な医学研究教授フレデリック・バンティングという立場にあることは、シンクレア・ルイスが『アロースミスの生涯(*Arrowsmith*)』の中で書きつけているように、厳しい束縛に耐え、挨拶の言葉をかけそして決して悪態をつかない人々の世界の中で生活しているということだった。そしてまた、マリオンのような女性、あるいはジョイス・ラニヨン、それに彼女のあらゆる奇妙な趣向に我慢しなければならなかった。A・Y・ジャクソンを知ることになった時、バンティングはテリー・ウィッケットに真の友人を見つけるマーチン・アロースミスのようだった。『アロースミスの生涯(*Arrowsmith*)』の中のかのウィッケットは「粗野だった。彼は不愛想だった。彼は俗っぽかった。彼は多くの素晴らしいそして優雅な物事を軽蔑した。彼は多くの素晴らしいそして優雅な人々の感情を害した。しかしこれらの辛辣な態度は頭布付き外衣を着せられたどんな修道士もこれまで決して知らなかったようなそんな神聖な仕事への献身を、彼が正当化する為に馬巣織りのローブで扮装したものだった[14]」。A・Y・ジャクソンは、ほぼシンクレア・ルイスのモデルも同然だったかも知れない。バンティングがジャクソンと一緒に油絵を描きに出掛けた時、小説の終わりに調査を行う為にバーモント〔訳者註:アメリカの北東部の州〕の森へ移動するアロースミスとウィッケットと厳密には同じではなかったが、それは非常に似ていた。文明社会と女性達のわざとらしさを追っ払って、フランネルのシャツを身につけて、自然へ、荒野へ、男らしい仕事に、そして素晴らしい、立派な行為を行うことに戻る。アーネスト・ヘミングウェイもまた同じように、文学への道にそしてトロントとスター紙のようなそんな組織から逃れるという彼自身の必要性を思い起こすことの両方を、理解していたのだろう。

男らしいカナダ人が自身の存在を明らかにするのに何処で確かめることができるのか？　それは唯一そしてたえず北方へ向かうことだった。好意的な批評家はグループ・オブ・セブンの最終目的が多分北極で油絵を描くことにあると述べていた以来ずっと、アレックス・ジャクソンは北極地方へ出掛けることを思案していた。彼は、１９２７年の夏に、カナダ内務省を説得してカナダの東方北極圏内の港へ物資を再び供給することを予定していた蒸気船ベオシック（Beothic）号に、彼のために部屋を用意するように手配した。その年は、バンティングにとって研究室あるいは家庭で上手く行っていなかった１９２６年ほどではないことが判明しつつあった。彼は、夏前にブリティッシュコロンビア州で開催されるカナダ医学協会の集会に引き続いてアラスカへの短期旅行にそそられて北方地方へ出掛ける欲求を抱いていて、それでジャクソンに同行することを切望した。内務省の役人は、ベオシック号の医務官として務めることを申し込んでいるインスリン発見者からの手紙を受け取ってびっくりさせられたに違いない。

彼らはすでに一人採用していた。しかしオタワにある政府の内務省はバンティング医師を賓客として乗船させることに決めた。危険な北極探検から判断して決して危険性が取り除かれていない同時代において、北極地方は相変わらず旅行者にとって決して魅力あるものではなかった。依然として、いくぶんは実地調査そしてある程度は統治権の主張だったカナダの公式の北極探検は、重要で時折危険をはらんだ仕事だった。オタワからの電報は出航の一週間に満たない前に届いた。「ぜいたくなことは何も提供できません。あなたが北方地域の危険に直面したり、責任をとったりする覚悟をされているならば、内務省はあなたをお迎えするのは嬉しいことです」。

フレッドは何もかから離れて整理するという期待で元気づけられた。はじめての純粋な休暇、「1918年以来のスピーチ、講演そして研究室からの解放」、と彼は思った。トロントに戻って、活動的な医学研究者の生活に落ち着いているチャールズ・ベストは、夏を研究室で過ごしているだろうと誰にでも話していた直後に北方地域へのバンティングの失踪に尊敬の念を抱いていない様だった。「彼の友人の画家が一行の一員です」、とベストはH・H・デイルに認めた。「私が想像するに、彼らは氷山そして北極熊をスケッチするつもりでしょう」。フレッドは、マリオンに彼が出掛けてしまっている間にイギリス諸島への旅のためにお金を渡した⑮。

2700トンのベオシック号は北極地域の氷原での仕事のために特別に鉄板で覆われていて、1927年7月16日にノバスコシア州ノースシドニーから出航した。彼らが波止場からの出航許可を得てしまうとすぐさま、バンティング医師は「白いカラーなんかもう要らない」と大声で叫んで、襟のカラーを引きちぎって船外へ放り投げた。スティーブン・リーコック〔訳者註2〕の風刺小説※に相応しい気取った態度で、いくつかの別のカラーが放り投げられた。フレッドは自分の船室に行って、灰色のシャツと古い軍隊ズボンを身につけた。「少なくとも2カ月間、文明社会にさようなら!」と彼は旅行日記に向かって大声を張りあげて言った。

※「カラーなし、ネクタイなし、帽子なし、金時計なし、くつろいだ医師が大声で叫んだ『もう私には必要ない』、そして船から身を投げた」

バンティングとジャクソンは、大きな腹帯を着けた政府当局の植物学者O・M・マールテと大きな特別室を共有した。マールテは、ベオシック号が出航する前にシドニーの酒類密売人と好都合な商取り引きをしていた、それで1杯のラム酒で価値のある植物学上の観察結果を祝う機会を、旅の間じゅうほぼ途切れることなく見つけていた。ベオシック号の客室乗務員は、心構えが余り良くできていない為に酒類密売人のようにふるまっていた。相変わらずいくつかの点で世界のメソジスト教徒のバンティングは、船上のカナダ騎馬警官隊員が「特別に素晴らしい青年達の一団——清潔で、魅力的で、敏捷(びんしょう)でそして健康そうな信頼できるスポーツマン——どんな堕落した噂もなく、彼らは賭金なしで、大変な節度でトランプゲームのブリッジをしていた」、と書いた。

ジャクソンとバンティングは、ニューファウンドランド島の北方で最初の氷山をスケッチするのを試みたのだが、景観に遅れずについて行くことはできなかった。それは、動く船から動く対象についての真面目にスケッチすること(小さな木製の画板に油絵の具を用いること)の難しさを彼らが学んだ最初の教訓だった。それで彼らは鉛筆によるスケッチに戻らなければならなかった。ジャクソンは、度々キャンバス上にデッサンとスケッチとをやり直した。バンティングはこれまで十分な技術を身につけていなかった。言い替えれば全く悩まされる筈もなかった。ベオシック号の最初の行先案内放送はグリーンランドのゴッドヘブンだった。そこでバンティングとジャクソンは最初のイヌイットの人、イヌイットの犬そしてカヤックを見た。「それは素晴らしかった」、とフレッドはその夜に書いた、「遥か向こうに入り江と氷山と同じ方向に小さな北国の村落をじっと見つめるのは。至るところで犬は、楽しそうに走って、我々に微笑んでいる先住民を数珠つなぎにした。アレックスはくすくす笑おうとしてそれで何十回となく言った、『私はただ笑いたい。我々がここにいるのはどうみてもありえないと思われる』。それが夢ではないと理解するのは難しいことだった」。彼らは「イヌイット画家の素朴な絵」4点を各々の絵に1・50ドル払って、買った。「ゴッドヘブンにはオランダ人の画家がいた」、とジャクソンは彼の日記に書いた。「彼は金鉱山から職を失って鉛を発掘する若者のように私には思えた。それは明らかにかなりくだらない作品だった[16]」。

ベオシック号はディビス海峡とバフィン湾を通り抜けて北へと旅し、北極探検隊にとっては有名な停泊地であるグリーンランドのエターを訪れた。停泊地は4つのアザラシの毛皮のテントから成っていることが判明した。そして船は世界で最北端の基地であるエルズミーア島のバーチェ半島に在るカナダ騎馬警官隊の駐屯地に向かってケイン入り江へと押し進んだ。糧食が下ろされそしてカナダ騎馬警官隊の隊員が交替した。誰もがクリスマスの挨拶を打電した相手で、世界中で随一のカナダ騎馬警官隊員としてカナダ中に名前の知れた騎馬警官隊の巡査部長ジョイ（確かに、彼は「世界の人々へ喜び（ジョイ）を」と宣言することでクリスマス前夜の放送で応答した）が登場させられようとしていた。7月31日に、バンティングとジャクソンはバーチェの浜に出掛けた。最先端——医学、絵画、そして今や地理学——にいることを誇りにしたバンティングは恐らく、北米大陸の誰よりも北極点により近く立っていると思った。長い船旅の後で、エルズミーア島を横切りそして周りを回って、その年1500マイルの旅を成し遂げ、それから南方に到達しなければならないのを目がけてじらされた。ジョイは北極探検隊の物語とカナダ独自の北極探検隊は費用がかかり、無益で、騎馬警官の駐屯地に供給されている糧食が通常安くて質も悪く、腐敗しているという彼の意見で観光客を満足させた。[17] 画家達はバーチェが期待はずれだとわかった。それは丘の大部分を覆う霧とわずかばかりの痩せて、しなびた植物を提示しているにすぎなかった。しかし、ジャクソンは彼の後援者のために港に停泊するベオシック号と一緒にバーチェ郵便局を写生し、それから絵の具で描くことを成し遂げて約束を守った。

彼らはバーチェで氷の中にほとんど閉じ込められたようになって、2～3日後にエルズミーア島の南西に位置するメルビル島に到着するという試みに失敗した。彼らはビーチェイ島であらしで数日間立往生した。そこは1845～1846年にフランクリンと彼の仲間が彼らの最後の冬を過ごしていて、それから北極探検隊の半数の六人がその後取り散らかして去っていった。フランクリンのために残されたボートの残骸をスケッチし、カナダ北極探検隊の隊長ベルニアが１９２２年に置いて立ち去ったウィスキーの瓶を発見した。ジャクソンとバンティングはなおも強く鼻を刺激する瓶の中の紙に彼らの名前を書き添えた。

帰還の旅の途上で、ベオシック号は主要なバフィン島の通商居留地に停泊した。アークティック・ベイ、ポンド・インレット、クライド、パングニアタングそしてレイク・ハーバー。そこは、氷の恐れが少なく、スケッチするのにずっと多くの時間、そしてスケッチするのに好ましい丘があった——ずっと北方地域の島々の平坦で、低い堆積岩のかわりに氷河のせいで鋭い峰々。ジャクソンの手法を注意深く学んで、彼らの作品が時折区別がつかなくなる程度にまで彼を模倣し始めたバンティングが、画家として上手く行き始めていると、ジャクソンは思った。彼らは二人とも、北極地域の景観と色彩、とりわけ荒涼とした岩そして光と氷が織りなす交錯に魅了された。しかしジャクソンにとっては、この旅行は画家としての進化よりもカナダの地理と愛国主義について彼の自覚の発展により大きな意味を持っていたと思われる。バンティングは北方地域からの彼の贈物として今でもトロントの文芸クラブにあるイッカクの長い牙を調達したけれども、どちらの画家も北極地域の動物相にとりわけ興味をいだいていた訳ではなかった。

彼らは多くのイヌイット族の人がヒッチハイクしてベオシック号に乗船して通商居留地から通商居留地へと移動するのを見かけた。非常に興味深かったのでジャクソンは乗船しているイヌイット族の人の肖像画を描きたいと思った。彼らは「北アメリカ大陸の他の先住民」よりずっと描き易いし、まして好感がもてる」、と書いた、それからアークティック・ベイで氷上を渡って船上にやってきたイヌイット族の人が着ていた服装の寄せ集めに感動した。

彼らはハドソン・ベイでそれらをひどくくだらないもの——20年前の古いプリント服、彼らの膝下までのスカート、赤、青、ピンク、あざらし皮のズボン、赤ん坊を背負う袋をもったゆったりとした北極地域のシャツ、古い軍人の略服上着、そして想像しうるあらゆる類の帽子、と交換する。そして皆が一つの氷塊から別の氷塊へと飛び乗って、広い空間を横切って彼らの犬を放り投げる。想像するのが難しいだろう年老いた女性達が2歳の子供のように跳びはね、そして彼らに続いて5歳の子供……もし空間が余りにも広ければ、彼らはより小さな氷塊の上に飛び乗って、彼らが降り立った時に片足でそれに一突きを与えた。ショーのように、それは驚嘆すべきものだった。

船での話題の多くは、白人が支配する北極地域におけるイヌイット族の人の運命についてであった。北方地域の民間使用人およびカナダ騎馬警官隊の隊員は、ハドソン・ベイ・カンパニーの貿易業者に我慢がならなかった。彼らは金もうけができるために北方地域および先住民にただ興味を抱いているにすぎないように思われた。バンティングとジャクソンの日記は毛皮商人に対しての敵意のあるコメントのみを、バンティングはイヌイットの事情について彼自身の結論をまとめることで表した見解を記録している。彼は、とりわけハドソン・ベイの状況に興味を抱いていた。特にハドソン・ベイ・カンパニーによってその通商居留地で集められた毛皮が船で運ばれる為にベオシック号の船内に持って来られた後について。普通は、誰も、カンパニーがいずれの通商居留地でもどれほど上手くあるいは如何に不当に行っていたかを、知らなかった。今では、訪問者等は流氷上のイヌイット族の人の痛ましい服装と毛皮で会社の信じがたいほどのもうけ高とを比べた。バンティングは日記の中で反省した。

アークティック・ベイはハドソン・ベイ・カンパニーの通商居留地である。会社は組織的にこの地域を自分のものにしていた。彼らは各々の通商居留地に通訳者を抱えていて、彼は先住民を前にして会社の見解を説明し、しかも偉大な会社は彼らの面倒を見るつもりである。だから彼らの救世主であることを悟らせている。一方で、同時に彼らは先住民を「保持する」のに駐在員として年間10ドルで雇っている。彼らは先住民の毛皮を非常に安く買う――交易品には――茶――タバコ――毛織物など――これらは先住民にとってそれらのものが無かった以前の生活と同じで決して良いものではない。この通商居留地で、我々は狐の毛皮を23梱(こり)を引き受けた、そして1梱当たり100枚の毛皮があると言われている――彼らは毛皮1枚について50ドルから60ドルで売る。毛皮2300枚×50ドル＝11万5000ドル。

ところで、そのなかで先住民に収入として入るのは？　彼は10万ドルに値する毛皮の猟をして、それでハドソン・ベイ・カンパニーは利益をうる。なぜ、政府はスウェーデン（バンティングはデンマークを意味した）政府（グリーンランドにおける）のように処理できないのか――販売業務の課税金を徴収し、それで先住民の維持のために収益を寄付する。彼らは教育あるいは宗教を望まないし、必要としていないが、冬に備えての対策に少しばかりの指導を必要とする。

彼らは、親切にもてなし、のん気で、彼らが持っている何でも人に与えるであろう。そしてもし政府が各々の通商居留地に彼らを先導する――彼らは容易に先導される――のに適した人達を配置することになったならば、全ての事業計画が自立できるし、そして同時に先住民にとっての利益になるだろう。

先住民は白人の食物あるいは白人の服装で生活することはできない。

バンティングは、翌2〜3週間の間で先住民と彼らの問題をじっくりと考えてみた。というのも彼が役立つことをすることができる何かがあるかどうかをたずねていた旅の初めに、内務副大臣がイヌイット族の人に関して白人の食物と衣服の影響について彼の意見を持つのは価値があることだと述べていたからだった。

ベオシック号がラブラドル（訳者註：カナダの北東部大半島）海を通り抜けて南の方へ向かったので、6週間早く大層興奮させる氷に出会って来た旅行者達は、今では多くの氷山を見ることに悩まされなかったかも知れない。ジャクソンは、彼の旅日記がバンティングのもの（フレッドは残り2週間で放り出した）に比べてよりずっと思慮深くそしてよりもっと几帳面で、船旅のいくつかの矛盾に関して深く考えた。「不思議だ、我々は世界で最もロマンチックな地域の一つに航海していた。それにも拘わらず旅行中ほぼ誰もが時間をぶらぶら過ごすのに探偵物語の人工的な刺激を選んでいた。私はジョージアン・ベイで2〜3週間老いた筋肉を保つために好んでとぼとぼ歩いたり、泳いだりそして斧で木をたたき切ったりしていたものである。時折、岩へはい登ることが、私が運動として行ってきた全てである」。

トロント・スター紙の記者グリーナウェイがモントリオールで彼らに会った際に、運動不足だったので情熱ははち切れんばかりだった。今や彼とバンティングがカナダ絵画の新分野を極地の10緯度以内にまで押し進めていた（トロント文芸クラブでその冬、「北極の七人化とイヌイット族の人のグループ化」という題の寸劇があった）からには、グリーナウェイはジャクソンがこれまでよりもずっと男らしく、以前よりももっとカナダを愛していると思った。若いカナダ人が絵画を勉強する為にヨーロッパに出掛ける理由はもう何もなかったと、ジャクソンは言った。彼自身ヨーロッパで再び仕事をしようとは決して望まなかった。ついでに、彼はグリーナウェイに、そこではグループ・オブ・セブンが鑑識眼のある正しい評価の欠如のために飢餓するかも知れないと、カナダの最も凝り固まった都市として彼の出生地モントリオールを非難することで別の煽情的な話をした。「当今、カナダにおける絵画および文学を考えている人は皆、モントリオールではなく、トロントに引きつけられる」。

その夜、バンティングと一緒の列車でトロントへ引き寄せられながら、グリーナウェイは北方地域でのバンティングの絵、天候そして景観に関してさりげない話を書いた。バンティングはそれにざっと目を通した——彼は内務省によって承認されていない陳述を報道関係に行わないと約束していた——それが当たりさわりのないものとわかった。それでグリーナウェイは列車がキングストンに停車した時に、トロントへ向かう前に記事を打電した。それから、食後の議論の時に、恐らくベオシック号から離れて密造酒の酒盛りが原因で不安をあおられてか、バンティングはグリーナウェイにハドソン・ベイ・カンパニーが北部地域のイヌイット族の人を搾取している行状について現実の話を語った。バンティングは、それが仲間内（文芸クラブでバンティングを知っているヴィンセント・マッシイは、途中まで彼らと一緒に乗車した）の非公式の話と思った。グリーナウェイは、それをモントリオールで始まったインタビューの続きとして捉えて、それで影響力のある会社について彼がかなり厳しいことを言っているとバンティングに警告したことを覚えていた。彼はまた書き留めた。

バンティングは記者達へ語ることに気を配って学んで身につけていながら、内務省副大臣の補佐官から翌日トロントにいる彼に電話があって、彼に契約書のことを思い起こさせた。バンティングは、彼がスター紙に対して是認した唯一の情報が全く害にならない話であると述べた。それから、彼は外へ出て、害とはならない話をチェックするためにスター紙を買った。新聞の黒い見出しは、こうだった。「バンティング、ハドソン・ベイのイヌイット族の人の利用を遺憾に思う」。グリーナウェイの長い、著作権のある記事は、ハドソン・ベイ・カンパニーのイギリス人とスコットランド人の中に真のカナダ人がほとんどいないという不満と一緒に、バンティングが前もって日記に記述していた非難のほとんど全てを含んでいた。記事は長く、もとの言葉通りの引用文で詰め込まれていた。それは、カナダの最も有名な医療人によるカナダの最も重要な北方地域の貿易会社に対するゆゆしき攻撃だった。

ハドソン・ベイ・カンパニーの頭取は、憤慨して、バンティングの非難をいわれのない、中傷的なものとして否定した。内務省もまた憤慨し、バンティングのインタビューは「後味の悪い」ものであるという見解を報道機関に知らせた。というのも彼が内務省の賓客であったにもかかわらず、その省庁にそのような報告をしていなかったからだった。バンティングはグリーナウェイにひどく立腹し、ハドソン・ベイ・カンパニーが名誉毀損で彼を訴えるかも知れないとおどして恐れさせ、それにその記事の全てについて後味の悪いものと追いつめた。彼とグリーナウェイはふりかかったことについて非常に不愉快な議論の蒸し返しを行った。そこにはバンティングがグリーナウェイの顔を彼の家の戸で強く打つことも含まれていた。バンティングがグリーナウェイを許さなかったのは、彼を燃えたたせることを試みていたのかも知れない——グリーナウェイは彼の取材ノートを提出できることで救われた——そしてそれからの10年間、バンティングは彼とは話さなかった。バンティングが、自由党員のスター紙の所有者であるジョー・アトキンソンに成り上がり者の記者を首にさせるのにサー・ウィリアム・ミューロックを動かすことができるのだと自慢していたのを聞いて、彼自身心配していたに違いないグリーナウェイは同じく憤慨していて、彼の回想録の中でバンティングはこれまで会った数少ない嘘つきの一人であると書き留めた[18]。

バンティングは手紙を書き、何が起こったかを説明する為にオタワへ急いで行った——「私は記者であり、友人である者によって情報を引き出され、だまされました……私が信頼している数少ない新聞記者の一人——しかし私は決して二度と信用しない……私はどれほど気分が悪いかをあなたに話すことができません」。彼は結局、イヌイット族の人の健康に関して2つの報告書を内務省に提出した。それらの中で、彼は白人の食物は先住民の食事に適しておらず、白人の衣服は彼らにとって能率的ではないこと、毛皮貿易システムの結果としての搾取は結局イヌイット種族絶滅に導くものだと告発して、彼の主張を固守した。彼は、「イヌイット種属の好ましい可能性を台無しにするよりむしろ発展させるため」に、毛皮貿易の全てを政府が譲り受けて、得られた利益を資金調達の手段に利用することを政府に勧めるだけではなく、北方地域における健康管理についていくつかのささいな助言を行った。

ハドソン・ベイ・カンパニーは状況を深刻に受け取った。特に内務省がバンティングの告発に対する会社の見解を求めたからだった。会社の頭取はトロントでバンティングと長時間にわたる会合を持った。そこで彼はバンティングの見解を修正するよう仕向けたと思った。バンティングはジャクソンに、北方地域におけるお互いの経験不足で中傷のやり取りをする彼らと、また一方ハドソン・ベイ・カンパニーの取り扱いに比べればユナイテッド・フルーツ・カンパニーの労働者の取り扱いが遙かに良いと例にあげるバンティングとの二人で膠着（こうちゃく）状態にあることを、話した。1928年の初めに、会社はオタワにバンティングの大雑把な結論について長い、逐一の反論を送り、結論として「短い期間の、バフィン島へ1回の訪問、しかもいささかあいまいな性質からなる風聞情報に基づくものとわかった……」と言及した。バンティングは実際、イヌイット族の人の衣服そして食事について、あるいはイヌイット族の人の人口統計について、あるいは毛皮貿易の経済問題（アークティック・ベイのなめしていない毛皮は稀にみる素晴らしい年の産出物だった。通商居留地では、いずれの年でも維持されなければならなかった）についてほとんど知らなかったと、会社は文句をつけた。とりわけ、彼は白人との接触前のイヌイット族の人の生活について何も知らなかった。「バンティング医師は明らかに、隔離された状況でイヌイット族の人は、幸せで、心配の要らない状況、疾病から免疫があり、心地良い衣服を着て、心地良いところに住んで、そして彼らの必要に正しく適した十分な食物で生活していると憶測している[19]」。

それは事件の終わりだった。数年後に、バンティングは『カナダ地理学誌（*The Canadian Geographical Journal*）』の創刊号のために旅の記事を書いた。それは内務省によって綿密に審査されていて、今ではイヌイット族の人の状況についてよりずっと偏りのない見解を紹介していた（「白人は多くの新しい事柄を紹介していたのでイヌイット族の人に快適さと楽しみを大いにもたらしていた」）、そして変化はゆっくりと訪れるべきで、政府は事態を十分に掌握していたと結論づけていた。※より初期には、バンティングは、先住民に対する白人のやり方の衝撃についての議論で、簡単に割り切って、かなり多くの人が抱いていた見解をとっていた。文明社会が決してイヌイット族の人に影響しなかったならば、あらゆる点で一層満ち足りていたかも知れない先住民について、バンティングが単純で、健康な子供として捉えていることで、会社が彼を非難しているのは正しかった。バンティング自身の文明社会からの脱出についてのあらゆる目的は、結局その堕落している、制限している、やる気をそぐような状態から逃れることにあった。

※ロイド・スティーブンソンは、有名な北極探険家ヴィルヒャルムル・ステファンソンが1936年の彼の本、『誤った冒険（*Adventures in Error*）』の中でバンティングの記事について述べた批判に注意を引いている。事実、ステファンソンの意見は、ささいなことの細かいあらさがしで、おおげさにして、ほとんど読む価値のない粗製乱造文学作品の類のようだった。

1928年に、バンティングとジャクソンは、北西準州にあるグレート・スレイブ湖近くの鉱区払下請求地への訪問のために、有名な採鉱技師であるマッケンジー・ベルに合流し、西北へと逃避した。

それは、わくわくさせるようなことの少ない冒険であったと思われる――ジャクソンは明らかに日記を書くことを苦にしなかった――様々な点からみても。7月のグレート・スレイブ湖あたりの蚊、アブそしてブラックフライ〔訳者註：アブラムシ科あるいはブユ科の昆虫〕は、スケッチをする多くの試みを打ち壊した。「それらが絵の具の中に入った時、なんと実際に中止させられた」、とジャクソンは覚えていた。「暫くして、黄色のブラックフライ、青色のブラックフライそして赤色のブラックフライで油絵を描いていた[20]」。地域の先住民であるスレイブとドックリブインディアンはとてもみすぼらしい貧困の生活をしていた。それにその夏は流感で文字通り多くの人が亡くなっていた。バンティングは意見あるいは疑問もほとんどなく、彼らの堕落、不道徳な行為、そして信頼できないことについて語られたあらゆる話を記録した。「可哀想な老いた赤銅色の人は、確実に滅亡させられている」、と彼は結論づけた。「文明社会がほとんど広がっていないここにおいてさえも、彼らは種属のもとで持ちこたえることが能わない」。

旅のハイライトは古い、漏れ易い発動平底船でイエローナイフ川に向けてグレート・スレイブ湖を横切って、それから戻ってきたことだった。行きと帰りの両方で、一行は小さな島々で避難しなければならなかった。その一つで、彼らは鉄の鉱床を見つけた。ここでバンティングは探鉱者を演じていて、鉱石を見つけることを試みて小さなハンマーを持って歩き回り、ジャクソンは絵筆を下に置き、ハンマーを求め、彼の右側にある赤い原鉱の巨大な塊を打ち落としている。「ここで、あなたがたは何を探し求めているのですか？」ここに、同じ島に暴風雨で立往生し、病人の妻と一緒のレバント人を含めた貿易業者の一行がいる。彼らは他の見知らぬ人達の一行に世界的に名の知れた医師を含むのを見つける。医師は気がつけば、グレート・スレイブ湖の真ん中で長い白いベールを身につけている美しい黒目のイスラム教徒の若い女性を治療している。彼は決然とした気持ちに戻って一晩の旅を書き留めようと試みるのだが、ここにバンティングの大層ひどい散文の一部がある。

かつて、天国の女神の手指が我々に別れの挨拶に振って合図をし、彼女が腕を開いたり、閉じたりしたので緑と黄色の衣服の飾りリボンは風の中でベールのように広がった。北方地域の冷たいそよぎは、我々を骨の髄まで冷やした。あらゆる方角に、あらゆる大きさと高さの多数の島々は、でもそれらがかつて大昔の山の頂であったこと、それに我々が今、恐らくかつてはこの時刻でさえもかなりの恋人同志を散策させた谷間の高い所を漂って航行していることを、我々に思い出させる。

不便を忍ぶことは、都会ずれした男達には容易なことではなかった。リュックサックを担いで鉱石が埋蔵するパイン・ポイント——鉱石の多い所だが鉄道が敷設されない限りは遠くへ持ち出すのに途方もなく経費がかかる（それは最終的に敷設されたのだが、35年後のことだった）——へ12マイルの徒歩旅行は彼らの皆にとっても辛いものだった。バンティングの胃はキャンプの食物のストレスに我慢して病気になった。だから彼はたえず重炭酸ソーダを服用していた。しかしそれは素晴らしい旅だった。「昨晩、私は自分の眼鏡を割った——それらを銅線と電気絶縁用テープとでくっ付けた。過ぎ去った5～6日間、私は多分脂肪分の多いベーコンと一度ゆでた豆のせいで、ずっと胃酸過多であり続けていた。私の鼻は日焼けで相変わらず痛くそしてひりひりする。私の耳のうしろは、蚊の刺し傷ですんでのところでひりひり痛みそうである——しかし私は25マイル歩く、櫂でこぐあるいはリュックサックを携行することができる——これらのささいな不快なことは別にして、私は元気だ」。

彼はまた、この旅に関して記憶に残る会話の全てについて、気分が良かった。まあなんと、彼らは、彼らの国についてカナダの膨大な資源、国を発展させるのになされなければならない大きな仕事、大多数の移民を受け入れない必要性そしてカナダ人の耐え難い劣等感のことを語った。「マックは我々が愛国主義者であるべきだと考えている——それは帝国主義者であるのが最善の道である。我々が大英帝国を手助けできる最も素晴らしい方法は、真のカナダ人の精神を育成することによってである。我々自身の資源である材木、電力、鉱山、漁業、農業、牧場経営、石油、塩、土（粘土）を奨励しなさい」。カナダの資源、カナダの科学、カナダの絵画、カナダの北方地域。バンティングがベル（訳者註3）について書いたように、旅行者達は皆根っからカナダ人だった。

バンティングの結婚は全くの失敗とは思えなかった。というのも彼がトロントに戻った後すぐに、マリオンが妊娠していることに気づいたからだ。息子、ウィリアム・ロバートソン・バンティングが1929年4月に生まれた。

バンティングにとって、トロント大学の場面で別の重要な変化があった。トロント大学のカナダ人化が、1928年にスコットランドへ戻るというJ・J・R・マクラウドの決意の結果として徐々に進捗した。彼は、故郷のアバディーン大学の生理学講座の欽定学部長という魅力的な申し出を受けていた。その地位はそれ自身で彼を引き戻すのに恐らく十分だった。しかし彼はまた、カナダ、それからトロント大学そしてフレッド・バンティングについてもう沢山だった。インスリン発見後に出現した彼らの才能について共同の誇示となる唯一の類似は、1926年あるいは1927年に医師らによる絵画作品のハート・ハウス展覧会へ彼ら両者が出展した時だった。もう一度、バンティングの男らしいカナダ人気質がマクラウドの自制した伝統墨守よりもずっと注意を引いた。マクラウドは画家あるいは科学者としてのバンティングについて決して多くを語らなかったけれども、学生の一人に彼がトロントを去るかあるいは法的訴訟を講じるかのいずれかをとらなければならないと思うと話していた。バンティングの方では、大学の人々がマクラウドのために催したきらびやかな送別の晩餐会に出いる。

席しなかった――空席が彼を代表していると求めることで、招待状には返事を出していたと言われている。

マクラウドはトロントから発つ列車の特別車の座席に落ち着く際に、足をひきずって歩くというつつましやかな満足を抱いていた――「この市の汚れをふき取る為に」、と彼は好奇心の強い友人に語った。彼はトロントへ二度と戻ってこなかった。彼のカナダ時代は、重篤な関節炎の患者にさせておいて彼を半ば病人にした。彼は多くの研究をすることができなかったし、油絵を描くことさえもできなかっただろう。彼は1935年に亡くなった。

チャールズ・ベストのイギリスの支援者、H・H・デイルとA・V・ヒルは、トロント大学がマクラウドの後任として彼を昇進させることを強く勧めた。職務に相応しい可能性のあるアメリカ人の候補者は考慮されることを断った。幾人かの他の候補者に適した推薦は普通の有資格で届いた。「サムソン・ライトはユダヤ人で、その理由で受諾されないかも知れない[21]」。マクラウド自身については彼が考えつくことのできた他の誰よりもずっと見込みがありそうだとしてベストを推薦していて、トロント大学は高名な上級職へ30歳の若者を押し込むという危険を選択することに決めた。1929年に、ベストは生理学講座の教授と小さな学部の長になった。バンティングとベストは、今や二人ともトロントで頂点を極めそして孤独だった。

サー・ウィリアム・ミューロックは時々、インスリンの発見者としてバンティングの不朽の名声がゆるぎのないものではないかも知れないとやきもきしていた。例えば、彼はかつてバンティングに新聞の切り抜きを送った。そこにはマクラウドが「バンティング医師の……インスリンの発見」に言及していたと報じていた。ミューロックはバンティングにその新聞の切り抜きをとっておき、もし可能ならばマクラウドの談話について写しを手に入れることを催促した[22]。1930年の初め、ミューロックとバンティングとベストが1921年の夏に実験をしていた医学部棟の部屋221に取り付けられる銘板の表現について数回にわたって議論を重ねた。ミューロックは、インスリンが「発見された」部屋としてそれを部屋221に特定することを望んでいた。ベストによって支持されたのだが、バンティングはあらゆる論争を誰かに再開されないように慎重であることがより好ましいと思った。彼はこの銘板には、「1921年に、この部屋で、バンティングとベストがインスリン発見に導いた初期の実験を遂行した」、ということを読んで知るのを提案した。ミューロックは満足しなかった。ミューロックの家での夕方の議論後に、バンティングはどんな更なる提案もしようとしなかった。他の誰かがよりもっと詳細な表現を起草していたと思われる。そこには巧妙にバンティングの行状を手柄と表題につけてあった。銘板は、最終的に以下のように読める。

1920年10月30日に、フレデリック・グラント・バンティングは膵臓の内分泌物を単離するのにその時までの失敗は、抽出の過程時に遊離された蛋白分解消化酵素によるその破壊のためであったという仮説を考案した。

彼は実験方法を案出し、それによってこの破壊は避けられることができて、それで内分泌物（今ではインスリンとして知られている）が得られた。

1921年5月、バンティングとチャールズ・ハーバート・ベスト、トロント大学の両卒業生は、この部屋でインスリン単離に実を結ぶ実験を行った。[23]

バンティングはインスリン以外に彼の名声を広げるどんなことも行わなかった。彼はそんなことをする必要がなかった。というのもインスリンによる栄光が至るところで彼に伴い、いつも彼と一緒だったからだ。例えば、一般の人々はいつも、彼が糖尿病に関する権威者であるとみなしていた。診察の依頼が、身分の高い人そして強力な支配者から――マッケンジー・キングとミューロックの両者はバンティングに糖尿病の友人を紹介した――そして身分の卑しい人からきた。アタバスカ川ではしけの船頭をしている糖尿病患者で、先駆的な探鉱者である彼のためにバンティングの列車がブリティッシュコロンビア州で停止させられた。エリオット・ジョスリンのような糖尿病専門医達が、インスリンでの彼らの勝利について彼に知らせ続けていた。それで彼はジョンズ・ホプキンズ大学のJ・J・アベルがインスリンを結晶化させるという重要な進歩を成し遂げた際に、サンプルを受けとることになる最初の一人だった[24]。

彼の初期のインスリン治療患者の幾人かは手紙で接触を保った。ライダー家族のような、幾人かは彼らがトロントを訪れた時に彼を訪問した。他の人達は、アメリカ合衆国への彼の旅行時に彼をもてなした。彼は知っていたのだが、今では彼を歓迎する糖尿病患者の幾人かとは決して会わなかった。1928年にワシントンのカナダ最初の公使として務めていた、ヴィンセント・マッシーを訪れている時に、バンティングはロバート・ベーコン夫妻の娘を紹介された。娘はトロント大学におけるインスリン研究の備品のためにベーコンの1万ドル寄付後にインスリンを手に入れていた。「彼女は私がこれまでに会った中で最も美しい少女の一人で、健康そのものだった」、とバンティングは覚えていた[25]。彼がその夏にノース・ウェスト準州に滞在していた期間に、別の以前の患者が正装用の真珠のカフスボタンとハンカチーフの一セットを彼に送った。キャメロン賞受賞講演をするためにエディンバラへの特別な旅をしたその秋の終わりに、彼は恐らくそれらを身につけた。そして医学研究で最も輝かしい別の賞を受賞した際にも着装していた。彼が話すことのできた唯一の演題はインスリンの発見だった。そして彼が聴衆に語った講演は、彼にとって「特定の個人に関するものではなく、私の今の存在とは全く関係のない」、ものだった。

講演を前に下準備をしている時に大層騒がしく振る舞っている聴衆を前にその公式の講演をしなければならないことは、あらゆる彼の公開講演遂行の中で最もやっかいなものの一つだった。

私はやっとのことで講演を求められた。私が立ち上がった時、そこには私がこれまで耳にして来た最も大きくやかましい人の声があった。私は益々神経質になってきた。私の膝はぶつかり合い、だから私は足を広げなければならなかったことを覚えている。騒音が突然止んだ時、私は講演を始めることを試みた。死んだような静けさがあった——ピンが落ちるのを聞きとれただろう。私の舌は、口の中で上顎にくっついた。音が出てこなかった。私の口は灰のようにかさかさだった。私はコップから水を一口飲んだ。やっとのことで、私は講演をし始めた。文章をわずか読んで、気がつけば講演中は我を忘れて行動をしていた。[26]

他の点で、バンティングは1920年代の終わりまでには自信があるようになりつつあった。例えば、彼はトロント大学によってこき使われないようになろうとしていた。生化学の教授、ジョージ・ハンターがアルバータ大学に職を得てトロント大学を去ろうとしていた1929年に、バンティングはハンターに過渡期に彼の研究室で数カ月の一時的な仕事をすることを勧めた。トロント大学学長のファルコナーと理事会は、バンティングの提案を退け、一時的な職務の任命の許可を却下した。「私が医学研究講座の長を上手くやって行くのに不向きであると彼らがほのめかすことを除いて、私はこの問題での彼らの行動を理解できない」、とバンティングはファルコナーに書いた。「それゆえ、私はあなたにこの私の辞表を受理することをお願いしたい[27]」。

その時代、トロント大学がそうであった如く、よく管理された大学ではその誇りとなる人を辞任させるのはできないことである。とりわけ、彼らにちなんで建物に命名することで世界に向けて彼らの栄光を広める計画をしている時にはありえなかった。大きな新しい医学部棟が、トロント総合病院の反対側でカレッジ・ストリートに面して建てられつつあった。大学、病院、バンティング研究財団そしてオンタリオ州が建造に融資をしていた。バンティングは、いくらかの資金募集をやってみた。1920年代末に、彼は鉱山業による百万長者、ハリー・オークスに文芸クラブで会って、新しい医学部棟に対して15万ドル寄付することに興味を抱かせていた。お金は決して実現しなかった。一つの物語は、サー・ロバート・ファルコナーがバンティングが行ったようにオークスと仲よくやることに全く失敗したというものだった。別の意見では、トロント大学が新しい建物にオークスにちなんで命名されることを許さないと主張したというものだった。その建物に関しての他の計画は――大学の全ての医学研究が集約されることになる壮大な研究所にするという――これもまた既成の学部による反対のために実を結ばなかった。いずれにせよ、新しい建物は先に進められた。というのも事務室および研究室のスペースが特にバンティングに関して必要とされていたからだ。彼はベリエン・ヘンダーソンによって利用できるようにされた場所で医学研究教授として彼の生涯の仕事を始めていた。それから病院の敷地にある古い病理学棟の3つの小さな部屋に移っていた。彼の「教授の地位」とその財源が、今ではバンティングと一緒に仕事をすることが非常に多くの学生達および他の人達にとって魅力的になっていたので、彼は講座別の規模体制を超えて主宰しようとしていた。1930年に、彼が主宰する部門は正式にバンティング・ベスト医学研究講座（通常、医学研究講座あるいはバンティング講座として知られている）に変更され、そして新しい建物の中にいくつかの他の講座と一緒に居場所を与えられた。しかし理事達は、全建物に対して名称の申請をするまでは「研究所」のアイデアを生かしておくことに決めた。そして裕福な後援者にちなんで建物に命名することに気がすすまなかったけれども、彼らは大学の最も著名な卒業生の幾人かの名前をレンガとコンクリートに刻んで永遠の命を与え始めることに決めた。明らかに最も著名な医学部卒業生は誰だったのか？　その結果、新しい医学部棟はバンティング研究所と命名されたのだった。

バンティングはバンティング研究所を運営しなかった。確かに、バンティング研究所は研究所ではなかった。そしてバンティングは建物に彼の名前を付けることを望まなかった。しかし、彼の異議は受け入れられなかった。

バンティング研究所は、1930年9月17日に、学究的誇示、講演することそして宴会という12時間のどんちゃん騒ぎで開所された。世間の注目は、彼の研究王国として研究所の最上階を使用しようとするバンティングに対して最も鮮明に向けられた。それにもし究極の幸福が全時間を創造的な科学的な研究をすることとしたならばと断言して、来客の名誉ある地位の人の一人はバンティング医師がそれゆえに世界で最も幸せな人であるに違いないと意見を述べていた。基調講演の演者であるリーズのロード・モイニハン〔訳者註4〕は、バンティングが如何に「謙虚になること」で「不朽の名声の冠」を身につけたかを語って注目を引き寄せた。

名声不朽の人、バンティングは報道機関あるいは一般の人々に何も言わなかった。『新聞と帝国（*The Mail and Empire*）』は、「一般の人々からの注目を嫌う有名な人……椅子について落ち着かぬ様子でもじもじしてそしてジャムをこそっと盗むのをつかまえられた小さな少年のように厚いレンズの眼鏡ごしに心地悪そうに微笑んだ」、と論評した。この時、苦痛はいつもの精神的なものよりずっとより肉体的なものだった。式典後間もなくして、バンティングはトロント総合病院へ入院させられた。そこでD・E・ロバートソンが、9分間の手術で、彼の虫垂を取り出した。誰かが、バンティングと研

究所は同時に開かれたと冗談を言った。(28)

訳者註1：ハリー・シンクレア・ルイス　Harry Sinclair Lewis（1885-1951）、アメリカの小説家。『アロースミスの生涯（*Allowsmith*）』（1925）でのピュリツアー賞は辞退したが、アメリカ人作家としての初のノーベル文学賞を受賞した）。

訳者註2：スティーブン・P・H・リーコック　Stephen P. H. Butler Leacock（1869-1944）、作家、ユーモア作家。イギリス生まれで、カナダのトロント大学で学び、モントリオールのマギル大学の経済学部長となる（1908）。

訳者註3：アレキサンダー・グラハム・ベル　Alexander Graham Bell（1847-1922）、イギリス生まれで教育家、発明家。1870年にカナダに渡り、1871年アメリカに移り、ボストン大学で音声生理学の教授となる。1875年に電気送話機を製作し、1877年にベル電話会社を創立。

訳者註4：ロード・モイニハン　Lord Moynihan（1865-1938）、イギリスの外科医。リーズ総合診療所で様々な部署を担当し、腹部、胃、膵臓の手術の権威者。1909年リーズ大学の教授となり生涯目指していたのは科学的な外科手術の推進。『英国外科ジャーナル』の創刊運動のリーダー。

Frederick Grant Banting

第9章

バンティング対バンティング

糞便についてのバンティングの研究は彼の癌研究の副産物だった。彼と彼の助手は、腫瘍成長の成因について彼の奇抜な憶測の成り行きとして幼児の汚れたおむつを回収し、それら内容物の骨の折れる分析をし始めた。いくつかの他の仕事は上手く発展させることにとりかかっていたが、彼の部門でのバンティング自身による研究の冒険は、マリオンとの彼の関係がよりずっと複雑になっていたちょうどその時期頃で、馬鹿げた考えで価値の低い範囲に及んでいるように思われた。まもなく、バンティングの女性らとの問題は、トロントっ児達がこれまで目撃して来た最も驚かせる様なスキャンダルの一つに燃え上がり始めようとしていた。

1926年に始められたニワトリを用いた仕事として練り上げられた、彼の最初の発癌仮説は、腫瘍の成長は「細胞が刺激されて分裂するそのような様式で男と女の蛋白成分のある組み合わせ」の結果であるというものだった。[1] この思い付きは、雄の家兎の精子を妨げて雌の家兎に免疫性を与える「精子毒素」を創るのを試みる一連の実験へと彼を導いた。癌にかかったニワトリの新しく確立されたコロニーへ切り換えて、彼は雄のニワトリの精子と卵巣抽出物とで実験を行った。例の古い副腎皮質抽出物に幾らかの抗癌化作用成分が存在するという一縷の望みで、数回にわたって癌になったニワトリに副腎皮質抽出物の処置が試みられた。それは作用しなかった。[2]

バンティングは次に、腫瘍成長への手がかりとして酵素——身体においてある化学反応の触媒作用としての役目を果たす蛋白——の働きに興味を抱くようになった。彼は、成長を促進するある酵素が癌の場合でも活動していると推測した。もし腫瘍の活性部分が酵素であるならば、その場合課題はその効力を無くす抗酵素を見出すことだった。[3] バンティングは、気がつくと彼自身が消化酵素トリプシンに対する抗酵素の影響を観察する為に異なった動物の血清の抗酵素の特性を研究していた。いとことの会話は、彼女が研究室を訪れて、ニワトリを飼育するこつに関して彼と議論に入るとすぐに、下痢についての彼の興味で始まった。彼女の成功の秘訣は、ニワトリのひなを暖かい一定の温度で飼育することにあった。冷やされたひなは下痢となり、死ぬように思われた。バンティングは、恐らく下痢の原因は血清滲出物の腸での作用にあると考え始めていて、その成分である抗トリプシンの特性が温度で異なると思われた[4]。多分、それらは適切に作用することで消化酵素の働きを止めて、そして増殖した細菌の活動と時にはその致命的となる結果を伴う重篤な下痢へと導いた。

1929年の夏にトロントで、幼児の下痢が深刻な問題になることが生じた。そこでバンティングは、彼の仮説が下痢を治療することで証明され、それに実践的に有効であるかも知れないという期待で赤ちゃんの排泄物を研究し始めた。

彼自身の赤ちゃん、ビルは、そのトリプシン含量を分析される為に真っ先に汚れたおむつを提供することでバンティングの研究に貢献した（便はガラスのプレートへ移され、送風機でガラス上で乾燥され、それから検査がなされるまでデシケーター〔乾燥器〕の中に保管された）。小児病院で多くの赤ちゃんの大便で汚れたおむつが、それから系統的にそれらのトリプシン含量を測定する為に分析された（そしてまた、血清中に別個の物質として存在しているかも知れないとバンティングが考えた「抗トリプシン」を捜して）。下痢の重篤度と便中のトリプシンの欠如との間に相関が存在すると思われたので、バンティングはトリプシンの投与が幼児の下痢に対する治療になるかも知れないと信じるように元気づけられた。

1929年9月トリプシンが小児病院で重篤な下痢に苦しんでいる二人の幼児に経口的にそして注射で投与された。反復の治療は、多少の改善をもたらしているように思われたが、10日以内に二人の赤ちゃんは亡くなっていた。二度とトリプシンは投与されなかった。血清と糞便の研究は、バンティングが1926年と1934年との8年間に発表したわずか2編の科学的論文を提供したにすぎなかった。それらは『血清の抗トリプシン特性』そして『腸中毒における便中の酵素についての研究』という題が付けられていた。いずれの論文も全く取るに足らないものだった。いやそれどころかそれが示していたのだが、実際2つの論文は、後年の研究が当初の仮説と初期の成果を支えられなくしていたように思われる、という告白で終わっていた。時折、重大な医学研究とトイレの冗談の馬鹿げた話との間には、派手だが実のない傾向がある。

それとも肩のこらない小説、トロント大学生活についてのロバートソン・デイヴィス〔訳者註1〕の人気がある1981年の小説、『反抗の天使達（*Revel Angels*）』の重要な有名人の一人が、糞便についての研究を通して人の個性の秘密を見出すのを試みている科学者、オージアス・フローツである。フローツは、知られているように、「くそ野郎の皮はぎ人」、大学にとってちょっとした公然の恥さらしだが、実際は彼の研究がノーベル賞を受賞する瀬戸際ぐらいで物語を切り上げさせている魔法使いの有名人である。トロント大学のカナダ生まれの唯一のノーベル賞受賞者がかなり初期にどれほど積極的に「汚物治療」に手を出していたかをデイヴィスもフローツもよくわかっていたとは思われない。

実際、バンティングは、研究の興味において一つの「冒険」から別の冒険へと激しく揺れ動いたので風刺作家の想像にまさるという才能を持っていた。彼の計画の他のものは、その著しい成長を引き起こす特性の秘密を見出すことを期待して、ロイヤルゼリーの化学的組成を研究することだった。多分、それは若いミツバチと同じく若い哺乳動物にも影響を及ぼす能力があったかも知れない。このとき、他の困らせるような新聞記事を除いて、何事も話題にのぼらなかった。[6]

バンティングは時々、彼の仕事がさらに多くの勝利に至らしめるのにどれほど見込みがないかに気づいた。1928年のある夜、彼は友人に、彼が何か新しいことを思いついたかどうかを絶えずたずねられることが、どれほどとても彼を悩ませたかを語った。「私はまるで至る所に戻って、田舎の医者になるべきであるかのように思う」と述べた。「少なくとも他の何かが現れるまで……」。バンティング研究所の開所が彼の心配に加わった。彼は、素晴らしい建造物で働いている今、彼の地位を正当化する必要性をこれまで以上に感じた。彼はなおも研究することを望んだが、彼が医学研究講座の長として率いるトロントの真中にある、すっかり近代的となった医学部棟の全てのフロアよりは、彼が下手な修理をしたり、間に合わせにつくることのできる、小さな片田舎の研究室をむしろ好んだだろう。(7)

研究の指導者としてバンティングの活動の広がりは、彼の名声と関連して似つかわしくなって、次第により良い、よりもっと堅実に基礎づけられた仕事へと導いた。早い時期に彼の研究室へやって来ていた古い仲間達、例えばボーモント・コーネルは別の事柄へと進んだ（コーネルの場合、2度の結婚、悪性貧血に関する役立つ本、そしてインディアナ州での高収得の診療行為のために文学生活の放棄）。また、ビリー・ロスについてのように、彼らは決してたいした者にはならない、非常勤の研究をして害を与えることなく続けた。最初から、非常に注意深い、かなり有能な研究者、サディ・ゲアンズは、恐らく調節する影響力を持っていて、それで多少の熱中と誤った判断からバンティングを救った。彼女の注目に値する管理能力はまた、孤立した研究室の研究者かられっきとした部門の長へと彼の過渡期の障害を除く手助けをした。じわりじわりと、他の研究者達、例えばE・J・キング、コリン・ルーカスそしてジョージ・ハンターのような化学あるいは生化学で教育を受けている多くの人達がバンティングの研究部門に帰属するようになり、まあまあの質の仕事を生み出し始めた。

バンティングの研究部門からの新しい仕事は、研究の範囲では専門的で、まあまあのものでありがちだった。『ヘキソースモノホスホリック エステル（Hexosemonophosphoric Ester）の性質』（E・J・キングとW・T・J・モーガン、1929）、あるいは『シリカの発色測定における人工的標準としてのピクリン酸の使用』（キングとルーカス、1928）のようなタイトルを持った論文は、恐らくもうひとつの大成功のチャンスをつかむ為の壮大な試みのバンティングの柔軟な報告というよりもよりずっと医科学への実質的な貢献だった。アール・キング、極めて優秀な生化学者は、初期の同僚の中で最優秀で最も活動的な人だった。例えば1930〜1931年の大学時代にバンティングの全グループから発表された15論文のうちの14編に彼の名前を署名していた。その時期までに、他の若い人達が将来一緒に重要な仕事をするかも知れないバンティングに加わっていた。1928年にG・エドワード・ホール、オンタリオ農業大学の卒業生がオンタリオ州政府の奨学金でバンティングと一緒に仕事をすることになった。彼の最初の研究計画は、若いひよこの身体の熱と下痢との関連を研究することだった（そこには、彼らの少年時代の農場の庭から大都市の医学研究室に移った農場の少年達として多くの打ち解けた関連事項があった）。トロント大学医学部卒業生、ウィルバー・R・「ビル」・フランクスは癌研究に関してある考えを持っていて、彼はバンティングが彼にそれらのことを試させることに乗り気なのを知った。1930年代の初めに、若いクイーンズ大学の教授、G・ハロルド・エチンガーはバンティングの医学研究部門で1年を過ごし始めた。彼の最初の研究計画は電気刺激の効果についての研究で、オンタリオ州の水力発電電力委員会から研究費が提供されていた。

あてもなくいじくり回すことから協調した、注意深い研究へと発展した研究の最も良い例、それに恐らく戦前のバンティングの研究部門における最も重要な研究は、珪肺症に関する仕事だった。鉱物を含んだほこりに含まれたシリカの細かい微粒子の吸入で生じる刺激によって引き起こされた肺の疾病、珪肺症は、多くの種類の採鉱の職業に伴う災害の危険なものだった。バンティングは最初、彼らが癌研究のために遠心分離機を設置していたのと同時に、鉱山工科大学の教授H・E・T・ハウルタインと会話する機会があった後にその疾病に関心を抱くようになった。珪肺症は、20年後になおも健康であることを切望している配偶者を残して死ぬ一方で、鉱山で働いて2年後に一人の男に襲うかも知れない不可解な病気だった。バンティングとハウルタインは、ケイ酸塩が決して肺へ入らない、ケイ酸塩を濾過するのにより良いマスクを考案する試みについて考えた。しかしまたハウルタインは身体内でのケイ酸塩の可溶性に関して耳にしていたある仕事を追求することに興味を抱いていた。彼らは、動物で珪肺症をつくり、様々な化学物質が疾病の発症を妨げたり、治療することができるかどうかを試すことに決めた。珪肺症をつくる為には、特別なほこり箱、その中の空気は砕いた、特別に選ばれた石英の結晶の微粒子で満たされたものを、考案することが必要だった。家兎は数百時間にわたってほこりに晒され、殺されて、家兎の肺はシリカの測定に供された。酸とアルカリの化合物からなる治療が、実験動物のシリカ量を減少させるかどうかを見る為に数羽の家兎に投与された。

最初は、結果が有望のように思われた――バンティングの研究の結果はいつも最初は有望であると思われた――しかしそのすぐあとでばらつきがあり、それから全く矛盾したものになった。バンティングは、問題の大部分が組織内のシリカ測定の不適切な方法にあると気づいた。彼は、アール・キングにより良い測定技術を見出すことを求めた。キングの初期の論文の多くが、彼が開発した測定方法とそれらが肺および身体内のシリカについて可能にした研究結果を記述していた。他の研究者達は、ほこり箱実験に関して苦心して仕上げたが、全体の状況としてはほこり箱は家兎の肺組織に多くのシリカを蓄積させてはいたが珪肺症とはならなかったという事実でさらに複雑なものとなった。バンティングは初期の実験後、仕事から大部分は撤退したが、問題に関して継続しての挑戦を奨励した。[8] バンティングは昼も夜も研究室で長時間過ごし続けた。それはあらゆる種類の不愉快なあるいはうんざりする状況から逃れるのに手頃な口実なのかも知れない。というのもフレッドは昼夜のどんな時でも実験のチェックをしたりあるいはニワトリに餌を与えるために出掛けなければならなかったかも知れないからだ。マリオンとの不幸な関係は改善しなかった。結婚による唯一の子供、ビルの1929年4月の誕生は、フレッドとマリオンとに気心の知れた親密な関係をもたらさなかった。時々、そのことが、捨てばちとなり激しい口論の引き金となって、彼らをさらに引き離すように思われた。フレッドは、ほとんど住み込みで研究に没頭していて、家ではますます世を捨てたようになった。時折、彼はマリオンと食事をした。別の時には、噂によれば彼女は彼に食事を運んでいた。1930年7月が過ぎて、彼は実質的に彼自身の寝室となった2階で寝た。彼とマリオンとの間には、もはや肉体関係はなかった。[9]

彼はジャクソンと例年のスケッチ旅行に逃避した。彼らはしばしばトロントの北方地方、ジョージアン・ベイあるいはフレンチ・リバーへ出掛けたが、1930年と1931年には、バンティングが再びケベック市の南に位置するセントローレンス川沿いのケベック州の村へ春の小旅行へジャクソンと出掛けた。バンティングにとって、旅は彼の少年時代の質素な農村生活への回帰だった。彼らは、農場内の家屋あるいは素朴なホテルに滞在し、サヤエンドウのスープとロースト・ビーフを食べ、農民の衣服を着てケベック州の田舎の周囲を群をなして歩いて再び健康を手に入れる長い日々を過ごした。

一日中、雪が降っていた。今晩、アレックスと私は散歩に出かけた。暗かった、というのも街燈がないからである。家々は雪の中で引き立てられていて、明かりは窓々から光り輝いていた。人は、今日積み重ねられていた柔らかい雪の吹きだまりを見ることができなかった。それから少しの間我々は固く積もった雪の上を歩いていた。けれども次の瞬間我々はももの深さまでの雪を苦労して歩いていた。真西からの大吹雪が吹いていて、そのことがそのような冬の夜に古い農場の家を離れなければならなかった遠い昔の時代のことを私に思い出させた。この家は、我々の古い農場の納屋のように風でミシミシときしむ音がする。彼らには特別なことではない――フランス人――そのような物音について。麦わら敷き布団と家で紡いだベッドカバーのこの古いベッドは、家屋が揺れる度に非常に大きな音できしむので、私を目覚めさせるほどである。[10]

フランス系カナダ人の村人達が、彼には文明社会の脅威に晒されている古い生活様式の質素で幸せな熟練者である北極のイヌイット族の人と同じに思えた。

古い石油ランプは、結局そこにある最も柔らかなそして最高の明かりの一つである……事情が変わって、近代化されたならばそれはサン・フィデール〔訳者註2〕ではないかも知れない……道が貫通している現在、旅行者がやって来て、間もなくどこの誰ともわからぬ保菌者が少しばかりのばい菌を落としていくであろう。文明社会は、危険である。だからサン・フィデールのような場所においてさえもその広がりで変化を要するであろう……。

私はこの田舎を離れるのが嫌である。そこには人々について大層多くの素晴らしい事物がある。生活は余り複雑ではない。彼らは、飾り気のない信頼、大家族、この浮世の物質はほとんどなく、そして幸福である。彼らは長時間、しっかりと働いている。しかし余り耐えがたいものではない。彼らは決して急いではいない。彼らは、非常にわずかな税金を払い、所得税を払わない、それに多くのぜいたく品を免税で得ている。合衆国に出掛けて、大きな自動車と裕福になって戻って来た息子達は、多くの不幸とねたみの原因となっている。[11]

ジャクソンとバンティングは、古い、素朴な姿のケベックを油絵に描きたいと望んでいた。彼らは、人々が古い赤色の小型馬そりを御し、今でも家々に色彩鮮やかに塗られた扉を持って、あるいは家全体を赤色とかピンク色とか黄色に塗っていた村々が好きだった。高く、尖った家々、そして古い納屋は、絵を描くのに格好の被写体だった。勿論、道、丘そして川からなる的を射た混和で配置されるのに必要だった。1931年にサン・イレニーの村の周辺を歩き回った後、彼らは「フランス系カナダの風景にとって必要な全て——パン焼きかまど、古い家々、年老いた馬、木のそり、(一つの)赤色の小型馬そり、納屋、馬小屋、すたれた物置き、丸木舟、木の積み重ね、川、丘、そして曲がりくねった道」、を知ったとバンティングは日記に書き留めた。[12] ジャクソンはいつもこの風景を春に描いた。というのも彼は溶ける雪の質感とその上にふりそそぐ太陽光の効果に魅せられたからだ。

ケベックで春に油絵を描くことでの問題は、冬がたいして遙か遠方に決して去ってはいないことだった。屋外で絵を描くには雪が降っていたり、余りにも寒い日が多かった。比較的良い日でさえも、バンティングはこう書き留めた。

油絵を描くには多くの困難が伴う作業だった。それはしばしば非常に寒く、私は手を暖めるのにマッチに火をつけさえもしていた。明るさはスケッチ中に、幾分変わることがよくあって、その上絵を仕上げるのには不愉快な作業である。人がスケッチのために立ち上がるとうんざりし、人が座ると雪は溶けて、遂にはズボンの尻当てを濡らし、それに並はずれた寒さで心地が良くない。それから再び、人が注文仕立てのファッションで石の上に座るならば、脚はしびれる。また、冷たさは手に及び、時折絵筆を握ることがほとんどできない。アレックスは歩くことがとても下手な人で、私は後からあとをつける。それは骨の折れることで、時々背部痛を招く。しかし!! 一日のスケッチ後、人は食べ、眠り、そして満足感を味わう——たとえスケッチがまずくとも。

それから彼らがたくましい男達だったことを思い起こす。「私は大きい広々とした場所からやって来たこれらたくましい奴らの一人である」、とジャクソンはサン・イレニーから友人に書いた。「そして私とフレッド・バンティング、我々は北風が吹くとただ『地獄』というだけである[13]」。

バンティングは彼自身のスケッチに決してあまり満足していなかった。そこでジャクソンがしたように、彼らがスケッチしたカバノキの板に「散らかす」あるいは「汚す」ということだと書いた。実際、バンティングの作品の中には十分に印象的なものもあるが、それらはジャクソンの作品のようにそれほど多いものではなかった。バンティングはジャクソンの持つ特徴の有能な模倣者だった。彼は被写体について同じく単純で、大胆な、けれども器用な正しい理解でもって光、色、形、雪と木の質感をとらえることができた。結果は、いつもは単純で、色彩豊かな、上手く構成された、表現力に富んだスケッチだった。バンティングは巨匠が静寂と得心のために行った以上のことを少しばかり学んで、ジャクソンを模倣した。しかしジャクソンですら、彼が時々主張したほど革新的でも、急進的でも全くなかった。彼はケベックを描くには「クリスマスカード」に近づくことを軽蔑したが、断固として画家の流儀で古いケベックの簡素な生活をとらえるのを試みると言った。ジャクソンの油絵は、1920年代そして1930年代のクリスマスカードに用いられた。バンティングの作品のいくつかもまたそのように、ラウス・アンド・マン（Rous and Mann）のカナダの画家シリーズの中に登場していた。彼は彼のスケッチの著作権使用料として13・77ドルを受け取ったが、明らかに彼らがかつて油絵から得た唯一のお金だった。彼は絵の多くを自身のために保管し、それら作品のいくつかを友人そして親族に贈ったりしたが、スケッチを売ることはしなかった。彼は、もはや他の誰かの作品を買ったり、集めたりしなかった。

彼らのスケッチ旅行に際し、バンティングは全くジャクソンの意見に従った。バンティングは、子供達がいつも彼よりもむしろジャクソンの周りに選んで集まるので、彼らでさえも誰が画家なのかを告げることができるのに気づいて顔をしかめたものだ。ジャクソンは、バンティングと一緒にいるのを楽しんだ。フレッドがいつも熱中していたので、彼がそうであったとほとんど同じく忍耐と辛抱をしているのを楽しみ、それにまた正しくそうであっただろう物語を夕辺に話すのが好きだった。その二人は、創意に富んだ友人としてお互いを敬愛し、お互いが一人の状態にされることの断続的な必要性を理解し、それに決して怒ったような言葉をかわさなかった。

バンティングはジャクソンにスケッチを習い、それについて何が悪いかを知ろうとたずねたものだった。バンティングの死後、「彼は色彩を単純にし、そして彩やかに保つことを学んでいた」、とジャクソンは覚えていた。「それは別にして、彼は絵画の理論あるいは哲学には関心がなかった※」。バンティングはその全ての成果について日記に向かって嘆いた。「スケッチをするために、人は線で描き、色調を修得し、色彩を学び、関連を理解し、デザインを覚え、そして単純化を修得することができなければならない。それがスケッチをするためにすべき全てである。アレックスと私は同じ風景をスケッチすることができる。それなのにスケッチを終えると私は下手な模倣なのに、彼は原物に改良がみられるのは不思議である……私は決して画家にはなれないだろうと思う(14)」。

※バンティングはかつて、野心に燃える画家によっていくつかのデザインについて意見を求められた。彼は「カナダ人の内部的衝動[原文のママ]を基礎にしたそんなデザインが好きだと答えた。オンタリオ州の生活の路線、

すなわちビーバーとか麦畑、バッファロー、伐採業に沿って作品を発展させる、言いかえればカナダ人の生活背景を表現することを示唆したものだった。蛇、ビーナスそして2頭立ての戦闘馬車は古い世界の事物であって、今日のカナダにおける生活あるいは過去の歴史的場面を見せる行列と同じく余り創造的でも、独創的でもない」（パーシイ・ギャレットへFGB、1931年8月24日）。

彼はたびたび、引退することそして絵を描くこと以外に何もすることがないことを、ジャクソンに話した。休暇を必要とした時、ちょうど一人きりになり始めた時、あるいは彼が太陽、風そして素晴らしい夜の睡眠の恩恵に気づいていた時に、憂うつがしばしば、彼におそってきた。「私が都会について考えれば考えるほど、私は益々田舎で生活したいと望み、しかも私が研究の教授であることについて考えれば考えるほど、私は益々画家でありたいと欲する……」[15]。

ジャクソンは、画家としてバンティングの主たる喜びは誰かが彼のスケッチについて感動することにあるのではなく、絵画を描くことに純然たる喜びがあると思った。すなわち「写生箱の中の多くの絵の具および次第にそこに至るあらゆる予期せぬ出来事の数々、例えば責任からの解放、見知らぬ田舎であたふたすること、3月の太陽で日焼けすること、キャンプファイヤーの前でパイプの煙をくゆらせることあるいは小さなホテルでの歓迎と素晴らしい食事、そして一日の作品の仕上がりにざっと目を通すことなどをごちゃまぜにして」。きらきらと明るく日が照る3月の日に、フレッドとアレックスは5マイル歩いて、少しばかりスケッチをし、もう少し歩いてそしてスケッチをよくしたものだ。真昼に、アレックスは小さなのこぎりを持ち出して、いくらかの枯れた枝を切った。彼らは雪の上で火をおこして、体を暖めた。「我々はサンドイッチをこんがりと焼いて」、フレッドは認めた、「昼食をとった、しかし議会の議員達と場所を交換しようとは思わなかった」[16]。

1930年代までに、バンティングはカナダで最もよく知られた素人画家の一人で、絵画の活動分野について公表された通覧の中で短く言及されさえした。彼の最高傑作の作品では、彼は光と色に変化を与え、クリスマスカードの絵から抜け出していて、バンティングが素晴らしい才能を持っていることに疑いはない。恐らく彼はジャクソンの影響を超えて進歩し、画家としてその真価を認められたかも知れない。彼は正確にはグループ・オブ・セブンの8番目のメンバーではなかった（その存続時には少なくともメンバーが十人いた）。しかし体質においてグループ・オブ・セブンの画家達にますます似かよっているように思われた。１９３１年11月、彼の40回目の誕生日に、彼は命に対するいつくしみについて彼の考えを多少書き上げた――「過去40年間に、30分という短い時間の間にのみ、自殺を考えた」――それから彼と彼の友人のカナダ人気質の真髄をとらえるコメントを付け加えた。「しかし命よりもよりさらに大切なのは私が生まれ育ったカナダである。カナダは、凍った北方地域、岩の多い殺風景な広がり、山々そして数々の湖を敬愛すべき素晴らしい国である。カナダはたえず南を目指して隣国の後をよちよち歩いている。カナダの人々は私にとって世界で最高と言えるが、もしそこに人々がいなかったならば私はカナダを愛しただろう――時には私はそうであることが良いと思う[17]」。

彼の画家仲間、彼自身の天分、そして恐らく科学者としての彼の訓練が組み合わさって、バンティングを油絵を描くことよりも他の進路でより一層因習的ではなくさせ始めた。敬虔なメソジスト教徒としてしつけられたが、彼は次第にキリスト教徒の順守から離れて行った。グループ・オブ・セブンおよびトロントの文化的社会のメンバー――ボーモント・コーネルのような友人達を含めて――の多くが、幾人かは汎神論者となるために、彼らの多くはそれ自体を神智学と呼んだ有神論、観念論そして神秘主義という融通の利く組み合わせに満足な中間駅を見出す為に、伝統的な教会を離れていった。[※]バンティングは、明らかに常識的な、独断的でない、多分汎神論者となっていて、このことを成功させなかった。「自然は神である、神は自然である」、と彼は1930年の瞑想録の一つに書き留めた。彼は決して系統立てて彼の見解を述べなかったが、多くの例を残した。例えば、1930年の彼の義母の死は、夜ふかししたある夜に死後の世界について哲学的に思索することに火花を散らした。「霊魂と来世は存在するのか？　造物主は、創造し、それから自身の方へ引きつけたそれら莫大な数の死者の魂を慰める不愉快な時を持たなければならない。彼が創造した別の生命ではそれをしない。私は、我々がこの世に束の間とどまっているに過ぎないと考える」[18]。

※幾人かの学識者は知っていたが、門外漢には分かっていないけれども、カナダの首相マッケンジー・キングは1920年代および1930年代に彼のひそかな精神主義者の信念に少しも唯一無二ではなかった。彼はほとんどの場合あらゆることをとても詳細に書き留めることに際立っていて、それから非体系的な歴史家達によってくまなく捜された彼の日記を手元に所有していた。事実、キングは敬虔な正統派的慣行に反対して彼の同世代の人々の反抗の一般的な考えに近かった。

死後期待することが何もなければ、人生の一時期からできるだけ逃げ出すことが大切なように思われた。1930年かそれくらいまでに、バンティングは個人的な道徳性の問題で彼のしつけについてほとんど清教徒主義に逆らって反抗していた。コーネルのような友達の徹底的な放縦主義の影響を再び反映して、そこにはほんの少しばかりの左翼的政治活動がすでに存在していたのかも知れなかった。しかしバンティングはほとんど、浮世の辛酸を深くひと飲みするために外見上自由奔放な因習にとらわれないことへの参加に乗り出すことを決心していた。因習的な文化生活の不自然さと束縛を追っ払うのだ。

人は限度がどこなのかを知るために限度を超えなければならない。

人は罪悪が何なのかを知るために罪を犯さなければならない。
生きることで我々は人生を知る。
闘うことで我々は争いを知る。
努力することで我々は進歩を知る。
失うことで我々は遺憾なことを知る。
死にかけることで我々は死、あらゆることについての最後の認識を知る[19]※

※1930年代に時折書かれた瞑想録の中で、バンティングはこの方法で彼の反抗と罪業を記述した。「私はかつて、新しい経験のために我々は何かをすべきであると彼のクラスに向かって繰り返し話をした高校の先生を持った——そして我々の多くは彼の助言に従った——それは素晴らしい規範だと私は思う。私は、自慢していない多くのことを成し遂げてきた。しかしそれらは私に莫大な価値があるその大切なこと——経験を私に与えてきた。私は強奪してきた。私は盗んできた。私は誤った証拠立てをしてきた。私は警察署で一晩過ごしてきた。私は不倫を犯してきた。私は他人のものをむやみに欲しいと思ってきた。私は酔っ払ってしまった。私は安息日を破った。私は決して殺人を犯さなかったし、強姦も犯さなかった。しかしこれらの2つのことは別にして、私は宗教上の教えで禁止されているあらゆることを行ってきたと思う。
　しかし、我々が知っているような宗教は、一人の男が儀式的にしたもので、内向的な自分本位の人の利己的で身勝手ないさめの言葉——神の聖油で清められて、その人は聖人そして模範として思いあがった肖像画の中で気取った態度。暗黒の中世が戒めとして我々に残したあらゆる災いについて——それは宗教上の習慣——洗礼式結婚と埋葬、教会と宗教的教義」。

もし他に何事もなかったならば、バンティングの道徳的な習慣は彼の不倫の償いにかなう分別あるものとして機能を果たした。彼はマリオンに、彼らが一緒に生活することを続けうる唯一の方法は、彼女に理由を説明することなく彼が望むようにまさしく彼女が彼をして彼の生活を送らせるかどうかであろうと話していた。彼女は同じことをすることができた[20]。1930年か1931年頃、多分もっと早く、フレッドは彼の時間の多くをトロント在住の女性作家、ブロドウェン・デイヴィス嬢と過ごし始めた。

ブロドウェンは自力で出世しうることを両親に証明すると決心して、もがくフリーランサーだった。彼女はカナダの魅力的な、物語で名高い、ロマンチックな市街と地域について肩のこらない旅行文学作品を作り出すのを専門としていた。1897年ケベックに生まれたブロドウェンは、1920年代にトロントにやって来て、それでグループ・オブ・セブンの前衛的雰囲気に引きつけられて社交的な仲間となった。彼女はとりわけ肉体的に魅力的な訳ではなかったが、早すぎた白髪に彼女の特徴を描写した人次第ですらっとしているようにもしおれているようにも見えた。しかし彼女は、グループ・オブ・セブンに対する最初のファンの類と言え、何にでも単純に目を輝かせ、天真爛漫な、誘惑に負け易い崇拝者で絵画と思想と理想主義に酔いしれていた。彼女はまた、フレッドがかつて言っていたのだが、女性でとてもほれぼれと見とれる特徴だったほっそりとした足首を持っていたのかも知れない。

ブロドウェンは、トム・トムソンの伝記の取材をしている間にバンティングに会っていたと言われる。彼女はトムソンの神秘的な溺死と密接に関連している医学的所見に関して彼の助言を求めた。彼らの出会いについて別の意見は、恋愛と研究室での不幸そして作家になることへの彼の真剣な願望についてA・Y・ジャクソンに話している、それにまたたえずジャクソンに助言をくれとうるさくせがんで困らせる、フレッドがいる。友人の個人的な問題から距離を保つことが良いと思った無口なジャクソンは、フレッドにブロンドウェンを専門的で素晴らしい作家と紹介した。彼らは、いずれにせよ文芸クラブとその会員の活動を中心におく小さなトロントの文化サークルで会うことを決めていた。

ブロドウェンはフレッドに助言を与えたか、それとも逆だったか。一つのことが別のことへと導いた。マリオンは後に、彼女の父親にフレッドと作家との間の親密な友達付き合いについて話した。フレッドは恐らく書くことを話し合うために彼女のマンションにブロドウェンを訪れた。ブロドウェンはバンティング家の晩餐に招かれて、それから食後の休息をするために彼と一緒にフレッドの「マンションの一室」に上って行って、恐らく書くことを議論した。彼らはしばしば、マリオンの面前で「好意の明示」を表した。マリオンは不愉快な状況をせいぜい良くしようとした――フレッドは彼女にせめて同様に他の男達に会うことを自由にさせた――そしてブロドウェンとは礼儀正しい、恐らく親しい、間柄だった。

ブロドウェンは後に彼らの間柄の初期に、彼女がある朝目覚めた当時についてフレッドに語った。「全ての男性が私に好意を抱けたのを全くあなたが私にそのつもりで言ったのを知って……その夜私に会いに見えて、私に対してこれまでに言葉で言い表された最も素晴らしい思いを述べられました」。彼女はフレッドのことを詩に書いて、その詩に題を付けた。「今まで音楽がなかったところに美しい調べ」。それはホイットマン風で、余りにもひどいというものではなかった。

あなたは真直ぐ立ち上がると背が高く
語り口は優しい
話すことを強調する長い指
そして夢と仕事、それに数え切れない多くの

　救われた命について語り
そして私に狭い道を差し示し、その道を使って
　あなたは不幸な愛の暗闇からはい上がった
どうしてかそれから私は心の中で尊敬して
　あなたの足にひざまずいている
あなたは私の神様だから

……
黄昏（たそがれ）の薄暗がり時にあなたはもたれかかって
私の唇を求める
あなたの唇を渇望し
あなたの力強い両腕が私をすっかり包み込み
そして私を押し付ける時
あなたの胸に激しく動悸をうつ
そして全てが消え去り、忘れ去られ、私達をまとう
　白い光の中に
ああ！　それであなたは私の恋人となる

あなたを手に入れて、優しく私の腕の中へ取り入れる時
あなたのいとしい頭が私の肩に近づく
あなたの柔らかい、青白い頭髪の中で恋しがる

指で戯れる
あなたが目を閉じて、そこで動かず眠るまで
私がその広くて、白いまゆ毛に接して私の唇を
　そっとおく時
まるで眠っている幼な児が
　私の胸で横たわるかのように
あなたは御存知ないかしら、それで
　あなたは私の息子？

他の詩の3連では、フレッドは彼女の夫、彼女の父親、彼女の友人だった――そんな沢山の男達全てが、多分彼女のために存在した。[21]

1931年10月のある夜、マリオン・バンティングはブロドウェンの家で催されているパーティでフレッドに合流するためにガールズ・ガイドの会合から直接出掛けた。マリオンはそこでドナー・M・レバーダイス、ブロドウェンの作家友達を紹介された。彼は精神衛生に関するカナダ国立委員会の教育局長として仕事をしていた。レバーダイスはすでに文芸クラブでフレッドを知っていて、そこで彼らはしばしば同じテーブルで食事をとっていた。彼はマリオンと1か月後あるいは非常にもっと遅く、ハート・ハウスの音楽会で再び会った。それから別の日に彼女、ブロドウェンそしてA・Y・ジャクソンと一緒に、ブロドウェンのマンションでお茶を飲んだ。12月に、レバーダイスはマリオンをハート・ハウスの別の音楽会に付き添った。それから大晦日にバンティング家と幾人かの他の人達との夕食へベッドフォード46番地に招待された。夕食後、フレッドとブロドウェンとマリオンそして「D・M」

は文芸クラブの大晦日のダンス、そしてそれから午前7時まで続くひとしきりの訪問に出掛けた。「バンティング夫人は私の同伴者そしてデイヴィス嬢は医師の同伴者と暗黙裡に了解された類のものだった」、とレバーダイスは後に語った。元旦に、マリオンは彼にフレッドとブロドウェンが一緒のお茶に来るよう誘いの電話をかけた。

その日あるいは翌日、フレッドとマリオンは別の口喧嘩をした。フレッドは1月2日の日付けで、下手な詩でもってそれを記録した。

もしもし
私のいとしい人よ
このことは役に立つものではない
あなたは私を許すことが出来ない
私はあなたに我慢が出来ない

私は酒を飲み
あなたはしり込みし
あなたは私を優れた人〔残酷な人〕と思う
そして小声で私を呼ぶ
私が大いに楽しんでいるから[22]

1月の間じゅう、マリオンとD・Mはかなりしばしばお互いを訪問した。マリオンは彼を夕方に招いたものだった。フレッドがやって来て、時には彼らと一緒にお茶を飲み、時折早く床についたかも知れない。マリオンは、しばしばヨークビル・アベニューの近くにある彼のマンションにD・Mをたずねてちょっと立ち寄って、それで彼らは音楽会、本、政治について語り合ったことであろう。あるいは彼女がレバーダイスが執筆していたビルヒャルムル・ステファンソン〔訳者註3〕の伝記の草稿の数章を読んだかも知れない。彼は彼女にバーナード・ショー〔訳者註4〕の著作である『知的女性のための社会主義と資本主義の手引き（*The Intelligent Woman's Guide to Socialism and Capitalism*）』についてコピーを貸した。

D・Mは毎週、地方ラジオ局、CFRBのために精神上の健康について番組出演をしていた。1932年2月8日月曜日に、マリオンは彼に電話して、彼のマンションに立ち寄って、彼の土曜日の放送番組の台本を読むことができるかどうかをたずねた。そのことで彼女は誤ちを犯してしまった。彼女は夕方早く、6時と7時の間に彼の部屋を訪れた。

レバーダイスのマンションの部屋の扉を騒々しく叩く音、それから誰かが扉のパネルを壊したのでガラスの粉砕音がする前に、彼らは余り長い時間を一緒には居なかった。手が中に届いて、内側から扉を開けた。あわただしい状態の、フレッド・バンティングと二人の奇妙な男達——彼が雇っていた私立探偵。彼の面前にいるレバーダイスを見て、バンティングは彼ののどをつかんで、彼を長椅子の背に押し付けた。

「先生、あなたは死んだ男を法廷に連れて行くことができない」、と探偵の一人が言った。

レバーダイスはその夜を覚えていたので、問答はこのように運んだ。

フレッド　：「マリオンはどこにいる？」

D・M　：「そこに彼女がいる」。彼女は彼の後にいた。
フレッド：「私はお前と離婚するつもりだ」。
マリオン：「フレッド、あなたはこんなことをする必要なんかなかった。あなたはこんなことをしなければならないことなんかない。どうしてあなたは私のところへやって来て、このことを話し合わなかったの？」
フレッド：「ああ、そうだろう、そうだとも」。

マリオンは、D・Mと探偵達に暫くの間、彼らだけにして放っておいてくれることを頼んだ。およそ10分後に、フレッドはD・Mの寝室にやって来て、声明書にサインすることを要求した。レバーダイスは、つまらぬ人のためにマリオンの名前を無理やり引っ張り出してフレッドを手助けするつもりはないと言って拒否した。「彼は私に言った」、レバーダイスは証言した、「彼が誰にでも聞こえるように私を吹聴するつもりであり、私が仕事を失い、私が解雇されることになり、しかも彼は世間に語るつもりだと。彼は少しばかり支離滅裂だった」。

その晩遅く、マリオンは大学学長と同時にオンタリオ州の最高裁判所長官であるサー・ウィリアム・ミューロックに会いに出掛けた。フレッドはアンガス・マッカイとその夜を過ごした。翌日、彼はベッドフォード46番地で身なりを整えて、彼もまたミューロックに会った。10日水曜日、スター紙の敏感な読者は、区分された記事の「法律に関する」コラムの小さな項目をふと目にして、バンティング家の結婚について本当に失敗していたことがわかって当惑させられた。

—、F・G・バンティング、M・D、以前トロント市ベッドフォード・ロード46番地在住は、この日以降私が書いた注文書なくして、私の名前で契約したどんな借金に対しても責任がないものとする。

トロント市の電話回線は活気があったに違いない。スター紙を見ました？　半世紀後に、その事件の余波のどんな詳細も思い出すことができなかった人々が、フレッド・バンティングが公然と妻の借金の支払いを拒否した時、それがどれほどぞっとするものだったかと私に語った。

大学の最も卓越した精神分析医、ウィリアム・ブラッツ医師は仲介者として行動した。彼は大学でフレッドそして精神衛生に関する委員会でD・Mを知っていた。フレッドは「あらゆることを広くあからさまに暴露するために」、マリオンと離婚することを本当に決めていた、とブラッツは後に語った。マリオンとレバーダイスは離婚訴訟で彼らの立場を弁護しようとしたのだろうか？　ブラッツは、有名人の喧嘩がどんなに面倒なことになるのか、フレッドの大学および専門領域における地位のゆえにそれがどれほど大きな損失をもたらすかについて、彼女に話した。いずれにせよ、それは不幸な結婚で、恐らく抗弁を止めて終わるのが好ましいことだった。多分もしマリオンが抗弁しないことに同意したならば、ブラッツはフレッドを説得していくばくかの経済的支援を用意するのは勿論、息子ビルの親権についてもよりずっと道理に適ったものにさせることができるかも知れない。あらゆることがこれらの会合において細心の注意でもって主張されなければならず、そしてそこには弁護士達がしばしば居合わせていた。というのも離婚を手に入れるのに共謀のどんな証拠もあらゆる調整を狂わせ、困難を一層ひどくさせるかも知れないからだ。そしてまたオンタリオ州にはこれらの問題に対処するのにまだ多くの前例がなかった、なぜならば離婚訴訟は、１９３１年に国家管轄権からオンタリオ州の最高裁判所へと移譲されたばかりだったからだ。

マリオンはフレッドの訴訟に逆らって抗弁しないと決めた。フレッドと彼の弁護士は、彼女へ月に250ドルの支払い、家の占有、そして息子ビルの親権はマリオンにゆだねて穏当な決着であろうというブラッツの提案に異議を唱えなかった。フレッドと弁護士は、もし離婚が異議を唱えられなかったならば全ての訴訟手続きは裁判官の私室でとり行われるであろうと、マリオンとD・Mに請け合ったブラッツに保証して安心させた。不愉快な新聞の公表は多分ないでしょう。サー・ウィリアム・ミューロックは、ひょっとするとそれについて確かめたかも知れない。レバーダイスは取り決めに協力することを決めた。なぜならばマリオンが協力することを彼に望んだからだった。なぜならば公開とはならないだろうと確信していたからだった。それになぜならば彼はマリオンの名前と評判を守るのに最善の方法であろうと考えたからだった。

だから、4月25日の巡回裁判の法廷で私立探偵であるH・A・シャーマン社の二人の探偵、H・A・シャーマンとL・エックリーによって提出された証言に疑義をはさむどんな被告人も現れなかった。彼らは、彼らが観察したマリオンとD・Mとの間でのずっと早い時期のいくつかの逢い引きについて、そして2月8日に彼らは彼女が彼のマンションに入って行くのを見届けて、灯（あかり）が消えるまで待って、それからバンティング医師に電話をした有様について語った。探偵らによれば、彼らがマンションに侵入した時、パッと光をあちこちに照らした。彼らには、寝台兼用大型ソファーで横たわるバンティング夫人とレバーダイス氏が目に入った。「バンティング夫人のドレスは彼女の膝の上で、レバーダイス氏の上着とチョッキは開かれていて、そしてズボンは部分的にそのようであった」、とシャーマンが証言した。「レバーダイス氏のズボンはゆるめられていて、彼はズボンのボタン隠しの最上部にボタンを掛けていた」、とエックリーがつけ加えた。「彼はズボンのボタン隠しにボタンを掛けようと努めているように思えた」。

バンティングは証言することを求められなかった。彼の誓った宣誓供述書の中で、彼はそんなに多くレバーダイスと会うのをマリオンに前もって反対していて、彼女が彼のマンションへ訪れることで彼を惑わしていて、それに彼女がレバーダイスとの「情事」を持った2月8日以降に彼に認めた、と述べた。フレッドは、息子ビルの親権を求めていたが、今ではもし彼女がビルに幸せな家庭を提供するつもりならば、マリオンが親権を持つことに合意しても良いと裁判官に話した。裁判官はそれでもフレッドに親権を与えて、彼は必ずしもそれを強要するものではないと言った。仮の判決が認められて、正式な異議が提出されない限りは6カ月以内に離婚が決定的になることを意味した。バンティング対バンティングの問題で議論する余地のない決着に向けた取り決めが、機能していたように思われた。

彼らは、その日の午後駄目になり始めていた。トロントテレグラム紙が、レバーダイスの名前を付けて、奇襲で事実を述べて、訴訟手続きについての短いけれども第一面に記事を公表した。公表は無いものだという最高裁判所長官ミューロックの保証が確かめられていなかった。彼が新しい離婚法下での裁判による特権の限界を理解していなかったのは明らかだった。2〜3日後に、ブラッツが経済的合意を話し合うためにフレッドと会った時、バンティングは250ドルの価格に異議を唱え、そしてたった125ドルで、ビルがマリオンと一緒に暮らしている時には月々50ドルを加えて支払うつもりだと主張した。ビルは学年度の間（訳者註：英米では通例9月から6月）はマリオンと一緒に、それから夏季にはフレッドと一緒に暮らすことができた。マリオンは家と自動車を所有することができた。ブラッツは、フレッドとマリオンと一緒に出掛け、彼らが調度品を分け合った日に調停者として行動した。

マリオンの父親、エローラのウィリアム・ロバートソン医師は最初から訴訟に異議を唱えることを彼女に強く勧めていた。そのことが全て公に知られることになった今、彼女とレバーダイスは抗弁するために彼らの拒否で罪の意識を認めることは、彼らの評判を永遠に汚すことを意味するのに気づいたに違いない。1932年の夏の間じゅう、彼らは彼らのおかれた立場を再考した。同時に、ロバートソン医師は、ブロドウェンとフレッドとの関係そして2月8日に至る出来事へと、彼がそれを表現したのだが、「向かわされることの調査を引き起こした」。調査は、恐らく私立探偵によってなされた。フレッドはこの時、ブロドウェンとの関係で特別に慎重な訳ではなかった。親しい同僚が遂に部門のためによりもっと気をつけることを彼に強く勧めた時、同僚は彼が彼女のマンションのかわりに公園で彼女と会っても良いかも知れないと認めた。

その10月、離婚が決定的になることとなった1週間前にD・M・レバーダイスとウィリアム・ロバートソンは調停の申し立てを提出した。二人は離婚が談合によって得られつつあると判事に説諭した。レバーダイスは今や、探偵達の証言をきっぱりと拒否して、彼自身を守りたいと思った。

難しい離婚調停の決裂は悪すぎた。そのことは、調停とそれに続く訴訟手続きの詳細全てを公表するというトロント・スター紙の決断でとても、ひどく悪い状態になっていった。そして第一面のニュースとしてその全てを公表することに。どんな類の公表も、例えばテレグラム紙の4月の記事の如く、悪すぎた。この公表、トロントで最大の発行部数を持つ新聞の読者らにバンティング家の窮地についてあらゆる私事の詳細を暴露することは、恐ろしいことだった。それはスキャンダルだった——不快な人目をひく醜聞——ハリウッドのスターおよびシカゴの女相続人の卑しむべき予期せぬ出来事としてカナダの新聞にのみ載ったくだらない話。それはかなり円熟したカナダで起こるとは想像されなかった。しかし今、それが最も有名なカナダ人、国の一流大学の誇りとなる人、人類の謙虚な恩人に起こっていた。そこで怒ったフレッドは誰にでも聞こえるように、マリオンの罪業を世間に吹聴すると脅していた。ところで、新聞は復讐でもってそれを行っていて、彼女の名前、彼の名前、誰でも他の人の名前を無理やり引っ張り出して、広く知れわたった醜聞について悪意に満ちた非難によって、文字通り街角から名前を大声で叫んでいた。

トロントの新聞各紙は、バンティング家の離婚についてのスター紙の報道に対して珍しく思い遣りのあるように見せるために、数年にわたって有名なそして影響力のある人の私生活はもう十分とばかりにかばおうとしていた。ところで、それはまれな状況だった、部分的には離婚の法律制定が余りにも最近のことだったから、そして部分的にはスター紙、あるいはどんな他のトロントの新聞のいずれもがバンティング医師に対してどんな特別な配慮もしていなかったからだった。彼は数年間ずっと、報道機関に対して攻撃的で無礼だった。彼はハドソン・ベイ・カンパニーの事件で5年前からロイ・グリナーウェイ、スター紙の花形記者に対して、とりわけ攻撃的だった。なぜバンティングをつぶしに行こうとするのか？ 彼は用心するべきで、そしてもし彼が激怒を望んでいなかったならば、彼は法廷外にとどまっているべきだった。いずれにせよ、テレグラム紙はできる限り独自の試みからの記事で、それを始めていた。たとえスター紙が公表しなかったとしても、テレグラム紙は恐らくそれでもやはり公表していただろう。全く何もしないよりは、バンティングの仕事を通して、良い報道をすることの方がましだった。

サー・ウィリアム・ミューロックは報道を中止させることを試みていたと言われる。その時スター紙に勤務していたバンティングの友人である記者は、ミューロックが、記者の助言に大層逆らって、スター紙の経営者、ジョー・アトキンソンに新聞紙から離婚の記事を締め出すよう言い張って譲らなかった時に、そこに居合わせていたことを私に語った。アトキンソンは、ミューロックの過去の後援で恩恵を受けていた自由党の仲間だった。彼はきっぱりとミューロックを拒絶した。スター紙のビルディングをあとにして、ひどく立腹した90歳代の最高裁判所長官は彼の籐の杖で非常に鋭くつついて、うとうとしているお抱え運転手にこの上なくつらく当たった。

新聞記事は、ゴシップに飢えているトロントっ児達にとっては快い興奮を意味したが、当事者達、とりわけフレッドにとっては毎日が恐怖だった。彼らは次にどんなことを公表するのだろうか？　彼らはどれほど多くのことを見つけ出すのだろうか？　それはどれくらい悪くなって行くのだろうか？

随分不快だ。レバーダイスは、探偵達が彼のマンションで目撃してきたことについて彼らが嘘をついていると主張した。明かりは消えていなかった。マリオンはコートや帽子を脱いではいなかった。彼女は論文を読んで彼の机に向かって座っていた。そして騒動が始まった時に立ち去ろうとちょうど立ち上がっていた[23]。マリオン・バンティングとD・M・レバーダイスとの間には、いつでもみだらな関係は決してなかった。彼は2月8日についてのフレッドの申し立てに署名するのを拒否していた。というのもフレッドがどんな証拠も持っていなかったからだった。10月末の2回の宣誓供述書に、レバーダイスは仲介者としてビル・ブラッツの名前を指命して、それによってフレッドを公衆のくだらない読物につけ加えた。1か月後の11月28日、マリオンの父親の宣誓供述書が法廷で読まれた時に、その全ては復讐のためにバンティングの熱烈な支持者を厳しく非難した。

それは結婚の崩壊を詳しく述べ、バンティング医師が彼の妻を「ひどくそれにしばしば非難して」いたと告発し、マリオンがそれを目撃していたようにフレッドとブロドウェンとの間の友達付き合いを述べ、マリオンとレバーダイスとの間のあらゆるみだらな行為を否定し、そしてブラッツの談合による説得を詳述していた。「私の娘が、彼女に向けてなされた告発に無罪であるだけでなくまた、さらに言えば中立人バンティングは女性の著述家と不道徳な関係の罪を犯していること、そしてこれら[離婚]の訴訟手続きは彼が著述家と結婚するために私の娘を追い払う目的でとられたものと、私は確信している」。

　スター紙は一語一語ことごとく活字として記事にした。その競争相手紙はそれほどではなかったが、より大きな活字で報道した。「妻に非情なバンティング医師、父親が主張」は、『ピンク・テリー（*The Pink Tely*）』として知られた夕刊の色彩に富んだ第一面の見出しだった。宣誓供述書は内容の詳細については少しばかりはっきりしないものだった。だからバンティング医師が妻をたたくのを止めていたかどうかについて夕食で数え切れないほどの会話があったのかも知れない。

　多分、真意を見抜く希望を抱いて、スター紙はバンティングに取材訪問を試みて報道記者をあいついで送り込んだ。最もずうずうしい若い報道記者、ゴードン・シンクレアが、やっとのことで2度バンティングに追いついた。最初は、バンティングに話を聞くために大学の裏庭での試合を一時中断させられたサッカー競技者の連中が、スター紙の分別や礼節の欠如についてシンクレアをひどくしかりつける。2度目は、バンティングが家にペンキを塗っていた。彼はシンクレアに立ち去るようにとんでもない大声で言ったので、彼が立っていた梯子は彼の怒りで揺れた。シンクレアは用心深くペンキの届く範囲から外に出た[24]。

　より多くの詳細に欠けていることおよび名誉毀損について危惧しなければならないことで、日刊新聞は事実に基づいた法廷の報道に限定された。しかしカナダのスキャンダルの取り扱いを先導する夕ブロイド判の新聞、『ハッシュ（*Hush*）』、実質的にその時代におけるアングラ新聞はその12月10日の記事で本当に少しばかり戯れを行った。

　芸術家の世界では長期間、バンティング医師とブロドウェン・デイヴィス嬢との間に存在する親密な友達付き合いに気付いていたけれども、それは交際を気の合った同士の知的な感情によって駆り立てられたもので、バンティング医師の義理の父親によって今主張されているほど、ただ単に卑しむべき性的魅力によるものではないとみなしていた。世間は偉大な人道主義者を相手にしたこの告発を決して信じないであろう。

バンティング医師とデイヴィス嬢の二人は、大衆によって成し遂げられうる高さより遙かな極みにあり、似たような精神的「雰囲気」を持っていると考えられた。もし彼らがバンティング家の屋根裏部屋にお互いの交際についてプライバシーを得ようとしたならば、容認された考えは、彼らの友人であるブラッツ医師によって提起されたいささか新しい難解な学説を議論するため、すなわち、ヨーロッパの裸体主義者の居留地での精神分析の楽しみあるいはフロイト学派やニーチェ学説の影響に夢中になるためだということだった。

それどころか、ロバートソン医師の宣誓証言から、彼らは男と女に生まれつき備わっている情欲を満たすという目的のために相互に引きつけられたということのように思われた。

トロント、善き人達として知られた都市ほど、１９３０年代に公然と道義をわきまえた都市はどこにもなかった。離婚は決してごく普通のことではなかった。その妻達がやましい当事者であったがために離婚した男性でさえも、離婚した男達、堕落した男達だった。「彼離婚したのよ、あなた知らないの？」彼ら自身に罪の意識があった離婚男性らは、上流社会ではいくぶんのけ者のようだった。離婚の元凶となった当事者の男達が、次の相手を口説いていたのを妻や娘は決して知らない。彼らは、トロント大学のように、新興で外からの影響を受け易い大学へ親代わりであることをゆだねられた組織の職員で働くことを歓迎されないだろう。離婚に責任がある当事者であったとすれば、バンティングでさえも、彼の地位を維持しえただろうか？　実情は、ロバートソン医師の暴露は、彼を破滅させるのに十分であろうと思った教授達がいた。「今すぐ、彼は立ち去らなければならない」。バンティングにとって、それは大学における「悲惨なもめごと」の時だった。彼の弁護のために現れたのは、旧敵の一人であるダンカン・グラハムだった。新聞でそのことについて読んでいるフィラテア聖書研究会の彼の古い友人達は、その全てを知って大層悲しみ、困惑した。彼らはそのことを信じることができなかった。フレッドはこのことに値しなかった。「彼はそれらの人々と一緒にどん底の社会に属していなかった。彼は頂点にいた。彼はそれらの人達にとって余りにも名声がありすぎた[25]」。

夫婦の友人達は、半世紀後の会話時に依然としてわかりきった出来事および有名人達をちらっと横目でみて、味方をした。マリオンの熱心な支持者達は、フレッドが彼女を取り扱ったやり方で、非情で思いやりのない嫌な奴だったと記憶していた。彼女に、たとえレバーダイスとの情事が実際にあったとしても、彼女は確かに罪を犯していたというよりもむしろ被害者だった。フレッドには、味方には父親を除いて誰もいなかった。もっともこの上なくお人よしの主役であるD・M・レバーダイスがいた。フレッドの友人達はマリオンを、フレッドが研究室で長時間過ごさなければならなかった時に、彼女自身が家庭内でどのようにして退屈をしのぐかを学んでおくのが当然で、浮気女で性的に思わせぶりをする人として、記憶していた。もしそれがレバーダイスでなかったならば、フレッドは友人達に語っていたのだが、彼はまたレバーダイスにも話していたように、それが六人程の他の人達の誰かであったかも知れなかった。「私があなたを選んだのはあなたが結婚していなかったからだった」、とバンティングはレバーダイスに語った。

レバーダイスは実際は結婚していた。とは言っても彼の妻はカリフォルニアに住んでいた。彼女もまた成り行きに介入して、夫の名声を守ろうと試みていた。しかし、彼が法廷で証言しなければならなかっただろうある重要な時期に他の誰かと浮気をしていたという事実で、彼は少しばかり身動きがとれず、自分の立場を弁護できる状態ではなかった。バンティング夫人とレバーダイスに対するバンティングの問題に関して文芸クラブでの見解は、フレッドにそこでの居心地をとてもいいとは思わせないのに十分な支持を得ているD・Mと真二つに分かれていた。１９３２年後の数年の間、フレッドはクラブに滅多に出掛けなかった。彼の友人の情事について多くは語らなかったジャクソンが、フレッドはマリオンと決して結婚すべきではなかったとだけ話すのが聞こえた。「何しろ、彼はとても頑固だから[26]」。

裁判官は、談合についての介入および告訴が新たな裁判を起こすことを正当化しないと裁定した。裁判官は、彼女が後に父親に話していた話の方を選んで、レバーダイスとマリオンとの関係について誓った宣誓書を破棄する理由を見出せなかった。ブラッツの役割について、裁判官は審問時に、「どんな他の立派な人でもスキャンダルを避けるためにはできるあらゆることを行っただろう」、と述べた。談合に関する法律についてどんな適切な証拠もなかった。もし存在したならば、裁判官は述べた、前例は仲裁する為に司法長官の形をとって検事に面倒をかけていたかも知れない。１９３２年12月2日、離婚は決定的となった。

12月5日に、マリオンや彼女の父親やレバーダイスに雇われた弁護士達は、裁判に対する上訴の通知を提出した。しかし、上訴の聴聞会は決して開かれなかった。１９３３年3月に、裁判所は問題の決着が達成されたと通告した。何が起こったのかは、明らかではない。疑いなく、マリオンと彼女の父親は別の考えを持っていたに違いない。恐らく、弁護士達が上訴した法廷での事例は余り説得力がないと助言していた。それから、マリオンの友人達によって語られたのだが、オンタリオ州の最高裁判所長官、サー・ウィリアム・ミューロックは離婚が予想外の結果にはならないのを確実とするために彼のあらゆる影響力を行使することを決意していたという根強い話がある。彼が重圧にどのように適合していたかは明白ではない――もしそれがあったならば人々は良かったのにと思ったけれども、というのも情事における彼の役割が小説よりもほとんどずっと奇妙と言っても良いからである。新しい裁判が開かれていたならば、それが全て平穏に保たれうるという当初の保証を準備していたので、彼の名前が引き出されて、それからごみの中へ放り込まれていただろう可能性が高い。それに、彼が深刻な不倫について更なる告発（フレッドは彼の友人達に時々マリオンをエスコートする人になることをけしかけていたが、彼らは疑いなく不安にさせられているのに気づいたという可能性。「なんてことだ！　私はローヤル・アレックスの正面席で彼女と一緒に座っていた」）があればスキャンダルを一層深めると時々脅していたことを除いて、フレッドが状況に対してどのように反応していたのかははっきりしない。

フレッドがマリオンを相手によりもっと手の込んだ事例を備えられたかどうかは、決してわからないであろう。彼はできると思った。結婚生活は非常に長い間、大層ひどいものだった。それにマリオンは、正しくフレッドがしたように、恐らくいつの間にか一つかそれ以上の不倫をしていた。そんな社交的な女性だった。裁判において決して用いられるべきではなかった宣誓証書の中で、ブラッツはフレッドが彼女を相手に起こす可能性のあるどんな訴訟にも品行を守ることができるかどうかを彼女にたずねていたと宣誓した。彼女は守ることができないと述べた。

一方、マリオンとレバーダイスの両者はブラッツとの私的な会話で完全な潔白を断言していた。マリオンは１９３２年の早い月日に、いつの間にかＤ・Ｍ・レバーダイスとの不倫に陥っていたと思われる、しかしフレッドと彼の雇った探偵達による踏み込みがあった時まで、実際には体面を損なう何事も進展していなかった。[27] フレッドが雇った探偵達は、彼らの報酬のために真実をひどく誇張していた。レバーダイスは、裁判官が彼らの一人を周知の如く不正直とみなした真相を後に言及した。マリオンに対するフレッドの激怒はでっち上げられていたのかも知れないし、それは彼女が約数年間いろんな相手と関係していたという彼の確信で助長されていたのかも知れない。

マリオンと彼女の父親が、フレッドとブロドウェンはマリオンとD・Mとの間に何かが始まるのを期待していたと信じるのは恐らく正しかった。マリオンの父親が告訴したように、離婚後に彼女と結婚するつもりであるとフレッドがブロドウェンに約束して、彼らはあらゆることを計画していたのかも知れない。それともフレッドの怒りはマリオンの品行に対する不慮の反応であったのかも知れない。寛大であること、全く自由奔放な因習にとらわれない人になることに努力して、彼はマリオンに彼が女性友達を持ったように男友達を持つことを仕向けていた。しかし彼女を都合よく不貞へと仕向けたと、恐らく誤って、彼が信じ始めた時に、彼は二重標準を持った正しく別の保守的な男だと判明した。フレッドはブロドウェンに対して慰めとなる人と愛人とを求める大層悪意のある夫だった。マリオンはレバーダイスのベッドへよじ登って行く、ふしだらで油断のならない女だった。

振り返ってみて、バンティング家の離婚は馬鹿馬鹿しい雰囲気を呈している。カナダの不条理な離婚法およびトロントのブルジョア階級の多弁を弄した美徳についての気晴らしの遊び。フレッドとマリオンそして息子のビルにとって、馬鹿げている行為はより一層苦痛をもたらすに過ぎなかった。とりわけ、フレッドは彼の社会的不面目をとても意識していた。彼の道徳的過激主義は、ほんの見せかけにすぎなかった。彼の父親がそうであった如く、彼は正直で、敬われる、家庭生活を大切にする人になるのをとても望んでいた。今、彼は恐らく赤面する姦夫として、疑いなく妻を打つ左翼がかった人として烙印を押されていた。彼は、母親がスキャンダルを聞いて知って、どんな反応をするだろうかを非常に心配した。立派で賢い母親達が望む如く、彼女はそれを難なく切り抜けた。「やれやれ、いとしい人よ、もしマリオンと一緒に生活することがあなたを大層不幸せにしていたならば、恐らくあなたは別れることが最上です」。

それは、年長者の冷静な意見だった。バンティング家の離婚に巻き込まれたより若い人達、フレッドとマリオンとレバーダイスそして彼らの友人達皆にとって、バンティング対バンティングは彼らが生涯で関わり合いとなるであろう最も不幸で、最も面倒な状況の一つだった。

訳者註1：ロバートソン・デイヴィス　Robertson Davies (1913-1995) はカナダの小説家、脚本家で、カナダで最も人気のある作家の一人。1963年に、トロント大学に関連する大学院の居住大学であるマッセイ大学の創設マスターとなった。

訳者註2：サン・フィデール　Saint-Fidéle はケベック州のシャルルボワエスト地方自治体にある地名。1835年に最初の入植者が認められ、主産業は農業だった。

訳者註3：ビルヒャムル・ステファンソン　Vilhjalmur Stefansson (1879-1962) はカナダ人の北極探検家、民族学者。北極探検で新しい島を数多く発見し、北極探検家の中でも秀でた成果を挙げた一人。その業績によって、1921年に王立地理学協会から Founder's Gold Medal を授与されている。また、低糖質食に興味を抱き、実行した人としても知られている。

訳者註4：ジョージ・バーナード・ショー　George Bernard Shaw (1856-1950) は、アイルランドの文学者、脚本家、劇作家、評論家、政治家、ジャーナリスト。イギリス近代演劇の確立者とも言われる。辛辣な風刺と皮肉で有名だった。1913年にミュージカル『ピグマリオン』を書き、1956年にミュージカル『マイ・フェア・レディ』に翻案された（映画化1964年）。

社会主義者としても多くの著作を残している。1935年にノーベル文学賞を受賞した。

Frederick Grant Banting

第10章

バンティング対資本主義

離婚が認められた後、１９３２年12月に、フレッドは心の傷を克服するためにマサチューセッツ州の海岸沿いに短期間のスケッチをする休暇をとった。１９３０年代の世界大恐慌の真っただ中、彼は個人的に非常に落ち込み、情緒的に徐々に尽きて、普通以上に厭世的となった。シャンプラン〔訳者註1〕が１６０６年にマサチューセッツ州を通り過ぎていたことに気づいて、フレッドは彼の同胞がその時以降ほとんど進歩していないと思った。「アメリカ先住民は、立派な、賢い同胞だった。我々がとても多く聞き知っているこの抑うつ症は、いつか我々に常識と質素な生活を復活させるかも知れない。人はロシアで用いられた極端な方法について考えるのをひどく嫌うけれども、それらは多くの効果を持っている。だから極端な方法が必要であったのかも知れない。どうして、我々は醜い面を持たないで常識を持つことができないのか？　私が思うに、第一手段は新聞報道を封じ、しかもそれらをコントロールするべきである。カナダおよび合衆国で実践されているようなデモクラシーは茶番的行為である」。

彼は彼の過去と現在そして彼の残りの人生をどんなものにすることができるかをたった一人で熟考しているのを誇りにしていた。この瞑想録の中には現代社会と因習についてほのめかされた過去を追体験することがいっぱいあった。

✣

人は世の中の他の誰もがすることを行い、あるいは常軌を逸した、馬鹿げた、非常識な、田舎くさいと称されなければならない。人は、人を欺くような最高の嘘つきになることができ、それにもかかわらず社会的慣習および洗練された身だしなみへの周到で、注意深い固執によって、社会で最も高い地位を占めることができる。現時点でオンタリオ州の知事で陸軍中佐［ハーバート・ブルース医師］は素晴らしい例である……私の妻であるXは別の例である。彼女は本質的に不実で、人を欺く、だが賢く、洗練されて、それに社会的感覚では完璧な女性である。

もし彼らが世間の人々への一般的な善および一般的な幸せに貢献していたならば、そのような人達の存在に対していささかの言い訳があるかも知れない。しかし彼らは何もしていない。

人は修辞学の観点から因習に同意しないかも知れないが、実際的な見地から人はそれらを無視することができない。例えば、人はフリーセックスを良いと思っているかも知れない。けれども法律がその実践を許していないことを知る……我々はかくして因習と伝統のとりこにされている。人はどれほど正直であるべきなのか？　しかも、寛大で。しかし正直は現代社会生活と相容れないものである。

バンティングはかつてボストンで過ごした。美術館を訪れたり、それからエリオット・ジョスリンが糖尿病患者を治療する上で重要な診療業務の拠点を置くディーコネス病院を訪問したりした。バンティングはジョスリンの新しい同僚プリシラ・ホワイト医師に出会って、それで彼女に関心を抱いて話し掛けた――「若く（28～30歳ぐらい）、素晴らしい顔立ちで極めて美しく、非常に物静かで、美しいプロポーション、そしてジョスリン医師はあらゆることに対して彼女を重宝な照会先のように起用している……彼女は私にサディ・ゲアンズ〔訳者註：バンティングの実験助手の女性〕を思い起こさせる」――しかも彼はジョスリンの仕事に対するひたむきな献身に感心した。バンティングは彼自身の仕事について多くの考えごとをしていた。「私は今でさえ考えている――私は40歳を超えているけれども――私は何かを発見するかも知れないと――私が再び自分らしくなれたと思うまで、何か価値のあることをすることができれば。私は人生の8年を失ってしまった」。

彼は不幸と憂うつに対する2つの解決方法を見出した。一つは、彼の男友達――フレッド・ヒップウェル、スコッティ・マッカイ、ゴードン・キャメロン、そして一人あるいは二人の他の人――と彼が数年間で経験したよりももっと多くの時間を過ごすことだった。「友人達と話すのは、傷からうみを出すことのようなものである」。彼はまた自身を研究室の仕事へ立ち戻らせた。彼は癌の問題を解決しようと思っていた。それに彼は珪肺症に対する広くて、複雑な取り組みで意欲的な指導者となった。彼は、芸術と創造性についてトロントで行われた彼の友人であるローレンス・ハリスに耳を傾けて聞き入った講演に、幾分鼓舞された。「彼は研究に関して何も言っていなかったかも知れない芸術について語ったが、実がないものである。それはこのことに帰着する、――我々哀れな命に限りある人間は全力を尽くして働き続けなければならない――我々は創造的な芸術のいくつかを実現させるために外部からの力によって選び出されるだろうことを期待して――それらには、絵画、音楽、研究あるいは文学の領域がある――アイデアを求めて自身で準備をし、そして感受性を強く持ち続けなければならない……」[1]。

マリオンはバンティングの名前を維持し、暫くベッドフォード・ロード46番地に住み、それからその家を売却して、トロント郊外2〜3マイルのオークビルに移った。フレッドは彼女を援助し続けていたと言われるけれども、彼女は仕事に戻って、シンプソン百貨店の顧客サービス係の長となったが、それは良い趣味を持つ男女が好んで身につけている類の物を理解している教養のある、女性らしい女性にとっては理想的な仕事だった。幼いビルは、大学の幼児学習研究所となったビル・ブラッツの特殊実験的学校へ入学させられた。彼は週末を父親と一緒に過ごした。

ブロドウェン・デイヴィスはフレッドを熱愛していた。彼らの情事の始まりに思いを馳せて、彼女は認(したた)めた、「もし彼がいつか私を見捨てたならば、私は神そのものにどんな信仰も抱かないでしょうと自身に言い聞かせているのを覚えている」。

　フレッドは彼女を見捨てた。彼は彼女と結婚しなかった。それで彼女を悲嘆にくれさせた。彼は明らかに１９３２〜１９３３年の冬、彼女とそれほど多く会わなかったし、彼らが会った春、彼は無愛想でよそよそしかった。「あなたは現れました。文字通りあなたの腕の時計と一緒に、私があなたを見たその最後の夜に……私はあなたにほとんど完璧な確信を抱いていました。だからそれを失うのは私が経験してきた最もつらいことでした。私は自分がうぬぼれているのを恐れていますが、私はどんな男性の中からも２番目に良い人をつかまえようとは思いません。私は残りの人生に向かってむしろたった一人で進むことでしょう」[2]。４月の終わり近くに感情的な混乱で、彼女はトロントから性急に離れた。フレッドは彼女が彼宛に書いた、最初はバッファローから、次いでニューヨークからの立腹した手紙を取っておいた。

　彼がブロドウェンになぜ冷たくしたのか、正確には知られていない。確かに離婚の知れ渡ることは事態を悪化させ、事実上不可能なものにしていた。もしフレッドが今ブロドウェンと結婚したならば、マリオンと彼女の父親が全て正しかったことを全世界に示唆することにはならないだろうか？

　その問題を別にして、そしてまたブロドウェンの肉体的そして容貌の限界を別にして、バンティングは美しいボストンの糖尿病専門医、プリシラ・ホワイトとの興味深い戯れを進展させていた。彼らが会った２度目は１９３３年２月のモントリオールの会議で、そこで彼らは馬ぞり乗りに出掛けるためにイスラエル・ラビノウィッチの発表の一つを聴くのを飛ばした。彼らはその春、興味そしてアイデアそして患者（彼女はテディ・ライダーを治療していた）になぞらえて文通した。それにまた別の会議で再び会っていたのかも知れない。若年性糖尿病を世話することに生涯を捧げて来たプリシラ・

ホワイトにとって、フレッド・バンティングは想像しうる限り最も偉大なことを成してきた――彼女の糖尿病の子供達に生きながらえさせる手段を与えた、男だった。彼女はバンティングを偶像視し、彼との恋に陥って、それで糖尿病と糖尿病患者に対する彼の奇異な無関心を見落としさえしていた。けれども、とりわけホワイト医師は上司であるジョスリン医師から憤慨して不承認を味わったために、彼らの恋愛はプラトニックな関係だった。というのも彼は彼女が道徳に反する離婚をしたバンティングの付添いとして見られるのを甘んじて受け入れるとは信じられなかったからだった。1ないし2年の成り行きを通して数回の出会いの後、バンティングとプリシラ・ホワイトは疎遠になっていった。(3)

ブロドウェンが冷静を取り戻すのを試みてトロントから逃げ出した時、フレッドは関係を終わらせる意識を持っていなかった。彼は手紙を認めて、自分が言おうとすることをはっきりと言った。彼のその手紙は残っていなかった。彼女の返事は以下である。「……あなたの手紙であなたは私を再びすっかり打ちのめしました。もし冬の間中、あなたを悩ます事情があったならば、どうしてあなたは私に秘密を打ち明けることができなかったのですか？　たとえそれが何であったとしても、あなたは私を信用して知らせることができなかったのですか？　私は締め出されたのを非常に長く感じていました。あなたは私を欲したのに、それでいてあなたは私なしで何とか立ち行けばいいのだがと思った事実に、私は腹立たしく思いました。私はくる月もくる月も大層不幸せでした……」。

彼女は彼らが事態を一時的に取り繕っていたと思った――「人生はもう一度十分楽しむ価値がありますす」――しかし彼女がトロントへ戻った時、その全てが再びくずれた。情事はブロドウェンからフレッド宛の2つの長い手紙で終わった。それはほぼ同じ分量で過度に哀れっぽくそして能弁だった。

1933年7月10日、月曜日

私は今夜、あなたをお待ちしていましたのに、あなたはお見えになりませんでした。あなたは、女性の愛をいかに引きつけておくかに一風変わったお考えをお持ちです。聡明な女性の誰もが、あなたが期待されることへの見返りにあなたが申し出されたことを受け入れようとはしないでしょう。今夜、私は家に戻ってからあなたから得ていたものが、この不平等で不幸な協力関係に私が苦しんでいる苦悩の埋め合わせを何もしていないことに気づきました……あなたが不幸せであった時に、私はできるあらゆる思いやりと愛情をあなたにそそぐことを心掛けました。今私は困っています。私がこれまでに経験して来た最悪の困難な状態に、それなのにたとえ私にこの困難な時を乗り切らせるのにあなたの助けを請うたとしても、あなたは決して哀れみや優しさも抱かれません。私は今、再びあなたにお会いしたいとは決して望まないという事実に気づいています。私は悲嘆にくれています。といいますのも、人生をかなりよいそれに幸福にさえもしたであろうそれらのものを求め、愛情を求めて私が理想化し、頼ってきた男性とは、あなたが余りにも違ってみえるからです。もし私が次の6週間以内に行うべきことを実行することにでもなれば、私が今夜身にしみている悩みの繰り返しが無くなるのに違いありません。私はいつの日か、これらの歳月を忘れて、記憶にとどめておきたいことのみを覚えていられたらと願っています。どうか私に会おうと試さないで下さい。これ以上言うことは何もありませんが、どれほど我々おのおのによりもっと苦痛をもたらすことでしょう……さようなら。私はいつの日か、よりもっと幸せなことについて思いをめぐらすことができるのを望んでいます。私がどうして、私の人生の最良の衝動のためにそれほど罰せられるべきなのか理解できません。恐らく、いつの日か私には分かることでしょう。

1933年7月15日、土曜日

月曜日の出来事がそれ自体は重要なことではなかったのをあなたは知ってみえて、私も知っています……しかし医者としてそして男性として、あなたはどうして私が八方ふさがりになっていたのかについて何がしか分かってみえます。それに心の中であなたは精神的緊張をひどくする代わりに、これらの過ぎ去った丸数カ月それを和らげえたかも知れないことに気づいてみえます。あなたは私を幸福にしていたかも知れない親切を抑(おさ)えてみえました。それから私をひどく嫌いました。というのも私がまるで人生を楽しんでいるかのように笑うことができなかったからでした。もし私が笑っていられたならば、私は身を守れていたかも知れません。私はあなたの条件を満たしました。いや満たそうと努力しました。公平に言えば、あなたは、私のところへ打ち解けることもなく、尊大に訪れない代わりに、いくらか譲歩しておられたのかも知れません……。

私は、この段階を耐え抜くあなたを傍観し、最後まで見届けることに耐えられません。私は存知あげています、あなたには他の誰よりもずっとすぐれた、人間性、意識、知性、潜在能力が備わっていることを。私は、名声だけではなく、分別でもって加減された能力に、優しさで和らげられた意思に、あなたが接する誰をもあなたをいとおしくさせる豊かな人間性に、非常に素晴らしいあなたを夢みていました。あなたは、権力のためではなく、仕事のために戦いながら進路を切り開くことができます。インスリンは、あなたの人生においてただほんの不測の出来事にすぎず、カナダ人の誰もが未だかつてこの国について感情の宿る心と知性の宿る心に影響を及ぼしたことのなかった、そのような影響力への踏み石になったらいいことでしょう。しかしあなたは恨みと憎さで思考力の活動範囲を閉鎖したままです。あなたが身も心も開いてひなたを歩いていられる時に、あなたは暗闇の中で手さぐりをしてみえます。あなたがありえるかも知れないよりも劣っていると気づくのに合わせて、そこには私のこの上なく激しい苦痛、フレッドがいます。[4]※

※これらの手紙は、人工中絶されようとしている妊娠をほのめかしているのか？　それらはそのように解釈できるし、そしてこの時期頃フレッドはブロドウェンに３００ドルを貸したか与えていた事実で補強されることである。しかし手紙はまた、いくつかの他のようにも解釈できる。ブロドウェンは、身体的な病気にかかっていた、彼女の執筆仕事で特別なストレス状態にあった、あるいは近い親族の病気に我慢していたのかも知れない。その上、フレッドが妊娠中絶を信じていたとは思われない。彼の友人で、金のない若いカップルが、かつて彼らが見つけていた堕胎擁護者のサービスを利用すべきかどうかについて彼の助言を求めるために彼のところを訪れた。彼は子供が生まれてくるという良い知らせに対して彼らを祝福し、全員へ一渡りする酒をついでやって、それから妊娠中絶から離れて彼らと話をした。事実、バンティングは彼自身の子供をもっと多く大層望んでいたので、ブロドウェンが彼女の心からの願望を満足させていたのかも知れなかった一つの方法が、妊娠することであり、誠実な女とされることにあったのだろう。

ブロドウェンは、トム・トムソンに関する彼女の本（『原野に美しさと真実を捜し求めた男の物語』）を改訂し、そして神智学について複雑な事情を更に一層徹底的に調べたので、時々彼に会ったり、手紙を書いたりして、フレッドの生活の周辺に居続けた。彼女とフレッドは神の啓示による超自然的な真理についてしばしば語り合った。そして彼女は多分トロント神智学協会の臨時の会議に彼が参加することに尽力していた――そこで彼はローレンス・ハリスそして他の文芸クラブの友人達の多くに会っていたのだろう。(5)　数年にわたって、彼女は１９２０年10月31日のあの夜に起こったに違いないことを彼に説明するのを数度試みた。インスリン発見に関するアイデアは、神羅万象の基本的な原理に通じる洞察力のひらめき、啓示の類として彼に訪れたものだった。それは、偉大なカナダの神智学者であるモーリス・バッケが「宇宙意識」と呼んでいたところの瞬間で、普通の人々には与えられない特別な創造力を持つ、芸術家の如き、科学者だった。バッケ、バンティング、ローレンス・ハリス（あなたがたはそれを彼の油絵にみることができた）、トム・トムソンそして最終的にブロドウェンは、彼女もまた信じることになったのだが、突発口を開いて、宇宙的に意識するようになっていた。

フレッドは、別の研究で大発見を成し遂げることに益々興味を抱いていた。彼は神智学的な難解な言葉遣いを信じなかったが、それは、癌の謎の如く、他の医学的神秘を解く手がかりを与えるのに、インスリンのアイデアが浮かんだ如く、重要なアイデアがなんとかして胸に浮かぶことを願う気にさせていた。サディ・ゲアンズは腫瘍を引き起こす物質を1羽のプリマス・ロックのめんどりから別のめんどりへ、1週当たり3羽から6羽のニワトリへ、毎週毎週、毎年毎年移植したので、彼女にふりかかる大部分の骨の折れる仕事を考えると、ラウス肉腫の研究はあきあきするほど退屈なものだった。彼女はくる日もくる日も、くる年もくる年も結果を観察し、そしてめんどりの死に導く悪性腫瘍の成長についてほとんど変わることなく、非常に注意深く記録をし続けた。全部で1768羽のにわとりが、1928年から1933年にかけてバンティングの研究室で移植を受けた。

興味深い、時折胸をわくわくさせる鳥達は、その運命が普通から様々のものだった。極めて少ないニワトリ——最初の1768羽中7羽——は腫瘍組織の反復した移植に抵抗したものだった。それらはラウス肉腫に対して免疫があったのか？　それらはラウスウイルスを無効にする抗体を産生していたのか？　もしそれらがそうであったならば、ラウス肉腫から他のニワトリを防禦する抗毒素あるいは血清を作成しえたのだろうか？　例えば興味深いフジナミ株のような、他の腫瘍の種類から他のニワトリを防禦しただろうか？　ニワトリの代わりにマウスを用いて、種を超えた実験を試した時に何かが上手く行っただろうか？

答えはほとんど全てが否定的だった。結果が上手く行きそうに見える度に、それは再現することが困難であり、ある他の仮説を基準にして説明可能であり、あるいはただ袋小路への大発見にすぎないとわかった。バンティングの癌研究について言われえた最も良いことに関しては、ペイトン・ラウス、ウィリアム・ゲイそして1930年代における研究者達の成長軍団を仲間に加えて、彼がすぐれた仲間の中にいたということだった。彼らは皆が癌一般の謎それにとりわけ圧倒的に複雑なこれらの不思議なウイルスが引き起こす癌を見つけ出そうとしていた。1930年代そしてその後の数10年間、多くの癌研究者達はバンティングの研究成果に似たものを得た。盲目者の一団を連れて行きなさい、彼らを見知らぬ障害物によじ登るという試みに努力することを課しなさい、障害物をエベレスト山であると仮定させなさい、そうすれば研究結果は似たものになるだろう。

バンティングは腫瘍の仕事についてのアイデアでノートがいっぱいになった。彼は考えるために静かな時間を創り出す努力をした。その時にひょっとしたら良いアイデアが彼に浮かぶかも知れない。だから休日でさえも彼の関心から研究をすっかり追い出すことは滅多になかった。彼の旅行日記とスケッチブックには、「私は昨夜別のアイデアが浮かんだ……」、で始まる多くの記入事項が含まれている。トロントでかつて、彼は卓上カレンダーに「時々眠れない夜を持つのは良いことだと書き留めた。それは私に考える機会を与える。人のアイデアの多くは間違っているか、役に立たないけれども、人は試みることを続けるべきである。100のうち1つのアイデアに何か価値があれば、それならそれは試みる価値がある。それは釣りのようなものである……」。

彼は釣りをした。それも癌への答えを求めて釣りをした。釣り針には何もひっかからなかった。「研究室での腫瘍の仕事は成果が出るのがとても遅いので、興味がさめることから人の熱意を維持するのが難しい」、と彼は1933年の夏に認(したた)めた。「失敗に終わるかも知れない実験に求められた数カ月はとてもうんざりさせられる。しかし誰かがそれらのことをしなければならない……」。ただ数カ月だけは、始めから終わりまでずっとより注意深く思考されなければならなかったと、彼はしばしば結論づけたものだ。「大多数の人々は余りにも多くの実験を行い、それなのに余りにも考えなさすぎる……私は自分がこれまで行って来た馬鹿げた実験について一冊の本を書けるかも知れない[6]」。

バンティングが指導した実験のうちで最も馬鹿げていなく、最も良い結果をもたらしたのは珪肺症に関するプロジェクトの実験だった。その研究は、マッキンタイア-ポーキュパイン鉱山によって先導された、オンタリオ州鉱山業協会がバンティングのグループに困難な問題について幅広い着手に向けた組織づくりを求めた1933年には、より重要なものになっていた。バンティングは実質的に根拠の確かな多方面にわたる研究活動の委員長となり、結局は彼の部門の内外両方合わせて70名以上の研究者が関わった。そしてこの取り組みは珪肺症の多くの状況について先駆的そして永続的な研究を生み出した。

研究はすぐに対応について混乱を引き起こした。ビル・フランクスは、癌の実験から珪肺症について考えることに時間を割いた。バンティングのようにとても、アイデアマンであり思索家でもあるフランクスは電気集塵で大気からシリカのちりを取り除くことが可能だろうと考えた。彼は、爆破後に鉱抗内の空気の処理に利用される能力が備わっていることを願って携帯型の集塵装置を設計した。1933年末に、フランクスは、まず最初に彼の妻が双生児を出産して、それから次に新聞が突然、珪肺症の問題はインスリンの発見で名声を得たF・G・バンティング医師によって考案された器機で解決されたと、イギリスはロンドンから報道した時に、彼の器機の試験をする現場を正に指揮しようとしているところだった！

バンティングは休暇でヨーロッパに滞在していた。報道記者の大群がトロントの研究室を急襲した。お祝いの手紙が殺到した。発明についての問い合わせが世界中の鉱山業団体から届いた。フランクスは誤解を招き易く、人騒がせな報道であることに対して報道機関を非難した。そしてサディ・ゲアンズはバンティングの旅程表を彼らに差し出すのを拒否した。何だって起こりえたのかにバンティングは頭を悩ましたけれども、彼はイギリスで珪肺症の研究について癌研究者のウィリアム・ゲイに対してのみ語っていたと気づいた。ゲイが新聞記者に話したのか？　その通りである。いや、むしろ彼がお茶の集いで研究について他の医療従事者に語っていた。ジャーナリストがふと耳にして、かくして誤って伝えられた報告。「私は、不注意でありしかもあなたに許しを請うというそのようないまいましい馬鹿者であったことにとても落ち込んでいます」、とゲイはバンティングに手紙を書いた。[7]

新聞の記事は二重に時期尚早だった。フランクスの器機は試験されていなかったばかりか、試験された時には実用的となるのに十分に上手くは作動しなかった。フランクスがちりを研究することについて光度測定方法に関していくつかの興味深い論文を紡ぎ出した前ではないけれども、それは理論的には確かに失敗した発明という波乱万丈の忘却へと姿を消した。話変わって一方、キング、アーウィンそして他の人達は肺内の鉱石ちりについて精力的な研究を進めていたが、それらの仕事の多くはいかに異なったちりとガスが相互に、それから生体組織と影響し合っているのかという複雑な問題を巻き込んでいた。彼らは1930年代における研究に関して重要な領域の最前線にいた。だから彼らの発表はイギリスおよび他の国々の専門家達によって十分に受け入れられた。[8]当然のことながら、栄光の多くが、あらゆる珪肺症の研究が進行していた研究室の長であるF・G・バンティングにもたらしていた。

ところが、彼の名前は、珪肺症に関する論文でも、彼の部門から発表される他の論文のどれでも非常に少ないものだった。彼は活動的な実験者であることから活動的な実験者達から成る大きな部門の長であることへと徐々に変貌したので、バンティングは他の人達の仕事を自分の手柄にしないことについてほとんど強迫観念にとりつかれていた。彼はJ・J・R・マクラウドが彼に対して行っていたと信じたことを彼らにするつもりはなかった。彼が実験をしている研究室に実際にいなかった限り、彼は成果の報告に彼の名前をつけようとはしなかった。この姿勢は、アイデアが実験以上に重きをなすというバンティングの考えと、特に矛盾したものではなかったが、それは誰か他の人の栄光を自分のものにすることで、彼が決して非難されないことを確かに保証していた。

部門の若い研究者達にとって、バンティングの態度はすがすがしく、解放された気分にしていた。彼らはチームワークと協力を強調した部門の長から、彼らが値したあらゆる功績を常に得ただろうし、それに彼は彼らの論文に彼の名前を載せないことを彼らと激しく議論しただろう。それは、バンティングの時代あるいはそれ以降も一般的には継承されなかったが、研究成果を発表することへの超平等主義で民主主義的な取り組みだった。しかも継続する議論において今もなお急進的な立場を象徴している。そのことは、誰か他の人の仕事に彼の名前をつけて未だ一度も非難されていなかった点でバンティングを研究の稀な指導者にしていたのかも知れない。

これに反して、バンティングは大きな部門の主体性がない長として目立たない所へ消えるということはなかった。自由奔放な因習にとらわれない妻を虐待する人として彼の地元での悪名と比べて良い対比に、バンティングは大きくなり続ける彼の科学的名声を手に入れた。ある点では、彼は雑誌ニューヨーカー（*New Yorker*）の漫画の中で石器時代の穴居人の如き境遇にいた。彼について他の穴居人が、「彼が車輪を本当に発明したかどうか私には関心がない。それから今まで彼はどんなことをして来たの？」と言っている。珪肺症の研究は彼がより多くの仕事を行っていることを暗に示した。それに大多数の人々にとって車輪は十分に重要なことだった。１９３０年代を通して、よりもっと多くのメダル、会員そして他の名誉が、明らかな努力あるいは彼の資質を吹き込むことなくして、バンティングに降りそそいだ。

カナダ王立協会は1931年にフラベレ・メダル、カナダ医学協会は1936年にF・N・G・スター金メダルを彼に授与した。彼が1930年にイギリス王立外科医師会の特別会員に選出された時、彼は軍隊時代の念願を果たした。1934年に、ロンドン薬局古代協会が彼に薬局メダルを授与した。それから1935年に、彼はロンドン王立協会の会員に選出されて、トロント大学学長コーディが「世界中で科学の学識に関してのブルー・リボン」と称したところのものを受け取った。王立協会が言わば車輪の発明者を認め、そしてノーベル賞受賞者を容認可能と考えるのに12年間が必要とされたことがどれほど奇妙だったかをほとんどの人が気づかなかった。実際に、インスリン発見者達が会員に選ばれる順序をめぐってイギリス人の会員の中で複雑な内部抗争が数年間戦われていた。※ H・H・ディルはバンティングに、彼が選ばれることはインスリンについて彼の部門から出てくる最近の仕事に負うところが大きいと語った。他の記者達は、最終的にインスリン論争に終止符を打つものとして会員に選出される名誉を歓迎した。バンティングの科学的資格についての疑問符は最終的に取り除かれていた。(9)

※マクラウドは1923年に選ばれていた。バンティングの1935年の選出はコリップの選出後2年に訪れた。だからバンティングの名前が候補者リストに載って、それですぐに承認され易くなるまでに、コリップの要求を進める為のマクラウドの試みを王立協会の秘書であるサー・ヘンリー・デイルが阻止しなかったことで、より幅の広い時間の隔たりがあったのかも知れなかった。バンティングは彼が王立協会会員に選ばれることになったのを1931年遅くに知った。認識は、1933~1934年における彼の論文発表の急増、それにブロドウェンの苦悶の手紙に遠回しに述べられた復活した野望に一因があったのかも知れない。

多くのカナダ人にとって、科学者バンティングについての唯一の疑問点は、彼自身の国が彼に栄誉を授けるのに十分なことを行ったかどうかだった。国は1934年に更に一歩進めた。保守党の党首R・B・ベネットは、1919年以降一時中断していた慣行、すなわちカナダ人へ称号を授与することとの再開を決めていた。数年間ずっと、バンティングの仕事が古い制度の下で称号に値するものだとみなされていたことだった。従って、国王の誕生記念日の叙勲リストに、大英帝国の勲位で市民部門のナイト上級勲爵士の称号がフレッド・バンティングに授けられることを1934年6月に発表された時、それは何も驚くことではなかった。「私が言うことのできる全ては、それを特別な責務と思うことである」、と彼は報道記者に語った。彼には、身分あるいは称号を大層重んじる北アメリカの民主主義者は手に負えないものだった。だから彼はかなり早い時期に自身が受諾する人あるいは辞退する人の問題に直面することに決してならないことを望むと言っていた。彼に親しい人々は、彼が1934年の栄誉に喜んでいると思った。というのもそのことは彼が離婚で愛想をつかされてはいないことを示していたからだった。「私には、国の全歴史において卓越したカナダ人に贈られたこれよりももっと評判の良い栄誉がこれまでにあったとは考えられない」、と知人が多くのお祝いの手紙の一つに認(したた)めた。彼はつけ加えた。ナイト爵位が「オールド・ブラック・ブル」を唱うバンティングの才を邪魔しないことを望むと。[10]

そんなことはなかった。サー・フレデリック・バンティングほどうぬぼれていないカナダ人のナイト爵位の人は決していなかった。というのも彼にとって称号は少しも重要性を持つものではなかったからだった。彼はその称号を彼自身では決して用いなかったし、サー・フレデリックとして呼ばれるのを全く好まなかった。彼は友人達にはフレッドあるいはフレディ、他の人達にはバンティング医師だった。彼は、彼のために料理をし、掃除をする家政婦を雇って、大学と病院に近くて快適なマンションで静かに暮らした。彼の服装を世話する妻がいないので、彼はいつもしわくちゃで、惨めな装いをしていた。バンティングの部門に所属していたかつてのメンバーの一人は、ある時イートン百貨店でたぶん高校生によりぴったりの安い外套を買おうとしていたバンティングに偶然会ったことを覚えている。「私はそれは絶対にふさわしくないと彼に言って、バーバリーの外套を買うように彼に話した——彼はそれは変わらないと言った。その頃、彼にはお金がなかった[11]……」。彼は夕方の大部分を家であるいは古い友人達と過ごして、社交的に目立たなかった。彼らは「同僚」のあの小さなグループだった——フレッド・ヒップウェル、ゴード・キャメロン、スコッティ・マッカイ、シー・ラエそしてわずかの他の人達——大部分はIT7の仲間で、彼らはささいなブリッジやポーカーのトランプ遊びを行ったり、多くのビールを飲み、一緒になって古い歌を唱い、そして亡くなった仲間を追悼するために11月11日毎に規則正しく集まった。バンティングは友人達と彼の自由な私生活という狭い交際範囲に甘んじていたが、実際はしばしばより広い交際範囲を持ちたいと思った。彼は、研究室のざわめきそしてトロントの街での彼の高い注目度とは全く別に、多くの家族に対する責務——往来する身内、アリストンに在住する彼の年老いた母親（彼の父親は1929年に亡くなっていた）、彼の息子ビルの訪問——を持っていた。「私はたった一人だけになる時間を手に入れるようになった」、と1935年1月に彼のスケッチブックにぐちをこぼした。「つまりそれを得ることのできる唯一の方法は旅に出ることにあると思われる。私はそれについて誰も知らないどこかに、静かで飾り気のない、心地良い部屋を得たいと思う——私が行けて、全くたった一人になることができる場所。私が時折、スコッティとフレディに会いたいということを除いて、私はトロントから離れたい……私は年をとればとるほど益々私はより少ない友人達とより良い友人達が欲しい[12]」。

彼はいくつかの長期旅行をすることで、自由な私生活に対する、短い休暇に対する、小さな冒険に対する、彼のあこがれを満足させた。1933年秋に、彼はマドリッドでの癌学会へ出席し、それからスペインとイタリアでの休暇の旅行をしたりして、イギリスとヨーロッパで10週間以上を過ごした。彼は地中海沿岸の国々の美術館に魅了された。マドリッドのプラド美術館ではきちんと観るために3度訪れて、バンティングはゴヤが現代美術がなすことの可能である最善のことを行っていたと納得して出てきた。フィレンツェのウィフィーツィ美術館に展示されているラファエロとアンドレア・デル・サルトの作品は比類がない、素晴らしいものだった。レオナルド・ダ・ヴィンチは少しがっかりさせられ、ボッティチェリは驚くほど良かった。バンティングは、以前は決してイタリア芸術を正しく理解していなかったことがよくわかった。彼は、ヨーロッパの巨匠達が人体についてなされるべきことを余り残していなかったと認識した――とは言っても風景画はより遅れていたと思われた。だから最も上手なカナダの画家達である彼の友人達はヨーロッパの画家達に等しいかそれよりもより良い水準の分野だった。恐らく、彼にとって最も不都合とも言える「審美的な」ショックは、ウィフィーツィ美術館で小さなオランダ人の油絵の部屋をあちらこちら歩き回っていて、彼が所有していると思った一枚の油絵に出くわしたことだった。トロントのブリットネル画廊がオリジナルのディアスとして彼に売っていたところのものが、実際は無名のオランダ人の作品のコピーだった。バンティングは偉大な巨匠達の作品を模写することで、彼らの技術を学んでいる学生達を美術館で見て感動しなかった。[13]

彼は、彼の周りに集まって余りにも気をそらさせただろう子供達の群衆をしばしば見掛けたにもかかわらず、スペインで少しばかりのスケッチとペンで描いた線画をほどほどに行った。彼はスペインとスペイン人について心を決めることで悩んだ。彼らは他に心配のない、幸せな人々のように思われた――「大家族、大きな心、大きな声、そして彼らがしたいようにする十分な時間」――しかしカナダ人の新教徒の感情には貧困、無知そして無学に少しばかりとても苦境に陥った。彼は闘牛の残酷さを好まなかったし、王様と聖職者が過去に人々を迫害してきたという行状の証拠に絶えずむかむかさせられたりしたのに気づいた。

バンティングは、ヒトラーが政権をにぎり、それにムッソリーニがイタリアで栄光の絶頂にあった年にヨーロッパを旅行していた。彼はそこへ出掛けるにはドイツが余りにもひどい騒動だと結論を下したが、彼の注目がドイツの情勢に引き寄せられていたのを避けることはできなかった。最近ドイツに滞在していた、ダッチス・オブ・ベッドフォード号の乗船仲間のスコットランド人は、全てを大層勢力を持っているベルリンのユダヤ人のせいにした。フィレンツェの若いドイツ人は、ドイツでお金をつくって、スイスの銀行にそれを貯えておくポーランドのユダヤ人達が問題解決の鍵であるとバンティングに語った。ヒトラーはヨーロッパ全土で最も偉大な人だった。けれどもイギリスで、バンティングはH・H・ディルと会う許可を得るのに苦労した。なぜならばイギリス人は亡命者であるユダヤ人の科学者達と面接するのに忙しかったからだった。フレッドはすぐに、ヨーロッパのユダヤ人の科学的業績を学んだ誰が、どうして反ユダヤ主義者になりうるだろうかと不思議に思い始めた。その後長くかからず、彼はまた、亡命者である科学者達の仕事を見つけ出すことについて心配させられるだろう。

バンティングのユダヤ人に対する偏見は、他の強い人種的反感に譲歩しつつあった。彼は、1933年の旅でフランスを通り過ぎるのに2~3日費やしたに過ぎなかったが、そこで時間が刻々と経つ毎に、フランス人と接触する度にむかついた。「一瞬の間物乞いをして、次の瞬間には絹の衣服を見せびらかすという、このたくらんで、物乞いしながらすすり泣く人種に比べれば、ユダヤ人は紳士達である……パスツールでさえも私の評価の中では低落しつつある」。バンティングは戦時中フランス人を大層嫌っていたと、彼は覚えていた。すると国はそれ以降だんだん落ち目になって行ったように思われた。対照的に、イタリアはベニト・ムッソリーニの極右の社会主義者の下でめざましい発展を成し遂げていると思われた。バンティングはその芸術からその「素晴らしい、能率的なそして速い列車サービス」までイタリアについてあらゆるものが大好きだった。そしてイタリアが西方教会による長年の眠りと支配から目覚めつつある状態について彼の日記に長い一節を認めた。「イタリアには物乞いがいない。イタリアは増大する陸軍、増大する空軍、増大する海軍を所有している。イタリアは国家的意識、国家的忠誠心そして国家的誇りを持っている……イタリアには汚職がない。女性達は解放的〔原文のママ〕である。教会は俗事上の権力についてそのコントロールを放棄し、そして教会関係の事柄に対してより良いサービスを実施せざるを得なくなっていた。この全ては10年以内に起こっていた。次の10年はどんなことに実を結ぶのだろうか？」

次の10年について、別の戦争を生むのではとバンティングに思いめぐらさせるのに十分な猛威が海外にはあった。彼は、政治に対する考え方に決して教養がある人ではなかったが、地政学による国政を語ることを好んだし、民主国家が指導力を欠いた１９３０年代における社会全体の恐怖を共有した。典型的として、ローマ周辺のクック旅行会社の彼の旅は、ローマ皇帝の運命について考えたり、もしイギリスが同じ衰退に苦しんでいたかも知れなかったならばと思いめぐらしたりすることを彼に呼び起こした。イギリスは世界会議で余りにも宥和的と思われた。

イギリスの大物政治家達は余りにも歩み寄り過ぎではないのか？　それがかの有名なムッソリー二等とヒトラー等――色のシャツを着て、角ばったあごをした紳士達は目的を達するであろう男達である、と私には思える。しょんぼりした、哀れっぽい声のフランスは指導力を欠き、寛大なイギリスと同じ方向をとっている。アメリカの豆鉄砲、ガムを噛む人達はひどい要求を望んでいる。イギリスは支払う［戦争の負債］。寛大な人々は税金を支払う。私が思うに、イギリスは目覚める必要がある――ヒトラーやムッソリーニに。日本は発展中で、初期の苦しみに悩んでいる。中国は相変わらず鼾をかいている。ロシアは羽根を生えかえていて、新しい羽毛が成長し、間もなく飛ぶであろう。カナダは腕の中の幼児である。

その秋のヨーロッパにおける旅行と会話は、バンティングに戦争が再び勃発するであろうことを確信させた。「しかも我々の時代に。それは好ましい考えではない。しかし今10〜15歳の少年達は彼らの父親達がそうであったように軍服に身をつつむであろうというのが妥当な考えである」。彼は将来の戦争における科学の役割について自問した。敵をだめにしうるある種の病原菌や薬品や毒ガス、飛行機が敵の領土上に落とすことができるある種の「非常に残忍な毒薬」が開発されるだろうか？　どんなことが起ころうとも、恐らく科学的頭脳は来たる戦争で勝利することの主たる要因になるであろう。

どうして誰も、この中年医師の困惑した、素人くさい観察力を真摯に受け取めないのか？　というのは一つには、彼がカナダに帰国し、そうして将来の戦争および化学兵器あるいは細菌戦争が演じるであろう役割について考える必要性を彼の友人である医師達に警告して、[14]それから、我々が見て知るであろうように、その戦争が実際に勃発した時に彼は国の科学的取り組みの指導者になったからだった。というのはまたいくぶん、彼が、混乱したり、混乱している世界を理解することを熱望して相当に興味を抱いていたからである。1933年夏に、カナダはヨーロッパの列車に乗るのにクリストファー・イッシャーウッド〔訳者註2〕あるいはエリック・アンブラー〔訳者註3〕という大立物を派遣することができなかった。そのかわりに、我々は、彼の名声を隠して、日常生活について簡素な絵とスケッチを創作して彷徨い、彼の旅行日記に来る頁も来る頁も書き留める、孤独で、静かな、人目につかない医師に我慢している。少しばかり前屈みになって歩き、腰部が太くなって、眼鏡をかけた優しい紳士、しかもヨーロッパのキャバレーや不道徳な女性達に興味を抱いているが人なつこいバーテンダーや仲間の旅行者との会話で交友を結ぶのを喜んでる中年の部類。夕べには無料の酒を一杯やるために彼のマルセイユ・ホテルのナイトクラブをぶらつき、「大層着飾った美しい黒人女性の歌手——彼女の話は全く下品ではなくそしてボヘミアンの如く話した」、とお喋りする。当然のことながら、ニースの海岸遊歩道で「プードルを連れた着飾り過ぎの、太った、年配の、ぞっとするような顔の女性達」、に愛想をつかした。若いアメリカ人達がホテルに向かってジャズを演奏し、それを陽気にさせるのを眺めて。その全ての意味を理解しようと努めて。本国での仕事について懸念して、それなりに最終的には喜んで本国に帰国しようとしている。フランスでの最後の夜に認(したた)めながら、バンティングはカナダへ戻っての見通しについて考えた。

事情が許せば明日、私は家庭と幸せ、本当に大切な人々と友人達を求めて、この神に見捨てられた国を離れる。デイリー・スター紙を除けば、トロントは世界で最も素晴らしい都市である。昨夜の眠れないことで、このぼろ新聞が私に引き起こしてきた悩みと苦痛の全てについて思いめぐらした。私が我々の公正な都市に対して明るくしたいのは、一つの邪悪が存在するからである。私に対するスター紙は、不正で、信頼のできない、事実に反し、それに不正直という全てを象徴している。それは、これまで私に起こってきた不都合な出来事全ての根源であった。だから私はトロント・デイリー・スター新聞社の全組織を憎んでいる。天罰の時がいずれ訪れるだろうか？　と私はあれこれ思いをめぐらす……それはすっかり堕落していて、中心はアトキンソンである……『ハッシュ』の編集長は、彼と比べて紳士である。一つの慰めはトロントの人々がスター紙に対してほとんど注意を払っていないと思われることである。多くの人々の常識がまさっていて、だからスター紙は都市の政治活動あるいは政治一般にほとんど影響を及ぼしていない。

西に向かう十字路で、バンティングは、アルコール依存症患者で、遊び人の息子にどんなことが起こるだろうかと深刻に心配している、カナダ上院議員と話すことに多くの時間を費やした。22歳の年齢で、若者は自滅への道を大分すすんでいた。そのようなことは金持ちの人の問題だった。それにフレッドは、有名なトロント財界一族の一行、「明らかにフランス系カナダ人」である一組の女性が好きでなかった。彼らは派手で、思慮が足りなかった。「彼らは船外に放り投げられるのが当然である犬のポメラニアンパグを連れている。それをばらばらに引き裂き、それを食べるのにちょうど手頃な大きさの猫がいないのは不運である」。

そう、北アメリカ資本主義の富裕な人々の所産はたいして強い印象を与えるものではなかった。一部の有名な医学者達と違って、バンティングは彼らの組織や彼らの後援に歓心を得ようとは決してしなかったし、それにまた彼は社会的地位への野心を持たなかった。彼の芸術家の友人達の多くは、例えばA・Y・ジャクソンの如く、認識できるほどに左翼政党の見解を心に抱いていた。だからその創造性のある人達が周辺で奪い合い、請い求めざるを得ない限り、お金を崇拝する社会を公然と非難した。資本主義者の蓄財に熱心なことは、社会生活の理想を堕落させ、品位を落とすと思われた——バンティングは、ひとりよがりの百万長者、ジョセフ・アトキンソンによって所有されているトロント・スター紙が、より多くのドルを手に入れるというやり方の立場にあることへのどんな抑制も許さないという流儀を見てきたので。「我が国の産業界の人達のことをよく考えて下さい」、とバンティングはアトキンソンに手紙を書いた。「私は、どんな幹部会議も懇願者を相手にオープンとし、しかも彼の銀行口座へ別の100万で手を打つことを望む、頭のはげた年老いた罪深い人と記憶しています。彼は、アルコールを飲まない、タバコを喫わない、罰あたりなことを言わない、それに醜聞を決して見つけ出されなかったが、規則正しく教会へ礼拝に出掛ける人で、お祈りをする。しかし私は彼を信用しないでしょう。というのも彼は著しく利己的で、狭量で、策士の、鼻もちならなく、それにひとりよがりだからである。彼のみじめな残りの生涯の間じゅう、彼を見守りなさい。彼は高い地位を保っているが、彼の高い身分はお金による貴族である。彼は突然死ぬだろう。それで何が成功なのか？多額のお金を集めること？[15]」

代わるものがあったのか？　芸術、芸術家そして科学、そしてバンティングと彼の友人達が考えた全てのアイデアが価値のあるものと心から信じた社会があったのか？　1920年代末まで、それから1930年代の不況が西欧資本主義の失敗を意味すると思われるにつれてますます、多くの理想主義者達は可能性のある新しい社会としてソビエト社会主義共和国連邦に注目し始めた。そこで共産主義者達が社会主義政策の美しい夢を現実のものにしようと試みていると思われた。

誰もが、1917年のボリシェビキ革命の最初の成果が戦争、飢饉そして悪疫であったという事実に気づいていた。しかし今度は、スターリンの野心的な5カ年計画の時代で、西欧世界がそれ自身の経済の完全な失敗で困難な状態に陥った時代に、多くの人々にとってあたかもソビエト共産主義は丹念に目を通す価値があるように思われた。恐らく、それは人類の未来へ向けて開かれた窓だった。バンティングは1920年代末に、ロシア人の実験について講演を聴いていて、それでしばしば彼自身のためにその国を訪問する願望を述べていた。1935年に、彼はロンドンの王立協会へ正式に一員と承認されるために大西洋を横断しなければならなかった。彼はイギリスからロシアへ行くことを手配した。表面上はモスクワで開催される第15回生理学会へ出席するためだが、主に、「前代未聞の最も偉大な実験」をじかに目撃するために、と認めた。[16]彼は、6月22日土曜日に、ソビエト社会主義共和国連邦の汽船スモルニイ号に乗船して、ロンドンはヘイ波止場から旅立った。

バンティングは旅行日記にレニングラードへの船旅を描写したのだが、1930年代はじめにおける共産主義ロシアへの旅行者による旅についての無意識のパロディーで、イギリスを離れて最初のまる一日について素晴らしい赤い夕焼で始めていた。スモルニイ号の「赤い部屋」と一緒に行く赤い夕焼。その赤いじゅうたんを敷きつめられた、赤いテーブルクロスのかけられたレクリエーション・ルームは、マルクス、エンゲルス、レーニンそしてスターリンの写真で飾られていた。赤い部屋は、どうも乗船客への船長のスピーチの場所らしかった。そこで彼はソビエト連邦の素晴らしい発展とその商船について語った。彼の船に乗ってほとんどどんな規律も要求しないし、それに船が港に停泊している時に船員達は彼らの休暇を映画、オペラ、博物館そして美術館を訪れることに費やした、と船長は話した。ソビエト連邦における最近の政治的殺人についての真実（キーロフ〔訳者註4〕暗殺直後の時期で）は、反革命行為の陰謀は処置されなければならなかったということだった。「1億6000万人の人々——彼らの国について皆熱狂的——は利己的な権力探求者の小さなグループによって再び邪魔され、支配されるつもりはない」、とバンティングは忠実に記録した。

彼は、マルクス主義者の政治的経済に対するアメリカの計量経済学者レオンティエフ〔訳者註5〕の概説を読むことを試み、それから彼の仲間の旅行者達である教授達、報道記者達そして芸術家達の種々雑多な集まりと数時間にわたり、主に彼が観察したユダヤ人、主として大革命以降の共産主義の偉業について熱心に語って、その全てを書き留めようとした。

午後、デラヘイ教授（心理学に関しての講演者——ケンブリッジ大学）は、個人的な観察からのロシア情勢について話をした……彼は、どのようにして子供達の玩具が医師、芸術家、先生、そして子供達によって選ばれているかを話した。

ロシアでは、人が人を利用できないが、人は彼自身の頭脳の働きを活用できる。ロシア人のシステムは、計画、理論、哲学に基づいて構築されていて、イタリア人のように心情に基づいてはいない。「必要に応じて各々に、能力に応じて各々から」。ロシアの指導者達は命令したりあるいは支配したりしない。彼らは頭脳、判断力そして誠実さによって選ばれている。ロシア人はあらゆることを数時間にわたって議論し、関心を持っていたりあるいは寄与している団体は皆、十分な話を許されている……。

疑いなく、このシステムは我々のシステムよりずっとすぐれている——利己的な人を除いて。それは怠惰な人にとってはよくないものである。ロシアでは働かない人は誰も食べることができない。新しい政権が正式に開始されてきて以来、ロシアにおける犯罪は非常に減ってきた。

バンティングは、彼が聞いたり、見たりしたあらゆることに偏見を持たないと固く決心した。彼は、「資本主義者の国々の困った状況を解決するのに手助けとなるであろう何かを彼らから学ぶ」ことが確かにあるかも知れないと思った。彼が決して偏見がない訳ではなかった唯一の後悔は、船上のカナダ人四人のグループにトロント・スター紙の報道記者を含んでいたことだった。「あののろわれた新聞は、この遠い地域においてですらここに私をしつこく悩ましにきていた」。幸運にも、スター紙のジブ嬢は彼だとわからなかった（彼は別名、フレデリック・グラントを用いていたに違いない）それからレニングラードの後は彼女の道を行った。

乗船客らは、「資本主義者の国々における政治犯達の援助のために」募金を始めて船員達にチップを手渡した。バンティングはレニングラードで開催される生理学会へ出席する前に彼が計画した旅行をするつもりだった、それでモスクワに出掛けた。けれども、まず最初に、彼はソビエト連邦の最も偉大な科学者である名高い生理学者、I・P・パブロフを訪問した。パブロフ実験医学研究所を見学後、バンティング、デラヘイそして幾人かの他の旅行仲間達はレニングラード郊外に在るパブロフの別荘へと旅行会社インツーリストのリンカーンで疾走した。それは大きな白い建物だった。

守衛が大きな鉄製の門を開けるためにやってきた。それで我々は中庭へと駆った。我々が車から降りた時に、そこに大きな騒音が生じ、家屋全体が揺れていると思われた。我々のそばで、正面入口の階段の隣に、2匹のゴリラが入っている大きなかんぬきのかかったおりがあった。雄のゴリラは我々の到着でいらだたされ、おりをふり落とそうと試みた。少年がむちを持ってやってきて、騒動をやめさせた。我々は集会室に案内された、それから「管理者」がやって来て、我々がパブロフに面会することができなくそれでロシア人が再び面会の機会を設けると我々に話した。数分後に、教授が直ちに我々と面会するという伝言が届いて、我々は皆2階へ急いだ。

私が驚いたことに、最上階に達すると、教授が急に前方へ突進してきて握手をし、頭を下げ、半ば小走りでホールと3つの部屋を通り抜けて我々を書斎の類（たぐい）へと案内した。彼はロシア語で四六時中早口で話した。彼は我々と面会するのを喜んでいた。彼は部屋の隅の背付きの長椅子に座って、終始しきりにジェスチャーを交えて、友好的な態度で笑みを浮かべて早口のロシア語が口をついて出た。彼は自分の病気について全てを、それから彼の心臓が彼にいささか心配事を生み出しているが、この病気は過ぎ去るや否やすぐに、彼は今までに比べて快方に向かう、と話した。彼のあごひげは、あちらこちらにとなびいていた。彼の眼は輝き、表情に富んでいた。彼の顔はまるごと活気に満ちていた。彼の右手の背部で、こぶしの第3指関節部にクルミの約半分の大きさの脂肪腫があった。彼は私が心に描いていた静かな物思いに耽ける科学者のようには見えなかった。我々は敬慕する半円形で座った。それは偉人崇拝だった……。

グループの一人が、85歳のロシア人と一緒にソファーにすわるバンティングの写真をいくつか撮った。訪問者達は、市街へ戻る前に別荘の研究室そして巨大な動物舎(「小犬達が飼育され、研究されるためにいる」、とバンティングは書き留めた、「おおいにブラッツの幼児研究のよう」)を見学した。それは全てがバンティングに少しばかりの「畏敬の念を抱かせた」ままにしておいた、そして一科学者に対してそのような敬意を表して「世間が大層無情で、冷酷とみなす」ところの政府を巻き添えにした素晴らしい証拠に驚き、そして政府が彼に敬意を表して建築していた霊廟と聖堂の結合体よりも、ひょっとしてパブロフが彼の古い研究室がより幸せでないかも知れないならばまた驚きだった。

新生ロシアの映画のような紹介は、モスクワでバンティングの到着の至る所で続いた。彼がホテル・ナショナルの彼の部屋に辿り着いたちょうどその時、歌う運動選手達の行進するパレードが眼下の通りを通り過ぎ始めた。カナダの来訪者は部屋のバルコニーに立ち、2時間にも及ぶ行進と歌を眺めた。

幾人かがライフル銃、いくつかの赤い旗、山車(だし)、レーニンとスターリンの巨大な肖像画、図案、横断幕、小模型の飛行機、巨大なボクシング用のグローブ、テニスラケット、フットボール用のボールを持ち歩いた。幾人かが彼らの胸に赤い星を着けていた。いくつかのグループの男達は皆頭を短く刈っていた。いくつかのグループはだぶだぶの、青色のプルオーバーの上っ張りを着ていた。一つのグループは犬、亜鈴を持っていた。いくつかのグループは自転車に乗っていた。彼らの楽団さえも乗車している間中演奏していた。幾人かは小型リュックサックを持ち、幾人かは弾薬帯のようにロープのぐるぐる巻き。多くの人が花や枝を持ち歩いた。皆が大層日焼けしていた。頑丈な筋肉あるいはどれほど胸が貧弱であっても彼らのユニホームに形状を生み出している盛り上がった丸い胸……飛行機、一群に50機、騒々しくやってきた……より少ない飛行小隊がとびとびで続いた。私は未だかつてこのような壮観な光景を見たことがなかった……そこには15万人の徒歩行進者がいたかも知れない……彼らは堂々と歌っている。それは並はずれていた。

モスクワで、バンティングは印象的な新しいソビエトの工場、博物館そして美術館（「最も興味深かったのはモダンスクールの仕事だった。そのいくつかはただ簡素で粗野だがあるものはこの上なく力強かった」）、結婚と離婚の法廷、妊娠中絶クリニック、そして昔の売春婦の治療のための施設についての観光旅行に出掛けた。ソ連の国民は彼らの偉業を統計的に示すのを好んだ。この港で、２００５名の売春婦が治療されて、社会復帰をしたとバンティングは教えられた。「これらのうち、52％はれっきとした仕事をする人となり、19％はソーシャルワーカーになり、12％は地位を得て共産党に加わって、17％は大学で勉強した」。モスクワの馬と子供達の両方、一般的な福利の良い指標は幸せのように見え、それによく世話をされていた。彼は、旅行会社インツーリストのガイドによる英文学についての知識の範囲をほとんど信じることができなかった。彼女は、スコット、ディケンズ、シェイクスピアを読んでいて、それにチョーサーさえも試みていた。「これらの人々がそのような文物を読んでいることを想像してごらん」。

バンティングは１９３５年7月の大部分を南中央ロシアの素晴らしい周遊旅行に費やした。それは鉄道と船による一人で旅することで、旅行途中の短い滞在時には旅行会社インツーリストのガイドによって案内された。モスクワから、彼はゴーリキーに行った。それからカザン、サマラそしてサラトフを通ってスターリングラード（「トラクター工場を見学するためにすぐに急に動いた……フォード型自動車はこの場所に機械整備に適した何の設備も持っていない」）へとボルガ川を巡遊して下った。それからロストフ・ナ・ドヌー、オルジョニキーゼに向けて、古いグルジアの軍用道路を絵のように美しい自動車旅行後に、南コーカサスの奥深くチフリスへと向かった。チフリスの鉄道駅の待合室は「個人宅の居間のように……美しい家具が備えつけられていて、役人と最上級の外国人のためだった。ロシア人は、階級差別についての世評にもかかわらず、人々の階級を区別している」。

一等と二等の船客にだけは、バタムからヤルタへの黒海を横切ってバンティングを運んだ船に睡眠をとる宿泊設備があった。彼は一等船室を赤軍の将校と共有した。それなのに甲板上で眠っている農場労働者達は恐らく彼が得たよりもずっと新鮮な空気を呼吸していると思った。船上の便所はとりわけ不愉快だった。「革命はロシアの配管工達の中にも必要とされている」。ヤルタの保養地の町から、楽しい絵のように美しいタタールの山々の村落、隠者ピエールの洞窟、そして皇帝の夏の宮殿への追加の旅があった。そのワイン貯蔵所は依然としてそのままで、訪問者達は素晴らしい優良なワインの試飲でもてなされたけれども、宮殿は結核療養所になっていた。セバストポルへの別の自動車旅行、それから長い列車の旅はキエフに向かって北へ行き、そしてモスクワが周遊旅行の仕上げだった。

彼の観光の大部分は、展示工場、アパートメント、学校、託児所そして病院という標準的な視察だった。これらの周遊旅行でバンティングは、魅力的で、教養があり、とても献身的な女性ガイドによる非常にすぐれた英語で彼に説明したあらゆることを含めて、その疑う余地のない最も良い状態でソビエト連邦を見た。彼がロシアで、とりわけモスクワで会った北アメリカ人の多くはまた、新しい社会を築くために働いている外国在住の人達で、左傾化した人達と深く関わっていた。

しかしバンティングはまた、畑で仕事をするのに牛のように縦列を組んで進む農場労働者、田舎の泥の住居、荒廃した町の家、革命によってほとんど影響を受けていない都市と村落、突出している腹はくる病か飢餓を意味する子供達に気づいた。「ボルガ川沿いの全ての都市には、一つのポケットから突き出る魚と腕の下にいくつかの黒パンを持つ、貧しい身なりの、ぼろを着た汚い人達のグループがいる……カザンでは、マラリア、栄養失調、くる病、幼児と子供の死亡がかなり多い」。彼はまた、ロシア人の官僚に直面して旅行者の無力という公正な分け前を経験した。「ソビエト連邦の功績は、人がロシア人の気質をよく考える時に、なお一層際立つものである」、と彼はより一層鋭いコメントの一つに認めた。「二流官僚達の幾人かの軽蔑に値する愚行は驚くばかりである。ロシアがどんなことでもどのように成し遂げるかは、それがとりかかることを求める時期の理由で注目すべきである……5カ年計画は必要である。というのももしそれが起こる前の長い間、何が起ころうとしているのかを人々が正確に知らなければ、ひょっとするとそれは決して起こらないかも知れない。ソビエト連邦の将来について大きな弱点は官僚政治にある。そのような弱点をいかに避けるかは、口に出すことができない。人々はとても、とても忍耐強い」。

ファースト・クラスで旅行をする旅行者として、バンティングはロシアにおけるあらゆることについて最上のものを経験してきたし、それの見分けがついた。彼は、階級の差別は当然の避けられない現象であり、つまりロシアが享受した大きな差別はそれが階級から階級へと移る機会を誰にでも提供している、と結論を下した。8月8日に始まったレニングラードでの生理学会にやってきた医学者の多くは、ソビエト連邦を経験するには時間が足りなかったし、ガイド達が述べた正当化と自己弁護ではバンティングと同じようには教えこまれなかった。訪れている科学者達へのソビエト連邦の接待の豪華さは平等主義の貧困の真只中でどうして正当化されうるのか？　と彼らは思いをめぐらした。バンティングは説明した。

接待は非常に豪華なものだった。学会の代表者らは、民俗学博物館に集まって、それから標本のガラスケースの間を歩き回り、多くの友人達と沢山の新しい人達と会って後、集団はあらゆる種類の食物が積まれたテーブルの数々ある非常に大きな部屋へと移動した。コールド・ロースト・チキン、ハム、果物、パン、キャビア、ワイン。花、銀器そしてぜいたくな品は、招かれた客達のさえない外見とは対照的だった。科学者達と彼らの妻達は身ぎれいにすることに注意を払っていない……代表者達の幾人かは、レニングラードの多くの人々が半ばみすぼらしい装いをして、空腹感を抱いていた時に、そのような豊かさが誇示されることを罪悪と思った。そのような結論は間違っている。全ロシアで怠惰を除いて、貧しくはない。そこにはパンの施しを受ける失業者などの列はない。そこには非雇用はない。多くの人々が粗末な食物で生活していて着古した衣服を着ているのは真実である。科学者達自身の多くが、彼らの生涯で質素にそしてみすぼらしい着こなしをしている時期を経験していた。もし同一メンバーがパン、魚そしてキュウリを与えられたならば、すべき重要なことがあっただろう。

残念ながら、日記をつける人としてのバンティングの熱意は学会時までに衰え始めていた。それで彼は会議あるいは仲間の代表者達とのおしゃべりを記録にとどめなかった。そういう訳で、数年してバンティングとほぼ同じくらい有名になった彼の同級生の一人、ノーマン・ベチューン医師〔訳者註6〕を含めて、学会に出席した数人の他のカナダ人達との彼の関係については何も知られていない。ベチューンとバンティングは共通することが多かった。彼らはトロントの北に位置するオンタリオ州の田舎で1歳と50マイル離れて生まれていたし、従軍時に負傷していたし、外科医になっていたし、くつろぎに油絵を描いたし、それにまた離婚していた。彼らは両者とも、しつけについてキリスト教の信仰を断念していた（ベチューンは長老派教会の牧師の息子）、それで両者ともこのことが仕事をして将来があるのかどうかを確かめるためにロシアへ旅行した。彼らの間にみられる主な違いは、バンティングは随分前に世界的な名声を獲得していたことだった。１９３５年にノーマン・ベチューンは、非常に議論の余地がある能力を持つ、とりわけではないがよく知られたモントリオールの胸部外科医だった。彼はそれに、明らかに日記をつける人ではなかった。だから同級生が共産主義に対する彼らの反応に関して意見を交換したかもしれないけれども、彼らがロシアで一緒に行っていたかも知れなかったところの話をしたり、飲んだりのなんであれ記録を残さなかった。

バンティングはレニングラードからロンドンへ船旅をするのに、シベリア号に彼のための部屋がないと話されたときに、ソビエト連邦の官僚的な人達と最後の体験をした。ロシアの旅行会社インツーリストは飛行機で彼を送り返すことを約束したが、天候が邪魔した。最終的にバンティングと一人の連れ、ボンベイからの医師は、大量の食物を与えられ、そして西方へ向かって進む列車に乗せられた。「ロシアの列車は世界で最も遅い」。彼らがポーランドの国境を越えた時、ポーランドの役人らの身なりのきちんとした服装はバンティングに、彼が如何にロシア人の身すぼらしい衣服に慣れてしまっていたかを気づかせた。ポーランドの畑で働いている素足の小作農の女性達がいたが、列車からの眺めではロシアに比べてよりずっと清潔で、よりもっと富裕な田園地帯だった。ドイツの田園地帯はよりもっと豊かですらあった――「こざっぱりして、清潔で、組織化された、科学的な、……まぎれもない庭」。これがバンティングのドイツへの唯一の訪問だった。列車から、彼はいたる処でかぎ十字の旗が翻っているのに気づいた。列車で、共産主義、極右的国家主義そして滅びる民主主義を乗り通って三日三晩後に、バンティングは1935年8月26日にロンドンに到着した。4日後に、彼はカナダへ向けて出発した。

彼は、この時代のソビエト共産主義をみた多くの善意から出た西欧の理想主義者達の結論をかなり代表していたロシアの印象を持ち帰った。因みに訪問者達にはビアトリス〔訳者註7〕とシドニー・ウエブ〔訳者註8〕からリンカーン・ステフェンズ〔訳者註9〕とジュリアン・ハックスリー〔訳者註10〕に及んでいる。これらの他の人達に似て、ロシアについてのバンティングの「偏見のなさ」は、実のところは、本当に信じるという意志、大多数の批判的意見の差し止めであった。彼はソビエトの独裁政権の暗黒面を捜さなかったし、それを観察する機会もなかった。普通のロシア人の生活についての厳しい面は、旧政権下の圧制時のせいにされえた。貧困はロシア帝政の遺産だった。進歩のあらゆる表れは共産主義の活動によるものだった。ロシアは未だ桃源郷ではなかったが、闘争はかなり交わされていた。「ソビエト連邦の活動分野の背景には指導者の意向があるのは、至るところで明白である」、とバンティングはある日、彼の日記に結論づけていた。

全闘争の最前線に沿って進歩がある。重工業は重要になっている。教育は別の重要性を形成している。音楽、絵画そして建築は意欲を奮い起こしている。医学、公衆衛生、そして歯科学は難しい分野の一つを占めていたが、ある側面で教育そして他方で文化的活動と一緒に今急速に進歩している。研究の諜報部は、あらゆる方策でもって連絡をとり、すでに世界に新しい真実を伝えつつある幾人かの優秀で活動的な頭脳をその集団に引き寄せていた……。

ボルガ川の船旅で、彼が会っていたロシア人らが劣等感に苦しんでいないという考えで、彼は階級差別についての瞑想を止めてしまっていた。

彼らはこの世で地獄を経験してしまった。彼らは勝利を勝ちとっていたし、勝利を得つつある。だから結果として彼らは彼らの力について最初の自覚を持つ。しかし彼らは学ぶことを切望しているし、たえず知識を受け入れる用意がある。目覚める1億6000万人のこの国家を見守るということのようなそんなスリルを、私は未だ経験したことがなかった。人々皆の中に、とりわけ若い人達に熱意がある。彼らは健全な、汚れのない考え方をしていて、それに彼らは知識を渇望している。

カナダにおいて、バンティングはソビエト社会主義共和国連邦に対する彼の熱意を分かち合いたいと思った。彼の講演、論文そして会見記事は、共産主義政権が期待しえた政治的な宣伝者も同様なことを示していた。彼は時折、馬鹿馬鹿しいほど、見境なくソビエト連邦を賛美した。彼は、医療社会制度についてソビエト社会主義共和国連邦のシステムおよびその医療に携わる総人員を増員することへのその意欲について話す場合には、中味が最も充実した根拠に基づいたものだった。彼が話題を赤軍に変えて、それは「主として教育を施す組織だった……この軍隊がどのようにして、国の4地域から粗野な少年達——ほとんど読んだり、書いたりできない少年達を受け入れて、それで彼らを画家、音楽家そして学者にするかは驚くべきことである」、と報道記者に語ったならば、バンティングは全く愚かだった。[17] 彼はいつも、ソビエト連邦がいかに科学を支援し、将来に向けて基礎づくりをしているかに集中した。これらのより青々とした共産主義者の牧草地についての彼の最も啓発的な称賛は、ロシアとカナダとの科学者の境遇の比較に現れた。

人はソビエト社会主義共和国連邦における状況を助けることはできないが、カナダの状況と比較することはできる。彼らは平和的な繁栄、文化的活動、芸術と科学に向かって漸進している。我々は相変わらず立ち止まっている。彼らは大層常識がある。我々は伝統、世論、新しい金持ちの支配によってとても束縛されている。科学および医学研究あるいは産業上の研究に生涯を捧げたいと思う、ここにいる科学者は金持ちの机に懇願しうる滴下物に依存している。科学は利益配当金を約束できないが、科学は鉱山や産業よりもずっと良く人に報いている。科学は政府に対して決して賛成しない。だから支援を得ているが貧弱なものである。科学は我々の毎日の新聞に頁全面広告を売り込まない。従って新聞はその研究者達を食い物にしたりあるいは彼らの価値を考えないで新聞の見出しのために最新情報を誤って伝えたりしている。

バンティングはひそかに、なお一層興奮して夢中になることができた。ロシアから帰国後すぐ、サー・フレデリックはオンタリオ州知事、ハーバード・ブルース医師の居間で「私は共産主義者である」と公表した[18]。

宣言に対してのブルースの反応は知られていない。疑いなく、フレッドの分別のある友人達の幾人かが、彼は気が狂ってしまったと思った。彼は共産党員でも共産主義者でもなかった。それで友人達を不安にさせ、しかもさらに一層多くの新聞論争の期待を高めて、あたかも彼が公然とレッテルを貼られた一人かも知れないと思われた時に、彼はロシアに対する熱中を和らげ始めた。どんな場合でも決して非常に熱心ではなかったのだ。というのもあらゆる彼の瞑想録およびコメントの中で彼はボリシェヴィキ政権を送り出した革命の暴力行為を非難していたからだ。フレッドは国王に忠誠な国民だった。だから変化について民主的で、普通の秩序を信じていた。ロシアで働く将来が見えたと思った仲間の旅行者達の多くのように、彼はカナダの今で生活することが良いと思った。彼は共産主義を大規模に持ち込みたいとは思わなかった。ロシアにとっては、それはふさわしいことで、多分必要だった。ほかならぬ、もしカナダがロシアが行った方法で科学者達および医師達に栄誉を授けたならば、そしてもし貪欲な資本主義者達と彼らの新聞が統制下に置いておかれたならば、それは確かに目的にかなっているかも知れない。イギリス人が経験しつつあるとバンティングに思われたような、恐らく社会主義へのゆっくりとした移行が答えなのかも知れない。「文明社会の動向」に関しての1936年末の講演で、バンティングは極右的国家主義と共産主義との両極端間の適切な媒体の性質としてのこと——国王に忠誠で、寛容なイギリスの国民が支持することのできた傾向の類を示唆した。政治的アイデアについて「熱狂的支持者」となり、それに「突然極端な究極的な目標の状態になる」という必要性はなかった。[19]

一方、ノーマン・ベチューンは共産主義を受け入れることの持つ影響からしりごみしなかった。彼はバンティングと同じ熱意で夢中になってロシアから戻ってきた。例えば、「ロシアは今日、宗教改革以降この地球に現れてきた人間の進化論的で、新興のそして高潔な精神のとても刺激的な光景を見せている」、と彼は書いた。[20] 1935年の秋、彼は彼がはっきりと理解したところの現代宗教がどんな信条なのかを学ぶことにより一層深く関わることとなった。彼はすぐに彼の利己主義、彼の群衆と統制への反感を抑えて、心酔した共産主義へ飛び込んだ。1年以内に、彼はスペイン内戦で共和制支持者側のために輸血サービスの行動を起こしていた。スペインから中国に赴いて、そこで彼は日本の侵略軍と戦っている共産主義の軍隊のために一種のゲリラ兵外科医となった。ベチューンは1939年に敗血症のためにそこで亡くなり、毛沢東によって英雄的崇拝人物にされた。

バンティングとベチューンは、1935年後に少なくとも一度接触をもった。ベチューンがトロントの研究室にフレッドを訪れた。他の出会いがあったのかも知れない。ベチューンは、バンティングがそこで真に英雄になるだろうと話して、彼にスペインか中国へ来ることを勧めていたと言われる。バンティングは関心がなかった。

バンティングとベチューンは二人とも、彼らと多くの他の人達が信じることを教えられてきた個人生活そして政治生活が第一次世界大戦によって紛砕された後にもがく、彼ら世代の闘争の象徴だった。神は死んでいた。だから神の教えの多くもまたそうだった。とりわけセックスと結婚について。彼らの同級生、ボーモント・コーネルは、彼の1923年の小説『ランタン湿地（*Lantern Marsh*）』をオンタリオ州の農場の地域社会と田舎の少年時代の親しい湿地帯を焼き払う濃赤色の焔でもって終えた時、彼ら皆が分かち合ったジレンマを懸念していた。コーネルの英雄にとっても、バンティングとベチューンにとっても、人生は孤独な自己を見つめ直す自分探しの旅となった。

現実に甘んじようとするもがきは、とても心をかき乱された利己的な人、ベチューンにとってはいっそうひどいものだったが、彼の自信に満ちた道徳観念の欠如は失敗の強迫的な不安感や恐れを覆い隠した。ベチューンの絵は怒ったようで、激しく、暗かった。バンティングの作品は穏やかでそれに生き生きとしていた。ベチューンはよく、険悪な、酔ってからむ人になっていたものだった。バンティングは円熟して、親しみ易い人になっていた。ベチューンはどうしても信じる何かを必要とした。彼は赤軍の戦争に参加することで、共産主義に自信と達成感、殉教者ぶった行為を見出した。ベチューンは信じなければならなかった。ロシアの試みを拒否することは「人に対してあなたの信念を拒否することであり、それは容赦のない罪、決定的な背信行為である」と彼は言っていた。[21]

バンティングは理論上、人に対して特別な信頼を持たなかった。彼には信じるだけの価値のある彼の研究と彼の部門、彼の友人達と彼の国があった。彼は日常生活で忙しいふりをした。不安、抑うつそして絶望の時期があったが、翌朝起き上がって、一日の職責を果たし、スター紙の報道記者達に近づかなかった。一日の終わりに、友人達と飲酒で、あるいは全く一人でいることで緊張をほぐすことができた。ロシアでの旅行中、バンティングは人々があらゆることを大勢で行っているように思われて、途中で反省していた。「私が理解できない一つのことは」、彼は自身に向けて認(したた)めた。「時折考えるためにたった一人でいることなくして彼らはどのようにして生きて行くことができるかである」。

訳者注1：サミュエル・ド・シャンプラン Samuel de Champlain（1967 或いは 1570-1635）。17世紀フランスの地理学者、探検家。フランス王アンリ4世の意向に従って、カナダのセントローレンス川流域のケベック植民地（現ケベック）の基礎を築いた。

訳者註2：クリストファー・イッシャーウッド Christopher Isherwood（1904-1986）。イギリスの小説家、脚本家で、1938年に日中戦争下の中国に旅し、帰国後に第二次世界大戦を予想した合作『前線にて（*On the Frontier*）』を発表（1938）。1939年にアメリカ合衆国に渡り、1946年に帰化。代表的な短編小説『さらばベルリン』で舞台化、映画化されたが、とりわけ『キャバレー』としてミュージカル化されてトニー賞を受賞し、1972年に『キャバレー』として映画化されている。

訳者註3：エリック・クリフォード・アンブラー Eric Clifford Ambler（1909-1998）。イギリスの小説家、脚本家で、スパイ小説のジャンルに新しい写実主義をもたらしたとして知られている。第二次世界大戦で兵士として入隊し、王立砲兵隊から撮影隊へ配属されて才能を発揮。小説『真昼の翳（*The Light of Day*）』（1962）で、1964年にエドガー賞を受賞。

訳者注4：セルゲイ・ミロノヴィチ・キーロフ　Sergei Mironovich Kirov(1886-1934)。ロシアの革命家、政治家。カザン大学で教育を受け、十月革命と内戦で積極的に活動。1920年代には共産党の地方のいくつかの要職をこなした。1934年には共産党政治局のメンバーとなり、第17回の党大会では中央委員会の書記に選ばれた。同年、レニングラード本部で暗殺されたが、スターリンの教唆によるものとも考えられる。彼の死は広範囲の逮捕劇の口実となった。

訳者注5：ヴァシリー・レオンティエフ　Wassily Leontief（1906-1999）。アメリカの経済学者。ロシアのサンクトペテルブルク生まれで、レニングラード大学（現サンクトペテルブルク大学）とドイツのベルリン大学で学び、ハーバード大学で教え（1973〜1975）、ニューヨーク大学経済分析研究所の所長となる。投入産生経済分析法を発展させたことで、1973年にノーベル経済学賞を受賞。この分析法は、多くの国で経済計画と景気予想に用いられている。

訳者註6：ノーマン・ベチューン　Henry Norman Bethune（1890-1939）。カナダの外科医、トロント大学に学び、胸部外科手術、とりわけ結核治療の専門家となる。外科医としてスペイン内線に従軍（1936〜1937）また対日戦争中の中国に赴き（1938〜1939）、同地で国民的英雄となった。

訳者註7：ビアトリス・ポッター・ウェッブ　Beatrice Potter Webb（1858-1943）。シドニー・ウェッブの妻で、夫と共に漸進な社会改革を進めることを主張した。

訳者註8：シドニー・ウェッブ　Sidney James Webb（1859-1947）。イギリスの政治家、貴族（男爵）。労働党員として党内の要職を歴任し、第二次労働党内閣（1929〜1931）の植民地相を務め、晩年にはロシア社会主義に傾倒していった。

訳者註9：リンカーン・ステフェンズ　Lincoln Steffens（1866-1936）。アメリカ生まれの取材記者。セント・ルイスの都市腐敗に関する記事のシリーズが大好評で、のちに『都市の恥』（The Shame of the Cities）（1904）として出版された。また、州レベルで腐敗や改革を分析して『自治のための闘争』（*The Struggle for Self-Government*）（1906）を出版した。

訳者註10：ジュリアン・ハクスリー　Sir Julian Sorell Huxley（1887-1975）。イギリスの進化生物学者、ヒューマニストで国際間協力推進者。自然選択説を強力に擁護して20世紀中盤の総合進化説の形成も主導した。ユネスコの初代事務局長（1946～1948）を務め、世界自然保護基金の創設メンバー。

Frederick Grant Banting

第11章

円熟期

✣

彼の祖国は彼を放ってはおかなかった。１９３７年に、バンティングはカナダ国立研究評議会のために尽くすことに同意した。大学では彼の部門の研究活動を維持し、拡大させていくと同時に、カナダにおける医学研究に対する最初の国の代表者となった。ヒトラーによる戦争勃発前の数年間は、２回目の結婚で最高潮に達していて、バンティングにとって最良の時期でもあった。しかし、彼はヨーロッパの戦争の見通しについてどんな幻想も抱いていなかった。それで戦争が１９３９年９月に始まった時、彼は奉仕を買って出るために最前線で立ち向かっていた。

国立研究評議会はカナダのあらゆる種類の科学研究を組織し、促進するために１９１６年に結成されたもので、半ば独立していて、政府が資金を出した組織だった。今日の基準からすれば、その初期は信じられないほど貧弱で、その活動は非常に小さなものだった。しかし１９３５年までに国立研究評議会はオタワにその組織独自の研究施設を持つことになった。もし不十分な給料が支払われていた科学研究に従事する職員ならば相当な給料だったし、年間およそ40万ドルの予算だった。その年は、政府が国立研究評議会の長に軍司令官アンドルー・G・L・マックノートンを任命した時で、その歴史の節目となった。マックノートンは工学者、砲兵、科学者、発明家そして職業兵士だったが、彼は第一次世界大戦時に陸軍准将の地位に昇進していて、１９２９年から１９３５年までカナダ陸軍の将官スタッフの長として仕えていた。マックノートンは科学研究について熱心な支持者だった。もし戦争が起こったならば科学的指導者の任務を委託するために評議会に準備させることを固く決心して、それで拡大した役割に資金を融通するためにオタワからより多くの資金をやっと手に入れる都合をつけた。

バンティングが国立研究評議会に加わった時、それは医学研究にどんな一般的な関わり合いもなかった――カナダのどの公的機関もその領域に関わっていなかった――しかしそれは次第に、結核の研究に基金を出すことに積極的となり、放射線学と放射線療法へ滑るように進んでいったし、農業に関する研究を介して寄生虫学のようなそんな分野にも入り込んで行った。マックノートンがバンティングに評議会に加わることを要請した時、彼は恐らくすでに医学研究の向上に上手く計画された、他を介さない医学研究評議会の役割を考えていた。1936年遅く、彼は評議会が他の副委員会と並行して、カナダ中の医学研究のために上手く機能するように編成された唯一の組織になるであろう、特別な副委員会の創設を提案していた。カナダ医学協会のような専門組織でもって慎重に画策された協議後、医学研究に関する副委員会が1938年初めに、正式に創設された。

バンティングは、明らかに彼がその職務に適任ではないし、真に彼の名声にも値していないとマックノートンに話していて、副委員会の委員長としてつくすことにしぶしぶ同意していた。どうしてマックノートン自身が委員会の長を務めることができなかったのか？「君はこの領域で名声を得ていて、それなのに私はそれを得ていない」と軍司令官はバンティングに語った。「それが値するのか値しないのかは問題ではない。君は名声を得ていた。君は［私より］ずっと上手くこれを成し遂げうるし、しかもそうすることが君の職務である」。バンティングは職務への協力要請に抗う(あらが)ことができなかった。事実上口説きになって、彼は立ち上がった、そして言った。「承知致しました、閣下。私がそれを行います」。副委員会の創設者達は、2〜3年以内にそれが国立研究評議会の分科の一部から、イギリスの医学研究審議会に似た、医学研究評議会に発展するだろうと想定した。(1)

バンティングは生物戦争の軍事医学についての問題を彼と論議を起こすためにマックノートンへの接触の好機を利用した。1933年以来、彼は敵に不利な疾病を蔓延させる可能性について読んだり、他の科学者達と話したりしてきていたが、話はいつも第一次世界大戦の細菌戦争で断言された試みのいくつかに展開した。ドイツ人はポーランドでコレラの流行を引き起こしてきたと言われた。例えば、そこの囚人達に汚染した砂糖を与えることで、彼らが農場労働者の中にそれを広めた。1917年に、ルーマニア人はブカレストのドイツ大使館で炭疽病と鼻疽の病原菌の貯蔵を発見していたと言われていた、など。化学戦争での毒ガスは勿論、両軍で用いられていた。

マックノートンはバンティングに、彼らに警戒させるためにカナダとイギリス軍の権威者達に主題について可決されうる覚え書きの用意を命じた。1937年9月16日のバンティングのマル秘覚え書きは、「疑いなく、戦争における次の開発は敵を滅ぼす手段として伝染病の利用であろう」、という見解の7頁からなる労作だった。飛行機は市街の貯水池に腸チフス、コレラあるいは赤痢のような水中伝染病を落とすことができた。それは、脊ずい膜炎のようなそんな空気伝染病を蔓延させることがひょっとしたら可能かも知れない。とりわけ、そこにはペストのような昆虫伝染病という危険性があった。

ノミは人工飼育で莫大な数を生み出すことができた。ペスト菌に関してノミを飼育することで、それらは伝染したことになるだろう。冷凍された飢餓状態のこれら感染した昆虫は、敵の軍隊あるいは一般市民の上に落下させることが出来た。それでペストの流行は確かな見込みで成果をあげるだろう。ペストの伝染についての2番目の方法は、感染したノミの住みかとなるネズミの手段によるものであろう……。

黄熱病とマラリアは蚊によって伝染させられる。蚊は冷却させることで数カ月間保存されて、研究室で育てられそして伝染させられる……。

眠り病のようなそんな病気は、熱帯医学専門家の管理でツェツェバエによって伝染される。そしてサンチョウバエで蔓延されるカラアザール病は、研究を通して、医学戦争に使用できるかも知れない……。

ウイルス病の知識についての最近の進歩は恐ろしい可能性を増した。だから疾病が蔓延されうる非常に多くの手段があった。

戦争において、ウイルス病、例えばオウム病は、ほこりに吸着されて、ほこり爆弾の手段で敵の領土へ持ち込まれることができた……。

自動的空気冷却装置をつけた爆発物の発明によって、ガス壊疽、破傷風そして狂犬病のような細菌は、負わされた傷の危険状態を増すことができた。だからひっかき傷でさえも致命的になるであろう。同じ手段で、蛇毒も用いられるかも知れない……。

……細菌性疾病、炭疽病のような、そして牛に影響する口蹄病、それに馬に影響する粘膜馬鼻疽は、人に影響を与える疾病と同じほど容易に広められうる。穀類の疾病もまた考慮されなければならない。

……秘密情報員は……最も危険な細菌やウイルスを入れている小さなガラス瓶を携帯して容易に運ぶことができた……再軍備の場合に、十分に考慮して自己防衛のための構想は、これらの可能性および現実性に対してそそがれるべきである。[2]

マックノートンはバンティングの思索に印象づけられて、彼のために主題に関して王立カナダ軍医療隊の士官協会に手紙を書く手配をした。マックノートンのお陰で、国立研究評議会にはすでに防毒戦争プロジェクトが存在した。バンティングの警告は王立カナダ軍医療隊内の一人の将校に生物戦争について特別な研究をさせることになった。細菌戦争の可能性について陸軍大尉A・K・ハンターの内密の再調査は、伝染病が正しくどれほど容易に実際に蔓延されうるかについて多くの疑問を提起し、最善の防御は本質的に効果を表すには社会全体のおどしであろうと結論づけた。イギリスでは帝国防衛委員会と医学研究審議会は、すでに主題を考慮していたし、生物戦争について日曜版新聞の多くと他の憶測を退けていたが、それらの多くは大部分がよく知らなく、それに誇張されているのだが、バンティングの考えによく似ていた。細菌を使って戦争を行うことの実践的な難しさは、非常に大きなもので、ワクチンの目的に適った保存を維持すること、それに収穫物と家畜の病気に対してより注意を払うこと以外に、なされるべき必要性はほとんどないと、イギリスは結論づけていた。※(3)

※ 1937年に、例えば、医学研究審議会は結論づけた。「もし爆弾や爆発物が用いられたならば、多くの病原菌は爆発の熱で殺されたであろう。もしガラス容器が用いられ、飛行機から落とされたならば、感染した地域は小さいもので、多くの人々への散布はありそうにもないだろう。たとえ細菌が飛行機から液体の滴下状態で一度におよそ1/4マイル四方の地域を覆うように散布されたとしても、広範囲に及ぶ伝染の危険性は大きなものになるとは思えないだろう。破壊活動の種類として媒介物による感染の蔓延は、恐らく、よりもっと上手く行く方法とはっきり証明するであろうが、相当な困難を伴う方法である。たとえ、伝染病の中心となる場所で始めるのにこれらの方法の一つあるいは他によって可能であったとしても、伝染病の伝播はただ最初の中心となる場所の創設のみならず、その中心地から疾病の蔓延に好都合に働く環境的状況の存在を必要とする」

これは仮想戦争について仮説を立てていた。医学研究に関する国立研究評議会の副委員会委員長としてのバンティングの職務は、通常の平時の研究を奨励することだった。けれども、彼がそれを行うことができる前に、研究者達がカナダでどんなことを行っているかを調べて見つけ出さなければならなかった。それゆえに、1938年の秋に、バンティングと副委員会の秘書、C・B・スチュアート医師はハリファックスからバンクーバーまでカナダを旅して、大学、病院、州の公衆衛生研究所そして1～2の個人的な研究者をたずねて、誰がどんなことをしていて、彼らの仕事がどれほど奨励されうるかを探り出すことを試みた。

彼らは、今日ほどほどに生産的な一つの生理学や生化学の講座でなされているだろうよりも、カナダ全土で進められている医学研究が少ないのを知った。トロント大学とマギル大学は研究について、かなり定評のある中心的存在だった。ウェスタン大学、クインズ大学そしてアルバータ大学は規模は小さかったが活動的な施設だった。一人あるいは二人のとりわけひたむきな人達が、マニトバ大学やダールハウス大学では研究計画を維持するために授業からいくばくかの時間を求めてあちこちからかき集めていたかも知れない。しかしほとんど誰もが、余りにも多い学生、余りにも少ない実験助手、それにたえず余りにも少ない研究費という不利な条件を負っていた。旅行それ自体がバンティングにとって厳しい試練だった。というのも彼が訪問先毎に医学研究に関する講演を、時には一日2～3回行うことが期待されたからだった。彼が1938年11月に行った25回の講演は今までにない記録だったと、彼は母親への手紙に認めた。「私はしばしば、父親そして彼が働き、仕事に喜びを持ったやり方について思いをめぐらします。私の人生は父親と異なってはいるが、信条は同じです」[4]。旅をより一層難しくしていることには、バンティングが国立研究評議会の一代表者として報道記者達に対していかにも失礼であってはいけないと思っていたことだった。幸いにも、旅は癌に対する治療に関する彼の仕事についてたった一つのセンセーショナルな物語を生み出すに過ぎず、彼は新聞記者の取材訪問にかなり上手く折り合って行った。報道記者達が去って、公式の晩餐が終わった後、フレッドはウェスタン大学のミラーやマギル大学のコリップのような昔なじみの友人達と集まって、くつろぎ、少しばかりの飲酒をし、思い出話をして楽しむことができた。

バンティングは医科学の大使としてこの立場で彼の最高の仕事のいくつかを行っていた。多くの研究者達は、医学の世界で非常に高い位置を占める重要人物と彼らの研究計画を議論することが楽しく、まんざらでもないと思った。彼はわざわざ医学生達に会うことをした。すると彼の友好的で、気取らない態度は素晴らしい印象を与えた。よりもっと多くの研究、有望な若いカナダ人をアメリカ合衆国へ移住させないでおくためによりもっと多くの就職口の開放、そして研究に対して支払う金をもっと多くするために彼の熱心な公務の嘆願により、恐らく少なからぬ説得力があって、カナダにおける医学研究に少しも不都合なことはなかった。彼は最も素朴な状況下で彼の輝かしいアイデアを実現してきた孤独な天才として広くあがめられたけれども、彼は現代の研究が共同作業であり、経費のかかるものであることを今ではよくわかっていた。新しい発見は一晩では現れなかった。それに科学は束縛がなかったけれども、研究室は研究のために支払わなければならなかった。過度に拡大する鉄道を助成するのに週100万ドルを費やすが、人類に影響する研究を支援するのに役立つことはほとんど何もしないという国の優先事項には、確かにどこか間違っていた。

彼の人生のこれまでに、バンティングは人間関係にかなり経験を積んだ状態となっていたし、彼が望んだ時にどのようにして現実的な外交的手腕を発揮するかを知っていた。マニトバ大学で二人の研究者が同じ問題に関して研究することを目指して競い合っていた時に、バンティングはP・H・T・ソーラクソン医師にこのやり方でそれを解決することを説得した。

あなたは、マクドナルドとキャメロンをあなたの地下室のあの部屋に招くことを最も早い機会に設け、彼らが最も好むどんなアルコール分の多い強い酒でも物惜しみしない量で各々に提供すべきである。会合の最初の1時間は打ち解けた心地良さに費やされるべきで、潤滑剤が全体に行き渡るまで研究に関して何も話されるべきではない。等しく気心の合った二～三人が居合わせているかどうかについて、あなたはあなたの判断を働かせても差し支えない。この振る舞い方は間を置いて繰り返さなければならないかも知れないが、私が思うにそれは個性の問題について最善の解決策である。敵意はアルコールで解決しうるものである。

（残念ながら、バンティングは彼の普遍化において間違っていた。「私はあなたが勧めた振る舞い方を適用したが、どんなはっきりとした成果もなかった」、とソーラクソンは調査後報告した「なぜならばキャメロンは飲酒がすすめばすすむほど、彼は益々あら捜しをし、態度が頑固となった。実際に、その夜の間に私が見分けることのできた唯一の効果は、アルコールが私の背骨をこわばらせたことだった[5]」）。

１９３８年の旅行はカナダにおける医学研究の援助として国立研究評議会助成金を創設するという決定に導いた。イギリスおよびアメリカの医学研究組織が行う傾向になりつつあったように、カナダの国立研究評議会も管轄する研究室の州支援の医学研究を中央集権化することがより良いものなのかどうかについて、明らかに多少の内部議論があった。C・B・スチュワートは、バンティングが地方分権の側に彼の影響力を注ぎ込んでいたのを覚えていた。１９３９年に発表された、最初の年の助成金として、カナダ中の研究者達は総額12万ドルを要求した。この要求額は副委員会が助成金を提供するには余りにも遙かに高額だった。その額が5万ドル以下なら都合がついた。しかしそれは手始めだった。これは書かれているのだが、半世紀後以内に、カナダの医学研究評議会は年間1億ドル以上の予算を処理している。[6]

当然のことながら、バンティング自身の研究時間は少なくなった。ラウス肉腫の仕事は、多くのノートにアイデアを記述したが発表する価値がある成果は何もなく、相変わらずがっかりさせて進んで行った。部門の他の誰もがバンティングの癌のアイデアを取り上げなかったが、フランクスは部門の優秀な亡命者、ブルーノ・メンデル医師が行ったように、癌に対して彼自身のアプローチを続けた。メンデル医師は彼の研究に要する経費を支払うのに十分な金ばかりでなく彼自身の実験器具も携えて、1935年にドイツからやって来ていた。

1936年以降、バンティングが積極的に実験に費やした時間の大部分は心不全を含めたプロジェクトに関してだった。ハロルド・エチンガー、エド・ホールそして学生ジョージ・マニングは心臓障害を発症させる要因について一連の研究を遂行した。彼らは、動物の心臓に対するアセチールコリンの大量注射の影響を評価し、迷走神経の過剰な刺激が心臓傷害をもたらしうるというバンティングのアイデアについて積極的な実験を行い、それから肺閉塞への影響についての研究へとすすめて行った。年代の終わりまでに、実験的心臓病に関する仕事は栄養と動脈硬化の研究を含めるまでに広がっていた。心電図の発達後には、実験をすることが大層多くなって、研究者達は心臓を研究するのに必要があった新しい可能性を見違えるほど成長させていた。心臓生理学の早すぎる時期におけるこの仕事は、目を見張るものではないが、有用で興味深く、それに論文にバンティングの名前が載る原著論文の最後のシリーズとなった。

彼は、この研究で主として「アイデア」の人だったが、彼はエチンガー、マニングあるいはホールによって書かれた論文に説得されて彼の名前をつけ加えさせなければならなかった。けれども時折、彼は古くからの研究室に対して決まりきった日課を持った。24時間連続の一続きの犬を用いた研究の間、彼は、ジョージ・マニングと午前8時の交代に向けて午後8時を分担した。それで研究室の長椅子でわずかばかりの睡眠を見つけ、午前3時に違法のアルコール飲酒を若い研究者にすすめ、バンティング研究所の5階からの早朝の景色をペンで描いた絵を作成した。[7]

大学の教育学部で医学博士号と哲学博士号を取ることで彼の資格を格上げしていたエド・ホールは、エチンガーがクイーンズ大学に戻った後、部門の生理学研究で主導的な影響力を持つ人になっていた。別の新しい機器、脳波記録装置が、脳と脳障害を研究することに多くの可能性を見せ始めてきた年代の終わりに、彼はグループを別の研究領域へと導いた。彼らが研究をし始めた事象の一つが統合失調症と他の精神疾患に対するショック療法の効用だった。脳の回路を明らかにすると思われた痙攣および発作を誘発するのに用いられた2種類の薬はミトラゾールとインスリンだった。インスリンショックの研究とのバンティングの関わり合いは、主としてインスリン抵抗性を示す統合失調症の1例に対しての確証だった。彼は患者の血清が他の人達にインスリン抵抗性を生じさせるかどうかを知りたいと思った。これは彼の名声をものにした魔法のホルモンへの唯一の回帰だった。向精神薬が開発される以前の精神疾患に対するインスリンと他の化学物質によるショック療法の有用性は、特に比較的どうすることもできない患者について苦しい程の痛みを伴う治療であったために、今では懐疑的と考えられている。

バンティングは、精神疾患あるいはインスリンのいずれにも非常に興味があった訳ではなく、いずれの論文にも彼の名前を載せなかった。1930年代のインスリンに関する彼の唯一の発表は、インスリン発見時代の2、3の一般的な焼き直しにすぎなかった。1939年までには、彼はインスリンについてそれ以上言うことは何もなかった。「私はどうしてもそれをすることができない。私はその主題に興味がない」と、彼はインスリンと糖尿病に関して論文執筆を求めた編集者に書いた。「書いたり、話をしたりすることに天賦の才能を持つ人々によって、幾度となく繰り返し語られてきていないことを、私には話すことはできない。インスリンについての私の知識は時代遅れのものである。過去14年間、私はインスリンに関する実験を行っていなかった。私の関心の全ては医学研究においては他の問題についてである」。一般の人々は決して理解しないかも知れない。バンティングが新しいインスリン代替品に関して、そのものについて何も知らないと言って、意見を述べるのを辞退した時、報道記者は「世界で他の誰よりも糖尿病についてより多く知っている人」の謙遜した態度としてそれを一気に書いた。(8)

珪肺症の研究計画は1930年代末の部門の最も胸をわくわくさせる仕事となった。研究者達は鉱抗でのほこりに含まれるシリカの小片が肺に損傷を引き起こすメカニズムを探求していた。微粒子が明らかに肺で溶けてケイ酸を形成し、それから肺線維症を引き起こした。実質上、ほこりの微粒子を肺に流入させないようにしたならば、恐らくシリカは肺で溶けるのを阻止されるかも知れない。1937年の初期に、バンティングのグループと一緒に仕事をしていたマッキンタイアーポーキュパイン鉱山の二人の化学者は、検査用試験管の溶液内で金属アルミニウムのほこりが珪土物質の溶解をほとんど完全に阻止するのを発見した。彼らは直ちに家兎で粉末を試してみた、数羽には石英のほこりとアルミニウムのほこりを、対照群は石英のほこりにのみ晒(さら)した。後者の家兎は次第に珪肺症へと発展した。前者の家兎は発症しなかった。研究者達の関心は直ちにアルミニウムのほこりによる治療に集中した。念入りに、よりもっと注意深く管理された家兎の他の一連の実験は初期の成果を確認した。アルミニウムのほこりは、珪肺症の発症を阻止し、確立された病状の悪化を止めるように見え、それにアルミニウム自体は肺に損傷を与えなかった。アルミニウムのほこりは有用であると思われた。なぜならばそれは石英の微粒子を完全に覆い、それらが肺でどんな反応にも巻き込まれてしまうのを阻止したからだ。

グループは大気中にアルミニウムのほこりを拡散させる方法を開発し、最終的に臨床試験へと移った。バンティングは仕事の発展との接触を保持していたし、鉱坑で予防方策として用いられるアルミニウムほこりの可能性を研究することにも熱心だった。しかし彼は、他の発見を最初に報告することなくしてはという彼の決意を固守して、新しい予防手段に関する最初の論文を発表するという研究者達の要求を強固に拒絶した。彼はアルミニウムのほこりの治療の発展を見届けるまで生き長らえなかったが、それはマッキンタイアグループによって引き継がれ（そして特許権を取った）、１９７０年代までオンタリオ州およびいくつかの国々の鉱坑で広く用いられていた。オンタリオ州の鉱員達の中には珪肺症の発症が多少減退していた。それが予防のためであったかどうかは分かっていない。１９８０年における治療の後向き研究は、１９３０年代終わりの動物実験が申し分なくなされていて、信じられるものだが、バンティングの研究者達が研究を止めた後に収集された人のデータはどちらにしてもどんな証拠も提示していなかったと結論を下した。後年の世代の人々にとって、肺内のシリカの微粒子に対する最善の取り組みはそれらを肺内へ入るのを防ぐことだった[9]。

バンティングのグループの人達は珪肺症の問題についてさしあたり多くの状況に関して良い仕事をしていた。偉業への鍵はバンティングの周りに集まって来ていた人々の才能だった。医学研究講座はそこにあったので、名声のあるバンティングがそこにいたので、より多くの資金が次第に利用できるようになってきていたので、グループは拡大し、多様化し、そして珪肺症と一般研究の両方でかなり強い印象を与える研究の集団へと発展していた。バンティングと一緒に１〜２年仕事をした研究者達は、他の職場に行ったり、よりもっと高度な訓練へ進むことを決心したので、全職員についてかなりの絶え間のない離職があった。しかし１９３９年までに、ホール、フランクス、メンデル、ダドレイ・

アーウィンそしてコリン・ルーカスは、ほぼ40名の研究者達の技術を用いて解決すべき困難な問題の長いリストに着手していた。バンティングはしばしば個人的な融資をするために、依然として時々自腹を切っていたが、今では外部から相当な金が研究に資金を提供することに引かれていた。助成金を出す機関はロックフェラー財団とイーライ・リリー社から北部地方管轄区、スコティッシュ・ライト・メイソンに及んだ。医学研究講座で仕事をした学生達はかなり役立つ専門的研修を得た。時々バンティングの広間は、1939年に除膵鳩で仕事をしてトロントで2～3週間過ごした生化学者ハンス・クレブスの如き、非常に有名な科学者達で光彩を添えられた[10]。

依然として、そこには野心家達および同じ道に携わる人達にとって偉業を達成する可能性があった。オンタリオ農業大学の卒業生がローヤルゼリーに関心を示した1938年に、バンティングはようやくローヤルゼリーに取りかかった仕事を得た。バンティングはすぐに彼に研究員の地位を与えた。養蜂家達によるカナダ全土にわたる協同の取り組みは、天然のままのローヤルゼリーをほぼ100グラム生産した。コリン・ルーカスと学生G・F・タウンセンドは物質の化学分析を終え、戦争が仕事を中断させた時には、それを他の種に与えるという実験を始めていた。タウンセンドはオンタリオ州養蜂家として職を得た。

公衆衛生の研究者が蘇生法に関して助言を求めた1938年に、医学研究講座もまた溺死を研究した。研究成果の一報告で、アヒルはどうして溺れることなく水中で食べることができるのかというビリー・バンティングが不思議に思うことで、研究は刺激された。別の報告には、水10滴で犬を溺死させることができると主張する、バンティングの学生研究者の一人、バーナード・レイベルのものがある。バンティングは彼が溺死させられないことにポケットの小銭全てをレイベルに賭けた。レイベルはどのようにして水の数滴が喉頭の声門痙攣そして窒息によって死を引き起こすことができるかを彼に示した。バンティングは熱心に、レイベルと他の人達に実験的に溺死させることの生理機能について研究する課題を与えた。多くの研究用の家兎とラットの犠牲は、気管切開から心臓を刺激するためのベラドンナの注射にまで及んで、溺死をめぐる危機を試すのにいくつもの有用な技術を明らかにすると思われた。バンティングが溺死の緊急事態に彼の方法を用いることの可能性についてトロント市警察に話を持ちかけた後、テレグラム紙の見出しを飾ったのが**溺死事例に新しいバンティング血清の救援**だ。アイデアは研究者達からなる緊急派遣隊が死者を生き返らせるために現場へ急行するというものと思われた。それについてはたいして何事も起こらなかった。喉頭部の痙攣は多くの普通の溺死では問題とはならないものである。バンティングの名前が載った最後の研究論文は、１９３８年にカナダ医学協会誌（*Canadian Medical Association Journal*）に発表された、『実験的溺死の生理学的研究（予備的な報告）』と題された彼自身、ホール、Ｊ・Ｎ・ジェーン、レイベルそしてＤ・Ｗ・ルーヒードによる論文だった[11]。

バンティングは彼の実在する部門を管理するという仕事に伴う運営に対して熱意もなければ天賦の才が少しもなかった。彼は、それらを行うことをいとわない誰にでも快く仕事を任せることに結びつけて、彼のかなりの能力を研究熱心に仕向けていたのだ。最もやる気があるのは、次第に部門の秘書／管理者の地位を引き受けていた、サディ・ゲアンズだった。短い、黒みがかった頭髪をした、精力的な女性、ゲアンズ嬢はバンティングに一身を捧げていた。数年間にわたって、彼らは相互に深く知る間柄になった。サディ・ゲアンズは彼の生涯において他の女性達の誰よりもずっとバンティングに対してエアデル犬タイプの忠誠をあらわにしていた。そして彼女のエネルギーは弱々しい、時折まごつく大きな兄を困難に晒さないでおくことにひたむきな、敬慕する小さな妹のようになっていた。彼女は部門の細目を処理し、部門の方針に関してバンティングに助言し、彼が厭世的となり、憂うつになった時には彼の隠れみのとなり、腫瘍の仕事を続けさせ、そして彼の私生活について助言した。バンティングは時折、サディ・ゲアンズと口論した、——彼女は沈黙で報復した——しかし、彼女が彼にとってどれほど欠くことのできない存在なのかを悟ったのだ。

彼女なしでは、私は一体全体どうすれば良いのかわからない……彼女が助言をする。彼女が詳細を語る。彼女が管理する。彼女は非常に多くの事例で一女性として天分において非常に当を得ているので、一男性として私は医学研究講座の教授であることが恥ずかしい。誰も、私がゲアンズ嬢にしてもらっているより以上の忠実で誠実なそして素晴らしい味方を手に入れることが恐らくできないだろう。彼女は私に大層多くを与え、それなのに私に求めることは非常に少ないので、彼女との間柄に関して私の気持ちを言い表すのはきまりが悪い。それは要するにこういうことになる——彼女が満足しているならば、それで私は正しいのだと考える。彼女が疑う時はいつも、私は疑う。しかし彼女が非難する時はいつも、私は気の毒に思う。彼女の唯一の短所は彼女が余りにも多くの能力があることだ。彼女は余りにもほぼ100％を求めすぎる。彼女はこの世の中に対して余りにも正直である。[12]

バンティングとサディ・ゲアンズがクインズ公園を歩いて通り抜けていたある日、関係の遠い知人が彼らのすぐそばまでやって来て言った。「確か、バンティング先生——それじゃ、バンティング夫人ですか？」「私の妻ではありません」、とバンティングは言った。「私の秘書で、よりずっと重要です。それに代わりを見つけるのはもっと難しいことです」。

バンティングは時々、彼の代わりを務めるのにサディを必要とした。30歳代後半の彼を知っていた大部分の人々は、彼がインスリン時代のどうしようもなく落ち着かない性格からどれほど成長し、くつろいでいたかのために印象づけられはしたけれども、彼は相変わらず激情と言ってもよいほど怒りっぽく、強情で、ぶっきらぼうだった。研究室から報道記者をつまみ出すバンティングについて非常に多くの物語があるので、それは幾度となく起こっていたのかも知れない。どんな長さの期間であれ部門で働いたことのある人々はまた、幾度となく彼が興奮していたのを覚えている。バンティングが同僚達の誰とも会うには余りにも落ち込んでいた場合があったが、その時は恐らく彼が世人と正面から話し合うには余りにも二日酔い過ぎだったからだ。彼は普通は1日かそれぐらいで立ち直って、彼がしらふではなかった時に不快感を与えたかも知れない誰にでも謝って、元気よく仕事を続けた。

これらの時期に彼と仕事をした多くの人々にとって、バンティングは優しく、親切で、気取らない、とても良い好人物だった。彼は誰のプロジェクトにも興味を抱いて、アイデアについて色々の観点から話し合うのが好きだった。彼はまず最初に誰かの特別な領域について何も知らなかったのを認めることだったが、彼は好奇心が強く、熱心に耳を傾けて、熱中し、また一方で、とりわけ若い人達に対して励ましていたものだった。多分、彼は内気な夏季学生に、あるいは一日で歩き回ってバンティング自身から全部門の見学をさせてもらった農場の少年に、自身を投影した。ベリエン・ヘンダーソンはかつて若いジョージ・マニングから渡された論文に心をかき乱した。「年老いた嫌な奴の言うことにかまうな」、とバンティングはマニングに助言した。「彼は学部の学生達が好きではない」。ダンカン・グラハムが部門の若い人達の一人に病院で患者を用いての研究計画を進めることを許そうとしなかった別の時に、バンティングはグラハムに話して、くたばってしまうよう助言をした。考え直すとすぐに、彼は研究者にトロント大学は偏狭な行為と偏狭な人でいっぱいで、他のどこかへ行った方がずっと良いだろうと助言した。民主主義者バンティングは、ヘンダーソン、グラハム、あるいは無関心の大多数を占める大学のすぐれた教授達とは何と正反対の人だったことか。[13]

毎年、彼は研究室の仲間をビールとホットドッグの出されたパーティでもてなしたものだった。研究室の一日の終わりに、4時のお茶のあとで時折、彼は二〜三人の仲間達と集まって、誰かがウィスキーあるいはいくらかの研究室のアルコールを取り出して、それから彼らはアルコールの一渡りあるいは二渡り飲んだものだった。かつて、耳障りな、わいせつな歌で研究者達を率いるバンティング医師と一緒の、キングストンから帰途の記憶に残るバス旅行があった。別の夜、軍人養成大学の晩餐で、彼は本当に酔っ払った。それで彼らは彼をタクシーに乗せて家へ連れて帰るという大変な目にあった。翌日、彼は、昨夜彼が言ったり、行ったりしてしまったかも知れないどんなことに対しても研究室の皆に謝った。その夜に全く傷つけなかった最も若いスタッフにさえもバンティングが謝るという実に謙虚な態度を彼が持っていたことを、40年後、ノーマン・ステフェンソンは否定することができなかった。部門についての回想の中で、ビル・フランクスは、バンティングが創り出した「家族」の雰囲気、そして彼らが協力し合った「素晴らしい時間」、「本当にすごく申し分ない連帯感」、にたえず言及した。彼が一緒に酔っ払うことのできた人だったことは、フランクスそしてバンティングと一緒に働いた多くの人達にとって重要なことだった。

彼は非常に有益に一緒に共同研究をすることのできる人ではなかった。というのも彼は医学研究の最先端について余り精通していなかったし、創造的なアイデアも持っていなかったし、それに学生の専門職に関わる発展の実質に対してほとんど寄与することもできなかったからだ。これらの年月の間に益々しばしば、彼はそのことを悟り、無知を認めることである程度は満足に行くことに気づいた。最初からやり直すために彼らに対して誰かに質問させ、是非その全てを平易に説明してもらうことは、アイデアと行為の錯綜の中に巻き込まれた研究者達にとっては一層有用でもあった。そうすればバンティング医師の平凡な学問的知識は、彼が最初の第一原理へ連れ戻すので異彩を放つように思われた。彼の以前の同僚達の幾人かは、マクラウドそしてすぐあとでベストの研究室を特徴づけていると彼らが思うところの半ば実験助手として学生達の冷淡な起用に比べて、バンティングの方法は遙かにもっと効果的であったと主張している。他の人達は、バンティングに非常に近く一緒に働いた誰もが得ていたおそれがあった訓練の貧弱な質を軽蔑している。

これらの見解について一致することは、バンティングが研究室の一指導者として、仲間達の一人であったことが障害になって横たわっているように思われる。もし彼が野球の監督だったならば、選手達と余りにも親しすぎてどんな訓練を与えていただろう。彼は新入りの皆に機会を与え、そこに起立させ、彼らを散々打ちのめすことを皆に話し、審判員達には恐ろしい人で、ことごとくの勝利後には全員に一渡りビールをおごっただろう。選手達の大多数は彼が大好きだっただろう。もっとも幾人かはたった一人にされても成長していただろう。しかしチームはただその生まれつきの才能同然に過ぎなかっただろう。若者達に運があった年月を除いて、チームは普通で終わっていたか、悪くなっていただろう。

バンティングにとって、小中学校時代あるいは大学時代以降、当時は恐らく仕事の上で最も幸せな時代だった。しかし比べるということでさえなければであって、というのも彼は相変わらずしばしば日々の日課の重圧で苦しめられていた。1938年夏のある暑い眠れない夜に、彼は癌研究について沈思し、新しいアイデアを抱いていた時に、彼はサー・フレデリック・バンティング、医学研究講座の長として、彼の日常生活について素晴らしい記述を書き上げた。

研究室は変わってしまった。私は新しい研究室を手に入れなければならないだろう。私が研究室へ行くと、それが研究室ではなく事務室であることに気づく。そこには返事をするための沢山の手紙、電話をかけるための電話番号、取材するために待っている人々、こなさなければならない日課がある。ある人は彼へいくばくかの金を与えることを私に望み、ある人は署名を欲し、ある人は大おばのいとこの友人が癌になり、あるいは気が狂ってしまったことについてどうするべきかを知りたがっている。ある人は下痢、癌あるいは小児麻痺の病気の症状に苦しんでいる。ある反生体解剖論者が非難する。幾人かのスタッフが病気になり、あるいは給料の値上げを望み、あるいは休暇を欲している。ある新聞記者は独占的な話、「内部の極秘情報」を欲しがっている。誰かが論文を執筆して、彼らはできたらそれに議論したいと思っている。スタッフのあるメンバーにアイデアがあり、彼らはそれを議論したいと思っている。中国、アメリカ、イギリスからの訪問者が到着し、それで「インスリンの有名な発見者に会えないカナダ訪問では困る!」と言っている。ある人は部門に勤め口を望み、以前の機会に申請していた。

——私が決して会ったことのない（そして私が決して会わないことを望む）誰かのために、私が以前に決して会ったことのない人に宛て紹介状を書かなければならない。

——しかしこれら全てにもかかわらず、私は実験を計画する。私は午前10時に免疫ができている鳥から採血し、午前11時15分に注射し——午前11時45分に移植を行う。軍人養成大学で午後12時45分に昼食をとって、ペルーかブラジルからの訪問者と会うために午後2時に約束を守る。午後3時、私をつかまえようと4日間試みていた男性が5回電話をしてきて、やって来て、待っている

——彼はイエローナイフ地域にある金鉱の株を私に売ろうと望んでいる。それは非常に安く、数100万ドルの価値になるであろう……。

——そしてここに運のない哀れな帰還兵がいる——仕事がない。「あなたは幸運だった」、なぜそれ

を仲間と分かち合わないのか？　あなたはかつてついていなかった。だが今ではあなたは地位が高まって、それであなたは「お高くとまって」しまった。

　そしてここに政治家の昼食会へ出席するための招待状がある。やむ得ず行かなければならない。というのも彼は首相および閣僚の友人であって、そのことは「権利を維持する」のに必要であり、そうでなければ研究のための助成金を得られないであろう――

　そして午後3時30分に人工呼吸に関する委員会があり、午後4時に「あなたは諮門委員会会議に出席していなければならない。そして午後4時45分に学位に関する大学院学生委員会会議がある」。

――「中断して申し訳ないのだが大工を呼んでくれないかな、というのも彼は５０９号室の棚についてどんなことがなされるべきかを知らないから」。

――「コロンビア大学の宇宙形状論の教授が１９３９年に開催される国際会議についてあなたに会うために待ち続けています」。

――「それから生命保険会社もまた待ち続けています」。

もっとも世の中はそうしたものだ！　私が楽しむように人生を十分に楽しむことに誰が気にかけているだろうか？

――故郷から届いた一通の手紙は学校教育のための育英資金を求めている――教会からの手紙は寄付を請うている――画家は彼の絵を売ることを望んでいる――「私が生まれてこの方」旧知の仲である家族の大事な一友人が借金を望んでいる――雑誌の編集長は原稿を望んでいる――映画関係者は研究室における私についての数フィートのフィルムを欲しがっている。放送会社は寸劇の中へ私の人生の傑出した出来事を挿入したがっている――国立研究評議会は私に前回の会議議事録の承認を求めている。なんたる人生だ！

……

時々、私はぐったりした布巾（ふきん）のような感じを受ける。
——与えることで使い果たして、引き出す何も残されていない。
日々の終わりに、私は疲れて、眠りたいけれども眠ることができない——眠るためにアルコールで神経を鎮めない限り。
読むこと——それは問題外である。
絵を描くこと——私には残された時間もエネルギーもない。
書くこと——それは私の真夜中の閉じ込められた気持ちを楽にする時に限って。
実験——全く時間がない。
——それなのに、私は実験生理学者であると思われている。[14]

バンティングは長年にわたって彼のからだに特に注意深く気をつけたことはなかった。彼はタバコをとても大量に、一日に数箱吸った。それで慢性的な咳をするようになっていた。彼は、どんな身体運動もしなかった。「運動は大部分がどうせ食事療法についてのように気まぐれである」と彼自身に向け書いて、事実運動を信じなかった。救いようがないほどの肉体的、精神的な不安は恐らく彼の慢性的な不眠が原因だった。彼はしばしばこれらの時期のストレスおよび不眠症をアルコールで治療した。彼がインスリン発見時期の最悪状況で一時的に行っていたように、バンティングは今では日常的に蒸留酒を鎮静剤として用いた。１９４０年に、彼は日々の飲酒量をライウィスキーの10オンス（訳者註：１オンスは約28グラム）と見積もった。概して、夜の飲酒は彼の日々の活動を妨げなかった。彼は一日中続ける飲み方はしなかったし、飲み過ぎを続けることもなかった。彼の研究グループの生存者の誰もが、彼がアルコール依存症患者であったとは思っていない。幾人かは、部分的には彼のしつけのために、彼が飲酒量を誇張したと主張する。「彼の飲酒習慣は今日の社会ではただの一人も驚いてまゆをつり上げないだろう」、と彼の同僚の一人は断言する。

恐らくそうだったのだろう。バンティングが人前で恥をかかなかったのは確かに事実である。彼の飲酒についてバンティング自身の懸念が残っているように、10オンス見積もりが残っている。例えば、ある夜、彼はメモ用紙の裏に鉛筆でこの詩をなぐり書きした。

> 眠気はただ極度の疲労で訪れるにすぎない
> 　だからこの確実な習慣は
> 示唆するあらゆることの終わりは
> 　ひどい馬鹿なことになるのを
> それなのにアルコールは面白くなってくる
> 　というのもこの単純な手段で
> 人は愚かな地上の楽園を手に入れる
> 　それに野心と夢からの休息を。[15]

証拠はあるのだが確認されていない一つの話があって、彼が精神科医の所へ心配事を相談に行ったら、医師は閉じ込められた不安を解き放つ手段として彼に執筆を続けることを助言したとされている。彼が治療として書くことを勧められていたとなかろうと（精神科医にかかっての診察は不眠症についてビル・ブラッツとの話とほとんど同じでなかったかも知れない)、バンティングは多くのノートとメモ用紙を瞑想、意見、話の草稿、自伝の未完成なもの、そして増え続ける詳細な日記の記載で満たした。けれども、不安を和らげるために書くことに伴う問題は、蒸留酒が彼の頭をすっきりさせる手助けするのをバンティングが気づいたことだった、それで彼は書くことを上手くすませたのかも知れない。そのように、彼は書いている間中しばしば飲酒した。時折、飲酒は書くことを向上させるのに手助けした。

私は頭に浮かぶとは決して思い描かなかった
慰めに詩を書くことを。
いやそもそも一体詩を書くことを
私はそれをアルコール王のせいにする。(16)

それはアルコール以上に彼の性格の誠実さにあった、と私は信じる。そして性格の誠実さは彼自身について大層多くのことを文書に書きつけ、その上そのあらゆる断片をも彼に保持させた。バンティングはそれが本当にあったように生涯について、彼自身の真の生き方、考えそして感情を書きたいと思った。1938年のある夜の瞑想録の一つは自叙伝についてであって、彼が書かれたいと望んでいたであろう彼の生涯の歴史と言える類(たぐい)のものをほのめかしているのかも知れない。「もし人が余すところなく、全く正直であったならば、活動家の現実、真実、理想、意欲を見つけ出すための自叙伝のようなものはつまらないであろう……下劣さ、人間性の弱さ、人の生き方のもろさ、我々を駆り立てる生理的な衝動のために、どんな自叙伝もたとえ全く真実であるとしても、わずかしかない。あるものは大胆であり、あるものは暴露的であり、あるものはほとんど事実に即しているが、弱さ、強さ、アイデア、短所、欠陥を持ってもがく人間の気迫の真の姿が何ひとつない」[17]。

1936年に、バンティングはローズディル・ハイツ・ドライブ205番地に購入した家に移った。それは市を見下ろす、ヒップウェル家と同じ上流の人向きの街に立つ居心地の良い家だった。彼は、長く急な斜面の庭でだらだら過ごすのを楽しみ始め、それにまた趣味として彼の外科医の指を木彫りをすることに仕向けた。彼は彫刻家の友人達、フランシス・ローリングとフローレンス・ワイリーに影響されて彫刻を始めていたのかも知れない。それで自由奔放な因習にとらわれない二人の芸術家はムーアパーク近くの古い教会で生活し、仕事をした。バンティングは時折、「ガールズ」の有名な土曜の夜のパーティにやってきて、そこでロバート・サービスの詩の朗読に心を留めるようになり、フランシス・ローリングが彼の肖像を彫る間座っていることに同意した。ローリングの胸像は、たくましいカナダ人にしようと熟考の努力でほぼ全力を尽くして、高貴な額で、活動中の高潔な知識人を表現している。幾人かの批評家達はそれをローリングの最高傑作、カナダで作られた彫像の最高作品の一つとして見ている[18]。

1937年3月に、サン・ティット・デ・カヘA・Y・ジャクソンとのケベック州でのもう一つの写生旅行があった。バンティングは2~3のスケッチ、なかには彼の作品の中で最高傑作といってもいいほどのものを描いたが、旅についての彼の日記は彼が研究室でどれほど悩まされていたかを明らかにしている。

3月20日：私は研究室を離れると気がつけばいつもそれを忘れることができた。この旅は違っている。私は研究室とその資金需要、その実験、そしてその人々を忘れることができない。

私はきちんと眠るという習慣がついていなかった。夕方、私は疲れて、寝ることも寝つくこともできなくて、むしろ6時間か7時間起きていて、やはり寝つくことができない。私が研究室について考えるのはその朝早くにである。私は今朝、癌の問題に関する長い途切れることのない考えを抱いた……。

3月22日：研究室についてあらゆる情報が入っている手紙をサディからもらった。彼女は私が必要としている以上に休暇が必要である……。

3月23日：私はここにいることを嬉しく思うのだが、研究室とそれに関わる問題から自由の身になることができない。私は今は、どこかにいるよりもいっそのこと自宅にいたいと思う。もし私がなされた仕事について価値がある業績の一つでも得ることができさえすれば、私は喜んで、満足してここから離れるであろう。それなら、私は仕事の維持に備えて財政的に準備して提供しなければならない。お金がどこから来ていて、次のお金がどこから来るのかに気づき、感謝している研究者達が研究室に何人いるのかどうかを私は訝(いぶ)かる――そして彼らが出世の機会に感謝しているのかどうかを。[19]

いつもトロントの昔なじみの友人達と一緒にいることがくつろぎで、恐らくバンティングの最高の、最も変わらない癒(いや)しだった。精神科医はかつて彼に、秘密を打ち明けられる親しい友人を持った人は誰も狂気のようには決してならないと話した。バンティングはいつも、多少の飲酒後に、おしゃべりで多くの秘密を打ち明けていた。30歳代の後半に、彼の新しいあるいは復活した友人の幾人かは、彼が再びしばしば行き始めた文芸クラブでのグループの人達だった。同じ羽毛の鳥（Birds Of a Feather）あるいは昔なじみの大馬鹿者（Bloody Old Fools）として知られた、ＢＯＦのグループがジャック・マクラーレンの小別荘に集まったある素晴らしいビールで酔った時があった。グループのメンバーの一人は、バンティングがビールの入った小さな樽の栓をどのようにして適切に抜くかを彼ら皆に示そうとして、小さな樽からのビールでびしょ濡れになったマクラーレン家の小別荘の床に座っているサー・フレデリック・バンティング、小樽入りのビール効果（KBE: Keg Beer Effect）を最後に見ていたことを１９８０年代に覚えていた。

特別奨学金のために休むことのない調査は、しばしばただ中年の独り者の孤独という結末にすぎなかった。彼の息子ビルは余りにも幼なすぎたし、とりわけ満足させる役割を父親らしく振る舞うには彼と一緒にいることが余りにも少なかった。ローズデール・ハイツで長い一続きの時間を過ごした少年にとって、父親フレッドがどれほど楽しいものだったかも明らかではない。彼は、地球儀の表面を放浪する『小さな黒人』、根なし草のやすむところのない一匹狼の冒険について、寝る前に全く創造的なおとぎ話を話した。しかし彼は小さな男の子をいらいらさせる親になっているという日課に気づいた。それで彼の日記にビルが甘やかされて、わがままだと不満を述べている。彼は、息子に多くのことを期待し、多くの強い父親達のように、恐らく子供を期待に沿わせようと余りにも熱心に励みすぎたのかも知れない。彼はビルに、優しい都会の子供ではなく、不屈で、たくましいことを望んだ。少年を現実に慣れさせるという一つの手段は、昔農場でにわとりを殺すという様な類（たぐい）で、マウスの首をはねるのを手伝わせるために彼を研究室へつれて行くことだった。

フレッドは依然として妻と多くの子供——正真正銘の家庭と家族、を望んでいた。彼の友人達のなかには、彼が彼の結婚とマリオンに対する彼の取り扱いについての罪悪感に十分に成熟した感覚を持っていると思った。彼は時折、彼らにそれとは違った生き方に変えてしまえたならいいのにと話した。彼はしかも、エディスに戻ることを考えていて、ひょっとしたらどのようにしてそれが上手く行くだろうかとあれこれ思いをめぐらしていたに違いない。彼の最も古い友人達は皆、彼女が彼の最愛の人、彼が結婚しているべきだった女性と思った。

彼らはフレッドが40歳代後半に新しいロマンスを発展させていたことを知らなかった。ヘンリエッタ・ボールは1912年の生まれで、ケベック州スタンステッド出身者だった。彼女はニューブランズウィック州のマウントアリソン大学の自然科学の分野で学士を取得して、ニューブランズウィック州セント・ジョンの結核研究所で3年間働き、それから修士号の学位取得に備えて勉強を始めるために1936〜37年の学年度にトロント大学にやって来ていた。彼女は医学研究講座で非常勤の職を得て、それからそこで修士号の学位のための研究を行った。彼女は優秀な研究者ではなかった。彼女が部門で彼のために仕事をした当事者であるヒュー・ローフォードが覚えていたのは、ボール嬢がかつて行った唯一目立った出来事は生きた結核菌の入ったガラス容器を彼の足もとに落として、それからすぐに逃げたことだった。研究室の男達は彼女を別の可愛い女の子、魅力的な年少の少女として見ていた。フレッドは彼女に引きつけられて、1937年秋に彼らは研究室の外でお付き合いをし始めた。彼らは二人の関係をほとんど誰にも秘密にしていた。唯一ヒップウェル家だけは最初からそれに関わっていた。リリアンはヘンリエッタを「ヘンリー」と愛称で呼んだ。だからたとえ彼女の名前が不用意にふれられたとしても、誰も関連づけられないだろう。

フレッドとヘンリエッタとの関係についてはたいして知られていない。部分的には彼らの往復書簡が隠滅されていたからだった。恋愛期間は秘密の情事の一典型だったが、その激情に駆られた要素を持っていた。ヘンリエッタは他の男性達とデートをしていたと思われる。しかしバンティングの自分を見失った真夜中の一瞑想録から判断して、彼女は結婚を前提とすることなく完全に彼に身を任せると心に留めていた。バンティングは嫉妬深く、独占欲が強かった。「11か月間私は、計画に従って、この若くて美しい女性と意のままに会うことができていた」、と彼は1938年の夏に自身に認めた。「我々は言い争いをしていた。時々、私は彼女の態度にとても失望させられていた。彼女は信頼できる人ではなかった。彼女は彼女自身の時間を非常に多く持っていた。というのも私が大層忙しかったし、しばしば外国へ出掛けなければならなかったからだった。私はいつも前もって彼女に告げた。だから彼女はあらかじめどの夜が自由なのかを知ることができた。それで彼女はしばしばこの事実に乗じていた[20]」。

1938年秋に、ヘンリエッタは友人達に会い、そして更なる勉強をするためにイギリスへ旅立った。大層ひどく苦しんだ後に、フレッドは彼女を追って、なんらかの折り合いをつかせる決心をした。彼は彼女との関係についてとても恐れていた――ヘンリエッタの若さと明白な気まぐれについて悩んだ、彼は最初の結婚の繰り返しに向かって進んでいるのを恐れた。この事態に気づいたサディ・ゲアンズは彼が悩んでいると思い、上手くは行かないだろうとフレッドに話した。彼女の上司を考えると彼女の冷静な忍耐力はへとへとに疲れていて、ゲアンズ嬢は研究室を去ると脅かしていた。他の気心の知れた友人、ビル・フランクスはヘンリエッタと結婚するのではなく、彼女を彼の愛人として据えるだけとフレッドに助言しようとしていた。イギリスへの航海の間じゅうずっと、フレッドは状況についてひどく苦しんだ。そして彼の寂しさと騒ぎを決して送られることのない長い手紙にすっかり書き留めた。

私はあの少女を本当に愛しました。私にとってはそれは本物でした、私は子供で一杯の家庭と家を望みました。しかし私は正直、誠実、しかも100%でなければなりません。思うのに、彼女は第2のマリオンの素質を持っています。なぜ私はそのタイプを選ぶのか？　私は大層不幸で、非常に孤独です。それに今私はほぼ50歳、それなのに家庭を持っていません……

……私は彼女が大好きです。彼女を愛してきました。だからそれを認めるのを恥じてはいません。私は彼女を愛しています、なぜならば私は、丈夫な赤ちゃんを産むであろう申し分のない身体を持った女性を彼女に見出しているからです。私は社交的生活や社会的地位には興味がありません。私はただ私の研究と私の家庭にのみ興味があります——それに私は家族が欲しいのです——しかも大家族——私は女の赤ちゃんが欲しいのです……私は実現してきていない非常に多くの夢を持っています——生涯にまだすべき非常に多くのこと。私はすぐにこの家族を世話しなければならない。でもそれは余りにも遅いのでしょう。

フレッドとヘンリエッタはイギリスで合意に達して、夫婦として記載されたロンドンで数日間だけ過ごした。彼らはアリストンのフレッドの昔なじみの牧師、尊師ピーター・アジソンによる内輪の儀式で翌6月に結婚した。ヒップウェル家、ボール夫人と叔父だけが出席した。バンティング医師と夫人は——実際には、サー・フレデリックとヘンリエッタ、バンティング夫人——ローズディル・ハイツ・ドライブ205番地に向けてトロントへ戻る前に、ジョージアン・ベイの海岸沿いのペネタングで短い新婚休暇を過ごした。研究室の仲間達は、フレッドが結婚したことを聞いて、びっくり仰天させられた。エド・ホールは大層ずっと隠しておかれたので、花嫁が誰なのかを知らなかったほどだった。

バンティングはロシアについて語るのを止めてしまっていた。彼の左翼の人への共感は、援助を組織する委員会に対しての支援の手紙一通以外、スペイン内戦での共和制支持者を支援する取り組みへのどんな貢献をもする気にさせなかった。政治的出来事が、医学研究への彼の支援の障害になったり、ヨーロッパにおける別の戦争の到来に向けさせていない限り、政治的出来事のみが彼に興味を抱かせた。戦争が今にも起こりそうと思われた1938年秋のチェコスロバキアの危機のある時に、バンティングは状況を議論するために彼の部門の人々を一カ所に呼び寄せた。それは国立研究評議会に医学研究講座のあらゆる業務を提供することに同意することだった。バンティングは申し出を伝えるためにアンドルー・マックノートンに手紙を書いて、役に立つ仕事はワクチンについてカナダの供給を準備すること、肺への毒ガスの影響を調べること、そして「医学戦争のあらゆるテーマ」を研究することを、遂行させせられるかも知れないと付け加えた。[21] バンティングはヒトラーに譲歩するというネヴィル・チェンバレン〔訳者註1〕の政策に対するカナダの強い興味に愛想をつかされた。彼の以前の同僚達は、ヒトラーに対して彼のやり方に多少譲歩しているミュンヘン協定によって戦争が避けられたというニュースへのバンティングの正確な反応について同意に達してはいない。幾人かは彼が「根性がある！」と言ったと理解している。他の人達は「ばかな！」と覚えている。

軍司令官マックノートンは、細菌戦争についてのイギリスの研究の状況、特にワクチンの備蓄について調査することで手助けするというバンティングの申し出に応じた。チェコスロバキア危機の緊急性が薄れたので、確かに関心も薄れた。しかし航空訓練軍団に派遣されたカナダ陸軍医療部隊のA・A・ジェイムズ少佐が、航空医学を含める問題で彼に興味を抱かせることを願って、1938年12月にバンティングに話を持ち掛けた時、他の一連の問題がマックノートンとバンティングの目に留まった。

人間がより高く、より速く飛んだのにつれて、医学研究の新しい領域が開拓されつつあることが徐々にはっきりとしてきていた。少ない酸素と低い空気圧で、高高度を飛んでいることの生理学的影響がどんなものだったのか？　重力の数倍で遠心力に晒された時に高速度の旋回と急降下で身体にどんなことが起こったのか？　数千フィートの至る所を急速に上昇したり、降下したりすることに身体は容易に適応することができたのか？　どんな精神的特質がパイロットに最も望まれたのか？　戦争が近づくにつれて、航空医学に関心がある医学者達にとってこれらのような疑問は益々重要になってきていた。どこにもそれらに答えるための研究がほとんどなされていなかったし、カナダでは何一つなかった。

バンティングは最初、懐疑的だったが、その冬ジェイムズとの度重なる会合後、次第に彼が説明した問題のいくつかに興味を抱くようになった。バンティングは彼の部門の他の幾人かのメンバーを説得して、その領域の研究について考えることを始めさせた。彼は航空医学研究を支援するのにはより幅広い、国家的組織であるべきだと考え、国立研究評議会でマックノートンおよび王立カナダ空軍の上級将校の幾人かと議論することを始めた。彼は防衛輸送部門と国立研究評議会を含めて、小さな異種部門間委員会である航空医学研究委員会の設置を手配することができた。委員会はその最初の会議を1939年6月27日に開催し、領域における研究について2つの優先事項が搭乗志願者の低気圧に対する身体反応（減圧室の建造を要するであろう）と精神的影響の研究に関しての仕事と決議した。委員会は1万4000ドルの仮の予算案を作成した。8月中旬には、その要求が全く承認されなかった。しかし国防省が王立カナダ空軍の財源から1万6000ドルを充てることに同意した時には予算案を上回っていた。[22]

話変わって、バンティングは最後のしたい放題のことをあえて政治的な表現に試みていた。1939年の冬と春に、トロントグローブ・アンド・メイル紙を所有する若い鉱山業の大富豪、ジョージ・マックラーが、政治的活動――イギリス側に賛成して集まり、国の防衛を増強し、予算のつり合いを保たせることへの国を代表する政治家達の失敗に、幻滅した普通のカナダ人達の大規模な運動を引き起こすことを試みた。マックラーは彼の組織をそう呼んだのだが、リーダーシップ・リーグは、政治家達に無意味な、ささいな口論を止めさせることを求めて圧力をかけることに専念した。なすべきことはカナダに真の国家的リーダーシップを授ける役目をすぐに行動に移すことにあった。

バンティングは、彼が「カナダの弱点の核心を率直に訴えていた」と思って、リーダーシップの必要性についてマックラーが言っていた一連のラジオ講話に感動した。彼は1939年3月15日に、トロントのメープルリーフ・ガーデンズにおける大規模な集会でマックラーおよびリーグの委員長ヘルベルト・ブルースと一緒に壇上に目立って登場することに同意した。バンティングがリーグの副委員長になったことが報告された。しかし実際には、リーダーシップ・リーグは、9日間の奇跡で、すでに失敗に終わりかけていて、バンティングは彼が終身の責任ある地位につくには余りにも多忙であると公表した。副委員長の期間はほんのその一つの会合の間にすぎなかった[23]。リーグにおけるフレッドの関心は、マッケンジー・キングが率いる自由党政権の国際関係についての準備不足と全般的な優柔不断さに対する彼のいら立ちに由来していた。

平和な期間の最後の数年間における他の準政治的な問題は、科学者達のカナダへ移住する亡命願望だった。バンティングは次第に反ユダヤ主義を捨てていて、ナチスの人種差別主義者の考えとどんな関わりも持たなかった。彼はユダヤ人亡命者を助けるためにカナダ人委員会によって彼の名前が使われることに同意し、ユダヤ人を移民させることに向けた自由党の政策を奨励する講演を少なくとも一つ行った。彼は中央ヨーロッパのユダヤ人によって生み出された偉大な科学者達の数の総計が著しいものになることを知った。

しかし特殊な事例では、バンティングはその技術がカナダにとって有用でありうるそれら亡命者達だけ入国を認めるという支配的な政策に協力した。カナダ政府移民局局長、F・C・ブレイアが、ジグムント・フロイト〔訳者註2〕のかつての同僚によるカナダへ来るための申請に対して彼にコメントすることを求めた時、バンティングは「カナダにはフロイト学説に同意する医師が極めて少なく」、カナダには医師がすでに過剰であり、それに60歳代の人は有用でありそうにないと答えた。アルバニア人のユダヤ教徒で、一推しの外科医が、バンティングには彼が求めた研究資格を持っているとは思われなかった。従って「彼の入国許可でカナダに益するであろう移民のタイプではない」。バンティングは、1925年に遡ってノーベル賞旅行でさらにもう一人の志願者の研究室を訪れていた。だがその人の科学的な才能や誠実さに好ましい印象を受けていなかった。カナダは彼もまた必要としなかった。バンティングはブルーノ・メンデルそして資格のある他のユダヤ人科学者達をすすんで引き受けるつもりだったので、彼がユダヤ人亡命者達にわざわざ便宜を与える手助けをすることから随分はずれていたと言うことはできない。カナダ人科学者達の彼の世代は、少なくともトロント大学では、ユダヤ人亡命者を受け入れることがそれほど多くなかった。1939年の初めに、チャールズ・ベストはコンノート研究所の目的に適う有機化学者を探していた時に、「恐らく国外に追放されたユダヤ人を呼ぶことができると思うのですが、我々は志願者の人格と能力が非常に確かであればいいと思います。ユダヤ人の血の比率が余り高くないならば、これらの問題は大学で手筈を整えるのがよりずっと容易なものになります、とH・H・デイルに手紙を書いた[24]」。

フレッドとヘンリーとヒップウェル家とは1939年の夏の初めに、とりわけ幸せな10日間の休暇をジョージアン・ベイのフレンチ・リバー河口近くの島にあるビリー・ロスが以前所有していた小別荘で過ごした。それは今ではバンティングの小別荘だった。というのもロスが資産を彼に譲っていたからだった。その別荘はカエルといううるさい補足物と一緒に彼の手に渡って、最初の夜それらは人間達を目覚めさせ続けた。しかし決して再び起こらなかった。フレッドはカエルをとらえるためにおとりを用意して、それでカエルの足の素晴らしい夕食を食卓に出した。

数年間ずっと、バンティングは部門からの退任について語ったり、書いたりしていた。つまり1941年に50歳に達したならば失態をやらかすかも知れないと幾人かの人達に話していた。彼は、業務を引き継ぐために管理に対して天賦の才能を持ったエド・ホールを仕込んでいた。恐らく、彼は全く引退して、ただ絵を描くだけのつもりかも知れない。あるいは、よりずっとありそうなことは、彼が部門の長であることを断念して、癌あるいは幾つかの他の問題に心ゆくまでいじくり回して、医学研究教授として居続けることだった。1939年8月、彼は早発性痴呆症〔訳者註：dementia praecox 早発性痴呆症は、現在では schizophrenia 統合失調症のことか〕について読んでいて、精神病に対して毒性に起因するアプローチに十分な関心が払われていたのかどうかを知りたいと思っていた。恐らく、血液中に存在するあるニューロトキシン〔訳者註：神経組織に影響を与える毒物〕が精神障害を引き起こした。輸血あるいは大量の水をただ飲ませることがうつ病患者を治すのに役立つのだろうか？「脳抽出物はひょっとすると脳の代謝異常に影響を及ぼしているかも知れない脳細胞に由来した酵素を含んでいるかも知れない」。うつ病患者から得た血液を彼が注射したマウスに何事も起こらなかった。[25]

大英帝国とヒトラー率いるドイツとの間の戦争が間もなく始まることが明らかになった時、バンティングは部門会議を招集して、皆に武装した軍隊に加わらないようにと話した。彼らは軍用研究に従事するために研究室で必要とされていたのだ。戦争がより一層今にも起こりそうになった時、フレッドは軍隊に再入隊する最初のトロントっ児達の一人となった。彼の新しい軍服が届くまで、陸軍大尉バンティングはフレッド・ヒップウェルが保管し続けていた使い古した第一次世界大戦の装備一式を着用した。

訳者註1：ネヴィル・チェンバレン　Neville Chamberlain（1869-1940）。イギリスの政治家で1937～1940年に首相を務めた。

訳者註2：ジグムント・フロイト　Sigmund Freud（1856-1939）。精神分析学を体系づけたオーストリアの精神病理学者で、著書に『夢の解決』、『ヒステリー研究』、『精神分析学入門』がある。

Frederick Grant Banting

第12章

軍人科学者

「私は複雑な気持ちで加わる――私は戦争を憎む……いかに意気地がないとしても、誰だって一度でも体験した爆発物と爆弾に、私はすっかり恐怖感を抱いている。私は漏れる蛇口からの水滴の音で取り乱している。誰もが絶えず感じたのと同じく過度に危険状態の存在に精神的な恐怖感の意識を抱いている。私は、誰もがこれまでに体験したのとちょうど同じように危険状態を無事に安全なところへ進んだ後の容赦しない疲労困憊を経験している。けれども私の国は交戦中である[1]……」

❖

おびえた人達でさえも戦争に行く準備をする時だった。バンティングは、病理学者として務めることに同意して、王立カナダ軍医療隊の彼の以前の部署である第15総合病院に再合流した。戦時中に銃後で研究者として仕えることについて彼の部門に対してできる限りの話し合いにもかかわらず、彼の最初の衝動は彼を海外へ、戦闘の近くへ連れて行く部署へつくことだった。勿論、それはバンティングが48歳という年齢というただそれだけではなく、航空医学を含めて、カナダにおける医学研究に対してあらゆる責務を彼が持っていると考えて、騎士気取りだった。バンティングは相応の別の軍医になるのにまかせておくには、余りにも役に立った。彼は少佐に昇進させられ、彼の研究と国立研究評議会の仕事を続けることを命じられた。彼はかなりの高い地位に昇進されているべきであるが、彼は平凡な仲間達のように普通の軍医であることを望んでいて、そんな高い地位には興味がなかった。

バンティングは、彼を分野における研究ディレクターの類（たぐい）にするという折衷案を漫然と持っていた。彼とホールそして部門の他の幾人かは、王立カナダ軍医療隊に助手として仕える特別医学研究部署のために研究計画を丹精して作った。それは軍隊の前線背後で大学街に設けられ、化学戦争および細菌戦争、神経生理学、化学療法など、戦争が引き起こすあらゆる問題を探求するものだった。9月中旬、バンティングはこのプロジェクトそしてA・A・ジェイムズと研究室の幾人かが航空医学研究に関して作成していた他の計画の迅速な承認を催促するために、彼に耳を傾けてくれる誰かと会合して、オタワにいた。

戦争の混沌とした早い週に、あらゆる種類の善意の人達が働き過ぎの軍の権威者達と公僕達に熱心な事業計画のホストを申し出ていた。バンティングとホールの覚え書きが最終的に王立カナダ軍医療隊の上級将校に届いた時、彼はそれを条項毎に分析し、イギリスがどんなことをしているかを看破した後で、大部分の医学研究はカナダ本国でなされた方がより良いと結論づけた。バンティングはすでに、ロンドンの医学研究審議会とイギリス航空医学専門家達の両方にカナダの援助申し出を電報で伝えていた。ある種の私的な連絡係が効率よく組織された研究の取り組みを計画するのに必要なことが、イギリス人とカナダ人の双方に徐々にわかり始めた。

研究者達は、組織が適所に置かれるのが良いというアイデアをずっと早くから考えていた。バンティングのチームの中で最も熱心なのはビル・フランクスだった、彼は数カ月間、急降下と旋回で高重力に晒された時にパイロットが一時的に意識を失うという問題について考え続けていた。フランクスは癌の研究でしばしば、遠心分離機を用いていた。回転試験管が高度遠心力で時々粉粋された時、フランクスはそれらを水の中にぶら下げることで圧力を相殺しうることを見出していた。彼は人間に原理を応用するという何らかの方法がないのかどうかと思いめぐらした。戦争が始まった時、彼は見つけ出すことを決意した。彼の最初の段階は遠心分離機でマウスをテストすることだった。フランクスはマウスをゴム製のコンドームの中に入れ、それをしっかりと結び（ひもは小さなちょう結びのネクタイのように見えたと、観察者の一人が記憶していた）、水の入った容器の中にコンドームをつるし、それに回転を与えたものだった。水の流体静力学的な圧力が、通常はマウスを殺していただろう力、重力の強さに何度も耐えさせることを可能にして、マウスを遠心力から防禦すると思われた。

フランクスは彼のアイデアを発展させることの維持に資金が必要だった。ハリー・マクレイン、金持ちの、一風変わった実業家が説得して研究を支援できるかも知れないのを耳にして、フランクスとバンティングはオンタリオ州、メリックビルの大邸宅へマクレインに会いに出掛けた。バンティングによれば、そこで彼は「メリックビルの大きなガマガエル」だった。科学者達は、10月中頃のある朝早く到着した。マクレインは酔っ払っていた、とバンティングは日記に書いた。彼は我々がジョン(トム?)=コリンズ(訳者註:Tom Collins はジンをベースにしたカクテル)を飲むことを強要した。我々はそれから朝食をとった。私はすっかり逃げ出すのに備えた。しかし朝食後、彼はてきぱきした態度をとり、それから我々が何を望んでいるかを知りたがった。フランクスが説明を半ば終えた時、マクレインは言った――それはどれほど要するのだろうか?――5000ドル――それを君達にあげよう――それからそれについてそれ以上何も言わなかった。会話はカルカッタの銀行内で神聖な雄牛と往来をふさぐ神聖な雌牛に方向を変えた[3]。

戦争初期に、彼らは亡命者であるドイツ人化学者の研究室訪問を受けた。彼は皮膚を火傷させ、火ぶくれにする第一次世界大戦で一般的に用いられた毒物、マスタードガスに対する彼が保有する解毒剤の製法について熟考することを望んでいた。ホールとルーカスは秘密の製法に従って製剤を調合した。彼らは動物でそれを試験し、それからバンティングを含めて、部門の幾人かのメンバーが彼ら自身にそれを試した。解毒剤は腕での少量のマスタードガスによる火傷に対してかなりうまく働いているように見えた。だから恐らくバンティングが未処置のコントロールとなる火傷で1週間苦しんだ痛みは、それに耐えた価値があった。バンティングは国立研究評議会へ抗マスタードガスに関しての処方策を手渡した。そして評議会はそれをイギリスの医学研究審議会へ送った。[4]

国立研究評議会の医学研究に関する副委員会の長として、バンティングはそこでの状況を調査し、カナダがどれほど貢献できるかを判断するために、イギリスへ出掛けるには筋が通ったカナダ人だった。糖尿病の仕事で古くからのなじみであるモントリオールのイスラエル・ラビノウィッチもまた行くことに選ばれた。ラビノウィッチは長年にわたってガス毒物学を研究していたし、それにまた毒ガスの専門家として国立研究評議会に貢献を進んで申し出ていた。マックノートンはすでに国立研究評議会の進行中のいくつかの仕事、大部分が防毒マスクに関するものを持っていたが、もしラビノウィッチがカナダに戻って研究プログラムを計画することを目指してイギリスでの開発を偵察するならば、それは役に立つだろうと彼は考えた。[5]

イギリスに行くことを望んだ他のカナダ人研究者はチャールズ・ベストだった。イギリスでデイルとの大学院生の研究結果として、ベストは彼の才能を非常に高く評価したイギリス医学研究において高い地位にいる多くの友人を持っていた。ベストが王立協会の秘書、A・V・ヒルから両国間の連絡係について緊急の必要性を説明している手紙を受け取った時、彼はバンティングにイギリスに渡っても良いかどうかとたずねた。ヒルもベストもどちらもバンティングとラビノウィッチの旅行に関する計画を知らなかった。バンティングはベストが彼らと一緒に来ることを親切に勧めた。しかしカナダ師団の指揮をとるために国立研究評議会を離れてイギリスに向かう途上のマックノートンも、彼の後任者でサスカチュワン大学のC・J・マッケンジーもどちらもベストが旅をすることについて余り乗り気ではなかった。バンティングに加えてベストが伴うことに対してどんな好都合な理由もなかったばかりか、彼はオタワの国立研究評議会の人達をいらいらさせる何かあることをしでかしていた。「私はチャーリーが医学研究に関する副委員会を裏切ろうと試みていたのを証明する手紙をマッケンジーから受け取った」、とバンティングは10月の日記に書いた。言及した事柄は恐らく、国立研究評議会を出し抜く試みとして解釈されたベストがとったある行動に対してである。というのもマッケンジーは組織がカナダ人による研究の全ての責任者としてその地位を維持することをこの上なく切望していた。国立研究評議会はベストが使命を帯びてバンティングとラビノウィッチに加わらないことを決定した。(6)

カナダを離れる前に、バンティングは戦争に関する可能な研究を議論するためにホール、フランクスそして他の研究者達と長々とした会議を開いた。研究室の数人のメンバーは、航空医学領域でどんなことがそこで行われているかを視察するためにアメリカ合衆国の医学校へ出掛けた。バンティングの手本を迫って、協力してきたホールは、王立カナダ軍医療隊が航空医学問題を絶望的に処理出来ないことに納得させられて、独立した王立カナダ空軍医療隊の創設を求めてジェームスと一緒になって働きかけていた。バンティングはその庇護内で航空医学研究を維持しなければならない彼自身の微妙な国立研究評議会の問題を抱えていた。オタワから自分の研究室へ再び戻るために列車による長い軌道を突き進む間、バンティングはオタワの生活を好きではないと思った――「重要な地位に余りにも多くの取るに足らない奴ら」――そしてとりわけオタワの政治家達の集団が気に入らなかった。彼はその時、彼の意見、希望そして懸念の全てを書き留めて、非常に詳細な日記を継続してつけていた。例えば、

> 10月20日：午前2時だから私は研究室にたった一人でいる――もう少しで2時間思いめぐらしていた――動員可能な兵力、大量の歩兵そして大虐殺よりもむしろ大部分は頭脳と科学的創意の象徴である戦争について。

我々の仕事はヒトラー支配下のドイツを打ち負かすことである――そしてその兵隊達は勇気と知能を持っている。彼は敵を実に過小評価している馬鹿者である。オタワの我々の政治家達は平和時の支配者であって、彼らは彼らに政権を維持させるフランス系カナダ人の投票数に関心があり、それにまたカナダのその他の人々と彼らがどうしたら公職にとどまりうるかに興味がある。カナダそれ自体に対して関心が残されていない……。

マッケンジー・キング――老いぼれ、うぬぼれ、詩的感興――帝政ロシアの皇后をそそのかす外観すらもないラスプーチン〔訳者註1〕――建設的なアイデアのない狡猾な政治家……

神様お助け下さいカナダを……

11月3日：今夜は、私は腰を落ち着けて何もとりかかることができるとは思えない。それでその感情は私に、私が落ち着いてとりかかることができていて以来ずっと長い期間があったことを思い起こさせる。世の中はすっかり混乱状態である。だからあらゆることが混乱状態にある時に、落ち着いて、静かでいるのは不可能である。対比して、自分は農場での平和な時代を振り返る。そこには仕事があって、いつの日もその日の終わりには取り計らわれるべき人の助けを借りずに自ら行うかなりの仕事があった。安心の自覚があった――そして心の平和。自分はいつも毎晩眠ることに満足していて、それで休養して、朝には健康になっていた。

今は何と異なった生活。精神的な緊張。自分は終日しかもとぎれなく夕方に夕バコを吸う。たえず、乾燥したのど、痛くてひりひりする舌、それにまたしめつけられるようなむずむずする咳がある。自分は就寝時刻にすっかり目が覚めていて、だから眠りにつくために2～3杯の酒の助けを求める。自分は決して、一気に5～6時間以上長く眠れない。自分は決して、朝のうち眠ることができない。自分は一日の途中できっかり20分睡眠をとる必要がある、そうでなければ自分は午後にほとんど目を開け続けることができない。かくして老いた身体と心は奮闘を要する日々の初めから終わりまで重い足を引きずって行く……

48歳の彼の誕生日に、ヘンリーは晩餐にとり肉を料理し、フレッドは一息で誕生日ケーキ上のローソクを全て吹き消した。彼らは一緒に静かな夕辺を過ごした。3日後の11月17日に、彼とラビノウィッチはモントリオールからイギリスに向けて出航した。

戦時の航海は神経を悩ますものだった。灯火管制で消灯した彼らの船、ダッチス定期船の一つは、監視や待ち受ける敵を混乱させるためにあらゆるわずかの間もその航路を変更して、従来のあらゆる常設航路から遠く離れて、どんな類の護衛艦もなく航海した（「私は駆逐艦と巡洋艦と共に50～60隻の貨物船の護衛される船団であろうと思っていたが、この点で我々は間近に物体一つなくただ我々だけである」）。乗船客は、四六時中救命帯を身につけ、彼らがどこにいるかを決して知らなかったし、どんなニュース告示も聞かなかった。客室乗務員は敵の潜水艦は問題ないとバンティングに言って安心させようと努力した。彼らは機雷とドイツの小型戦艦についてずっと心配していた。バンティングは慰められなかった。数学的思考力も持ったラビノウィッチは、家にいることよりも船上にいることが185倍もより危険であり、そしてドイツ人が彼らを襲うことの機会は200分の1であると計算した。バンティングはしこたま睡眠をとり、気配を読みとり、彼らが危険の真っただ中にいることについて困難にもめげず日記に何頁にもわたって認めて、なんとか切り抜けた。

目覚める毎朝、自分は相変わらず無事で、まだ生きていることに対して多少幸運だと喜ぶ。それから楽しい感情と連結して疑問となる——私は明日のこの時まで生きて、元気だろうか。食事の度に、心的な疑問——これが私の最後の食事になるのだろうか？　で終わる……。

　心の奥底で誰もが不安を感じている。外的証拠は表現のさまざまな形態をとる。ある人は飲酒し、ある人は話をし、ある人は感情を全く押さえつけて何も言わない。概して彼らはよく訓練された、大層理性的な連中である。船が、魚雷で破壊されたり、機雷にぶつかることがあったとしても、総崩れとはならないであろう……。

　自分は客室を見回して捜し、人は誰でも暖を取るために身につけなければならないさまざまなものを確かめる。私は急いでそれらをはくことができるように、ブーツを拾いあげ、靴ひもの結び目をゆるめる。私は寝る前に、ズボン、上衣、オーバーそして全てに注意する。私は客室の全てのものがどこにあるかをよく知っている。私はすぐにしかも暗闇の中でそれを行うことができた。私はそれを記憶に留めていた——靴下、ズボン、ブーツ、シャツ、上衣、オーバー。ポケットには私が必要とする緊急用のものが入っている。私はこれらの物が全てどこにあるのかを知っている。隣の部屋でラブ〔訳者註：ラビノウィッチ〕もまた用意ができている。彼は泳ぐことができないが、私はもし彼が推進力を必要とするならば彼を引っ張ることを約束していた。それにもしも何事かが起これば「相互に話しかけよう」、しかも「相互に話すのを続けよう」、と彼は言う。

　我々がカナダに戻っているならば——よく慣れた戦時の旅行者達——我々はこのたわごとをいやしくも一笑に伏すであろう。しかし今はそれは単なるジョークではない。それは深刻である。

　バンティングは、もし最悪の事態が訪れたならば立派に振る舞おうと思った。「遂行するという意志は随分沢山のことを処理しなければならない。私はタバコを吸うこと——それに時々——余りにも多いライウィスキーを止めることを除いてあらゆることで遂行する意志を持っている」。この眠れない夜に、彼の意向は彼らの船について物語を書くことに着手させた。しかし彼が思いつくことのできた唯一の物語の筋は、彼らが魚雷で攻撃されることか捕えられることに関係した。

彼らは11月25日にロンドンに到着し、フレッドとヘンリーが一年前に滞在したビクトリアホテルに記帳した。灯火管制で消灯された市は、バンティングがこの前の戦争で見ていた、兵士達とその連れの女性達で群がっていた、まばゆい大都市と比べてさびれていたように思われた。勿論、恐怖感は、第一次大戦でみられたどれとも違って、大量の爆撃がいつ始まるかも知れないということだった。科学と技術がそれを可能にしていた。バンティングはそういう種類の科学と予想される結果について彼ができる全てを学ぶためにやってきていた。

我々がそれを好もうが好まなかろうが、似たようなしかもよりもっと非常に残酷な発明品が我々の科学者達によって作られるに違いない。伝統とスポーツマンシップは、我々がヒトラー氏と彼の仲間とつき合っている間、棚上げにされなければならない。戦後、美徳が復活されるかも知れない。科学が人類の利益のために計画されていたと私が信じるよりもずっとしっかりと信じている人は誰もいない。しかし我々の敵は戦争に関しての最も破壊的な兵器の発明のために科学を利用してきた。従って、我々は同じようにしなければならない。もし我々が何もしなければ、ヒトラーはこの戦争に勝つであろう。どんな量の勇気、どんな量の人の肉体も破壊の科学的兵器には勝てないであろう。自衛本能は我々が同じ兵器を使うことを要求する。

バンティングは、彼らがロンドンに到着して24時間以内に空襲のサイレンを耳にするだろうと「ラブ」と賭けをした。１９４０年の春のポーランド陥落とドイツの電撃戦との間の「いんちきな戦争」

のこれら数カ月間に、実際には何事も起こっていなかった。ロンドンでの最初の夜、バンティングとラビノウィッチはイギリスの最初の戦争映画、『ライオンの翼（*The Lion Has Wings*）』を鑑賞した。上映中に空襲のサイレンが消えた時、バンティングはラブに賭けを皆済することを命じた。

医学戦争の局面でもまた大して何も起こっていなかった、というのもイギリス人は、より多くの紹介状が書き送られてしまうまで訪問中のカナダ人と彼らの秘密を分け合うことに関心がなかった。「年老いた軍人さんが相応しい老いたイギリス人のロバであるとして私を攻撃した」、とバンティングは空軍中将リチャードソンとの初日の会見後に認めた。手配は疑いなく最終的にはなされるであろう――しかし老いぼれた緩慢と官僚的形式の中に入り込むには時間とエネルギーを必要とするであろう。

それどころか、書簡は急いでカナダ下院で書かれ、官僚的形式は解消した。バンティングとラビノウィッチはイギリス人が行っていたあらゆることに対して全て出入の権利を与えられた。バンティングは研究所、大学、陸軍基地、そして全ての中で最も印象的な、ソールズベリー近くで、ポートンダウンの広大な毒ガス戦争研究施設を見学するのに精力的な3週間を費やした。イギリスの科学者等は、彼らが行っていることを相談し、戦争研究の将来取るべき方向とカナダが演じることができる役割についてバンティングと思いを凝らすのに彼らの時間を惜しみなく傾注した（「デイルは決してそんなに思いやりがなかった」）。医師等はしばしば、衝撃的な出来事を話し、塹壕腎炎（訳者註：trench nephritis、現在では用いられていない語。ぬかるんだ塹壕で冷気や湿気にあたった兵士達にみられる糸球体腎炎）について悩み、兵士達のためにどれだけ多くのビタミンがチョコレートバーやチーズ軽食の中へ詰め込めるかに思いを凝らした。これらの事柄は未だ、最も重要なイギリスの戦時の医学的偉業、ペニシリンの開発について微塵の手がかりもみられない以前のことで、軍事医学の草分け時代のことだった。

必然的に、バンティングが旅で経験したかなりの典型的な会話は、外傷に関する連鎖球菌による感染の問題について細菌学者との次に述べる内容の議論だった。

彼は革命時のスペインで発展したある治療法の新しい形態を議論した。治療法のこの形態は、外傷部組織からあらゆる断片の即座の外科的切除、外傷部位への可塑性の焼石膏（訳者註：加熱により結晶水を除いた無水硫酸カルシウムで、水を混ぜると泥状になり、やがて固まる）による充填で続き、外傷領域を固定した状態にするギブス包帯の利用を伴うことから成り立っている。ギブス包帯は数日間、所定の位置に施された状態にしておく。度合いの激しい臭いが生じるかも知れないが、これはギブス包帯が取り除かれるべき適応として受け取られるべきではない。温度はしばしば華氏102度（訳者註：摂氏で約48・1度）に上昇する。しかしもし温度がさらに高く上昇したり、あるいはずきずきする痛みを伴うならば、ギブス包帯は取り除かれそして潅注法あるいは温水療法が施行される。コールブルック大佐はギブス包帯が連鎖球菌で生じる感染を遅らしたり、防いだりするかどうかを知りたがっている。彼はまた、この感染が外傷部分に侵入するのは何時なのか知ることを望んでいる。(7)

バンティングは航空医学に関してイギリスの研究を調査することに多くの時間を費やした。彼は空軍基地を訪れて、乗組員と軍医に話し掛け、「それなのに研究についてよりもスピットファイア（訳者註：第二次世界大戦中のイギリスの戦闘機）とウェリントン爆撃機（訳者註：第二次世界大戦初期のイギリス空軍で使用された爆撃機で、ウィンピー（Winpy）の愛称で親しまれた）についてずっと多くの情報を手に入れた」、と彼はエド・ホールに書いた。主に彼はパイロットが勤務体制の不定期な時間、戦闘が全く無いこと、そして彼らの航空機の限界にうんざりしているのを知った。夜間の哨戒を行っているブリントハイム

〔訳者註：ドイツ南西部の村〕のパイロットらは、たとえ空中に飛んでいたとしてもドイツの飛行機を見つけることはできないだろうとカナダ人に語った。「彼らの特別なタイプの飛行機の全弾頭蓋〔訳者註：砲弾または爆弾の弾頭に装置した時限信管を調節するための装置が入ったキャップ〕はガラス製で、霜で覆われていて、前方を見るために、パイロットは窓を彼の左側に開けなければならない[8]」。

イギリスは重大な航空医学研究の計画についい取り組みを始めたばかりだった。イギリス空軍のファンボーロウ合同庁舎に在る彼らの研究室は依然としてリーントゥ〔訳者註：片屋根式の簡易シェルター〕に収容されていた。悪天候と軍用の空域でぎっしりと詰まった航空管制のために実験的飛行を予定するのが難しかった。バンティングが相談した航空医学研究者の一人は水ジャケットでもってパイロットを防護する試みを考えていて、フランクスがカナダに戻って仕事をしていたのと同じアイデアだが、今までのところ何か役に立つような機会はまだなかった。イギリス人達は航空医学のあれやこれやの領域においてカナダ人が先行することを熱望しているように思われた。それでバンティングは「フランクスとあなた自身のグループの仕事が可能な限り迅速に進められる」ことを強調してホールに手紙を書いた。「航空医学研究に関しては、彼らがここで行っている限りでは我々がカナダで行っていることと同じだと思う[9]」。

医師ら、とりわけ精神科医はパイロットのために信頼できる思考力、性格および身体的機能検査を発展させる研究に深く関わっていた。バンティングのトロント大学の同僚の一人、心理学科のE・A・ボットはカナダ人飛行士のために検査の開発を着手することに積極的だった。この旅で、バンティングはこの領域で卓越したイギリスの研究者、フレデリック・C・バートレットのケンブリッジ大学の研究室を訪れた。バートレットはどの部屋もどの部屋も精密な検査機械で一杯にしていて、バンティングに短い会談以上を割り当てるには余りにも多忙だった。しかも技術者達はカナダへ送るためにいずれの機械も複製するには余りにも忙しいと彼に話した。国立研究評議会への公式の報告書で、バンティングは「バートレット教授の研究室への全ての訪問は超機械化という印象を私に与えた。私が見ることのできた限りでは、彼の性格、個性、精神力あるいは忍耐力に従っての検査下にあるパイロットに対しては非常にわずかな関心しか払われていなかった」、と結論付けた。[10] 日記では、彼は遙かにずっと辛辣だった。

私がケンブリッジ大学について感じているように他の誰かがこれまでに感じたかどうかは知らないが、彼らは神の聖油で清められていると思っているという感じを受ける——彼らは知る価値があるあらゆることを知っている——他の誰もが恐らく、よりもっと多くのことを何も知らないかも知れない。神はケンブリッジ大学にあらゆるアイデアを与え、彼らは仕事をするのにそれらの中からどれでも好きなものを選ぶのだが、あらゆる疑問に対して答えを全て知っている。バートレットの研究室への全ての訪問は、そこが機械化の栄養過多——信じられないほどの数のルイ王〔訳者註：ルイ王は1世から18世〕——天文学的宇宙空間の中への振子の大きい振幅——であるという印象を私に与えた。新しい機械が毎週発明されているが、戦争機械を操縦するための人をどのように選ぶかの課題を考え出すという点でほとんど何もなされていないと非難されている……。

平和が終わりの時代に、バンティングは別の戦争では非常に残忍な化学薬品と細菌の使用が主役を演じるかも知れないと危惧していた。10の建物のどれ一つとっても彼の全部門よりも遙かに多い設備を収容した、ポートンに在る供給用化学物質防御実験施設省への訪問は、イギリスが毒ガス戦に備えて十分に準備されていると彼を安心させた。彼らは、仕事で素養の備わっている専門家達からなる素晴らしいチームを持ち、軍の情報で毒ガス戦争における敵の活動について知らせられ続けていて、毒ガス、解毒剤そして新しい装備を絶えず試していた。トロント大学の抗マスタードガス溶液はポートンで試験されていて、それでバンティングは調べて明らかになったことを見せられた。それは無効な液体ではなかったが、すでに標準的備品であるイギリスの軟膏とほぼ同じ効果もなかった。

バンティングはカナダがポートンをまねるのを試みる必要はないと理解した。そこの専門家達はカナダがそこの施設で仕事をする科学者達を送り込むことで貢献すべきであると彼に助言した。バンティングは同意し、勧告として国立研究評議会への提案を本国へ電報で伝えた。彼は特に、チャールズ・ベストがポートンで仕事をしにやってくるべきであると勧めた。[11] ところで、ラビノウィッチは、自身は毒ガスの研究とポートンでの仕事に浸って、特別の研修コースをとって、それから毒ガス戦争の行動の基準で新しく登場した第一カナダ師団の幹部達を教えるという目的でやってきていた。

バンティングはまた、細菌戦争に関してイギリスの支配的な意見を知った。彼らは明らかに化学戦争を非常に深刻に捉えていた。しかし彼らが戦前に感じていたのだがイギリスは生物戦争を遂行することの方法についてたいていの示唆に懐疑的だった。バンティングは主題に関する医学研究審議会の文書の一揃いを見て、コピーした。その結論は以下のような内容を含んでいた。

……大部分の目的のためには、飛行機は非常に使いにくく、不適切な細菌学上の手段である。なぜならばそれがいつも当を得た時に正しい場所へ選ばれて感染させる媒体を確実に下ろすという不可欠な条件を充たすことができないからだ……我々は飛行機から伝染病に感染した鼠について可能な限りの数の放出の見通しで大いに邪魔される必要がない……我々には、たとえ炭疽病に初期感染したある数が生み出されたとしても、病気は広がらないであろうと信じる強い理由がある……感染したシラミ［チフスを持って］の投下が、感染した生物の投下に比べてよりもっと効果的であるようには思えない。シラミは養うことのできる人から離れて長くは生きて行けない。それに飛行機から投下されたシラミの非常に少数が彼ら自身にとって都合の良い状況に着陸するかも知れない……敵は黄熱に感染した蚊を飛行機から投下するつもりなことが示唆されていた。非常に多くの他のことと同様に、この示唆は感染症の拡散に関連した複雑な生物学的因子についての我々の知識を無視している[12]……

イギリス訪問中に、バンティングは空気の殺菌に関わるプロジェクト、細菌戦争に関連してなされている一つの小さな実験だけを見た。その態度がバンティングに大層不快感を与えたケンブリッジの研究者達は、イギリスは細菌戦争で危惧することは何もないと彼に語った。一定地域の全住民あるいは家畜を感染させることを目がけてのどんな試みも拡大を防ぐ能力があった。医学研究審議会の秘書、サー・エドワード・メランビーは医学研究審議会が主題を取り上げることに興味を抱いていないと彼に話した。イギリスもドイツも戦争で細菌を用いないであろう。それにたとえ彼らが用いたとしても蔓延しないであろう。メランビーは、人々に高性能の爆発物を投下することが細菌を投下することよりも遙かにずっと効果的という専門的知識のあるイギリス人の意見をおうむ返しに繰り返した。

しかしバンティングは、王立軍医療隊の主任病理学者を含めて、ドイツが引き起こす細菌の脅威は深刻に取りあげる価値があると信じる他のイギリス人達に話をした。ひそかに彼らは、ドイツが何かを計画しているという彼の恐ろしい疑いをあおり、よりもっと多くの仕事が企てられるべきであるという彼の意見を励ました。12月22日に、バンティングはマックノートンに会って、イギリスの医学研究の状況について彼に話した。「そして最後に、私は彼にこの上ない心配事について話した——すなわち生物戦争に関する研究について何をなすべきかを。相当長い時間、我々は問題を議論した。すると特有なやり方で彼は私が何をするべきかを決めた――私が国立研究審議会あてに備忘録を書くべきである」。マックノートンは備忘録がイギリスの権威者達に提出されるのを手配しようとした。「もしイギリス陸軍と研究審議会が、研究は問題に関してなされるべきという願望を表明したならば――それからすぐ私は主題にアプローチをし、カナダの国立研究評議会とカナダ政府の支持を請うのに必要な信任状で十分に装備されることになるであろう」。

彼は新年の前にカナダへ向けて帰ることを当てにしていたが、バンティングはマックノートンの要請を、彼の備忘録が書かれ、処理されてしまうまではイギリスにとどまることへの事実上の命令として解釈した。彼はクリスマスシーズンを細菌戦争の主題に夢中になって過ごした。クリスマスの日に、彼はヘンリエッタの幾人かの友人達と晩餐会を開くのに時間を割いたが、その一人が速記タイピストとして雇ったアイリーン・パートンだった。食事前に、フレッドは思い出すことのできたあらゆる子供部屋のトランプ遊びをした。食事後に、彼は素手でクルミをどんな具合に割ることができるかを彼らに見せた。クリスマスの贈り物の日〔訳者註：12月26日、日曜日であれば27日で法定休日〕の夕方に、彼は備忘録の執筆を見事に開始させた。

いつものように今夜、私は早めに衣服を脱ぎ、夕方中パジャマで仕事をしていた。私は素晴らしい暖房用の火の状況にする。昼間に、私は細菌戦争に関連していくつかの良いアイデアを得た。私の想像は機能し続け、もし私があらゆるくそいまいましいイギリスの戦争会議に彼らの考え方を変えるのを引き起こすことができないならば、それは私自身の責任であると思う――その上、私はこれらの退屈なイギリスの細菌学者達を説得して味方に引き入れなければならないであろう――それから私は我が家に帰り、マッケンジー・キング氏に会い、緊急で必要な研究のために私がすぐに欲しい10万ドルのために上手く話すことができる。私は依然として、なぜ科学者は研究目的よりもむしろ研究手段としての収入に対して時間とエネルギーを費やさなければならないのかわからない。それは誰にも多分明白なはずだ。しかし我々を試すために送り出されたこれらの事柄は、我々の中にあるものは何でも築き上げることの助けになる。人生は戦争である……。

バンティングの19頁からなる『細菌戦争についての現況に関する備忘録』の口調は、むしろ人騒がせなものだった。彼はイギリス人の専門家達が爆発物や飛行機による細菌を散布する手段で認めた困難さを全く軽視しがちだった。しかし彼はまた、イギリス人でさえも秘密の媒体が損害を与える方法の中に給水設備および他の設備を感染させうると信じていたこと、それに彼らが細菌およびウイルスを伝染させることのあらゆる他の可能性がある手段を考慮に入れていなかったと主張することで、ある程度の意味をなしていた。バンティング自身は、細菌を散布するのに多くのアイデアを持っていて、それには感染した宣伝ちらしから細菌のしみ込んだシリカの微粒子で人工的な昆虫の刺し傷をつくることまで様々だった。その上、もし報復することの恐れが説得力のある戦争抑止力になることがあるならば、生物学的攻撃を如何に利用するかに関する研究は必要であると、彼は主張した。彼は細菌戦争と化学戦争との間になぜ類似点がないのかを理解することができなかった――両者は種々の国際的な慣行によって禁止されていたが、イギリスが後者を深刻にとらえているにすぎなかった。バンティングは「細菌戦争を相手に人と動物の両者を守るために」、ポートンのガス防禦施設に似た組織が創設されるのを勧めることで彼の備忘録を終えていた。それは攻撃的と防禦的な生物戦争の両者のやり方で精力的な研究に関わり合うであろう。もし適切に関心がある方向に向けられた要求がイギリス政府からきたならば、カナダの国立研究評議会は喜んで責務を取るつもりである、とバンティングは示唆した。[13]

カナダの駐英高等弁務官（そしてバンティングの文芸クラブの古い友人）、ヴィンセント・マッシーは、バンティングが化学戦争と細菌戦争に対する責任を持つイギリス首相ハンキー卿に会う手配を行った。バンティングが彼らの会談について認めた。

素晴らしい卿はなされてきたことの全てを明らかにした。それでどうやら私が彼に示す少しばかりの賞賛を期待したが、私は研究の正しいことを彼に浴びせかけた。彼は非常に上手くショックに耐えた。私はただ一点——細菌戦争に通じる即時の研究の必要性について主張することを試みた。マッシー氏は備忘録を読んでいたので、主張を支持した。ハンキー卿はコピーを求めた——それからそれは確かに委員会［多分、細菌戦争研究委員会］に提出されるべきであると述べた。

彼は、それが明確な提案を持って上手く行ったあるいは立派な身分の科学者によって支持された最初の意見であると言った。彼は私がプロジェクトについて科学者達と相談していたかどうかを知りたがった——私は少しばかり持ったと言った。彼は私に委員会の委員に会うことができるかどうかをたずねた。それで私はいつでも彼の役に立つと述べた。

彼が会話に耳を傾けたので、ヴィンセント・マッシーは「数ある人々の中で最も稀少なこと——謙遜を含めて、バンティングほど卓越した特性を多く兼ね備えたひとかどの人物をカナダは滅多に生み出してこなかった」と彼自身に思い起こさせた。[14]

バンティングは、彼の備忘録の運命についてあれこれ思いめぐらして数週間、ロンドンをぶらぶらして待った。もし大きな細菌戦争プログラムが是認されたならば、彼はそこで演ずる役割を手に入れられるだろうか？　その役割とはイギリスの現場であるいはカナダに戻ってでだろうか？　その方向で何事も進展しなかったならば、恐らく彼は今度はイギリスに到着しかかっている彼の部隊と一緒に第15総合病院に加わっただろう。彼はまた、ロンドンのカナダ軍司令部に仕事の申し出があった、それにまた彼はタップロウに在るカナダ赤十字社の施設の一部分として設立されているある研究施設を率いることに興味を示していた。

待っている間に、バンティングはいくばかの時間をインスリンの発見について書くことで満たした。彼はラビノウィッチに進行中の全物語を話していた、するとラビノウィッチはそれを文章として書き取ることを強く勧めていた。結局、彼らのいずれもが戦争を生き延びられなかったかも知れなかった。バンティングは日記に、物語に対する彼の「不満」は「発見と結びついた多く利己的な事情」であると書き留めた。それから、ロンドン滞在中のある夜早く、バンティングはニュース映画を上映している映画館にあてもなくぶらりと入って、驚いたことに、発見についての映画を見た。彼は映画に余り関心を払わなかった（「この上なく不自然……ハリウッドくさかった……私を納得させるものではなく、だから私は全く心を動かされることなく、それをじっと見ていた」）、しかし数日後に彼は波乱に富んだ過去、『インスリンの物語』について書くことを始めた。彼は止むに止まれず、腕と指が痛くなるまで過去を追体験して、何頁も書き続けた。彼は、未完成で、決して見直されることなく、波乱に富んだ過去の物語を脇に置いた時には、普通の文字の書き方で約3万語を書いていた。時間をつぶす他の方法は映画館にひょいと立ち寄ることで、理想的なプログラムはドナルド・ダックの漫画と最新のニュース映画との併映だった。

バンティングは細菌戦争研究委員会と会合を持たなかった。彼は、彼の備忘録を見たイギリスの専門家達がそれについて非常に批判的で、彼の提案を支持しないことを間接的に知った。明らかに、彼らはそれについて彼と更に議論する理由は何もないと考えた。彼は、戦争の非常に残忍な兵器に対して他の「斬新な」アイデア、あるいはなされるべき研究――科学者達、発明家達そして思索家達が誇りにする信じ難い類の話について、イギリスで多くの人達に話していた。しかもハンキー卿は卓越した物理学者、エドワード・アップルトンによって議長を務められた「狂気じみた考え」に関する秘密の委員会で、偶然彼に会っていて十分印象づけられた。「触媒作用の媒介による毒に関連するアイデア」、「シリカがたちこめる白金黒（粉末白金）」、「硬質金属のオーバーヘッド榴散弾のアイデアと魚アイデアの毒殺」の如きホームズ（訳者註2）風に書き留めたことを、バンティングはイギリス人に伝えた。会談後、彼は「これらの人達が私をだまそうとしているのか、彼らが本心を言っているのかどうかと訝った。彼らは戦争のあらゆる局面についてものすごく多くのことを知っていたし、知っているように思われた。彼らは私にお世辞を言い、それからこれらのアイデアは全て新しく、彼らは一日で3つの新しいアイデアを滅多に浮かぶものではないと言った」。

部門のグループはトロントに戻って、フレッドがいずれ家へ戻るつもりなのかどうかと思い始めた。彼には、軍隊の任命を手に入れ、戦争の残りの間そこにとどまりたいと思っているのかも知れない。彼がカナダの医学研究の中心人物であると思っている友人達の大多数にとっては、見通しは穏やかならぬものだった。ベリエン・ヘンダーソンはついに、バンティングに打電してカナダでの職務を果たすために戻ることを催促した。しかし航空医学の仕事を計画して大いなる発展を成し遂げていたエド・ホールは、赤十字社の研究および細菌戦争計画の両方が大きな向上の見込みがあることを彼に確信させていたので、バンティングが急いで戻る必要はなかった。ホールは、「今から先の次週だろうが3年であろうがあなたの帰国まで」、仕事を代行することができた。[15]

1940年1月28日、マックノートンはバンティングに次の船で帰国できるだろうと話した。バンティングは、彼の野心的な細菌戦争プロジェクトに承認を得ようとして明らかに失敗して、3日後にイギリスを離れた。

バンティングは、長年にわたって化学-細菌戦争に関心を抱いていたハンキー卿がその月しばらくして、イギリスの閣僚にバンティングの報告書について言及していたことを決して知らなかった。それでバンティングは状況について「幾分人騒がせな見解をとった」けれども、ハンキーがイギリスで更なるプログラムに備えて権威者に頼んでいたのかも知れないと主張した。バンティングの備忘録は細菌戦争研究に没頭するべきなのかどうかについて、イギリスの国内討論で議題として用いられていたように思われる。1941年までに、バンティングの主張あるいはそれについて多少よりもっと洗練された変化を分かち合った人々は、彼らの申し立てを勝ちとって、それで大規模な微生物研究財団がポートンで発展した[16]。

帰国の旅はバンティングがこれまでに経験して来た中で最も荒れた航海だった。船室である夜、突然の横揺れは彼を真っ逆さまにして船内の隔壁に放り投げ、彼を気絶させた。ドイツの宣伝者、ホー・ホー卿は、彼が言ったことに基づいて、彼らの船の出航はその最後の航海になるであろうと公表していたけれども、潜水艦の脅威は一時的に小康状態だった。バンティングは、彼の時間を書くこと（戦争後に時間があるとすぐに書くことを望んでいた本を一覧表にした。彼の自叙伝、アリストン地域の歴史、先住民の医療、医学研究、航空医学の歴史）、それに戦争をすることに備えてのアイデアに集中して、考えることに費やした。彼が書き留める価値があると思った2つのアイデアは、無人の陸地から有刺鉄線を取り除くための銛打ち銃に関したものと「当たってピシャと音を立てる砲弾」、トーチカおよび他の敵の防護施設に当たってピシャと音を立て、それらを固めて、閉じてふさぐことのできる湿ったセメントで一杯の弾丸の着想だった。恐らく、追撃砲のピシャと音を立てる砲弾は機関銃の砲座に向けての用途のために考えられたのかも知れない。「防禦の唯一の手段は湿ったセメントが新鮮な間に——それが固まる時間になる前に『プッシャー（押し器具）』を使ってである」[17]。

C・J・マッケンジーが、バンティングはカナダに到着するとすぐ真直ぐ彼のところにこれらと13の他のアイデアをどういう訳で持ってきたかの状況を、私（訳者註：本書の著者）に述べた時、彼はオタワに隠居して静かに暮らしていて、93歳だった。マッケンジーは辛抱強く耳を傾け、それからバンティングにそれらは全て実用的ではないと話した。バンティングはマッケンジーに礼を述べて、それから「今、私はほっとしています」、と言った。「私は家に帰って、妻と一緒にお酒が飲めます」。

バンティングがイギリスの訪問に際して精選していたアイデアの多くが、結局大したものではなかった。細菌戦争はイギリスの官僚政治の錯綜で消え去ったと思われた。ポートンで仕事をするためにカナダ人の科学者達を派遣していた故国へ、彼が打電したアイデアはカナダの戦争時の計画からやぶの中へと失せてしまった。誰もそのような計画をどのようにして認可し、資金を調達するのかを知っているとは思われなかった。とにかく、バンティングがポートンで仕事をすることの可能な研究者として指名していた唯一の科学者であるベストは、そこへ行く気は毛頭なかったし、提案が非現実的であることに安心した[18]。バンティングは、関連がある医学研究のいくつかの領域でカナダ人の仕事のために多くのアイデアを持ち返らなかったし、事実医学研究審議会のメランビー、H・H・ディルそしてイギリス王立協会のA・V・ヒルによって率いられた、イギリスの医学研究の施設と特に密接な提携をとりまとめることもしなかった。ディルは、バンティングがポートンで大層長期間を過ごしていたことの期待はずれについてベストに認（したた）めた。しかし、バンティングがディルおよび他の生理学者等と時間を過ごした時に、彼らは複雑な感情を抱いていた。というのも彼らは医学研究について深刻な議論で彼が理解することのできないのを知ったので、彼と何をなすべきかを知ることにいささか困った事情があった。ディルと他の卓越したイギリス人達は、彼らと一緒に仕事をするカナダ人として、むしろはるかにベストを招きたかったのであろう。[19]

バンティングがイギリスから研究の許可を与えられた唯一の分野が航空医学だった。というのも一つには彼の部門が休止していたが、その領域はともかく研究を続行していたからだった。イギリスにいたバンティングはイギリス人がその領域では余り仕事をしていなかったこと、しかも中立の立場をとっているアメリカ合衆国にそれが漏れるのを懸念して彼らが何を行っているのかの詳細をカナダ人に前もって話していなかったことを知りつつあった間に、彼の部門のエド・ホールと他の研究者達はアメリカ合衆国へ行っていて、アメリカの航空学における最優秀の専門家達から技術状況に関して十分に要点を把握するようになっていた。ホールは領域を概括的に見て、どんな問題を調べる必要があるかを決め、イギリスやカナダで入手できるどれよりもずっと良いアメリカの酸素装置のサンプルを購入し、しかも部門に備え付けるための減圧室を求めて注文を出しさえしていた。ホールはメイヨークリニック〔訳者註：アメリカのミネソタ州ロチェスターにある世界最大級の医療センター〕の減圧室で彼自身で「飛行」テストを試すことを通してわかったのだが、それは高高度の影響および上昇と下降時の急速な圧変化の衝撃を研究するのに素晴らしい手段だった。イギリス人はオックスフォードに彼ら自身たった一つの減圧室、第一次世界大戦の遺物を持っていた。[20]

ビル・フランクスは彼の創った液体の入った飛行服をテストするのに、その冬実際の飛行、彼の生涯で最初の飛行機による飛行をしようとしていた。それは機能しているように思われたが、調整されるべき多くの欠陥があった。一つには、フランクスは飛行服内の水の対圧を必要とした唯一明白な身体の部分を見出した。彼の最初のテスト、区分されていない水の入った飛行服は非常に痛みを伴うものだった、とりわけ男性が敏感に反応する部位で。航空機が飛んでのテストは高価で、しかも幾分危険だった。進行中の実験に雇われている人の目を回すのに大いに十分であろうある種の遠心分離機あるいは粒子加速器を陸地に作りつけることは賢明なように思われた。フランクスは彼の飛行服と人間遠心分離機／粒子加速器に関する計画の仕事に精を出して冬を過ごした。

バンティングは、彼がイギリスに行っている間に、航空医学研究チームが成し遂げた進歩に驚き、喜んだ。彼の最初の優先事項は、仕事を更にすすめるために彼ができる全てを行うことになった。オタワとのより確かな協調関係だけではなく、オタワからよりもっと多くのお金が必要とされた。政府からの唯一の資金提供は1939年の夏に設立された異種部門間の航空医学研究委員会に認められた1万6000ドルだった。バンティングとホールは彼らの部門の資金から別の3万ドルを使い、それにまた重力の影響に立ち向かうフランクスの闘争を支援するためにもっと別の私的な「スポンサー」を見つけ出した。

バンティングは、航空医学研究員会が医学研究に関する副委員会に相当する組織となって、国立研究評議会の傘下で再編成されるべきであると結論を下した。彼は、オタワの行きと帰りの沢山の列車で、仕事の将来を立案して、多くの時間を過ごした。航空医学に関する副委員会が組織されて、しかもプロジェクトは新しい予算で10万9000ドルを要求して前に進むであろう。これらには、高高度での低気圧に加えて低温を模擬実験するための低温室での新しい減圧室だけでなくフランクスのために粒子加速器の建造が含まれていたのだ。バンティングは、鍵となる人々および関連する部門の全てによって提案が原則として容認されたという報告を得た。それから政治家達が戦い、総選挙から復帰する間、最終的な政府の承認を放っておかれて長く待たされた。[21]

彼は確かな基金で航空医学をものにしたいと望み、それで軍隊と一緒に仕事をするためにイギリスに戻った。「私は非常にしばしばオタワで気が滅入っていて、非常に多くの当局者と会っていたので、私が信頼出来ない、へつらう政治家になりつつあるのではないかと大いに心配していると彼らと話をしていた」。オタワにおける他の幾分政治的な仕事は、彼の訪問とイスラエル・ラビノウィッチの詳細な提案によって引き起こされた毒ガス戦争に関する議論を伴った。国立研究評議会はすでに、容器安全に関する善意の調査委員会という内密での活動を通して毒ガスおよび防毒マスクについて情報収集を始めていた。バンティングはその権限を非常に拡大させたことで役に立っていた。[22]

深刻な戦争がデンマークおよびノルウェーに対するドイツの攻撃で再開した1940年4月、彼はなおも実行されるべく彼の航空医学に関わる提案に対して政府の承認を待ち続けていた。今や、あらゆる彼の責務は戦争についての心配が加わった負担の影響を受けてより一層重くのしかかった。4月17日について彼の日記の記載事項の部分は、その春のカナダの医学研究についての状況だけではなく、彼の日々の日課についての良い実例である。

今日の午後の郵便はマギル大学からの手紙をもたらした——明らかに仕事をしていないペンフィールド〔訳者註3〕グループの心理学者達は、ボットとクインズ大学のグループやハンフリーズ商会は言うまでもなくマギル大学の心理学の教授テイトとモーガンの活動について何事も知らない。私は国立研究評議会の中に心理学に関する副委員会を持たなければならないだろうと思う。ショックに関するセリエ〔訳者註4〕の仕事についてのマギル大学の解剖学教授からのもう一つの手紙は、外科的ショックに対する特効薬が発見されたことを述べていて驚くべきことである。彼らは発表することを強く望んでいる。

ベストはイギリスへ行くこと、しかも防衛省か国立研究評議会によって支払われるやり方で行くことを望んでいる。

フランクスは飛行隊員にエウスタキー管の解剖と聴覚問題について午後5時20分に実演をしてみせた。

私は電話で陸軍中佐ジェイムズと話をし、他の事態の中で「飛行服の気圧空間」を議論した。それは私の知る限り、ジェイムズの考案で、私によって修正されたアイデア――フランクス布をゴムで滲み込ませて、それで高度での気圧下で人を完全に包み込んで――酸素を供給して、ソーダライムでもって炭酸ガスを吸収し――安全のために気体の流れを調節するバルブを持つというものである。このことは理論的に適っているが、――ルサイト〔訳者註：透明なアクリル合成樹脂の一種〕の窓――圧力で密封された扉のゴム、内部に形で円柱状の操縦桿を持ち、しかもパイロットのために動きを自由に許して、生産するのに経済的であるべきである。全てのことは試みに対して数100ドルの経費で作られるかも知れない、と私は思う――着実に……

私は大層疲れているので眠ることができないし、寝たいとも思わない。何をするのが最善かを考えるのにたった一人の時間が欲しいと思う。もし私がただ眠れて、休めて、それから仕事に耐えることができれば、私は幸せである。あらゆるこれらの事柄に加えて、私は、彼らがグリーンランドに行く時に、我々の軍隊に必要とされた医療備品に関する備忘録を起草しなければならない。飲食物、高脂質、ビタミン、伝染病、衣服、凍傷、しらみ、薬などなどが私の頭じゅうをかけめぐっている。伝染病に備えて先住民の保護は重要である。そのような使命で行く軍隊の結核、性病、心理状態が課題に加えられる。

私がしようととりかかっている数々の仕事を成し遂げるには、どうみても一つの小さな頭脳にとってできることではない。しかしそれは戦争である。私の最大の心配は、私が誤ちを犯す、つまり私の不注意のゆえに我々の軍隊が苦しむかも知れず、あるいはそれどころか人々が彼らの命を失うかも知れないということである。――あらゆることにもかかわらず、生きることは素晴らしい。私は自身の命を失うことをひどく嫌うだろう――私は戦争での命の犠牲について考えることをいやに思う。

バンティングは、ホールが部門のために苦労して手に入れたアメリカ製の減圧室で「飛行」をした時、交戦中の戦士達の多少の苦痛を代理で経験した。フレッドはしばしば、飛行降下時の耳管をすっきりするのを助ける様々な薬の検査、酸素装置のある新しい機器、高高度でガス気泡が血液中に発生する際に空気塞栓症あるいは「減圧症（航空病）」の進展を観察するためのある実験で、人間モルモットとなった。彼はまた、部門で進行中のマスタードガス研究プロジェクトで再びモルモットになった。一連の長期実験は家兎の眼を用いてマスタードガスによる外傷を治療することが実施された（戦時の研究はとりわけ動物に対して過酷だった。兵隊に対して意図した治療を試すために、科学者らは毒ガスおよび爆弾が人間を損傷したのと同じ方法で動物を損傷しなければならなかった）。この場合、テストは冷水が見つけられえた損傷の予防法も同然という結論に導いた。氷嚢を用いての治療は人の皮膚で進展するマスタードガスによる火傷を阻止するのだろうか？

バンティングの時代の大多数の医学研究者達は彼らの発見を彼ら自身で試した。フレッドが決してマスタードガスの被験者となる唯一の志願者ではなかった。しかし、彼は他の誰よりもより高く飛ぶこと、しかもより多くのマスタードガスを試すのを望むという性癖があった。5月の初め、彼の左腕と左足でのテスト後に、彼は右下肢の6・5×1・5インチの範囲にマスタードガス100ミリグラムが散布されるのを許した。5分間散布されたままで放置され、それからふき取られ、そして5分後に氷が使用された。状況は、彼が庭で仕事をしていた翌日の午後まで良いようにみえた。すると野火が突発した。彼はそれと奮闘していたけれども、外傷上の氷が溶けてしまった。彼の足は非常に熱くなって、水ぶくれとなり始めた。それは大層醜いマスタードガスの外傷、「まれにみるひどく恐ろしいもの」になって、翌2カ月の大部分の間彼を痛みに晒し続けたり、時折動けなくした。彼の幾人かの友人達は、彼が脚を失うかも知れないと心配した。テストの悲惨な結果にもかかわらず、マスタードガスに対するトロントの角氷による治療は、医学研究審議会のサー・エドワード・メランビーには秘密にしがちな取るに足らない人によって計画を進めるのに十分成功に値するように思われた。[23]

イギリス人がバンティングが率いる部門からのこの最新の情報に感銘を受けていた筈がない。彼らの航空医学に携わる人々はカナダ人の努力について非常に協力的だったけれども、医学研究の首脳らはバンティングとベストの境遇に頭を悩ませ続けた。5月の初めに、カナダを訪れたA・V・ヒルは、バンティングの部門における「非常に大きな」航空医学プログラムとベストの生理学講座が十分に使われていないこととを対比した。彼は、イギリスに来るというベストの希望がどうして駄目にされていたのかを理解できなかった。ヒルはこのことについて国立研究評議会のマッケンジーに話をした。バンティングは書き留めた。「しかしマッケンジーはどんなことがなされていたのかや、ベストが振る舞った態度をヒルに話した」。イギリス人は今、ベストがカナダの研究施設で嫌われていることを理解した。それは、彼の仕事をするのにバンティングの能力に対してそれほどの好感もほとんど抱いていなかったデイルを激しく怒らせるだけだった。「素直に言って、カナダ人のバンティングに対するコンプレックスが今のところ有害であると私は心配している。彼はここに派遣され、それでポートンでほぼ彼の時間の全てをしかも興味に費やし、カナダに戻って、それで明らかにポートンへベストを立ち去らせようと試み、そして彼が出掛けない場合は彼に関心を失っている。そして今では研究者達を他の研究領域、すなわち航空学へ導く権限を与えられていたけれども、それに対して彼ははっきりとした資格を持っていない[24]」。

バンティング自身は彼の能力についてほとんど幻想を抱いていなかったし、この政治的な管理の仕事を続けることに全く強い願望も持っていなかった。彼は、前の戦争のように比較的安楽な生活に戻ることを考えていた。「私はいつでも命令下にあった。どんな大きな責任もなかった。此度の戦争では、全てが異なっている。私はこれまで一度も責任から解放された心地がしない。もし私が時間を都合すると、あたかも私がこっそり盗んでいたかのような心地がする。私は兵隊達との関係を損なうことになる。仕事の影響は非常にわずかなので時には軍隊とのつながりに気づくのが難しい」。彼はしばしば友達と新聞記者達に、彼が軍隊で他のどんな仕事をするよりもずっと早く大隊の軍医になるであろうと語っていた。

フランスと低地三国（訳者註：ベルギー、ルクセンブルク、オランダの総称）へのドイツの侵略が前線近くに戻るという彼の願望に再び火をつけた時に、軟膏を仕事に利用して、マスタードガスの外傷を治療しながら、彼はカナダ人の義務を多少放棄していた。「私はイギリスかベルギーにいることへあらん限りの激しい願望を抱いている――戦闘の見える視界により近く」。1940年5月11日の午後、彼はオタワに顔を出すように命令を受け取った。彼はカナダにおける彼の役割についてかなり憂うつな気分で夜行列車に乗った。「ここ最近3カ月、非常に多くの成果があったので私は偉業のどんな期待にもうんざりである。航空学の品ぞろえはホールの下で進んでいるし、瞬間的な失神に対応する飛行服はフランクスの下ではかどっている。だが、私は個人的に自分は価値がないと思っている。アービンとルーカスはマスタードガスに対する低温（角氷）の応用でいくらか価値のあるものを持っている。けれども益々私は基金獲得のために管理者と政治家になってきている」。

バンティングの喜んだことには、ロンドンのカナダ軍司令部から勤務への要請があったことに気付いたことだった。マックノートンと現地のカナダ人の医学関係者は、イギリスでのカナダ人の医学研究が上手く機能するように組織するために彼に渡来することを望んだ。彼はマッケンジーと提案について議論したり、明らかに出発するために計画を練ったりして長い一日を過ごした。翌日トロントに戻って、彼が外国へ行くならば彼女は部門から去るであろうとサディ・ゲアンズが無遠慮に彼に話した時、バンティングは思いがけない困難にぶち当たった。それから、マッケンジーは、バンティングの軍隊の上司と話をし、それで彼らは7月の初めまで彼をカナダにとどめておくことに決めていたことを伝えるために、オタワからバンティングに電話をした。マッケンジーは、カナダにおける戦時の医学研究の円滑な進捗にはバンティングが不可欠であると信じていた。数週間後に、彼は命令的に言った。バンティングは7月もまた外国へ行かないであろう。今の状況下では、恐らくイギリスでなされるよりもカナダでなされるべきよりもっと多くの研究の仕事があった。「私はあなたの役割に関してある程度の失望があるであろうことを知っているが、あなたの義務はここにあると本当に思っている」、とマッケンジーは認(したた)めた。(25)

訳者註1：グレゴリー・ラスプーチン　Grigorii Rasputin (1871-1916)。シベリア農夫出身の神秘家でロシア皇帝ニコライ2世の皇后にとり入って権勢を得た。

訳者註2：シャーロック・ホームズ　Sherlock Holmes。イギリスの医師で作家のアーサー・コナン・ドイル Arthur Conan Doyle (1859-1930) の作品に登場する私立探偵で洞察力と推理に優れ、友人のワトソン博士と難事件を解決する活躍で世界的に有名となった。

訳者註3：ウイルダー・グレイヴズ・ペンフィールド　Wilder Graves Penfield (1891-1976)。カナダのマギル大学神経学・脳外科学の教授で、てんかんなどの手術法を考案し、また『脳の機能図』を作製した。

訳者註4：ハンス・セリエ　Hans Selye (1907-1982)。オーストリア生まれ、プラハ、パリ、ローマで学び1930年代にアメリカに移住。モントリオールのマギル大学で約15年間（1933〜1945）過ごし、1945年にモントリオール仏語大学実験医学研究所教授となる。ストレス学説（汎適応症候群という）を提唱したことでよく知られている。

Frederick Grant Banting

第13章

希望のもてない職務

❖

1940年の希望のもてない夏に、戦争以外に何事かについて考えるのは難しいことだった。毎晩ラジオは、ナチスの進軍、連合国側の撤退、オランダの崩壊、ベルギーのレオポルド3世（訳者註1）によるダンケルク明け渡し、フランスの崩壊、イギリスの孤立、イギリス空中戦開始のことを伝えた。彼自身、自身の研究室での毒ガス戦争の被害者であるバンティングは、その春と夏に彼の日記に戦争、ドイツ人、イギリスそして政治について数千語を認めた。世界の運命がどう変わるのか不安定な状態にあるように思われたので、私生活、個人的な考えは次第に薄れた。もっともカナダ人がそれについてなしうることは確かにいまいましいがほとんどなかった。ここに5月末のバンティングの日記からの見本がある・

5月20日：

何事かに集中することは不可能である。私は本を読んだり、何か静かに考えたりすることもできなかった。敬愛する老練なイギリスでさえ、いつ侵略されるかも知れない。ドイツ人のこの大規模な暴力は猛威をふるっている。だから文明国に破壊のおそれがある。それは言葉とするには余りにも恐ろしすぎる。

5月25日：

チャンネル諸島（訳者註：イギリス海峡にある英領諸島）の港でのドイツ、しかも戦争前夜のイタリア、それから追いつめられたフランスとイギリス、それなのにキングは依然として首相。もっともすることの全くないカナダを考えると、カナダ人は役に立たないのではなく、むしろ元気がないようにみえる。人は友達にそれを見る――とりわけこの前の戦争で軍務について、この度の戦争には余りにも年老いている人々に……

それの全ての悪態は、ドイツ近隣の中立国が爆弾や砲弾や砲火によって滅ぼされているのにもかかわらず、ドイツそのものは破壊からまぬがれていることにある。私は、ドイツのどの都市も地面になぎ倒され、それでこれら残忍な国民が戦争がどんなものであるかを知るようにと願っている。

5月27日：

朝早く、私はゲアンズ嬢に、カナダに最大限に役に立つことをもたらすことのできる唯一の人がいることを――それもマックノートンであることを話した。その人は何もかも備えている。彼は私がこれまでに会った最も正直な人である。彼は行政上の能力と専門的な知識とを兼ね備えている。彼は非常に精力的で疲れを知らない人である。彼は政治に無関心である。彼はあらゆる階級のカナダ人の信頼を得ている。私は、マックノートンがカナダへ戻され、それで最高司令官の地位を与えられるには、どうすればいいかを、終日心の中でじっくりと考え続けていた。キングを首相として演説をし、気取って歩き、自身を賞賛させておく。だからまだ暫くマックノートンを最高司令官の地位の状態で――金と人的資源を徴用するために、閣僚を続けさせておく。

私は自分の義務が何であるのかといぶかっていた……。

6月3日の夜、国立研究評議会での会議の9時間後、バンティングはシャトー・ローリエの彼の部屋の窓から外を眺めて、国の議会が開催中であることを示しているピース・タワーの明るい標識塔を見た。足は大層ずきずき痛んだけれども、彼は活動しているカナダ政府を見るために出掛けることに決めた。そこには参観者の所持品を調べる警備はなかったし、参観者が気をつけることはほとんどなかった。下院議院の議会で一握りの議員達がオタワを美化するための補助金について野党の一議員が論じていることに耳を傾けていた。政府の一議員がオタワのセメントで舗装された歩道の経費に注目した。オタワの都市改良工事に関して議論されている10万ドルは、国立研究評議会がカナダ全土の非軍事の医学研究に利用できた金額以上のものだった。バンティングは、議員の当事者が爆弾を運ぶ親独・米協会（訳者註：1936年にアメリカでドイツ系アメリカ人の間に組織された新ナチ党団体）のメンバーだったかも知れないと頭に浮かんだ――「とてもありそうにもないことだ。というのも我々の政府はヒトラーの最も素晴らしい武器である。彼らの緩慢と老衰した傾眠で、ヒトラーは進軍する……それはあの世である！」。

カナダの誰もが、フレッド・バンティングほどには自分の力相応に戦時の国民協力をすると硬く決心していなかった。彼はイギリスからのJ・B・プリーストリー（訳者註2）による移動ラジオ放送の一つに耳を傾け、日記に書き留める。「私の生涯を、私は自国、国王、大英帝国に捧げる。私は何事も隠していない――なぜならば目的をイギリスのためと信じるからである」。彼は休暇をとることを拒否する。彼が見つけうるお金の全てが戦争公債にばける。彼は戦争映画の鑑賞に出掛け、帰り道にその日、国王、大英帝国や祖国のために役立つことを何もしていなかったことについて罪の意識を覚える。バンティングとダンカン・グラハムは現実逃避の映画、快活なアクションの多い娯楽作品でクラーク・ゲイブルとマーナ・ロイ（訳者註3）を鑑賞して、それで戦争を1～2時間忘れる――「だが我々が家路へ歩いていると、私は助けることはできないかも知れないが、映画に行けずあるいは恐怖から逃れて1時間楽しむことの出来ないヨーロッパの数百万人について思いめぐらす。戦争は再び我々に迫っていた」。

バンティングに平和が訪れた最も近いのは、彼が田舎へ帰るために——庭を掘り起こすために、彼が肥料を与えていたバラを育てるために、1〜2時間を見つけた夏の週末だった。7月21日:「今日の午後、裏庭は静かだった。バラは決してそんなに色を一面にまき散らして咲かなかった——白色——赤色——つるばら——より低い花壇には黄色と赤色。私は夕食に寄り集まるひとつがいのミソサザイを観察した。遠くで列車の汽笛が降雨のように聞こえた。鳥のさえずりが空一面にあふれた。数分間、私は戦争のことを忘れた。それから、我に返ってそれで私が不誠実であったと少しばかり罪の意識を覚えた」。

戦争へのバンティングの主な貢献は航空医学計画を促進することであった。トロントで研究することへの支援として承認されていた人体実験用遠心力発生装置と寒冷減圧テスト室を設計して、据え付けることが永久にかかると思われた。すでに独自の減圧テスト室を持っていたバンティング研究所にはそのような大きな施設のための場所はなかった。そこで2つの施設は、トロント大学の北数マイルに位置するエグリントン・アベニューとアベニュー・ロードに在るエグリントン・ハントクラブから購入した土地に建造されて、急速に大きくなっている王立カナダ空軍第1初期訓練学校に造られた。そこには、複雑な工学技術の問題から、医者達が実用的ではない不必要な研究、とりわけ粒子加速器でもっての研究を計画していると思った空軍の人々によって放り投げられた路上障害物にまで及ぶ様々なことがあって、据え付けには終わりのない不測の事態が存在した。[1] 寒冷減圧テスト室は最終的に1941年1月に完成した。人体実験用遠心力発生装置は、英連邦で最初に使われて、数年間は世界で最も先進的なものだったが、1941年秋に完成した。

イギリスから帰国後の航空医学におけるバンティングの個人的な関わり合いが、バンティング不在時の計画で初期の進歩を大層成し遂げていたエド・ホールとの不和に至らしめた。1940年春、ホールは王立カナダ空軍の新人達に飛行による貧血と他の生理的変化を経験させるために、減圧テスト室での試験飛行について医学研究講座へ連れてくる手筈を整えた。体験は飛行士達にとっては役に立ったが、研究の目標を進歩させるにはほとんど有用ではなかった。とりわけカナダにおける飛行訓練の急速な拡大は減圧テスト室が王立カナダ空軍の訓練飛行以外に何事にも用いられていないのを意味した時に。バンティングはこの状況に我慢し切れなくなった。6月5日、彼は部門の人々の先頭に立って、空軍の必要性を提案するホールを非難して、彼と対決した。如何にも彼らしく、バンティングはホールに、彼が空軍か研究かのいずれに没頭するつもりかを決めるのに24時間与えた。ホールは長い、苦しそうな、あいまいな手紙を書くことで答えた。「もし仕事への私の熱意と私の若さの横溢があなたに、私が単独で行動するあるいはあらゆる人々のプロジェクトに対して責務を引き受けようと試みているという、あるいは私があなたと共同研究することに失敗しているという印象を与えていたならば、とても申し訳ありません。というのもそのようなことは私の意図することでもなければ望みでもありませんでした」。この手紙はバンティングをなお一層むっとさせた。[2]

6月7日、ホールとの別の面会後に、バンティングは部門の運営責任をコリン・ルーカスに就かせることに決めた。バンティングは同僚らから完全な個人的忠誠を当然のこととして期待した。彼はもはやホールを信頼できなかった。数週間後、彼はホールの問題について明らかにする長い日記の記載を認めた。

ホールが何時反抗して、私を裏切ろうとするのか私を苦しめる。彼がかなり多数の論文を書いていた間のおよそ12年間、彼は私と一緒だった。私はあらん限りの可能な方法で彼を奨励してきた。私は彼の家を購入するのに彼にお金を貸してきた。私は彼の考え方を支援してきた。私は彼に研究者達、それに研究のために設備を提供してきた。当初、私が彼を必要としたよりももっと彼は私を必要とした。しかし今では私が彼を必要とし、それに私が彼なしでは仕事を進めることができないと、彼は思っている。私は彼が大層野望に燃えているのを恐れる。彼が利己的であること、それに彼が私と部門をひそかに傷つけようと努めていることを、私は恐れる。私は彼が引き受けることができなかった責務を彼に与えていたこと、そして彼が全く果たすことのできなかった科学の世界で彼に地位を与えたことを懸念する。彼はマクラウドとベストのようである。彼は賢い。彼は話すのが上手い。彼は書くのが上手い。彼は思慮が浅いという印象を与える。彼は、彼の聴衆のように、知性の深みに欠ける。

余りにも多くの仕事と心配に苦しんで、ホールは夏中体調が良くなかった。非常に一生懸命に働いていたバンティングは、航空医学計画が進んでいる方向に満足していなかった。相変わらず、空軍の連中が減圧テスト室利用時間の大部分を使っていた。我が道を行ったフランクスは、彼の飛行服について進捗が遅いように思われた。「戦争は、彼が飛行服をいじくって完成させる前に終わっているだろう」、とバンティングは不機嫌に認(したた)めた。バンティングは、ホールが「心配事と陰謀を企てることにエネルギーを浪費している」、と思った。彼は、ホールがマギル大学の航空医学計画を率いることを望んでいるという一つの噂を耳にしていた。事実、ホールは部門を離れる決心をしていたが、王立カナダ空軍と行動を共にすることを選んでいた。王立カナダ軍医療隊から分かれて創設された王立カナダ空軍の医療部隊を抱える準備をするのに彼が手助けしていた成り行きは、最終的に成功していた。9月24日、バンティングは突然、オタワにいるホールから電報を受け取った。そこには彼が王立カナダ空軍に雇われて航空医学研究所長に任命されたことを述べていて、休職を告げるつもりであり、それに部門とは勿論のこと、国立研究評議会の航空医学に関する副委員会とも協力を話し合うことを望んでいた。

　バンティングは、個人的な背信および研究問題で国立研究評議会を無視するという王立カナダ空軍の策略の両方が、彼には何ということと思えたことでひどく立腹した。彼はオタワに突進して、そこで彼はホールと王立カナダ空軍医学の新しい長、R・W・ライアン空軍大佐とに立ち向かった。「えさを与える手を咬む邪悪なのら犬である」、とその夜彼は日記の記載を始め、それから面会について記述した。


　午後3時頃、司令部の図書館で、ライアン、[空軍少佐J・W]タイス、ホールは私が待ち受けているところに降りて来た。私はライアンにお祝いを述べた。長い間があった。我々は腰を下ろした。ライアンが航空医学の立ち上げを概説した。私は彼に、[ホールの]電報に当惑させられていると述べた。私は彼に電報を見せた……ライアンは、それが送られる前に彼は電報を見ていなかったと言った。

　いくつかの点で議論された。私はライアンに、国立研究評議会がカナダ政府公認の学術団体であること、そして「航空医学研究の所長」の定義をしてもらうことを望むと説明した。なぜならば彼が政府の他の部門の全ての政策に反している所長を立ち上げているかどうかを知るために。

　彼はそれから、私が協力するつもりかどうかをたずねた。それで私は、協力についての私の考えは研究の約束をして、それからそれを議論するそのようなことをするのではなく、最初に研究の内容を議論してそれで協力の同意に至るものだと言った。

　ライアンは、研究の「専任将校」が欲しく、それでホールを選んだと言った。

それは私に逆らう３つのことがあった。

私はこの４～５か月間、ホールから協力が得られていなかったと言った。ホールは彼が協力したと言った。それで私は彼が協力してきたと言うならば彼は嘘つきだと言った。それから私は彼が航空医学研究に関する問題を議論するために６月６日以前以来、私の部屋に自発的に訪れたことはなかったと指摘した……。

彼らは暫定協定を努力して進めた。ホールは王立カナダ空軍の全職員に対する臨床研究のみを指揮するつもりである。あらゆる他の航空医学研究は国立研究評議会の副委員会を通して伝えられることを続けようとした。バンティングはホールなんかいなくて結構だと決心した。「裏切り者‐人を食いものにする奴——はったり屋——広告者——偏向した判断をする者」。オタワを離れる前に彼は、カナダ医学研究の代表としてホールをイギリスへ派遣するというライアンの計画を彼が受け入れられないことを、副大臣に明確にした。バンティングの名前と彼の明白な清廉さがオタワの官僚達に彼の影響を決定的にした。ホールはイギリスへ行くべきではないと決定された。「私はあらゆるそのような会見も好まない」、とバンティングは書き留めた。「というのも私はどんな人についても悪く言うのが嫌いだから」。

ホールの喪失はバンティングの航空医学計画を著しくぶちこわすものではなかった。事実、航空医学計画がアメリカ合衆国で注目を引いたので、それは拡大して、益々洗練されたものになって行った。例えば、アメリカおよび国際的な航空医学における指導的人物、ハリー・G・アームストロング医師が、高高度飛行の生理学に関する研究プロジェクトを開始するために、１９４０年夏に部門を訪れた。ペンシルベニア大学のH・C・バゼット、第一次世界大戦時にイギリス空軍の一員で航空医学の先駆者が、ホールの交替要員としていくぶん強化された。アメリカ合衆国はドイツに敵対する大英帝国に与する方向に傾いていたので、これらのアメリカ人との付き合いは益々一般的しかも役に立つものとなってきていた。11月に、バンティングと国立研究評議会の一行は、アメリカ人達が航空医学の領域でどんなことをしているかを探り出すためにワシントンを訪れた。指導的立場にあるアメリカ航空医学の人々のグループが、その月の末にトロントを訪れた。あらゆる議論が上手く行って、バンティングは成果に大層満足した――彼は成果があるに値するとしたので、珪肺症を除いて、このことはトロントと彼の部門を航空医学における世界的な第一人者にするのを助けていて、彼が重要な医学の発展について真の先頭に立つ縁にいたのはインスリンの発見以来はじめてのことだった。

彼は自ら実験に着手して、小さな減圧テスト室で家兎に関する一連の実験を指揮した。高高度問題に影響を受け易いと思われなかった。小動物に実験的「航空塞栓症」をつくり出すのは難しいことだった。バンティングは、減圧テスト室で動物に対して気圧を上昇させる前に、あらかじめ余分な高圧、2〜3気圧にそれらを晒すというアイデアを思いついた。動物が航空塞栓症のあらゆる徴候を発症させた時、彼は喜んだ。というのも今度は人命を危険に晒すことなく、問題を研究することが可能なように思われたからだった。(3) これらの研究は動物に関するバンティングの最後の実験だった。

マスタードガスの完全な失敗は、彼自身に実験するという危険を冒すことへの彼の熱望をさませなかった。彼は、時々彼自身で、時折訪問者や同僚と一緒に、減圧テスト室で多くの時間を過ごした。彼がジョージ・マニング、あるいはC・B・スチュワート、あるいは一部の王立カナダ空軍の飛行士よりもずっと上手に圧力変化に対処しえた時には、彼は喜んでいるように思われた。寒冷テスト室がイグリントンに開所した時、彼は2万5000フィートと華氏マイナス59度に「昇って」、その中で飛行する最初の人となった。彼は酸素マスクを着けていて、更に高度を上げることを望む合図を送った。幸運なことに、操作者は酸素マスクが寒さで凍ってしまったことに気づいた。それでバンティングは酸素欠乏症のためにうっとりさせられる影響で混乱した。彼は自分を降ろした。[4] スチュワートは、バンティングが彼の飛行の一つをしている間、減圧テスト室を操作しなければならないことがどれほど心配だったかを私に思い出させた。それは容易に起こりうるかも知れないのだが、もし何かが手違いになって、それで世界的名の知れたバンティング医師がひどく寒い、空気の少ない部屋でそれらの公開中の一つで自殺したならば、操作者にどんなことが起こるだろうか?

バンティングの日記の記載のいくつかが、彼の飛行が時折通常の実験的なもの以上であったことを示唆している。1940年の最後の日に、研究室での不愉快な朝の後、バンティングは参列することになっていた葬儀を欠席し、そのかわりに3時間以上もの間、部門の減圧テスト室で独力で飛んだ。彼は、王立カナダ空軍基地を訪れていて、ハーバード練習機に乗せられ、空中曲芸のような感覚を教えられた数日前に、感じていた多幸感の瞬間を呼び戻そうと試みていたのかも知れない。「眼下に、飛行機、人々、泥、人々がものうげに汗を流して働く単調な茶色の畑、頭上には日の輝き、寂寥、原始の夢の世界があった。飛行機は輪を描いて飛び、旋回して片側に傾き、急降下し、横揺れした。そこには我々を妨げ、動きを制限する何もないように思われた……それは雄大で、素敵な体験だった。日退屈で、どんより曇った日には、私はいつも太陽が雲の上で照っていることを思い出すであろう。日の輝きは非常に遙か遠くではない」。減圧テスト室の中でさえも、日の輝きと言っても良い、平穏と解放と言っても良いようなものがあった。快い、男らしい、平穏のようなもの、というのは人は誰でもそれを体験している間中、人は誰もが再度自己の力量を証明していた。粘り強く、勤勉であるので、幾分現役の仲間達のように、人は誰もが必要不可欠な資質から形成されていたことを示していた。

この研究は一種の現役勤務だった。「この戦争において」、バンティングは書いた、「研究する人は、もし彼が研究者という名前の名誉を手に入れたいと望むならば、マスタードガスに対する自己の外観を、酸素欠乏症に対する自己の内部を、急速な降下の状態で破裂する鼓膜を、それに窒素気泡に対する意識を犠牲にする覚悟をしておかなければならない」。

この戦争の研究に要求されるものの最も闇の側面は、１９４０年において彼の意識には断じてなかった。6月に、彼がカナダにとどまり続けるかも知れないとバンティングが悟るや否や、彼の関心は細菌戦争へ引き返した。イギリス人は彼の覚え書きを何一つ処理していなかった、と思われた。どうして彼はカナダで率先して始めることができたのか？ それは簡単だった。バンティングは、主題について一部の研究は賢明であると、国立研究評議会のマッケンジーと同時に、医療省の長官、R・M・ゴースライン陸軍大佐に納得させた。7月9日に、国防大臣、J・L・ロールストン陸軍大佐は機密のプロジェクトに対して承認を与えた。今では、お金は戦争のプロジェクトに対して容易に流れるように動き出し始めていた。だからバンティングは少なくとも5万ドルを保証された。[5] それで、彼はワクチンと抗毒素に携わっているコンノート研究所の専門家達を含めて、トロント大学の細菌学者とウイルス学者のグループと話し合った。

どんなことがなされうるのか、誰がそれをすることができるのかについて多少混乱があった。というのも今では誰もが自身の戦争の仕事でかなり忙しかったからだ。熱帯あるいは昆虫で発生する疾病は研究する価値のないこと、ウイルスが最も大きな脅威となること、大気の細菌戦争で鍵となる問題は「おもり」、即ち、細菌やウイルスで充満され、それから大気中に散らされるであろう素材を決めることにあるというのが総意と思われた。バンティングは、9月17日に彼の部門での細菌戦争グループの会議についてとりわけ素晴らしい覚え書きをとっておいた。

デフリース、ヘア、フレイザー、アーウィン、グリーイが会議にやって来た。ヘアが言った――「ウイルスを用意する前に、それをどのように分散させるかを知っておくことが必要である――なぜならばあなたがたが素材を作る方法はその散布に依存している」。乾燥ちり、希釈したちり、湿った噴霧、など。グリーイは、我々が問題のリストをつくり、それから各々に対して誰が責任を果たしうるかを考えるべきであると思った。デフリースは、問題に対して専任が可能な臨時の研究者がいるべきだと考えた。

フレイザーは散布に関する試験のために、蛍光性の染料を示唆した。

多くの話し合いがあった。

そしてその後、その全てが結局以下となった。

(1) おもり―拡散―落下の速度―高度500から2万5000と異なる。日光および湿気による破滅。

(2) 細菌とおもりの組み合わせ―生育能力、悪性伝染力それに防護用のコロイド。

(3) 有機物の選択と大量生産[6]。

バンティングはいくつかのおもりの素材を検査するために直ちに彼の指令の最初の段階にとりかかることを決めた。コリン・ルーカスは彼らがおがくずで試すことを示唆していた。バンティングはオタワの縁故を介して、散布実験に利用可能な飛行機を手に入れる手筈をととのえた。

飛行機による致命的な病気を散布するのを目的としたカナダでの最初の実験が、1940年10月9、10、16日にトロントの北東50マイル、バルサム湖上で行われた。バルサム湖が選ばれたのは、コリン・ルーカスの夏季の小別荘の場所にあったからだった。1週間あるいは非常にもっと早く、ルーカスと部門で働いている細菌学者の一人フィリップ・グリーイは、おがくずを集めるという準備段階の仕事をしていた。彼らは大きさの様々な程度からなるものを、1トン以上確保して、船小屋に貯蔵した。王立カナダ空軍は、おがくずが放出されることのできるホッパー（訳者註：穀物などを上から投入するじょうご状の器）が装備された水上飛行機を用意した。バンティング、ルーカス、アーウィン、グリーイと数名の王立カナダ空軍の将校が試験を目撃するために出席した。

方法論は、国立研究評議会のマッケンジーに対してグループの公式の報告の形式でやや科学的な言い回しで概説された。実験の目的は飛行機から特別な物資の分散性を研究することにあった。

分布の観察：おがくずは穏やかな湖上に投下された。分布は、おがくずが浮かんでいるのを見つけられうる表面の区域を注目することで観察された。計測は、おがくずによって汚染された帯の長さは、明らかに飛行機からの放出時間の持続に依存しているので、左右の側面の拡がりについてのみなされた。

観測者は、モーターボートで、関わる全範囲と飛行線下の中心点から分かれることによって区域内の分布の均一性の両者を注目することができた。遙か外方の限界が延びた時には、ボートとの間の距離が測距儀の手段で計測された。

調査された可変因子

（1）粒子の大きさ
（2）飛行機の高度
（3）風に関して飛行機の飛行方向
（4）ホッパーからのおがくず吐出量の割合

実験の3日の間じゅう、飛行機はバルサム湖上を少なくとも14回通過した。それは時間当たり125マイルで飛行した。風は穏やかだった。おがくず放出時間は――2×8インチから4×8インチと異なるホッパーの出口を通して25ポンドのおがくずに対して約18から25秒――ただ概算にすぎなかった。なぜならば手動の補助的器具がホッパーの内容物を空にするのに利用されなければならなかったからだった。飛行機の窓を開けることは逆効果だった。というのもそれが放出を妨げたばかりでなく、飛行機の機室の至るところにおがくずを吹きつけるという逆通風を引き起こした。第16回目に、飛行機は改良されたホッパーを所有した。

測量は、飛行機が風に不意に出合ったり、逆らったりしながら、おがくずの3段階からなる大きさのものの散布が準備されて、いくつかの異なった高度で放出された。実験の主な結論は、「飛行機から放出された時、おがくずは広範囲にわたって意外なことにも均等に分布されるのが見出された」、というものだった。きめの粗いおがくず、およそ10メッシュ（訳者註：網の目）が一定の区域について最も正確な分布を生み出した。[7]「全人類の歴史において以前に、単なるおがくずをそのような程度の重要性に値するとみなしたことはなかった」、と第9回目の実験の夜に、彼の日記に認めた時、バンティングは実験についてより明るい面を正しく評価したり、しこたま飲酒したり、両方のことをした。

最初の2日の実験が終わった、10日の正午頃、バンティングは飛行機でオタワへ飛んで戻った。彼は、その夜の10時に、国防大臣ロールストンに彼が会うことを調整した航空防衛副大臣ジェイムズ・ダンカンに接触した。「我々は、とても慎重で、非公式な、そして打ち解けた会談を持った」、とバンティングは記録した。「私は彼の前でとても公平に、そして正直に問題にすべきことを提起した――私がそれを見たように。我々は完全に実験段階を超えていた――それは試験的な工場プランに関する生産の問題だった。――防禦のためではなく、もしドイツが細菌戦争を用いたならば我々が100倍報復できる手段を手に入れるためだった」。彼は彼自身の考えで日記を続けた。「私にとって、全ての問題は――我々が大量の細菌を生産する方法の研究に取りかかるべきかどうかである。我々は、これまで十分遠回しで時間を浪費して来た。古い学校のネクタイは、この企てが終わるまでアイロンをかけてしわをなくし、きちんとたたんで、箱の中にしまっておく時である。我々の仕事は我々の前にはっきりと横たわっている。我々は300か400万人の若いドイツ兵を殺さなければならない――哀れみなく――思いやりなく。自衛の職務は最高である。状況下で最善と思われる、どんな手段によっても、それはなされなければならない」。

ジェイムズ・ダンカンは、11月19日にオタワからバンティングに電話して、絶対に秘密の細菌戦争計画に対して許可が予定されていることを彼に伝えた。[8] バンティングは直ちに、適切な病原菌を議論するために――彼らはおがくずで証明されたおもり――それに大量生産の方法を持った今、彼のチームを集めた。彼らはオンタリオ研究施設の長、ホレス・スピークマン医師に意見を求めることに決めた、彼は生化学について多くのことを知っていて、彼の施設がしなければならない多くの戦争の仕事がなかったことに不満を述べていた。寛大なスピークマンはヨーロッパにおける家畜の病気の問題について仕事をすることに興味を抱いていた。バンティングのメモによれば、熱心なバンティングが彼に問題をこんな風に提示した時に、彼は驚いていたに違いない。「私が、働く人達にとって安全で、安価で、それに速く、毒性の強い微生物の100トンを生産できる、施設でも設備でも私に譲って下さい」。スピークマンは勇敢にも、彼ができることをすることに同意し、例えばおがくずに代わって砂糖を用いることのような、彼独自のアイデアをすぐ提示して来た。その利点の一つは、それが痕跡を残すことなく、水分に溶けるということだった。[9]

毒性の強い微生物がどれほど上手くおもりに付着するのか、それがおがくずなのか砂糖なのかを見極めるために、多くの予備研究がなされなければならなかった。考え直すとすぐ、グループはバンティング研究所の部屋が予備的な細菌戦争施設の代わりをするかも知れないことに同意した。フィリップ・グリーイが、最初の段階でプロジェクトを預かることになった。イギリスへ立ち去り、熟練したウイルス学者となる前には、バンティングの部門でニワトリに麻酔をかけて働いていたフレッド・マッカラムが研究のウイルス面を扱うためにカナダへ戻ることを要請されることになった。同時に、グループは、敵によって最も用いられそうな媒介について意見を聞くために他の大学の専門家達に接触することを決めた。バンティングはすでに、農学部の動物病理学者C・A・ミッチェル医師と多少の議論をしていたが、彼は牛疫（訳者註：ウイルスによる牛・羊などの悪性伝染病）および他の動物の病気について深刻な発生を惹起する可能性があると信じていた。

イギリスから、政府に雇われて黄熱病ワクチンを生産しているマッカラムの職務は、彼がカナダへ解かれるには余りにも重大な影響をもつという知らせが戻ってきた。しかしマギル大学のE・G・D・マリーおよびクインズ大学のG・B・リードを含めて、カナダの他の大学の細菌学者達の幾人かが仕事への関心を述べた。バンティングは、1940年12月17日の夕方に、農学部の代表者は勿論のことマリーとリードを彼の家での会合に招いた。科学者達はローズディル・ハイツ205番地の居間に座って、フレッドのバラの花とトロントの市街を眺めながら、伝染病、狂犬病、コレラ、炭疽病、チフスそしていくつかの他の病気を如何に蔓延させるかを議論した。彼らは研究すべき媒介のリストを作成し、それから仕事を分けた。バンティングは彼らのプロジェクトに必要とされた資金をいくらでも提供することができると言った。それは防衛大臣と多分首相にのみ明らかにされた超内密研究（プロジェクトM-1000として知られることになりつつあった）であるべきだった。バンティングは、研究室の実験後に大量生産に備えた設備の設立が議論されなければならないかも知れないことをグループに明らかにした。もし我々が申し分なく準備したことを敵が知ったならば、細菌戦争は恐らく決して利用されないであろう。[10]

バンティングはこれらの特別な関心事に対して仕事をしている間にも、国立研究評議会の一員そして医学研究に関する副委員会の委員長の職務によって、広域にわたる種々の他の軍事研究プロジェクトに関与した。国立研究評議会の財政不足は、政府が戦争に関連した研究の補助金としていくつかの大きな私的寄付をその方向へ注ぎ込むことを決定した1940年の夏に突然終わった。突然、T・イートン会社、カナダ太平洋鉄道、ヴロンフマン・ブラザーズそして匿名で新しい研究を支援するために100万ドル以上を寄付したので、ほとんどあり余るほどの財産「サンタクロース基金」と言っても良かった。バンティングは臨時国立研究評議会の一員だった——国家防衛技術的・科学的開発委員会の部門は基金を管理し始めた。

基金および委員会にとって押し進める力の部分は、最近のイギリス人のカナダ訪問、とりわけ北アメリカ派遣使節団の使命を帯びている間に、レーダー装置生みの親の一人であるサー・ヘンリー・ティザード（訳者註4）がオワタで過ごした時に、引き起こされた研究に対する熱意からきていた。バンティング、コリップ、マッケンジーそしてティザードは、8月19日月曜日の大部分をあらゆる種類の研究について全速力で前へ進むことをカナダ人達にせき立てるティザードと一緒に過ごした。バンティングは無批判ではないけれども期待通りティザードに印象づけられた——「彼は科学のために、それに冒険的勇気と新しい試みに関して素晴らしい業績を生み出している。しかし彼は詳細について私が知っているよりもずっと多くは知らない」——それにドイツに対する全面的な科学戦争を開始するのにマッケンジーと国立研究評議会に彼が与えた支援に、制限が無い訳ではなかった。

バンティングはレーダーおよび潜水艦探知器（訳者註：Anti-Submarine Detection Investigation Committee の頭字語で asdic）に関する研究から木製飛行機のデザインの実験に及ぶ、多数の国立研究評議会のプロジェクトの計画を立案することに関わりがあった。1940年8月の終わり近く、彼の日記はα、β、γ放射線、ウラン235、ギルバート・ラバインと彼のポートホープのウラン精製装置そして物理学者達によって引き起こされた神秘化への言及を含んでいる。「私には、どうして物理学者達は単純な真実を説明するのに記号、等式、ギリシャ文字そしていつもひとりよがりの結論をもつ複雑な公式の手段でもって、たえず複雑にしようとするのかわからない」。バンティングが理解しようと試みていた「単純な真実」とは、原子エネルギーの原理と戦争へのその応用の可能性だった。国立研究評議会のジョージ・C・ローレンス医師は、正当な類の爆撃がある種の一貫したあるいは連鎖の反応を引き起こすことができるのかどうかを見ることを試みて、山のような天然ウラン鉱石に対して評議会の研究所で研究を始めていた。それは原子エネルギー開発へのカナダによる寄与の初期の始まりだった。バンティングは彼が研究をすすめる放射能および癌について思いをめぐらして、物理学について詰め込み勉強をした。それに資金提供を求めるローレンスの要請を熱心に支援した。1940年のその夏、彼の関心の柱は8月26日の一つの日記の記入事項に要約されている。「私はウラン235に関して今日の午後、ローレンス（訳者註：Laurence が Lawrence と綴られていて、原文のママ）と話した。彼はウランを得ようとしてポートホープおよびトロントへ出掛ける。私は、マッケンジーに全ウラン計画についての研究側面に関して強固な、進歩的な立場をとることを促したが、一体全体この全てはどこが意見を集めて話をつけるのか？　私は依然として、医療奉仕における他のどんな仕事よりもすぐ戦線で大隊の軍医になりたいと固執する」[11]。

バンティングはまた、長年にわたって彼に関心を抱かせて来たプロジェクト——毒ガス戦争においてカナダの関わり合いの進展をはかどらせることを手元に持ち合わせていた。依然として、毒ガスは戦争で使用されるかも知れないと思われていて、イギリス人は大規模な実験を実施するのにポートンに空いている場所を持ち合わせていなかった。それにサハラ砂漠の連合国の毒ガス研究施設はフランスの敗北で失ってしまっていた。イギリスに滞在の間に、マックノートン司令官は、イスラエル・ラビノウィッチを私生活から引き戻し、再び味方にとり入れたほど切望して彼のスタッフに毒ガス専門家達を抱えた。バンティングは、ラビノウィッチのイギリス帰還を調整する手助けをし、それからラビノウィッチが転々としてカナダに戻っての毒ガス問題に関して彼の部門およびどこか他のところでいくつかの研究プロジェクトについて資金調達することを巧みに工作した。これらのプロジェクトの一つの結果として、彼はマックノートンに認めた。「ゼラニウムとヤギの臭いが研究室の最上階あたりにただよっています」。

同時に、1940年秋、ポートンからイギリスの一人の専門家が、多分最初にラビノウィッチによって提案された。カナダ西部に大規模な毒ガス研究施設を設立する計画を固めるためにカナダを訪れた。イギリスおよびカナダの軍事当局者と政府がカナダのアルバータ州、サフィールドの半ばサハラ砂漠の牧草地に化学戦争実験所を創設するために急いで着手したので、国立研究評議会、バンティングそしてカナダの毒ガス戦争についての他の先駆者達の皆が進んで協力した。それは化学戦争研究についてのカナダの主要な戦時および戦後のセンターとなった[12]。

他の研究者達が軍事の問題に向けてトロントの先導に従ったので、カナダの医学研究は益々戦争に関心を向けさせるように成りつつあった。1940年の夏までに、カナダの医学研究に関する副委員会は、ショックに関するマギル大学の広範囲にわたるプロジェクト、感染症、とりわけガス壊疽に関する多大学プロジェクト、血液保存に関するマギル・トロント大学プロジェクト、機能麻痺研究、栄養上の研究、そして他の研究を支援していた。バンティングは、それらを議論することに多くの時間、その時間の益々増える量をコリップと過ごしたが、彼は1939年9月に副委員会の副委員長になっていて、それにバンティングがイギリス滞在中にはそれを指導した。コリップは1928年にアルバータ大学からマギル大学に移っていて、1930年代を通してカナダにおける内分泌研究の創造力ある中心的存在で、多分カナダにおいて最も創造的、生産的医学研究者になっていた。

戦争のために医学研究を再編成することは容易な仕事ではなかった。科学者達のなかには、秘密を守ることに対する情熱が科学的情報の自由な発表を制限するというやり方にとりわけ苦しめられた。例えば、アメリカ生まれのワイルダー・ペンフィールドは、初期の戦時委員会の会合の一つで基礎研究の発見はドイツ人に対してさえも公然と利用できるようにされるべきであると主張した。バンティングは憤慨して答えた。ペンフィールドは記録していたのだが、「彼は我々が何をしているかについて一言も——ドイツ人に話すつもりはない」[13]。モントリオールの他の移民の科学者、ハンス・セリエもまた、彼が副委員会の許可あるいは彼が支援を受けている国立研究評議会についての言及もなくショックに関する彼のいくつかの結論を出版し始めていた時で信頼できないと思われた。彼は更なる助成に対して委員会の名簿から抹殺された。セリエには、研究方法について厳しい意見の相違で少しばかり前に関係を絶っていた、かつての指導者コリップが含まれている委員会に友人は誰もいなかった[14]。

バンティングは、他の人はともかく彼としては、以前の研究助手、チャールズ・ベストの野心と才能をどのようにしてかなえるかをわかるのが益々難しいと思ってきていた。ベストはコリンと血液凝固を妨げるヘパリンに関して重要な仕事をしていて、精力的な研究者になっていた。彼は、トロント大学にほどよく大きな影響を及ぼし、イギリスには非常に上手く信頼関係を結んでいたが、カナダの医学研究界では高く位置づけられてはいなかった。とりわけバンティングには彼の野心はしばしば利己主義として理解されていた。例えば1940年7月のある日に認めた、バンティングのメモにはこう書かれている。「私はまたベストに会った。彼はかなり気の毒なタイプの人である。彼はベストについて余りにも大層考えているので、彼をどのように用いるのかを知るのは難しい……彼は更にイギリスにメモを送っていた」。

ベストの問題は、ベストの将来をめぐって大学における内部抗争のためにその秋にこじれた。J・G・フィッツジェラルドの死は、衛生学部およびコンノート研究所の長を含めて、いくつかの重要な地位を開放した。学長コーディは、2つの地位でフィッツジェラルドの後任としてR・D・デフリースに置きかえることを決めた時、大学を去ることについて語っていたベストに、生理学研究所を創設する時であると示唆するのが適切だと思った。ベストは創設に向かってまっすぐ進もうとした。ベストは直ちに乗り気になって、そのことについてバンティングに話をし、彼はバンティングから熱心な支持の意味と解釈したものを得た。彼は皮肉な言葉を聞き損なった。「チャーリーは無関係なこととして生理学研究所のアイデアを引き出して議論からそらしていた。コーディは昨日、それはベストのアイデアであると言った。それなのにベストはそれはベストの名前を記念するための生理学研究所のはずであるとはコーディのアイデアだと言った。私までもが、それはバンティング研究所の隣に建築されることを示唆した」。

活力横溢で、ベストはバンティング研究財団に「インスリンの共同発見者として……サー・フレデリック・バンティングに長年行っているのと同様の方法で私に利用できる金を用意すること」を頼んだ。[15] その発足以来、財団の秘書として尽くして来たベリエン・ヘンダーソンはひどく立腹して、バンティングに訴えた。「ヘンダーソンが強調した一つのことは」バンティングは認めた、「ベストが生化学、薬理学それに今度は組織学を占拠することを望んでいるということだった。彼はまたコンノート研究所の研究部門を引き継ぐことを欲した――私はヘンダーソンに、私に関する限りでは、ベストが他の部門と一緒に私が長を務める医学研究講座を占拠するかも知れないと話した」。

ベストの対抗者達は生理学研究所に対する彼らの抵抗にバンティングの協力を求めることを試みた。バンティングとベストは、バンティング研究財団から生理学研究所のための助成金について唯一の話し合いを持った。「彼は研究所を持つつもりで――しかも彼はどこかは知らないがそれがトロントであることを望んでいる、と言っている。私は、学部教授陣は皆、彼らが存在する講座および存在する財務計画を彼が邪魔しないという条件で、彼に味方するであろう、と彼に繰り返し話した。そうでなくて、もし彼が学部教授陣の他の人達によりもっと適切に行くであろう金をとったならば、その誰もが彼に反対することになるだろう。ベストは見下げ果てた自己本位でもって世間知らずである」。

バンティングは相変わらず、ベストのために海外旅行についての議論に参加していた。彼と他のカナダ人の研究者達のなかには、カナダの医学研究者達とイギリス医学研究審議会との間に存在したほとんど全く意思疎通の無さが、ベストとは仕事をし、それなのに他の誰とも仕事をしないというイギリスの決定の原因ではなかったのかも知れないと訝り始めていた。ある程度まで、それは間違いではなかった、というのもヒル、ディルあるいはメランビーがカナダと連絡を取り合う必要に迫られた時はいつでも、やはりベストが派遣されることを彼らは再び要請した。しかし彼らは、「バンティングの嫉妬」にすぎず、ベストなりに高く評価されていると思った。「メランビー、ディルそしてあちらの身分の高い、権力者達は私に怒っている。なぜかと言えば彼らのお気に入りのベストがイギリスへ派遣されてこなかったからだったと思う」、とバンティングは12月に書き留めた。「私は彼を派遣することに最善を尽くしていた[16]……」。

連絡の欠如に関して、いくつかの他の理由があった。一般的な医学研究において、イギリス人は相変わらずカナダが貢献することはほとんどないか何もないと見做しがちだった。航空医学において、王立イギリス空軍には高高度および高重力飛行についての未開拓分野に関する調査研究をすべきことだという理由がほとんどわからなかった。というのもこれらの調査研究が交戦中の飛行士達の経験の範囲を遥かに超えていると思われたからだった。例えば、当初フランクスの飛行服についてイギリスの熱意はほとんどなかった。なぜならばイギリスの飛行士達はかがみ込む姿勢が意識喪失なく7あるいは8Gの重力に耐えることを彼らに可能にするのを見出していた。王立イギリス空軍航空医学専門家はバンティングに書いた。このことは「近代戦争下で望まれていることの全て、戦士の状態……現在組み立てられているような飛行機についてかなり十分なストレス」だった。[17]

このイギリス人の保守主義はしばしば、研究の重点の多くはパイロット達がそれになった時のために最先端のことを準備することにあると、適切に想定していた先駆者達の一人である北米の人を激怒させた。1940年を通してバンティングはしばしば、イギリス人のうぬぼれ、イギリス人の尊大さ、新しいことの導入に対するイギリス人の抵抗について不満を述べた。彼はアメリカ人の実利主義が好きではなかったが、カナダの将来はアメリカ合衆国と結びついていると思った。なぜならば両国の人々は非常に多くの共通したものを持っていたからだ。

1940年12月初めに、国立研究評議会はベストに対してイギリス旅行の経費に1000ドルを与えることに同意した。その時までに、野心的な生理学者は赤十字社と国際保健委員会からの支援で大きな乾燥血清プロジェクトに関する仕事をしていた。彼はそのプロジェクトが彼のいくつかの研究の関心をそそることに役立つ旅行にすることが可能だと思った。[18]

バンティングはカナダのどんな男とも同じくイギリスへ行くことを望んでいた。彼は研究を計画し、彼の部門を再編成し、助成金を交渉し、他の人達のために旅行を調整し、オタワへ夜通し列車に乗ってそれからトロントへ戻って、再びオタワへ戻りそれからトロントへ戻っていたその間ずっと、彼は戦線へより近づくこと、彼が最後に知っていた戦争の現実により近づくことに思いこがれていた。

7月22日：

……再び大隊の軍医になることがどれほど素晴らしいことだろうかと私は思った。それに所属した経験は、医学の知識と技術とが人を生かす機会を持つ手段であった事実に、人は正直誇りを覚えることができた、人生におけるそれらの稀な時の一つであったと、私はいつも思い出すであろう——彼らの命を彼らの国のために捧げた負傷した男達が、軍医を必要とした時が存在するのは名誉だった。

7月26日：

私は、他の人達が差し迫った危険に晒されているのに、国内にいつづけたいとは思わない……私は勇敢ではない。私が経験しているよりも、砲弾、爆弾、弾丸そしてどんな姿態のものであれ死や破滅状態についてもっとひどい恐ろしさを経験している人は誰もいない。しかしこの恐ろしさをしのぐことは、負傷兵への、その戦の人々への、戦場における軍隊への——戦闘中の僚友への奉仕の光栄である。

僚友とは、奉仕して来た人々に対する独特の意味を持っている。そこには軍隊での——敵の砲火を経験してきたことのない人々によって理解されない、我が国のために危険なやり方で奉仕した人々の間での同志関係がある。男達は共通の危険で団結させられた。そこには戦争の他には決して存在しなかっただろう友情が存在した。そこには犠牲があった。そこには滅私があった。そこには義務への献身があった。そこには英雄的行為、勇敢それに「気性の強さ」があったが、それらは共通の互恵的なそして共有の危険によって発揮されなかったならば、決して存在しなかっただろうし、決して知られなかっただろう。男達は戦争のるつぼで彼らの本性を示した。

8月26日：

国のために尽くされることについて、どんな他の領域と比べても科学的研究の鼓舞の手段によるものがより大きな貢献であることを私は知っている。しかしそこには軍隊のために何かをしていたいという素朴な欲望がある。

8月27日：

もし体制が私を降ろすつもりならば、私は破滅させられるだろう。私が一度でも敗北主義者の態度をとることを神は許さない。

9月11日：

私は多少よりもっと活動的になるべきだと思っている——私は私の仕事の目的にかなうことをさし示すのに関わりがある場所で。

哀れな、いまいましいイギリスは恐ろしい数にのぼるひどい扱いを与えられている。しかしイギリスは正しくほぼ同じほど与え続けている。私は役立つためによりもっと何かをしていたいと思う。

10月28日：

この戦争において陸上で、空中で殊勲を立てた人達に会うことは、名誉であり、感激だった。

そのような経験の後に、不活発な普通の仕事に落ちぶれるのは難しい。シャルンホルスト戦艦（訳者註：第一次世界大戦後にドイツ海軍が建造した戦艦）を爆撃して来た人達、ダンケルク（訳者註：フランス北部の海港。第二次世界大戦でイギリス軍がこの港から奇跡的に撤退した）の明け渡しを済ませて来た人達、科学の発展に従事してあくせく働いて来た人達……それはあらゆる行為の中である小さな部分を担うという一つの願望を成功させている。

11月10日、1940年中に戦争が片付かないことを知って、バンティングは地方のラジオ局に出掛けて、レコードに録音し、録音したクリスマスの挨拶をシーク・ラエと第15カナダ総合病院の仲間達に送った。それは唯一残存する彼の声の録音である。

フレッドの母親は、今86歳、数年間で衰えつつあって、次第に寝たきりとなり、部分的に理路整然としていた。一生のうち、バンティングは彼が不在の時には日曜日の午後に彼女に手紙を書いていた。1940年12月1日、彼がアリストンに彼女をたずねた時、彼女は体の具合が非常に悪そうにみえた。彼は、彼女が彼を誰だかわかって、彼女が「私のいとしい人」とつぶやいたと思った。翌日、トンプソン・バンティングは彼らの母親、マーガレットが亡くなったことを知らせる電話を掛けた。フレッドは、暗い雪の降る日に彼女の葬儀のために引き返して行った。「私のいとしい老いた母親はひつぎの中で元気そうな顔にみえた。しかし私はこれら正に最後の数年を私の記憶から覆い隠し、30年あるいはいっそう10年前の快活で幸せな母親として彼女を思い描きたい。楽しみへの彼女のいつくしみ、良書への彼女の喜び、彼女の記憶、彼女の詩趣、彼女の親切そして彼女の愛情。私への彼女の日曜日の手紙、それなのにどうして私は彼女に手紙を書く機会を逃してしまうのだろう。母親には、人が彼女に対して一度だって行ったどんなことにも感謝することの素晴らしい意識があった……」。

ヘンリエッタとの彼の家庭生活は、彼の日記からははっきりと事実が明らかとはならない。ある程度から判断すると彼は彼らの時たまの喧嘩についてのみ書く傾向があった。彼はしばしば留守にしていて、勿論、しばしば疲れていて、それに彼の性的能力についていささか悩んでいた。彼女が彼を伴わないで出掛けたある夜、彼は、彼女が彼に対して変わってきていたと、サディ・ゲアンズの陰鬱な予言、「2年間」、が真実になってきているのかも知れないと、心配した。恐らく、彼は問題がヘンリエッタに赤ちゃんがいなかったことにあると思った。彼は、彼が書いたように酒を飲んだ。彼は刺激剤／弛緩剤として、ほとんど性欲の如くアルコールを利用していたと自覚していた。「人は50歳になり、性欲と女性に引きつけられることが衰える時、アルコールが若者のそれらへの敏感な引きつけられるものへの代替として容易に役立つのは、肉体的要求の素晴らしい対策である」。彼が母親と一緒に出掛けると彼の妻が彼に冷淡だと悟った別の喧嘩時には、海外に出掛けて、戦争で死ぬ以外にすることは何もなかった。男達はアルコール乱用の意識朦朧（もうろう）でこれらの事情を思い描く。それでバンティングはそうなったのだが、翌朝しびれて、少しばかり馬鹿馬鹿しいと気づく。ヘンリーはあたかも何事もなかったかのように、彼にコーヒーを持ってきた。数日後、「私が洗い流した時だけ私に気を配る私のいとしいヘンリーは、いつものように私の気分が悪いことをいかに許した」かを彼は述べた。

1941年の新年はバンティングの職務に小康をもたらした。彼の全てのプロジェクト、国立研究評議会のあらゆるプログラムは、深刻な問題を何も引き起こすことなく、上手く進行中だった。1月に、バンティングは彼の活動を拡大し始めた。彼と一緒にヘンリエッタを伴って、彼はハリファックス州とケベック市で1週間を過ごして、地域の公衆衛生の問題、研究そして海軍の必要性を議論した。ノバスコシア州の主たる医療の問題点は、ほとんど同じ程度で、ハリファックス州におけるジフテリアの流行とノバスコシア州のリンゴジュースよりもむしろ輸入されたオレンジジュースが陸軍病院のメニューに求められているという地元の憤慨だった。航空医学研究者達に興味を抱かせた飛行酔いに類似して、海軍で深刻な衰弱させる問題、船酔いに関して、バンティングは備忘録を起草した。彼は、いくつかの船酔い研究のプロジェクトが開始されることを推奨した。一方で、月の終わりに、オンタリオ州のキャンプ・ボーデンでの戦車とその総人員の視察は、特別な医学の問題があることを示さなかった。これらの旅行で持ち帰ってバンティングが感じ入った最も興味深い発見は、パリがフランス系カナダ人に門戸を閉ざした今、新しいフランス系カナダ人の関心がイギリス系カナダの医学校にあることだった。バンティングは、「能力を持った若いフランス系カナダ人の医師達に彼らの卒後研修にかなうものを提供することに特別な気持ちで取り組むことで、カナダの医療同業者仲間を団結させる大きな機会」、と気づいた。[19] 国家的医療の結束のためへのこの追求は、数カ月前にバンティングのよりもっと激しい非難の長演説の中で多少みられた、フランス系カナダ人について極めて好意的ではないコメントを見事に埋め合わせた。※

※例えば、バンティングの日記、8月9日：「彼らは抑圧された聖職者である。数の力から判断して、彼らは我々の民主主義社会を支配している。彼らは多人数であることに喜んでいる。彼らは異なった言語を話している。彼らは他のカナダ人に迷惑を掛けて、利己的な達成の点から考える。彼らは数多い投票数のために勢力の均衡を保っている。彼らの多くは良い仲間達であるが、多くは取るに足らない政治家達と収賄官史達である。科学において彼らは遥かに遅れている。というのも彼らはたえず老いて時代遅れの利己的なフランスに従ってきたからだ。科学について、より多くの詐欺師達が大多数の国に比べてフランスに現れていた。彼らはパスツールの名誉を売ってきた。彼らは信頼している人達を偽りの科学で誘惑に陥れようと努めてきた。彼らは愛想がよく、彼らはうわべ飾りの文化を持っている。彼らは無用語の多用で非科学的な困難な状況に陥れる。門外漢が、過去四半世紀のフランス科学の人々の中にペテン師と高徳な人とを見分けるのは不可能である」。

バンティングは依然として海外へ行くことを望んだ。彼の出掛けることが見事に正当化された。それは彼の最後の旅行以来1年が経っていて、しかも全く異なった戦争だった。大西洋をはさんだ両国間相互の医学についての意思疎通は良くなかった。それに伝達経路を明らかにし、整理する必要があった。事態はカナダのコントロール下で上手く行った。他の鍵（かぎ）となるカナダ人達、それらの多くが彼の友人達で、ラビノウィッチとマックノートンから航空医学のA・A・ジェイムスそして第15総合病院で奉仕するカナダ人医師達皆にまで範囲が及んでいた。ラビノウィッチがマックノートンに主張し、しかもカナダ人全体が同意したので、彼ら――イギリスにいる仲間達はまた、何が起こっているのか、何が必要とされているのか、カナダは何を為すべきなのかを自身の目で確かめるために、フレッドがイギリスに来るべきだと思った。[20]

しかしベストは、疑いなくバンティングと同じく適任と、国立研究評議会と副委員会とによってイギリスへの旅を是認されていた。バンティングがベストが出掛けることの賢明さに疑問を抱き始めていなかった1941年の初めに、ベストはイギリスへ出掛けることを望んでいなかったのかも知れない。仕事の上で、ベストは血漿プロジェクトに深く関心を持っていた。それに、クリスマスの間ずっとトロントのベスト家を訪問している間に、彼の父親が2度の心臓発作に苦しんだ。その結果、ベストはイギリス旅行を数カ月間延期することに決めた。[21]

機会を見て、バンティングは旅へ出掛けるために彼の言い分を主張し始めた。C・J・マッケンジーも、バンティングの軍隊の上官、R・M・ゴースリン大佐も、バンティングの主張を却下する正当な理由を持っていなかった。しかしわざの上手いオタワで上官の一種の使役馬としてバンティングを当てにして来たマッケンジーは、長期間彼をカナダから去らせたがらなかった。「もし彼が飛行機で飛ぶことができて、そこでの滞在が3週間ならば、それなら承知するであろう」、とマッケンジーの戦争日記に認めた。バンティングの同僚達の中で、サディ・ゲアンズだけが旅に強く反対した。部分的には彼女は彼が戻らない情況に出会うかも知れないと懸念したからだった。

バンティングは、ベストが行こうとしないのだから彼が行かなければならないという策略にたけた主張を利用して、彼の申し立てを説得し続けた[22]。密かに、それに彼の友人達の幾人かに、彼は、ベストが正しく失敗したところのもの、勇気の一種のテストとして旅のアイデアを提案した。彼は、敵意を持って、それに認められる根拠もなく、「私は心の中でチャーリー・ベストに失望していると個人的には言わなければならない」、と6月28日の日記に書いた。「彼には根性がない。彼は、長い間イギリスへ出掛けることにしきりに不平を言っていたことに対して機会を得た。それなのに彼はそれを放棄してしまった。私は、そのことで彼を心配していたし、彼は彼の家族と自国での事情のせいにしているが、本質的にはそれは勇気の問題である、と思う。彼は求められている真意を知らない」。

1月30〜31日にかけてオタワでのてんてこ舞いの忙しい2日間の終わりに、バンティングは上級の海軍将校と話をした。彼は駆逐艦やコルベット艦（訳者註：輸送船護衛用の対潜・対空装備をした小砲艦）を経由してイギリスへ渡航するのは難しいことではないかも知れないと彼に保証した。その金曜日の夜、彼がホテルをチェックアウトする直前に、マッケンジーは彼に電話をし、短期間後に空軍審議官としてオタワを離れようとしていた、大きな影響力のあるトロントの実業家ジェイムス・ダンカンのための送別会に彼を招待した。バンティングは、カクテル、オードブル、華々しい社交的交際、戦時のオタワで全てが「妙な」、と思った。「戦争は私の考えの中で最も重要なものだった」。

彼が空軍中将A・A・L・カフェと雑談していた間に、バンティングは大西洋横断の早い輸送手段を見つけることについて関心を述べた。カフェは大英帝国へモントリオール経由で空輸されているハドソン爆撃機の一つで、彼が大西洋を9時間で飛ぶことが可能であるかも知れないと話した。バンティングの気分は、「希望の光」とも言える提案に胸が高鳴った。

彼はトロント行きの遅い列車に乗り込んだ。それは1月31日の真夜中頃だった、彼が来るべき月、来るべき旅に関して、この素晴らしい備忘録を認めていた時に、手元に祝杯をあげるものを何も持ち合わせていなかった。

この月はどんなことを生み出すのだろうか？　ドイツによるイギリス侵略は？　毒ガス戦争は？　ヒトラーは何をするのだろうか？　私はその全てに関係していたい。それでそれが起きる時、私はその真っ只中にいたい。

私の人生において、そのためにそれほどまでに生きなければならない——それにそのためにそれほどまでに死ななければならないとする時は一度もなかった。私は心底からヒトラーをのろう、というのも彼の強い欲望が私がこれまでに持った唯一の家庭から私を取り除くからである。

けれども、もし運命と窮地が私の一生は終わっているという合図であるならば、私が自分を捧げることは生きていることの前述の名誉にかなう、今言ったばかりの家庭のためなのである。

——私はそこに戦闘がある時はいつもそこにいたい。

——私はおよそ50年間、生きてきた。これら年月の毎日が行動で満たされてきた。仕事は生涯を通して私のモットーであり、私の魂の救済であった。くつろぎについて、それに休息について、私には全くなかったのでそれは言及の価値がないことである。

あちらには、世界中の私の最も大事な友人達がいる。彼らは生き残ってきた。彼らは最前線にいて、それなのに自国にいる我々は彼らのために余りにも大きな犠牲を払うことができない。

たとえこれまでにするとしても、目的を達するにもかかわらず、私は戻ることを望まないであろうと思う。私は去りたがらないであろう。私の心は、その一切買い手の責任である民主国家が存在する、勇敢な男達が大英帝国を守る、そこにある。

しかし、私が私の生涯と寿命を——私の国と私の国王に、ここ自国でこの上なく好都合に奉仕することができるのであるならば、それならば私は喜んでとどまることにする。

しかし残念ながら、これはずっと先のこと。私はただ、どこで最高の奉仕をすることができるかを知りたいだけである――自己本位の考えがない奉仕――勲章のリボンもなく、名誉もなく、知れ渡ることのトランペットの音もなく。

――しかし男達が苦しむ塹壕の静かな隔絶の中あるいは多少それている前線の背後で、私が奉仕できないだろうか――私の医学知識のゆえに、我々の冷酷な敵対者によって命が危険に晒されている人々に私が役立たないだろうか。

人の命を救おうと努力して生きている私の命を捨てて良いものだろうか？　我々の軍勢は若者で溢れている――彼らの前には生きるための時間がある。私にとっては、生きながらえ、不平を言い、衰え、だから嫌われ、その上憎まれ、それにまた悪態をつかれ、それから責められ、それで私が死ぬ時に人々を喜ばせるよりは、我々の若い人を救う誇りで死ぬことの方がずっと好ましい。

ことごとくこのように人生は非常に自己本位の楽しいものなのか？　私は若者と老人とのどちらつかずにいるのだが――若者をつかまえ、面と向かってそれで犠牲という王座に彼らの皆を据えさせて欲しいと彼らに頼むことを、人は辞退できるだろうか？……

我々の真の英雄は勲章を授けられないけれども、獲得した栄誉を誇るだけの人間性がある。私が最も望んでいる事実――更なる名誉を辞退するという勇気を持っても良いのにと思ったり、願ったりする、なぜならばそもそも私が持っている勇気でもって、私が本当に名誉に値するとは考えられないからである。

その土曜日の朝、彼の列車がトロントの駅に入った時、バンティングはユニオン駅で散髪をし、コーヒーを2杯飲み、それから午前中の仕事のために研究室へ出掛けた。大学の昼食後に、ヘンリエッタが車で彼を迎えに行った。彼の日記に別の注目すべき、悲しい記載がある。「[彼女は]私に、今夜ずっと彼女とデートしていた飛行機乗組員O．T．について話した。私はぞっとした。彼女は涙を流し、その日の間じゅう嘆き悲しみ続けた。私は理解できない。私は海外へ出掛ける。私は戻らないであろう。私にとって人生は非常に制限されたものでも、栄誉に満ちたものでもないので、私は拒絶された人のために次の居場所を手に入れたい※」。

※我々はこの出来事について、これ以上何も知らない。それは恐らく、制服に身を包んだ男達に社交的であるヘンリエッタによる全く悪気のない願望によるもので、この上ない大きな誤解だった。彼の最初の結婚の悲劇後で、それにこの結婚もまた上手く行かないかも知れないという恐れでもって、フレッドは最悪の事態を邪推するように方向づけられていた。

バンティングは翌週末にオタワへ戻った。列車に乗って、翌日彼が破ったヘンリエッタ宛の手紙を書いた。イギリスへの旅行、つまりハドソン機での渡航に対する許可が発行された。「私は大西洋を飛ぶことへの期待で興奮し、わくわくしている」。彼は戦争へ出掛けるためにカナダを離れる前に、きれいに片づけられるのに合わせて多数の詳しい説明に専心し始めた。

訳者註1：レオポルド3世　Leopold Ⅲ (1901-1983)。ベルギーの国王（1934〜1951）。1940年に独断で軍隊をナチスに降伏させたために、ナチスにダンケルク侵入の道を開いてしまった。戦後の1945年にベルギーに戻るも王位を息子に譲らざるを得なかった。

訳者註2：ジョン・ボイントン・プリーストリー　John Boynton Priestley (1894～1984) はイギリスの作家、劇作家、司会者。第二次世界大戦中はイギリスのBBCのレギュラーで司会者を務めていた。内容が余りにも左翼的すぎて途中で降板させられたが、その人気は当時のイギリス首相チャーチルにつぐものだったという。

訳者註3：バンティングが鑑賞した作品は、恐らく映画『テスト・パイロット (Test Pilot)』。1938年に制作・公開された、ヴィクター・フレミング監督のアメリカ映画で、男のドラマ。1938年アメリカアカデミー賞の作品賞、編集賞、オリジナル脚本賞にノミネートされた。

訳者註4：サー・ヘンリー・ティザート　Sir Henry Tizard (1885-1959)。イギリスの化学者で、ガソリンの分類に用いられる「オクタン価」を開発し、第二次世界大戦ではレーダーの開発に寄与した。

Frederick Grant Banting

第14章

任務という責任ある立場で

✣

彼は、「なぜ私なのか？」と決して自問しなかった。それは、彼の使命について、後に他の人達が問うた疑問だった。なぜバンティング？　彼はある秘密兵器についての詳細な情報、恐らくドイツの毒ガス襲撃を無効にする方法を運んでいたのか？　彼はカナダによる最新の医学の発見をイギリスへ急いで送ろうとしていたのか？　彼はイギリスの戦いの最後のひと勝負を王立イギリス空軍に勝たせるために、フランクスの飛行服を引き継ごうとしていたのか？　彼は「大胆不敵な」、カナダのスパイ組織のリーダー、ウィリアム・スティーブンソンに雇われて、秘密の使命に従事していたのか？その後、首相自らがそれが「高度の国家的そして科学的重要性を帯びた使命」であったことを下院で語った。

どんな憶測にも真実はない。バンティングは戦時の医学研究の領域において何が起こっているのかを見出すために公的にイギリスへ出掛ける途上だった。彼はいくつかの秘密を知っていたのかも知れない、それに彼は確かにカナダの科学が戦争活動にどんな方法で手助けできるかについてのアイデアを持ち帰るつもりだったが、多くの用途のどんなものもイギリスへ持って横断しようとはしていなかった。例えば、未だ余りにも実験的段階だったフランクスの飛行服は、とにかくフランクス自身で大西洋を横断しようとしていた。言ってみれば、10カ月後にハドソン爆撃機でイギリスに向けてのアンドリュー・ゴデリッヒの飛行について存在するほど、バンティングの使命には重要なことは何もなかった。[1]

非公式に、バンティングは前線へ共通の敵に相対している彼の同僚および男達の同胞の所へ戻って行く老兵だった。彼は長い年月の間行っていたのだが、トロントのバンティング、指導者および管理者に専念させられた有名な科学者であることのストレスと孤独から逃れるために、彼は旅をしていた。その彼から誰もが大層多くのものを得ていた。彼はたえず、トロントから逃れ、バンティングであることから逃れたいと思っていた。彼はこの旅行が最後の脱出になることを望みそして恐れた——戦争が終わるまで前線の近くで彼の友人達と一緒にとどまることを望んだ。何かが間違っているかも知れない。それにひょっとしたら死ぬかも知れないと恐れた。それが戦争のためであれ、あるいはどんな重大な理由であったとしても取るに足らないもので、使命はフレッド・バンティングについて多くを語った。

呼び出しが2月15日土曜日の正午にようやく届いた時に、彼は研究室の彼の部屋にいて、それは翌朝モントリオールに出頭するよう彼に命じていた。サディ・ゲアンズは一人も同然で旅行に反対していた。最後まで、彼女はそれとは無関係でバンティングに話すことができるであろうトロントで唯一の人、ダンカン・グラハムに会いに行く気にかられた。「ゲアンズ嬢の別れの挨拶は痛切なものだった、けれども彼女は思いあがっていたと思う」、とバンティングはその夜に認（したた）めた。「彼女は自制するのに最善をつくした。私ができる限り役に立ちたいと思っていると彼女に話した時、彼女は『それが悩みの種です——あなたはそこに渡って大層役に立つかも知れないので、彼らはあなたを戻らせないかも知れない』」と言った。

その午後遅く、彼は今や11歳になった息子のビルに彼の書斎にやって来ることを求めた。彼は息子に、彼が海外へ出掛けようとしていることを話した。「僕はリボルバー（訳者註：回転式連発拳銃）とサム・ブラウン・ベルト（訳者註1）のためのお父さんだと思っていた」、とビルは答えた（友人がフレッドに、ロンドンでは誰もがサム・ブラウンとリボルバーを身につけていると語っていた）。ビルは父親が爆撃機で渡航しようとしていることを聞いて興奮した。だがそれからフレッドがこうすることで、彼の任務に含まれている危険性を述べた時突然深刻になった。明らかに、もし飛行機が墜落したならばどんなことが起きるだろうかと考えて、ビルは父親に誰でも同じように長く冷たい水の中で生きることができるだろうかと話した——バンティングの心にもまた存在していた考え、父親は息子に立派にやってのけるために最善をつくすつもりだと話した。ビルは父親に爆弾の破片を持って帰ることをねだった。

ヘンリエッタは彼を車で列車の駅まで送った。フレッドとリリアン・ヒップウェル夫妻が彼を見送りに一緒にやって来た。フレッド・ヒップウェルはちょうど出発前にフレッドのスナップ写真を数枚撮った。バンティングは旅について彼の懸念を隠すには余りにも正直だった。彼はヒップウェル家、サディと彼の昔なじみの友人達、それに自称伝記作家のビリー・ロス医師に、彼がこわいと感じていることを話していた。

モントリオールで日曜の朝、バンティングは支給物貯蔵所へ連れて行かれ、冬の飛行に備えて身支度を整えた。入手できない唯一の品目は暖かい手袋だった。彼はイギリスへ双発ハドソン爆撃機を空輸している民間会社の役員の一人と会った。それらの飛行機はアメリカ合衆国で購入されていて、今から王立イギリス空軍に引き渡されようとしていた。それらを船で運ぶよりもむしろ海を飛び越えさせることは比較的新しいアイデアだった。バンティングはハドソン爆撃機の自力現地輸送で渡航するほんの二人目の乗客になろうとしていた。

遅延は渡航に際してありそうなことだった。というのもニューファンドランドおよびニューブランズウィックで使用されている空港はおよそほとんどいつも天候次第で閉鎖されていた。「今日、私は静養し——それで一組のミトン（訳者註：親指だけ離れているふたまた手袋）を手に入れるのを試みるつもりである」、とバンティングは正午に書いた。「情報収集が差し当たって私の心に残った。私がたずねる全ては天候である。もし人がそのような経験を切り抜ければ、それは見事だが白髪が結果である。もしその境遇に置かれ続けるならば、人はアルコールに依存することを身につける」。

バンティングはその日の午後うたた寝をし、それから彼がカナダを離れている間、国立研究評議会の職務を指揮するバート・コリップとホテルの彼の部屋で長い話し合いをした。彼らはインスリン発見時代について思い出に耽り始めた。その時代から時を経て彼ら二人は円熟していた。コリップははっきりと、彼の考えではインスリン発見に対する功績はバンティングに80%、ベストに10%、コリップとJ・J・R・マクラウドに各々5%を割り当てられるべきだと、バンティングに語った[2]。我々はバンティングが何と言ったかは知らない。同じ時代について、彼が他の友人達にしていたコメントから判断して、彼は恐らく「我々はあなたなくしては全く何もできなかったかも知れないのは十分わかっているでしょう」、と言った。彼らが別れた際に、コリップはバンティングが飛行中に着用するために毛のついた羊皮の手袋一組を贈った。コリップはバンティングの友人達それに同僚達の中で健在な彼を見る最後の人となった。

フレッドは息子ビルと妻ヘンリエッタに手紙を書いた。それから更に日記に他の記載をして、そして突然奇妙な下手な詩をつくり始めた。

……人は時が急速に過ぎればいいのにと思う。いやな仕事がなされなければならない。だから時が
過ぎ去るのが早ければ早いほど、より良いのだが。時よどうか早く過ぎてくれ、
急いで通り過ぎて行くことにすみやかであれ。
早く明日をもたらしてくれ。
というのも明日は究極的な運命を握っている。

――命、体験、すなわち運命。
危険性は高い
しかし任務は遂行されなければならない。
命と名誉それとも記憶喪失
どこかで全てが終わる。
どんなことが訪れようとも
私はそれを受け入れることができる。
私が担う任務の全ては非常にわずかである
我々が戦う理由と比べて。

二つのエンジンを備えたロッキード・ハドソン爆撃機、T－9449が月曜日の午前9時50分にモントリオール郊外のセント・ヒューバート飛行場から飛び立った。それはパイロット、航空士と無線技師、加えて陸軍少佐サー・フレデリック・バンティングを乗せて運んだ。ハドソン機、ロッキード18の平時の前歴はトランス・カナダ航空の通常の旅客飛行機として運航中だったが、このハドソン機は民間人の乗客が享受する快適な備品は何もなく、組み立て部品の外形が生々しい、骨組みの飛行機だった。彼らはニューファンドランド、ガンダーの新規に拡張された基地に向けて、ちょうど5時間未満で800マイルを踏破して、順調な飛行を行った。寒さはバンティングが恐れていたほどひどくなかった。しかし彼の膀胱は彼を悩ませた。つまり彼は非常に幾度となく飛行機後部の小さなトイレットに移動するという恥ずかしい思いをすることに気づいた。というのもハドソン機の重量配分の変動は航空均衡状態を毎時調整することが必要だった。

彼らは、その夜ガンダーから離陸したいと思っていたが、イギリス上空の悪天候の報告で地上に待機させられた。そこで彼らは太西洋を横断するのを待ってガンダーに増えた他のハドソン機5機の乗組員等に合流した。バンティングはどうして天候が大西洋を飛ぶのを難しくしているのかわからなかった。それに1941年までのところわずか1機のハドソン機だけが横断することができていたのを聞いてショックを受けた。危険性についてひどく危惧している割には、彼はこの空輸する事業がどれほど先駆的であったかをはっきりと理解していなかったのかも知れない。ハドソン機の最初の飛行が1940年11月10日にガンダーから離陸した時、彼らは誰でもこれまでにそれを飛んでいたよりもずっと遅く、その年の後半に北大西洋に取り組んでいた。ハドソン機のおよそ25機を数える中で、わずか4機がこれまでのところ横断していたに過ぎなかった。1機のハドソン機は離陸時に墜落していた。他はガンダーに戻らなければならなかった[3]。困難な大気の状況でこの上なく長距離飛行のために、飛行機は燃料を大層積みすぎにされなければならなかった。空輸（ちょうど設立されたカナダ太平洋航空の子会社による）をするのにただ雇われていたにすぎなかった民間乗組員達は、不慣れなエンジン2機を搭載した飛行機で、真冬に長距離を飛行する経験は事実上全くなかった。この点で、幾分バンティングがいつも医学研究に取り組んでいたやり方のように、あらゆる操作について無鉄砲な、経験から得た勘の様相だった。南に向かって、アメリカ人達はアゾレス諸島（訳者註：ポルトガル西方の同国領群島）および中立の国々経由で大西洋を商業的に、安全に飛んでいた。バンティングはアメリカの飛行機に乗るのが余程好ましかったのかも知れない。しかし今、彼はニューファンドランドで、どんなことがあっても2月に北大西洋を飛行する最初のひと握りの人達の一人になろうとしていた。

彼の存在は搭乗する飛行機のパイロット、2度目の空輸飛行をしにカンザス市から来た飛行機による空中文字を書く人で、曲芸飛行家のジョゼフ・C・マッキーに特に歓迎されていた訳ではなかった。

ガンダーに彼らの到着した夕方に、他のハドソン機の無線乗務員、C・M・トリップは、「とてもおそまつなパイロットで飛ぶ限り、老紳士は得ていた幸運をよく考え、それで彼が海を飛ぶのに他の誰かをどうして選ばないのだろうか」、とマッキーが話しているのを聞いた。マッキーは飛行の危険性を知っていたのだろう。だから彼は彼らを連れて行くのをかなり正気ではないと自覚していた。しかし一体全体どうして彼に搭乗客を運ばせるのか?

無線乗務員トリップは、彼が陸軍少佐で、陸軍の軍医であることを除いて、「年老いた紳士」が誰なのかを知らなかった。彼はガンダー――少しばかりの間に合わせの木造小屋と列車の車両で縁取られた、名もない場所の真ん中に自然のままの素朴な滑走路――で他所(よそ)から来た人をくつろいだ気持ちにする手助けをした方がよいと考えて、トリップは彼に地方の人々の幾人かと会いたいかどうかをたずねて、それで彼を王立カナダライフル地元部隊〔訳者註：ライフルカナダ陸軍〕の将校達の食堂へ案内した。トリップは訪問者を地元部隊の将校に紹介した。すると初めて客が自身を「バンティング、陸軍少佐バンティング」と紹介するのを耳にした。部隊指揮官はゆっくりと気づいた。「あのバンティング氏ではないですか?」それからすぐ、「諸君!」それで部屋の将校皆が気をつけの号令にきびきびと動いた。それでもトリップはこの人がインスリン発見で有名な、あのバンティングであると最終的に気づいたのは、彼がガンダーの軍医にバンティングを紹介していた夜遅くにすぎなかった。インスリンの発見者が冬の最中にロッキード・ハドソン機で海を飛んで何をしようとしているのか?[4]

軍医達はバンティングに、島には非常に金持ちと大層貧乏人のただ2つの階級だけが存在すると話して、未だカナダの州とはなっていないニューファンドランドの生活をこと細かに説明した。「貧しい人々はほとんど読むことも、書くこともできない」、とバンティングは記録した。「彼らは近親交配である。肺結核が流行している。貧しい人々の食事はたいていはパンと魚である。このホテルの担当者が私の名前をたずねた、それで私が文字を一字一字拾い読みしたので、彼はカードに'fgbanting'と書いた」。

翌日、18日火曜日、天候は東の方に向かって相変わらず悪かった。「イーストバウンド・イン」に滞在している立ち往生した飛行士達の幾人かは軽症の風邪をひいた。バンティング医師は注意を喚起している軍医に耳をかそうとはしなかったが、温水ボトルと薬を得るために自ら外出した。アルコールの医用をいつも信じていて、彼は恐らくあるかなり強い飲み物を持ち帰った。彼は王立ライフルの陸軍大佐と一緒に昼食をとり、ガンダー病院を訪れ、それから猛吹雪が基地の周囲に停滞したので、軍医達ともう一晩を過ごした。

その夜、基地で盛大なパーティが、臨時に連れてこられた一列車分の旅客の数の女性達と一緒に催された。パイロットのマッキーは、バンティングが夜遅くに彼と偶然に出会った時、かなり酔っぱらっていた。今では、マッキーは紳士に好意を持つようになっていた。彼は乗客に大西洋を決して横断させないと宣言していたが、バンティングを連れて行くつもりだと言った。「彼は大酒飲み、こわいもの知らずの飛行士それに途方にくれたならば厳しい戦士になると思う」、とバンティングは認(したた)めた。「彼は映画の中に出てくるべきである。というのも彼には気迫、落ち着き、度胸があり、それに何も彼を段階的に実行させせないからである」[※]。

※あいにく書かれた記録から確かめられないところの、ありうる話は、バンティングは別のパイロットで飛ぶ予定を立てられていて、彼の本来の飛行機に一時的にエンジンのトラブルが発生した時にモントリオールでT−9449に変更されていた。それでこうなるとそれがパイロットとその乗務員に対するつれない振る舞いとして解釈されるかも知れないことを懸念して、マッキーを置き去りにするのを拒否したというものである。

この猛吹雪は19日の午前中続いた。飲酒、ポーカー遊び、それにおしゃべり以外にガンダーですることはたいしてなかった。たった一冊の雑誌あるいは本すら見つけることがかなわず、バンティングはニューファンドランド住人の調理場のお手伝い女性と一緒にコーヒーを飲んだり、飛行士達と天候、風、それに彼らの飛行機の性能について語ったりして、無為に時を過ごした。機翼に付着する薄い氷それにエンジンの過熱が寒空の高高度で心配しなければならない最もありふれた機械的なトラブルだった。フレッドはモントリオールからの飛行中に小便をすることのやっかいな問題に言及していたに違いない。というのも彼があふれるほどの排尿の物語を引き起こしたからだった。最高の逸話は、不愉快な乗客が洗面所に行ってしまうまで待って、それから飛行機の後尾を上下に激しく急に動かし、乱気流状態にさせ、それで乗客の素晴らしい淡い色の服に満足するかなりの濡れた点を惹起させたパイロットからだった。別の飛行士は、もし必要とあれば床を使って、飛行中に用便を足すのを決して躊躇しないとバンティングに話した。というのも自動車旅行中に排尿を非常に上手く自制した余りに、膀胱を破裂させて死んだ老いた黒人の運命と共にしたいとは彼が望まなかったからだった。バンティングは2〜3週間前にアメリカ人の同僚、ハリー・アームストロング医師から耳にした、小便をする話について自前の貯蔵でもって応じることができた。いくつかの飛行機はパイロットが排尿出来る管を飛行中ずっと備えていた。管を試すという最初の飛行士達の一人は地上の仲間が吸込管を手に取るのを見かけた。彼は親し気に管をとり付けられるようになった。※

※経験した飛行士達はアームストロングが明らかに真実を誇張していると指摘している。というのもこれらの救済管に吸引力はなかったのだ。極度の寒さが管への付着を引き起こしうることは真実である。

飛行機に乗っている時の身体機能についてバンティングの関心は珍しいことではなかった。1927年の飛行後にリンドバーグが英国王ジョージ5世に拝謁した時、国王は「ところで私に話してくれないかね、リンドバーグ機長」、と言って話を切り出した。「私が知りたいと願っている一つのことがある。君はどのようにして排尿したのかね？」

無線乗務員トリップがモントリオールでトランス・カナダ航空からちょいと失敬して来たちっぽけな紙製の衛生コップのいくつかをバンティングに供給することを申し出ることで膀胱問題を解決した。飛行士達の皆はバンティングが好きだった。だから彼らはハドソン機の安全性について語って彼を安心させた。あなたはそれに乗った後に、単発エンジンの飛行機で大西洋を飛ぶことができる。たやすいこと。家を恋しがる天使のように空に昇りなさい。

彼らは相変わらず、19日も出発することができなかった。フレッドとクリフォード・ウィルソン空軍中尉は午後の映画で、リンダ・ダーネルとロナルド・ヤング共演の『スターダスト（Stardust）』を見た。ウィルソンはバンティングに『飛行機を飛ばす方法（*How to fly a plane*）』という題の本を貸した。20日木曜日の朝、バンティングはヘンリエッタに電報を打った。その後、彼はトロントにおける彼の生活、彼の家庭それに彼の家族についてウィルソンと語らった。「私の人生で今よりずっと幸せだったことは未だ一度もなかった」、と彼はウィルソンに語った。私はどこかの田舎に家庭のために近く隠退するつもりであると話した。彼は友人の数人にこの飛行の見通しが彼をおびえさせていると話していた、それに基地においてウィルソンと主任気象学者パトリック・マックタガート－カワーンとの会話でこれらの恐れを繰り返した[5]。

バンティングは2つの日記を除いて、記述したものを何も保管し続けていなかった。彼はいつも書き込んでいた簡素な速記者ノート、それにクリスマスに因んで贈られた1941年用の日記を携えていた。彼の通常の日記の最後の記述は19日の晩になされていた。その日の出来事についての記述後に、バンティングは次に述べる考えで終えた。

ここに来て以来、私は飛行機と人々との両方で益々自信を得ていた。しかし人は人の想像から破壊工作を全て除去することはできない。ここはそれに備えた壮大な場所なのかも知れない。秘密情報員は最終的な調査で疑いなくめちゃくちゃにするかも知れない。格納庫は一杯になり過ぎている。だから飛行機は屋外に放置されなければならない。それにそこには修理するために飛行機の絶え間のない移動がある。いくつかの新しい格納庫が建造中であるが、現在混雑は急速である。

20日木曜日の午後5時30分、彼はクリスマスに因んで贈られた1941年用日記には記載であふれていた。

今夜はまるで暗黒であるかのように見える。仲間達は荷造りしている。魔法瓶にコーヒーが注文されていた。3機のハドソン機で飛んだ仲間達が昨日死んだ(モントリオールのセント・ヒューバードから飛び立っている)。それは3度目の墜落をしでかしている。今日の午後、私は飛行場の周りを歩いた。私は疲れを感じるので、それで今夜は眠ることができるようになることを願っている。寒くなるだろう。私の困ったことは手足が寒くなった時に、それらが汗をかき、湿っぽくなってくることである。パイロット達が死に至った時、他のパイロット達は彼が状況に対処したやり方をとがめる。飛行機の事故は器械によるものがわずかしかないと思われる。

ウィルソン空軍中尉はバンティングに「熊のぬいぐるみ」の飛行服を着用するのを手助けした。バンティングを見ると、トリップに衛生カップの提供を思い出させなければならなかった。トリップは衛生カップを手に入れるために彼の飛行機にちょっと立ち寄った。バンティングはやっとのことで飛び去ろうとしていることに満足しているようだった。トリップは思った。また一方で飛ぶことについてトリップ自身がそうであったのと同じく神経質そうではなかった。マッキーと彼の乗務員はT－9449にとても興奮していて、いつでも出発することができた。バンティングは、彼に幸運な着陸を願うウィルソンと握手をした。「おお、我々はそれを動かそうとしている！」とバンティングは言った。彼はハドソン機の方へ走って外へ出た。それでトリップは彼が乗り込むのを手助けした。

ハドソン機6機のうち5機が午後7時58分に離陸した。1機はエンジントラブルで地上に残った。離陸して間もなく、ハドソン機4機の無線技師達は、T－9449のビル・スネイルハムが空港へ戻る方角変換についてガンダーに問い合わせをしているのを聞いた。彼らは決して再びT－9449を見ることはなかった。飛行機の帰還に対して指示があればというスネイルハムの要求に応答したガンダーの全職員もまた再び見ることはなかった。

T－9449が破壊されたのだという物語は、バンティングの日記の中でその最後の記載のために始まったものかも知れない。だから彼らは、我々のその他の人々の大部分のように飛行士達は場当たり的な事故による犠牲者であるという考えに抵抗しているがゆえに、破壊されたという話に固執した。バンティングへの破壊工作という話は、つい1983年に再び出版された。[6] 1984年に、ジョゼフ・マッキー未亡人は私に、ガンダーの地上勤務の二人がハドソン機のオイルに砂を入れていて、それで後に悪事を自白して、処刑されたと話した。老いた飛行士は犯人（達）がニューファンドランドの無標の墓地に埋められたとつけ加えた。オタワ、ロンドン、ニューファンドランドそしてモントリオールの公文書に関して広範囲にわたる私の調査は、墜落に至った公式調査の報告について作成された4つのコピーのいずれも真相を明らかにすることに失敗したので、陰謀が込み入っているように思われた。証拠となる文書が非常に多くの公文書から偶然に紛失していることは滅多にないものである。

破壊行為説はそれどころか、とても信じ難く、それに全く記録に残されていない。だからそれによる墜落を説明するのは無益なことである。１９４１年にガンダーにいた人々は誰もがそれを信じないし、カナダ航空学あるいはカナダ軍の歴史家の誰もがまた信じない。現場にいたパトリック・マックタガート－カワーンによって状況をはっきりと、権威を持って私に対して説明された真の問題は、その冬にハドソン機に取り付けられている新しいオイル冷却システムにあった。より早く冷却をもたらした長方形に構築されたグリッド（格子状電極）は、旧式の循環型格子状の冷却装置に比べて寒い気候の始動では能力が劣っているものに製造されていた。極度に寒い状況にあっては、新しいオイル冷却装置はスタート時に破裂する傾向にあった。問題は離陸後すぐに現れた。

Ｔ－９４４９はオイル冷却装置の故障でマッキーに右側エンジンをしっかりと締めさせ、それから引き返すことを強いた時、大西洋上でガンダーの北東およそ50マイルの所を飛んでいた。彼は一つのエンジンで飛行機を容易に目的地へたどり着かせていたかも知れない。しかしその時、左側のエンジンへオイルを供給することができなかった。機能しなくなったハドソン機は、ひょっとするとスムーズに滑空さえもしなかったかも知れない。というのもプロペラの一つがフェザリング（訳者註：エンジン故障などの際にプロペラの羽根角を飛行方向に平行にして空気抵抗を減少させること）させていなくて、風の力でプロペラを回転させていたからだ。それでこの上なくのろのろした動きと振動を生み出していた[7]。

マッキーは過剰な燃料を捨て、他の人達には重量を減らすために出来る限りあらゆるものを投げ出すことを命じた。そのすぐあとで、彼はガンダーへ戻れないことを悟った。ハドソン機は暗闇にまさに墜落しようとしていた。彼らは陸上に戻って、それになおもおよそ２５００フィートの高さを飛んでいたと彼が確信した時、マッキーは困難から救い出すために他の人達――バンティングと空軍中尉ウィリアム・バード、航空士――に指示を下すことを彼の脇に座っている無線技師スネイルハムに伝えた。飛行機が軽くなるのを感じて、彼らが上手くこなしたと思った。[8]

マッキーは自身を救い出すことができなかったのか、ひょっとすると救い出そうとはしなかったのかも知れない。勇敢なパイロットは不可避な死に向かってさえも、飛行機を降下させた。平坦な地表にぶつかるというチャンスのあることがマッキーの心に咄嗟に浮かんだ。というのもニューファンドランドの50%は湖であると考えられたからだ。ニューファンドランドの東海岸に沿って、マスグレイブ・ハーバーのおよそ12マイル南西の沼の岸にちょうど来ていて、彼はほぼ上手くやりとげた。爆撃機はいくつかの小さな木々を剪断(せんだん)し、一つの翼でより大きな木にぶつかって、それで車輪を失った。ハドソン機T－9449は激しくぶつかって、止まった。飛行機は粉砕しなかったし、燃えもしなかった。依然として操縦席にいて、マッキーはたたき出された。

バンティングは飛び出さなかった。スネイルハムとバードもまた飛び出さなかった。恐らく、彼らは指示を聞いていなかった。別の解釈では、バンティングがパラシュートを持っていなかったことが、彼の飛び出ないことを決心させたと示唆している。雪と寒さと暗闇の荒野、多分大海へ飛び出すことの成功への見通しが、パラシュートを決して利用しようとしなかった人は言うまでもなく、誰しもの気力をくじいたのかも知れない。バンティングは彼の勇気が恐怖感によるものなのかどうか決して定かではなかった。勇気や恐怖感あるいは両者の多少の混在のいずれか、それに恐らくあきらめの感覚が、マッキーが飛行機を降下させた時に彼をハドソン機にとどまらせた。

バンティングの誤ちは、土壇場に追い込まれて墜落に備えていなかったことだった。[9]覚悟を決めて、恐らくベルトを装着していたマッキーは、飛行機がぶつかった時に、ほんの軽い頭傷をこうむったにすぎなかった。彼は2～3分後に意識を取り戻した。彼はスネイルハムとバードの二人が死んでいるのを見つけた。バンティングは本機室（メイン・キャビン）の床で意識を失って横たわっていた。彼は明らかに前方へ勢いよく投げ出されていて、それで飛行機の骨組みにぶつかっていた。彼は頭の左側を強打していて、左腕を骨折し、それに他の損傷もあったが、まだ生きていた。

バンティングと全機室は、衝撃で破裂した海上の標識びんからのアルミニウム粉末で覆われていて、ぼんやりとした、銀白色の冷光に浸っていた。マッキーはバンティングを半ば意識のある状態に戻して、それから彼を機室の寝棚に移すことができた。彼はパラシュートの絹布で包帯とブランケットを作った。その夜、混乱した意識の間じゅう、バンティングはマッキーに口述を書き取るように指示した。彼は自分がどこにいるかがわからなかったし、マッキーをパイロットとして理解もしていなかった。しかしマッキーは書き留めた。「彼は任務の持ち場を守り続けていると思っているように見えた」。バンティングは話して、話して、休もうとした。それから上体を起こしてそして再び話した。マッキーには、それがとめどもなく続く高度の技術的な公式の備忘録のように思われた。時折、マッキーはバンティングを鎮めるために言葉を書き留めるという動作を見直したものだ。

翌21日金曜日の昼まで、バンティングは深い無意識状態に陥っていた。後にわかったのだが、折れた肋骨が左肺に刺さっていた。彼自身も頭が余り冴えていなく、助けを見つけなければならないと思っていて、マッキーは粗雑な雪ぐつをつくって、飛行機から離れてよろめきながら歩いて行った。彼が出掛けてしまっている間に、バンティングはなんらかの方法で寝棚から降りて、飛行機から外へたどりついて、それから深い雪の中に2～3歩踏み出すことを企てた。彼は雪の中に顔から倒れて、死んだ。意識があったならば、バンティングはきっと、彼から大層多くのことを望んでいた諸都市および人々から離れた、北方の荒野で任務を遂行中に死に直面することにほぼ満足していたのかも知れない。

天候は大層悪かったので、バンティングが雪の中で死にかかっていたちょうどその時間頃、金曜日の午後2時まで、ガンダーはハドソン機を捜索するのに飛行機を飛ばすことができなかった。救出の飛行機はT－9449を見つけ出すことができなかった。その日の遅く、王立カナダ空軍は飛行機が行方不明であり、死滅したと推定したことを大学および国立研究評議会のバンティングの同僚達に知らせ始めた。ダンカン・グラハムはヘンリエッタに消息を知らせた。彼らは皆、飛行士達と乗客達が生きて見出されるというはかない望みを抱いた。サー・フレデリック・バンティングがイギリスへの飛行中に行方不明になったことを一般の人々に知らせることが決定された日曜日の遅く、捜索者達は依然として探し続けていた。

マッキーは飛行機のところへ戻って来て、飛行機と一緒にとどまった。そして捜索の飛行機が彼の頭上を通過した時に信号のかがり火をつけようと試みた。月曜日の朝、飛行機の墜落がついに捜索するハドソン機によって目撃された時――明らかにマッキーが飛行機の外に散布していたアルミニウムの粉によって、彼はあきらめて、線路のところまで歩いて行こうとしていた。マッキーは雪上に、三人死亡――ジョー（THREE DEAD-JOE）とメッセージを足で踏み抜いた。ハドソン機はマッキーを目がけて食糧そして近辺で兎狩りをしていた幾人かのニューファンドランド住人達にメッセージを投下した。

飛行機の墜落した場所についての最初のニュースは一人の生存者に言及した。カナダの誰もが生存者はバンティングであることを願った。彼の友人達の皆が、もし誰かが飛行機墜落を生き残れるとしたならば、それはフレッドだろうと思った。彼は大層活力に満ちて、非常に決然としていた。それからすぐ、彼らは生存者がパイロットであることを知った。バンティング死亡の公的な発表は、その活動を彼が大層軽蔑していた政治家達によって下院でなされた。

ニューファンドランド住人達は飛行機とパイロットとを見つけ、マッキーをマスグレイブ・ハーバーにつれて行った。その基地からの部隊が飛行機墜落の現場に行って、三人の遺体を回収した。遺体は白いシーツの中に入れて縫い合わされ、それから地元のオレンジ・ロッジ〔訳者註2〕に数日間安置された。ようやく天候は、ソリが装備された飛行機を着陸させ、彼らを連れ帰ることができるほど十分に晴れた。マスグレイブ・ハーバーで簡潔な儀式があった。しかもほとんど地域の人々皆が飛行機の出発を見送るために外へ出た。救世軍の楽隊が別れの聖歌と英国国歌『God Save the King（国王陛下万歳）』を演奏した。彼の日記を含めて、バンティングの私的文書の全てが飛行機の墜落現場から回収された。軍隊は機上に護衛隊を配置した。そこを訪れた最初の記者、トロント・スター紙の社員は遠ざけられた。

バードとスネイルハムはハリファックスに埋葬された。マッキー機長はモントリオールに連れていかれた。スネイルハムの親を亡くした三人の子供達に与える、相当な額のお金のために、マッキーはバンティングの最後の飛行についての独占記事をトロント・スター紙に売った。

全生涯にわたってフレッドを知っていたピーター・アジソン尊師は、3月3日月曜日にトロントの葬儀場で家族と親しい友人達のために内輪の葬儀を執り行った。それから遺体は大学のコンヴォケーション・ホールに移されて、翌朝多くの訪問者が敬意を表する間じゅう正装安置された。その午後、大学の学長キャノン・コーディは国葬式を執り行った。文芸クラブのバンティングの友人、ヒーリー・ウィリアンがオルガンを演奏した。ヘンリエッタを慰めた有名な会葬者の一人は97歳のサー・ウィリアム・ミューロックだった。

国葬式後、国旗に覆われた柩（ひつぎ）が砲車に置かれ、それから200名からなる軍隊の護衛者がトロント市街の中心の行進に同行した。王立カナダ空軍のバグパイプ楽隊が葬送行進曲を演奏した。彼の胸は第一次世界大戦の勲章で飾られ、カナダ陸軍少佐の軍服で盛装されて、バンティングはマウント・プレゼント墓地の彼の墓へ降ろされた。3度の一斉射撃が墓の上に向けて発射され、四人のトランペット奏者が「The Last Post（埋葬ラッパ）」、次いで、「Reveille（起床ラッパ）」を演奏し、それから同僚の将校達がフレッドに最後の敬礼を行った。

新聞はバンティングに対して通例の追悼の意を述べた。ヘンリエッタは多くのお悔やみの私信を受け取った。彼女と息子のビルはほんのわずかだけ遺言で配慮された。フレッドの遺産は総括して生命保険を含めてわずか7万2000ドルにすぎなかった。ヘンリエッタはその秋にトロント大学医学部に入学し、1945年に卒業した。彼女は決して結婚することなく、かなり人前に出たがらない人だった。それでトロントの女子医科大学病院に長年にわたる平穏で実質的な勤務後、1976年に亡くなった。芸術的な性向を示していたビル・バンティングはカナダ放送株式会社で出世した。彼の母親、マリオンは1946年に癌で亡くなった。

バンティングの没後初めて、国立研究評議会の医学研究に関する副委員会が開催された時、誰も話をする気になれず、人々は黙って座っていた。J・B・コリップはとりわけ、フレッド・バンティングの死を悲しんだ。コリップはカナダにおける医学研究の首席行政官、それにカナダの医学研究における卓越した大立物として彼の後継者となった。第二次大戦後、コリップはエド・ホールによってそこに引き寄せられて、マギル大学からウェスタン大学に移り、医学部の学部長それから大学の学長になった。コリップは1965年に亡くなった。

バンティングが創始し、支援して来た研究プロジェクトは、部門の彼の同僚達により、それに王立カナダ空軍のエド・ホールのチームによって推し進められた。フランクスの飛行服は戦闘で用いられた。それに飛行士達には世界最初の抗重力服であったとして知られている。戦時における航空医学に関してのカナダの研究は、この上なく質が高く、カナダの研究者達の最も素晴らしい共同研究による業績の一つであったと考えられている。生物戦争に関する研究でさえも、結局は主に動物病理学者によって取り上げられ、しかもセントローレンス川のグロス島にある古い検疫所での実験は牛疫に対して有用なワクチンを生産した。

トロント大学は、1921年から1923年にかけてインスリンの発見で巻き起こされた人事問題を処理したことが障害となって特別良い仕事の成果をあげていなかった。ところで、トロント大学はバンティング／ベスト医学研究部門の指導的地位をチャールズ・H・ベストに与えることで、バンティングが最も好んでいなかったかも知れない任命を行った。恐らくそれは、大学の将来の研究のために困難な状況が解決されうる唯一の方法であったが、バンティングに最も親しい人達には最も相容れない指名だった。サディ・ゲアンズは部門を去る数人のスタッフ仲間達の最初の一人だった。1950年に、トロント大学はバンティング研究所の隣にベスト研究所を開所した。それは現在、医学研究講座を収容している。ベストは1978年に亡くなった。

1941年に、亡くなった研究者の栄誉を称えるためにバンティング・メダルとバンティングの名前が命名された教職の急増がみられた。その時以降、いくつかのカナダの高等学校、アメリカ合衆国のリバティ船（訳者註：第二次世界大戦の最中、アメリカ合衆国で大量に建造された規格型輸送船の総称）、それから月表面のクレーターのこれら全てが彼に因んで命名された。そのように、オンタリオ州ロンドンにその年に彼が所有していた家は、今はバンティング・ハウス（訳者註3）、カナダ糖尿病協会のオンタリオ州支部の本部、それに現地観光客の魅力になっている。同様に、アリストンのバンティング家の農場はカナダの史跡として認められていた。

フレッド・バンティングと一緒に働いて、彼が大好きになった男達および女達は1980年代に彼らの人生が終わりに近づいて来たので、ひょっとすると彼がひからびたシンボルとしてただ記憶され、知られるにすぎないかも知れないという恐れがあった。夢を見て、幾度となくゴールにまるっきり届かなく、けれども彼の任務を果たそうと試み続けた、立派さに胸をうたれる普通の男として彼を記憶する方がより好ましい。

訳者註1：サム・ブラウン・ベルト　Sam Browne Belt は、肩から斜めに掛けられた斜革で幅の広いウエストベルトを支持する構造のベルト。主に軍隊や警官の制服に装着されて、拳銃や刀を携帯するのに用いられる。

訳者註2：オレンジ・ロッジ　Orange Lodge は、Orange Order の別称。オレンジ党 Orange Order は、1796年にアイルランドのアーマ州で始まったプロテスタントの兄弟組織で、北米大陸の方々に活動拠点がある。

訳者註3：バンティング・ハウス　Banting House は、オンタリオ州ロンドンのアデレード・ストリートノース442番地に位置する。この家で、バンティングが1920年10月31日の夜中に論文を読んでいて、インスリンの発見につながったアイデアが生まれた。

Frederick Grant Banting

出典と謝辞

出典と謝辞

この伝記にとって、とても多くの最も重要な典拠は、トロント大学のトーマス・フィシャー稀覯書図書館に収蔵され、そしてトロント大学によって所有されているフレデリック・G・バンティング資料が収められた62箱の収納物だった。これらは、私が1980年に情報収集を始めた時には有資格学者達に細大もらさず公開されていた。生存者を守るために未だわずかばかりの規制があるけれども、今ではそれらがすっかり入手が可能である。資料には、バンティングの研究ノート、新聞の切り抜きの膨大なスクラップブック、彼が持ち続けた書簡の全て（彼はけたはずれの手紙の書き手ではなかった）、彼の講演および論文のコピー、彼の小説をねらっての試みの数々、そして最も重要なのが、彼が時々編集した日記、を含んでいる。彼の日記には主な旅行の大部分に関する旅行雑誌が含まれている。ノートにあるいは卓上カレンダーでの時折の断章。そして1939年9月から彼の死に至るまでの長く、詳細な毎日の記載。バンティングは彼が生涯書いた私的な文書のほとんど全てを持ち続けていたように思われる。しかし、彼と彼の未亡人はとりわけ取り扱いに慎重を要する文書や手紙を隠滅したという形跡がいくらかある。医学研究講座の長としての彼の大学の文書はまた、明らかに処分されていた。

バンティング資料のもう1つの収蔵物はオタワの国立研究評議会の図書館に保持されている。それは、1937年以降の国立研究評議会およびその委員会の一委員としてのバンティングの仕事に関連する文書と印刷された公文書が入ったいくつかの箱からなっている。トロントの日記に加えて、化学並びに細菌戦争に関連する国立研究評議会の公文書の中の多くのファイルに加え、これらの文書はバンティングの戦争に関連した研究に関する主な情報源である。

多くの他の文書のコレクション、発表された主要なそれに副次的な典拠、そしてインタビューは、バンティングが手もとに置いていた文書の中身を増すのに用いられた。インスリンの発見を再現するのに用いられた情報源の完全なリストは、自著『インスリンの発見』（トロント、シカゴ、エジンバラ、1982）に掲載されている。ベスト、コリップ、ファルコナーそしてW・L・M・キングの文書のように、それらの同じ典拠の多くが、この本に用いられて追加情報として貢献した。他のコレクションおよび情報源はインスリン発見後のバンティングの経歴に密接な関連がある資料に必要として調査された。これらは利用されるように注釈の中で引用されている。

バンティングを知っていたあるいはバンティングにごく近かった人々を知っていた、私が見つけることのできた誰とでものインタビューは、自著『インスリンの発見』のためになされたのだが、この本にとっても私の情報収集に不可欠な部分だった。多くのインタビューをされた人々は、私が資料を直接彼等によるものとしないことを求めた。このことは本文中で典拠を明確にしていないいくつかの引用文を弁明している。バンティングを知っている人々と私がやりとりした書簡ばかりでなく、インタビューからのメモ（私はめったにテープレコーダーを使わない）も、トロント大学に残されるであろう。

この本は、インスリンが発見された時に生じた我々の人間状況について可能性の詳述を中心に置いて、上下2巻の本の小旅行をトロントでの魅惑的でそして素晴らしい一連の出来事に結びつけている。これらの本は、多くの人々および多くの組織の援助なくしては書かれなかったのかも知れない。2つの例外――一個人とカナダ議会――にもかかわらず、私は計り知れない激励、援助そして助言を、老若を問うことなく医科学者、図書館員と公文書保管係、同僚の学者、それにバンティングを知っている、あるいは彼の人生に興味を抱いていたり、あるいは単に物語を面白くなる手助けをすることに関心がある、この上ない数々の男女の方々からいただきました。次に述べる名前のリストは、自著『インスリンの発見』の執筆について私に授け、それにそこで謝意を表した援助に加えて、この本の出版に寄与していただいた人々について、アルファベッド順で、感謝を申し上げる。私の情報収集に寄与された多くの人々は、ここで初めて読まれるであろう私の結論に同意されないことでしょう。著者として、私一人が、真実と解釈についての私の選択、それに私の誤ちに対して責任を負うものである。

以下の方々に対して、インタビュー、情報提供の援助、コメントそれに批判をいただいたことに感謝を申し上げるものである：ピーター・アレン、ハロルド・アベリル、エドワード・バンティング、ウィリアム・R・バンティング、エドワード・ベンスレイ、ヘンリー・ベスト、マーガレット・マホーン、C・H・ベスト夫人、L・W・ビリングスレイ、ハンター・ビショップ、ヘレン・ブラウン、スペンサー・クラーク、エリザベス・グレッグホーン、ロバート・グレッグホーン、ステラ・クラットン、ブルース・コーリエル、ヘレン・ベスト・クリスプ、T・A・クラウザー、ハロルド・エチンガー、K・H・フェルズ、クラディス・フィドラー、W・R・フランクス、サディ・ゲアンズ、エリザベス・ヒューズ・ゴセット、エラ・ナイト・グラハム、ジーン・グラハム、T・S・H・グラハム、J・L・グラナットスティン、メナード・グレンジ、レジナルド・ヘイスト、エレナー・ハミルトン、イヴォンヌ・マッカウジ・ハウザー、バーバラ・ハズレット、ミハエル・ヘンダーソン、カレン・ヘンドリックス、クラレンス・ヒル、サー・ハロルド・ヒムスワース、ハドソンズ・ベイ・カンパニー記録文書保管所、ヘンリー・ジェイン、フィリス・ヒップウェル・ジェイン、ロバート・カー、リチャード・ランドン、ヒュー・ローフォード、ファニー・ローレンス、イザベル・レブルダイス、セシーリア・ロング、フレデリック・マッカラム、イアン・マクドナルド、F・C・マッキントッシュ、ロス・マッカイ、ジョセフ・C・マッカイ夫人、C・J・マッケンジー、パトリシア・マックレナン、P・D・マックタガート－カワーン、リンダ・マホーン、ジョージ・マニング、キャサリン・マーティン、C・G・マチューウズ、クララ・ミルズ、ソーラ・ミルズ、ロバート・ノーブル、ジーン・オア、G・R・パターソン、ハロルド・J・パーキン、J・M・ペターソン、バーンズ・プレウス、I・M・ラビノヴィッチ、アリソン・ローチ、ロンドン国立協会、デイヴィド・ラドキン、マイルドレッド・ライダー、シォドア・ライダー、バレリー・シャッカア、ジョン・W・スコット、ハロルド・セガール、ゴードン・シンクレア、O・M・ソーラント、ノーマン・スティーブンソン、C・B・スチュワート、シーラ・スワンソン、A・W・チクナー、トド夫人、トロント・スター紙図書館、カール・ヴィンセント、ヘレン・ファインドレイ・ウォルドン、アラン・ウォルターズ、マリオン・ウォールウィン、リロイ・ウォードナー、ヒルトン・ウィルクス、ビクトリア・ウィルクス、バーバラ・ウィルソン、グレン・ライト、バーバリー・コリップ・ワイアット、C・ジャクソン・ワイアット、サー・フランク・ヤング、スザンネ・ツェラー。このリストから、うっかり洩れた方々皆さんにはお詫び申し上げます。

とりわけ、編集者ダイアン・ミュウ・マックレランド&スチュワート社、校正係の達人達ジェームス、ロウラ、そしてサラ・ブリス、それからリズに感謝致します。

この本は、トロント大学人文科学のコンノート上級フェローとしての1年間に執筆が始められました。医学歴史のイアソン・ハナー研究所から少しばかりの助成金は、調査経費の幾ばくを助けていただいたことを申し添えさせていただきます。

1983年12月4日

ミハエル・ブリス

トロントにて

Bibliography of Frederick Grant Banting

F.R. Miller and F.G. Banting, "Observations on Cerebellar Stimulations," *Brain*, 45 (1922), 104-112.

F.G. Banting, C.H. Best, and J.J.R. MacLeod, "The Internal Secretion of the Pancreas," *American Journal of Physiology* (Proceedings of the American Physiological Society), 59 (1922), p. 479.

———, and Best, "The Internal Secretion of the Pancreas," *Journal of Laboratory and Clinical Medicine*, VII (1922), 256-71.

———, and Best, "The internal secretion of the pancreas," delivered to the Academy of Medicine, Toronto, Feb. 7, 1922, printed by the Academy.

———, and Best, "Pancreatic Extracts," *Journal of Laboratory and Clinical Medicine*, VII (1922), 464-72.

———, Best, J.B. Collip, W.R. Campbell, and A.A. Fletcher, "Pancreatic Extracts in the Treatment of Diabetes Mellitus," *Canadian Medical Association Journal*, 12 (1922), 141-46.

———, Best, Collip, Campbell, Fletcher, Macleod, and E.C. Noble, "The Effect Produced on Diabetes by Extracts of Pancreas," *Transactions of the Association of American Physicians*, 37 (1922), 337-47.

———, Best, Collip, Macleod, and Noble, "The Effect of Pancreatic Extract (Insulin) on Normal Rabbits," *American Journal of Physiology*, 62 (1922), 559-80.

———, Best, Collip, Macleod, and Noble, "The Effects of Insulin on Experimental Hyperglycaemia in Rabbits," *American Journal of Physiology*, 62 (1922), 559-80.

———, Best, Collip, and Macleod, "The Preparation of Pancreatic Extracts Containing Insulin," *Transactions of the Royal Society of Canada*, 16, Section V (1922), 27-29.

———, Best, Collip, Macleod, and Noble, "The Effect of Insulin on Normal Rabbits and on Rabbits Rendered Hyperglycaemic in Various Ways," *Transactions of the Royal Society of Canada*, 16, Section V (1922), 31-33.

———, Best, Collip, J. Hepburn, and Macleod, "The Effect Produced on the Respiratory Quotient by Injections of Insulin," *Transactions of the Royal Society of Canada*, 16, Section V (1922), 35-37.

———, Best, Collip, Macleod, and Noble, "The Effect of Insulin on the Percentage Amount of Fat and Glycogen in the Liver and other Organs of Diabetic Animals," *Transactions of the Royal Society of Canada*, 16, Section V (1922), 39-42.

———, Best, Collip, and Macleod, "The Effect of Insulin on the Excretion of Ketone Bodies by the Diabetic Dog," *Transactions of the Royal Society of Canada*, 16, Section V (1922), 43-44.

———, Campbell, and Fletcher, "Insulin in the Treatment of Diabetes Mellitus," *Journal of Metabolic Research*, 2 (1922), 547-604.

———, "The Value of Insulin in the Treatment of Diabetes," *Proceedings of the Institute of Medicine of Chicago*, 4 (1923), 144-57.

———, Campbell, and Fletcher, "Further Clinical Experiences with Insulin (Pancreatic Extracts) in the Treatment of Diabetes Mellitus," *British Medical Journal* (January 1923), 8-12.

———, Best, G.M. Dobbin, and J.A. Gilchrist, "Quantitative Parallelism of the Effect of Insulin in Man, Dog, and Rabbit," *American Journal of Physiology* (Proceedings of the American Physiological Society), 63 (1923), 391.

———, "Diabetes and Insulin," Opening Address to the British Medical Association, *British Medical Journal* (1923), 446.

A. McPhedran and Banting, "Insulin in the Treatment of Severe Diabetes," *International Clinics*, Series 33, 2 (1923), 1-5; *Transactions of the Association of American Physicians*, 38 (1923), 370-73, 405-10.

Banting, Best, and D.A. Scott, "Insulin in Blood," *Transactions of the Royal Society of Canada*, 17, Section V (1923), 81-85.

Gilchrist, Best, and Banting, "Observations with Insulin on Department of Soldiers' Civil Re-Establishment Diabetics," *Canadian Medical Association Journal*, 13 (1923), 565-72.

Banting, "Insulin," *Journal of the Michigan Medical Society*, 22 (1923), 113-24.

———, "The Use of Insulin in the Treatment of Diabetes Mellitus," the Nathan Lewis Hatfield Lecture, *Transactions of the College of Physicians of Philadelphia*, 45 (1923), 153-64.

———, "Insulin," *International Clinics*, Series 34, 4 (1924), 109-116.

———, "Experimental Work Upon Insulin. Its Use in Diabetes," Beaumont Lecture, in *Anti-diabetic Functions of the Pancreas*, Series II, C.V. Mosby Company, St. Louis (1924).

———, and S. Gairns, "Factors Influencing the Production of Insulin," *American Journal of Physiology*, 68 (1924), 24-27.

———, "Medical Research and the Discovery of Insulin," *Hygeia*, 2 (1924), 288-92.

———, and Best, "The Discovery and Preparation of Insulin," *University of Toronto Medical Journal*, I (1924), 24-28.

———, "Glandular Therapy: Pharmacologic Action of Insulin," *Journal of the American Medical Association*, 83 (1924), 1078.

———, "Medical Research," *Institute Quarterly*, Springfield, Ill., 15 (1924), 11-18.

———, "Insulin," *Proceedings of the International Conference on Health Problems in Tropical America*, 1924, I, 728-43.

———, "Canada's Record in Research," *Maclean's Magazine*, Nov. 15, 1924.

———, "Medical Research," *Annals of Clinical Medicine*, 3 (1925), 565-72.

———, "Diabetes and Insulin," Nobel Prize Lecture, Stockholm, 1925; *Canadian Medical Association Journal*, 16 (1926), 221-32.

———, and Gairns, "Suprarenal Insufficiency," *American Journal of Physiology*, 77 (1926), 100-13.

———, "Medical Research," *Canadian Medical Association Journal*, 16 (1926), 877-81.

———, "The History of Insulin," Cameron Prize Lecture, *Edinburgh Medical Journal*, 36 (1929), 1-18.

———and Gairns, "The Antitryptic Properties of Blood Serum," *American Journal of Physiology*, 94 (1930), 241-46.

———, Gairns, J.M. Lang, and J.R. Ross, "A Study of the Enzymes of Stools in Intestinal Intoxication," *Canadian Medical Association Journal*, 25 (1931), 393-99.

———, "With the Arctic Patrol," *Canadian Geographical Journal*, May 1930.

———, "Medical Research," *New York State Journal of Medicine*, 32 (1932), 311-15.

———, and Gairns, "Resistance to Rous Sarcoma," *Canadian Medical Association Journal*, 30 (1934), 615-19.

———, and Gairns, "Study of Serum of Chickens Resistant to Rous Sarcoma," *American Journal of Cancer*, 22 (1934), 611-14.

D.A. Irwin, Gairns, and Banting, "Study of Rous Sarcoma Tissue Grafts in Susceptible and Resistant Chickens," *American Journal of Cancer*, 22 (1934), 615-19.

Banting, "Silicosis," *Journal of the Indiana Medical Association*, 28 (1935), 9-12.

A.R. Armstrong, and Banting, "The Site of Formation of the Phosphatase of Serum," *Canadian Medical Association Journal*, 33 (1935), 243-46.

J.T. Fallon, and Banting, "The Cellular Reaction to Silica," *Canadian Medical Association Journal*, 33 (1935), 404-407.

———, and Banting, "Tissue Reaction to Sericite," *Canadian Medical Association Journal*, 33 (1935), 407-11.

G.E. Hall, G.H. Ettinger, and Banting, "Experimental Production of Coronary Thrombosis and Myocardial Failure," *Canadian Medical Association Journal*, 34 (1936), 9-15.

Banting, "Ivan Petrovitch Pavlov (1849-1936)," *American Journal of Psychiatry*, 92 (1936), 1481-84.

———, "Science and the Soviet Union," *Canadian Business*, Feb. 1936.

Ettinger, Hall, and Banting, "Effect of Repeated and Prolonged Stimulation of Vagus Nerve in Dog," *Canadian Medical Association Journal*, 35 (1936), 27-31.

Banting, "Silicosis Research," *Canadian Medical Association Journal*, 35, (1936), 289-93.

———, "Early Work on Insulin," *Science*, 85 (1937), 594-96.

———, and Hall, "Experimental Production of Myocardial and Coronary Artery Lesions," *Transactions of the Association of American Physicians*, 52, (1937), 204-209.

Manning, Hall, and Banting, "Vagus Stimulation and Production of Myocardial Damage," *Canadian Medical Association Journal*, 37 (1937), 314-18.

Banting, Hall, J.M. Janes, B. Leibel, and D.W. Lougheed, "Physiological Studies in Experimental Drowning (Preliminary Report)," *Canadian Medical Association Journal*, 39 (1938), 226-28.

———, "Resistance to Experimental Cancer," Walter Ernest Dixon Memorial Lecture, *Proceedings of the Royal Society of Medicine*, 32 (1939), 245-54.

訳者注釈

注釈

この注釈で取り扱う略語は下記の通りである。

BP：Banting Papers、バンティング資料
FGB：Frederic. Grant. Banting、フレデリック・グラント・バンティング
NRC：National Research Council、国立研究評議会
PAC：Public Archives of Canada、カナダ公立公文書保管所
RG：Roy Greenaway、ロイ・グリーンナウェイ（トロント・スター紙の新聞記者）

序文（9～20頁）

（1）C.J. Mackenzie to A.G. McNaughton, April 17,1941, in Mel Thistle, ed., *The Mackenzie-McNaughton Wartime Letters* (Toronto: University of Toronto Press, 1975), p.74; also National Research Council Archives, Ottawa, War Diary of C.J. Mackenzie.

（2）Banting Papers, Fisher Rare Books Library, University of Toronto, Box 38, Miscellaneous note, March 13, 1938.

（3）F. Scott Fitzgerald, *The Great Gatsby* (New York: Scribner's, 1925), p.6

（4）Leonard Mosley, *Lindbergh: A Biography* (New York: Doubleday, 1976), p.320

（5）Joan Didion, *The White Album* (New York: Simon and Schuster, 1979), p.53

（6）Justin Kaplan, *Walt Whitman, A Life* (New York: Simon and Schuster, 1980), p.196.

第1章：寵児（ちょうじ）、申し分のない少年（21～41頁）

（1）この出来事およびこの章で述べられた他の出来事の大部分は、バンティング資料、箱38に入っていた自叙伝の文書から引用されている。

（2）BP, Box 62, Isabel Knight to Henrietta Banting, c. 1968; interview with Ella Knight Graham, 1981.

（3）Toronto *Star*, Jan. 2, 1924.

（4）バンティングの大学3年級の入学試験の成績はバンティング資料、箱1に在る：校長との面接はバンティング資料47を参照、1923年1月18日のトロント・イブニング・テレグラム紙からに切り取り。

（5）バンティング資料33、日付けのない小さなノート。

(6) Saskatoon *Star-Phoenix*, Feb. 28, 1941.

第2章：男らしい男に相応しい（43〜66頁）

(1) カナダ糖尿病協会記録文書保管所、意外な新事実。1981年6月11日、ソーラ・ミルズ宛のハーディング・ヴォールズ：日付けのない新聞の死亡記事切り抜きのアディソン：マリオン・ウォールウィンとのインタビュー

(2) Interview with Mr. and Mrs. S. H. Graham.

(3) 大学の近代化については以下を参照。Michael Bliss, *A Canadian Millionaire: The Life and Business Times of Sir Joseph Flavelle, 1858-1939* (Toronto: Macmillan, 1978). トロントの医療施設の質については1910年のFlexner Reportによって確認されている。

(4) Interviews with Spencer Clark and S. H. Graham.

(5) BP, 22, "Psychiatry" notebook, "Mollie" story.

(6) BP, 40, "The Story of Insulin."

(7) 同上。

(8) 同上。

(9) 同上。BP, 1, FGB to Isabel Knight, May 6, 1917.

(10) BP, 1, FGB to Isabel Knight, Jan,17, 1918.

(11) 同上、1918年3月30日。

(12) インタビュー．ロイド・スティーヴンソン著の『サー・フレデリック・バンティング』（トロント：ライエルソン、1946）の41頁で、バンティングの法外な磁器の購入に言及した事柄についてこの物語の繰り返しがあるかも知れない。また、第6章の132頁を参照。

(13)"The Story of Insulin."
(14)BP, 39, "Captain Grant" file, "Just Murder" file.
(15)"The Story of Insulin."
(16)BP, 38, "The Horse."
(17)Stevenson, p.51 より。
(18)バンティング資料47、179頁に彼の母親宛の手紙が入っている；ガリーの訪問がスティーブンソンの著書の中で言及されている、53頁。
(19)Stevenson, p.51-53 を参照。
(20)BP, 1, FGB to Isabel Knight, Dec. 13, 1918; "The Story of Insulin"; BP, 38, miscellaneous notes, "Christmas in Edinburgh."

第3章：町から出て行く（67〜91頁）

(1)"The Story of Insulin."
(2)同上。ロバートソンの仕事についてはMax Braithwaite, *Sick Kids* (Toronto, 1974) に描かれている。
(3)"The Story of Insulin"; diary of Rowland Hill, privately held; interview with S.H. Graham.
(4)"The Story of Insulin."
(5)Rowland Hill diary, Sept. 20, 1920.
(6)"The Story of Insulin."
(7)自著である『インスリンの発見』（トロント；マックレランド&スチュアート、1982）の第1版で、私は真夜中後の修正として、この変化を少しばかり違ったように解釈した。曜日と日付けについて、私自身の修正は誤っていた。10月31日は土曜日で日曜日ではなかった。勿論、バンティングは10月30日、土曜日の夜遅くにアイデアを得た可能性はある。よりもっと完全な説明資料は勿論のこと、インスリン発見のあらゆる状況の側面に関連するよう詳細については、『インスリンの発見』を参照して下さい。

（8）Rowland Hill diary, Nov. 6, 1920.

（9）バンティングとマクラウドの会合の議論は３つの典拠から述べられている。バンティングの説明は、彼の著書『インスリンの物語』および医学史紀要（*Bulletin of The History of Medicine*）1982; 56: 554-568で、インスリンの発見に就いて『バンティングの、ベストの、そしてコリップの報告書』において発表された、出来事についての彼の１９２２年9月の記述にみられる。出来事についてのマクラウドの１９２２年秋の報告書は医学史紀要（*Bulletin of The History of Medicine*）1978; 52: 295-312の『インスリンの発見に導く研究の歴史』によっている。

（10）BP, 1, C. L. Starr to FGB, Dec. 14, 1920.

（11）Academy of Medicine, Toronto, FGB Notebook, FGB to C. S. Sherrington, March 8, 1921.

（12）Letters appended to Macleod, "History…"

（13）"The Story of Insulin."

（14）Letters appended to Macleod, "History…"

第4章：インスリンの発見（93～１３１頁）

（1）医学アカデミー、ＦＧＢノートは7月6日まで実験の再現についての主となる情報源である。

（2）"The Story of Insulin."

（3）BP, 1, Best to Macleod, Aug. 9, 1921.

（4）3に同上；実験の落着に就いての表現に関する主な情報源はバンティング資料に含まれたバンティングとベストによるインスリンのノートのシリーズである。
（5）Banting and Best, “The Internal Secretion of the Pancreas,” *Journal of Laboratory and Clinical Medicine*, VII, 5 (Feb. 1922), 256-71.
（6）BP, 1, FGB to Macleod, Aug. 9, 1921.
（7）Banting and Best, “The Internal Secretion of the Pancreas.”
（8）BP, 1, Macleod to Banting, Aug. 23, 1921.
（9）The Story of Insulin”; FGB 1922 in “Banting’s, Best’s, and Collip’s Accounts…”; Macleod, “History of the Researches…”; University of Toronto, W. R. Feasby Papers, National Film Board file, Best dictation, March 20, 1956.
（10）Interview with Maynard Grange, then the departmental librarian.
（11）BP, 22, index cards; I. Pavel, *The Priority of N. C. Paulesco in the Discovery of Insulin* (Bucharest, 1976).
（12）BP, 1, FGB to C. L. Starr, Oct. 19, 1921; BP, 39, typed diary entry, Nov. 14, 1921.
（13）FGB 1922 in “Banting’s, Best’s, and Collip’s Accounts…”; memoir of Professor Noble Sharp, University of Toronto *Graduate* (Spring 1983).
（14）Macleod Papers, Fisher Library, University of Toronto, folder 342, Joslin to Macleod, Nov.19, 1921; reply Nov.21.
（15）Collip, “History of the Discovery of Insulin,” *Northwest Medicine*, 22, (1923), 267-73; “Banting’s, Best’s, and Collip’s Accounts…”
（16）BP, 22, index cards; Banting and Best notebooks.
（17）Joslin, “A Personal Impression,” *Diabetes*, 5, I (1956), 67-68.

(18) Banting 1922 in “Banting’s, Best’s, and Collip’s Accounts…”; “The Story of Insulin,”
(19) Macleod, “History of the Researches…”
(20) “The Story of Insulin.”
(21) Banting, Best, Collip, Campbell, and A. A. Fletcher, “Pancreatic Extracts in the Treatment of Diabetes Mellitus. Preliminary Report,” *Canadian Medical Association Journal*, 2, 141 (March 1922), 141-46.
(22) Macleod, “History of the Researches…”
(23) “The Story of Insulin.”
(24) Collip Papers, Weldon Library, University of Western Ontario, Collip to Dr. C. F. Martin, Nov. 23, 1949.
(25) “The Story of Insulin”; Feasby Papers, Best to H. H. Dale, Feb. 22, 1954.
(26) 合意については、BP, 48, p.61 を参照。
(27) Banting and Best, “Pancreatic Extracts,” *Journal of Laboratory and Clinical Medicine*, VII, 8 (May 1922), 3-11.
(28) BP, 18, Notes re Cancer Research file.
(29) “The Story of Insulin.”
(30) バンティング、ベスト、コリップ、キャンベル、フレッチャー、マクラウド、ノーブル、『膵抽出物による糖尿病にもたらされた効果』アメリカ医師会議事録（*Transactions of the Association of American Physicians*）1922: 1-11。トロントグループは、仮定の内分泌物が「インスリン(insuline)」と命名されるべきであるというデ・マイヤー（１９０９）およびシェイファー（１９１６）による、初期の提案を知らなかった。

第5章：バンティングの勝利（一三三〜一六六頁）

（1）Memoir of Professor Noble Sharp, University of Toronto *Graduate* (Spring 1983).

（2）Toronto *Star*, Nov. 7, 1923.

（3）Joseph H. Pratt, "A Reappraisal of Researches leading to the Discovery of Insulin", *Journal of the History of Medicine*, 9 (1954), 281-89. を参照して下さい。

（4）"The Story of Insulin"

（5）FGB 1922 in "Banting's, Best's, and Collip's Accounts."

（6）"The Story of Insulin."

（7）Havens family papers, privately held, James Havens to Joslin, Nov.22, 1957.

（8）E.C. Noble Papers, Fisher Library, University of Toronto, manuscript account by Noble.

（9）Falconer Papers, 76, Falconer to C. S. Blackwell, June 19, 1922.

（10）BP, 1, memorandum dated "About June 1922"; Havens papers for correspondence about Eastman.

（11）"The Story of Insulin."

（12）Best family papers, privately held, M. M. Best scrapbook, Banting to Best, July 15, 1922.

（13）"The Story of Insulin."

（14）Eli Lilly and Company archives, Indianapolis, J. K. Lilly to Eli Lilly, July 26, 1922.

（15）"The Story of Insulin."

（16）BP, 47, p.10. Detroit *Free Press*, Aug. 26, 1922. For his fees see BP, 1, FGB to Graham, Oct.27, 1922; also desk calendar, Aug. 3, 1922.

（17）Stevenson, *Banting,* pp.159-60; interview with Helen Best Crisp, Banting's former secretary.

（18）BP, 1, Clowes to FGB, Aug.11, 1922.

(19) Feasby Papers, Toronto, C. H. Best dictation, November 24, 1961.

(20) "The Story of Insulin."

(21) FGB. "Insulin," *Journal of the Michigan State Medical Society* (March 1923).

(22) "The Story of Insulin."

(23) 同上。

(24) 同上。

(25) Elizabeth Hughes Gossett Papers, privately held, Elizabeth Hughes to Antoinette Hughes, Oct. 17, 1922.

(26) 同上、1922年10月21日。

(27) 同上、1922年11月26日。

(28) BP, 9, Ruth Blenchly to FGB, July 19, 1923; Blaustein file, patients' records, Lewis Blaustein to FGB, Nov. 27, 1922; Richards file, Gladys Richards to FGB, Aug. 19, 1923; Stickelberger files; BP, 1, J.T. Clarke to FGB, Dec. 11, 1922; letters from patients files, Bonnie Powers to FGB, Dec. 13, 1922.

(29) Insulin Committee Papers, University of Toronto archives, clippings file, New York *Tribune*, Dec. 22, 1922.

(30) BP 47, scrapbooks.

(31) Segall diary, privately held.

第6章：インスリンのヒーロー（167～209頁）

(1) Macleod Papers, folder 342, Macleod to Collip, Feb. 28, 1923.

(2) Toronto *Telegram*, Jan. 18, 1923.
(3) W. L. M. King Papers, Public Archives of Canada, *Diary*, Feb. 13, 1923.
(4) BP, 26, desk calendar, Feb. 14, 1923.
(5) FGB to C______, Oct. 1, 1936, as quoted in Stevenson, *Banting*, p.154; Seale Harris, "Banting: Benefactor of Mankind," *Journal of the Florida Medical Association*, XXVIII, 1 (July 1941).
(6) Kevin F. Quinn, "Banting and His Biographers: Maker of Miracles, Maker of Myth," *Queen's Quarterly*, 89, 2 (Summer 1982), 243; Mary Vipond, "A Canadian Hero of the 1920s: Dr. Frederick G. Banting," *Canadian Historical Review*, LXIII, 4 (1982), 482.
(7) BP, 49, p.22, unidentified clipping.
(8) Stephen Leacock, *Arcadian Adventures with the Idle Rich*, 1914; (Toronto: New Canadian Library edition), p.24.
(9) Toronto *Star*, Feb. 24, 1923.
(10) FGB 1922 in "Banting's, Best's and Collip's Accounts"; Macleod, "History…"; Macleod Papers, folder 342, Macleod to A. B. Macallum, Sept. 14, 1922.
(11) Toronto *Globe*, Sept. 9, 1922.
(12) Collip Papers, privately held, Macleod to Collip, Sept. 18, 1922; Macleod Papers, folder 342, Macleod to A. B. Macallum, Sept. 14, 1922.
(13) FGB 1922 in "Banting's, Best's, and Collip's Accounts."
(14) BP, 1, FGB to Macleod, Sept. 27, 1922; FGB to J.G. Fitzgerald, Oct. 5, 1922.
(15) バンティング資料7、インスリンのノート、1922年11月4日；他で述べられていない限り、バンティングの研究活動のあらゆる報告書はバンティング資料の元のノートから収集されている。

(16) BP, 34, draft paper, "Cause of Diabetes Mellitus."

(17) バンティング資料7、『糖尿病に関する覚え書き』ファイルに於けるFGBメモ。ストックホルム、カロリンスカ研究所、ノーベル賞委員会議事録、アウグスト・クログによる1923年度受賞候補に推薦。私は、自著『インスリンの発見』の出版後までバンティングのメモに気付かなかった。

(18) BP,1, Ross to FGB, July 10, 1923.

(19) BP, 26, desk calendar, Feb. 26, 1923.

(20) King Papers, JI, 77025-30, Mulock to King, March 23, 1923.

(21) BP, 1, March 1923 file, letters of Joslin and Allen.

(22) King Papers, JI, 74205-9, Hughes to King, March 16, 1923.

(23) 同上。72677-78, Falconer to King, June 2, 1923.

(24) Macleod Papers, Macleod to H. H. Dale, May 15, 1923.

(25) BP, 26, desk calendar, May 26, 1923.

(26) 同上、1923年4月15日。

(27) BP, 1, Mulock to Ross, undated in July 1923 file.

(28) BP, 1, July 1923 file; Best Papers, privately held, M. M. Best scrapbooks, Banting to Best, July 15, 1923.

(29) 同上。

(30) BP, 26, desk calendar, June 14, 1923.

(31) BP, 1, FGB to Hipwell in July 1923 file.

(32) BP, 26, desk calendar, July 14, 1923.

(33) "The Story of Insulin."

(34) BP, 47, p. 44, clippings; "The Story of Insulin."
(35) BP, 26, desk calendar; *British Medical Journal* (Sept. 15, 1923.).
(36) BP, 47, p.44, clippings.
(37) BP, 26, desk calendar, Aug. 10, 1923.
(38) BP, 1, FGB to Geyelin, Nov. 10, 1923; *Star*, Aug. 18, 1923.
(39) BP, 47, CNE clippings.
(40) "The Story of Insulin."
(41) バンティング資料1、1923年11月10日、ゲイエリン宛のバンティング：ロバート・L・ノーブルとのインタビュー、彼の父親はその年、トロント医学アカデミーの会長だった。
(42) *Nobel, The Man and His Prizes*, issued by the Nobel Foundation (Stockholm, 1950; third edition, New York 1972). を参照して下さい。
(43) スティーブソン著の『バンティング』、170頁。自著の『インスリンの発見』の初版で、私はお金が2万4000ドルになったというバンティングの1940年メモを受け入れて、恐らく誤ちを犯した。彼の資料にある電報は修正された概算に基づいている。資料はまた、彼の財務顧問との間に交わされた書簡を含んでいる。

第7章：不老不死の霊薬（211〜243頁）

(1) BP, 7, Insulin Notebook, Nov.23, 1922, *et seq*.
(2) 同上。F. G. Banting and S. Gairns, "Factors influencing production of insulin," *American Journal of Physiology*, 68 (March 1924), 24-30.
(3) BP, 21, Diphtheria Notebook.

(4) BP, 47, clipping, Oct. 11, 1922.

(5) BP, 9, Clowes to FGB, Oct. 11, 1922.

(6) *Star*, Oct. 19, 1922; BP, 47, pp. 55, 73, clippings.

(7) Graeme Gibson, *Perpetual Motion* (Toronto: McClelland & Stewart, 1982).を参照して下さい。

(8) BP, 1, FGB to Geyelin, Nov. 10, 1922; J. H. McPhedran Diary, March 11, 1929.

(9) FGB, "Medical Research and the Discovery of Insulin"; *Hygeia*, 2 (1924), 288-292.

(10) Harris, *Banting's Miracle*, p.130.

(11) BP, 39, "The Revolt" file.

(12) BP, 26, Diary 1924.

(13) Stevenson, *Banting*, p.199; Bailey K. Ashford, *A Soldier in Science* (New York, 1934), p.345.

(14) BP, 14, Cancer Notebook, 1924; Stevenson, *Banting*, pp. 208-9; FGB, "The History of Insulin," *Edinburgh Medical Journal* (Jan. 1929), 1-18.

(15) BP, 33.

(16) Harris, *Banting's Miracle*, pp. 138-40; Stevenson, *Banting*, p.204; Ashford, *A Soldier in Science*, p. 350.

(17) Harris, *Banting's Miracle*, p. 136.

(18) BP, 26, Diary 1924.

(19) BP, 14, Cancer Notebook, 1924

(20) BP, Suprarenal Notebook, Dec. 2, 1924.

(21) "The Story of Insulin."

(22) PAG, RG 10, Box 374, University of Toronto file, J. J. R. Macleod to J. W. S. McCullough, Oct. 19, 1922, and enclosures.

(23) BP, 1, Cornell to Banting, undated file.
(24) University of Toronto Archives, Banting Research Foundation papers; see also the BRF files in the Falconer Papers; *Globe*, March 16, 1925; Toronto *Mail and Empire*, June 27, 1925; *Star*, June 9, 1925.
(25) FGB, "Medical Research," *Annals of Clinical Medicine*, 3 (March 1925), 565-72.
(26) BP, 47, p. 108, clipping.

第8章：生粋のカナダ人である（２４５～２８６頁）

(1) BP, 1, FGB to Best, April 16, 1926; 21, Pregnant Rabbits Notebook.
(2) BP, 1, FGB to Collip, June 30, 1925; reply, July 7.
(3) "The Story of Insulin," p. 65.
(4) Interviews; Records of the Supreme Court of Ontario, Banting *versus* Banting, 1932, intervention by W. R. Robertson.
(5) BP, 39, "The Revolt" file.
(6) *Arrowsmith*, Signet Classic edition, pp. 398, 397.
(7) BP, 39, "Si" file, including Vernon McKenzie to FGB, July 15, 1927.
(8) BP,25, Notebook.
(9) Interview with Helen Best Crisp.
(10) １９２３年11月10日、スター紙：スティーブンソン著の『バンティング』、２３３頁；A・Y・ジャクソン、『画家仲間、フレデリック・グラント・バンティングの思い出』、カナダ医学協会誌（*Canadian Medical Association Journal*）1965; 92（5月15日）：1077-1084。ジャクソンはバンティングが所有する油絵を、「大部分がひどい粗悪な作品として記述した。私が彼を最初に知った時、私はこれらの購入品を見て笑った」。

(11) *Star Weekly*, Jan.24, 31, 1925.

(12) バンティングとの友情についてのジャクソンの説明は、彼の１９４３年の小冊子、『画家としてのバンティング』（トロント、ライアソン発行所）で『画家仲間の思い出』の中、および彼の伝記、『画家の故郷』（トロント、クラーケ・アーウィン社、１９５８）にある。ジャクソンは『画家仲間の思い出』が収録された講演のテープの中でマクラウドとの関係を述べている；筆記録はマクラウドの話を削除した。録音テープはバンティング資料に入っている。ハンター・ビショップ、公文書保管係で文芸クラブのメンバー仲間が、私のために親切にも会員の身分を詳細に確かめるのにクラブの記録を調査した。ジャクソンはバンティングとの最初の出会いを１９２７年と覚えていたが、それはそれよりもずっと早いものであったに違いない。

(13) Jackson, "Memories of a Fellow Artist."

(14) *Arrowsmith*, pp. 308, 410.

(15) この旅行に注意をはらっている内務省とのバンティングの関係および書簡については、PAG, RG 85, vol. 778, file 5713; Royal Society of London, Sir Henry Dale Papers, Best to Dale, July 25, 1927. を参照。

(16) この旅行についてジャクソンによる2つの日記の報告は、A. Y. Jackson, *The Arctic, 1927* (Moonbeam, Ont.: Penumbra Press, 1982) に出版されている。；バンティングの旅行日記は Banting Papers, 28、*Northward Journal*, Number 14/15, 1979. として出版されている。

(17) Jackson diaries, Aug. 13.

(18) *Star*, Sept. 7, 8, 1927; Department of the Interior records (see note15); Roy Greenaway, *The News Game* (Toronto: Clarke Irwin, 1966).

(19) Archives of the Hudson's Bay Company, Public Archives of Manitoba, *Minutes*, March 13, 1928; Jackson, "Memories of a Fellow Artist."

(20) 同上。この旅行についてのバンティングの日記はBanting Papers, 28にみられる。

(21) Falconer Papers, 118, Physiology file, H. S. Roper to Duncan Graham, May 10, 1928; 同上、115, Macleod to Falconer, Dec. 10, 1928.

(22) BP, 2, Mulock to Banting, May 26, 1928.

(23) 同上、Banting, Mulock, Best correspondence, Jan. 27- Feb. 20, 1930.

(24) BP, 1, Joslin to FGB, Jan. 12, 1926; Abel to FGB, Jan. 30, 1926.

(25) "The Story of Insulin"; also Claude T. Bissell, *The Young Vincent Massey* (Toronto: University of Toronto Press, 1981), p. 257.

(26) "The Story of Insulin," p. 76.

(27) Falconer Papers, 119, Falconer to FGB, Sept. 13, 1929; FGB to Falconer, Oct. 11, 1929.

(28) "The Story of Insulin"; Stevenson, *Banting*, p. 288.

第9章：バンティング対バンティング（287〜323頁）

(1) BP, 18, Notes in Calgary, July 13, 1926.

(2) BP, 18, Cancer Notebooks, Aug. 12, Sept. 3, May 10, 1926; March 21, 1928.

(3) BP, 18, Notebook, June 8, 1929.

(4) BP, 34, Research, miscellaneous notes, draft speech at Albany, N. Y., 1931.

(5) 同上；BP, 21, Notes re diarrhoea in infants.

(6) C. C. Lucas, "Chemical Examination of Royal Jelly," *Canadian Medical Association Journal*

(Nov. 1942).

（7）George Dana Porter, "Notes of a Trip to Washington With Sir Frederick Banting," *Saturday Night*, May 13, 1944; BP, 2, FGB to Sherwood Fox, Sept. 18, 1930; FGB to W. L. Grant, Sept. 18, 1930.

（8）BP, 19, FGB ms. account of work on silicosis; D. Irwin, "The Contribution of Sir Frederick Banting to Silicosis Research", *Canadian Medical Association Journal* (Nov. 1942).

（9）Records of the Supreme Court of Ontario, Banting *versus* Banting, 1932, FGB application for divorce; W. R. Robertson intervention.

（10）BP, 28, 1930 travel diary, March 8.

（11）同上、3月8日、11日、4月1日。

（12）同上、1931年の旅行日記、3月12日。

（13）同上、1930年3月11日。Jackson quote in Anne McDougall, *Anne Savage; The Story of a Canadian Painter* (Montreal: Harvest House, 1977), p.98.

（14）BP, 28, 1930 travel diary, march 12.

（15）同上、3月16日。

（16）Jackson, *Banting As an Artist*, p.30; BP, 28, 1930 travel diary, march 23.

（17）BP, 38, Notes, Nov. 14, 1931.

（18）同上、1930年9月2日、2月10日。

（19）同上、1930年9月2日。

（20）Banting *versus* Banting, W. R. Robertson affidavit.

（21）BP, 62, Blodwen Davies to FGB, "Thursday."

（22）BP, 25, poem, Jan. 2, 1932.

(23) 急襲およびこの三角関係に関連する詳細についての主な情報源は、バンティング対バンティングの記録でD・M・レバーダイスによる宣誓供述書によっている。また、FGB、W・R・ロバートソンおよびWm・ブラッツによる宣誓供述書を参照。往来のいくつかは、ミューロックとの会合を含めてバンティング資料27、バンティングの1932年のポケット手帳に記録されている。トロントの新聞が用いられた、それにこれらの文書はインタビューで捕捉された。

(24) Gordon Sinclair to the author, May 17, 1983.

(25) Interview with Mrs. Fannie Lawrence.

(26) Interview with Isabel (Mrs. D. M.) LeBourdais.

(27) D・M・レバーダイスはイザベル、後に彼が結婚した女性（彼等二人は離婚を取り決めていた後）に、このようなエピソードについて真実を語った通りの人だった。彼女はそのことを私に語った、それから不倫が起こったとしても真実を受け入れることにどんなためらいもなかっただろう。

第10章：バンティング対資本主義（325〜365頁）

(1) BP, 27, Sketchbook 1932.

(2) BP, 62, Blodwen Davies to FGB, "Tuesday."

(3) 同上。Priscilla White file; interview with Priscilla White.

(4) BP, 62, Blodwen Davies file.

(5) クララ・トーマスとジョン・レノックスの証言に根拠は見当たらない。*William Arthur Deacon: A Canadian Literary Life* (Toronto: University of Toronto Press, 1982), p.12. はバンティングがトロント神智学協会のメンバーだったことをほのめかしている。

(6) BP, 27, Sketchbook, July 22, 1933; 27, Calendar, Jan. 17, 1935; Sketchbook, April 27, 1935.

1934年の癌についてのバンティングの出版物も参照。

(7) BP, 2, Gye to Banting, Dec. 7, 1933.

(8) BP, 2, J. S. Haldane to Banting, Nov. 8, 1934; D. Irwin, "The Contribution of Sir Frederick Banting to Silicosis Research."

(9) BP, 2, Cody to FGB, Nov. 8, 1934; Wellcome Library for the History of Medicine, London, H. H. Dale statement on the insulin controversy, Oct. 1959, in documents relating to the insulin controversy; BP, 30, 1935 Diary, June 5.

(10) BP, 48, p. 92, clipping June 4, 1934; 同上, p.88; BP, 3, R. A. Stapells to FGB, June 4, 1934.

(11) Harold Perkin memorandum to the author, June 1983.

(12) BP, 27, Sketchbook, Jan. 12, 1935.

(13) ヨーロッパ旅行についての出来事と引用は、BP 30のバンティングの旅行日記による。

(14) BP, 48, p. 96, clippings re June 1934 CMA meeting.

(15) BP, 38, miscellaneous reflections.

(16) ロシア旅行についての出来事と引用は、BP 30のバンティングの旅行日記による。

(17) *Globe*, Sept. 9, 1935.

(18) BP, 35, miscellaneous note; "Science and the Soviet Union" file; interview by V. Shatzker, University of Toronto oral historian, with Mrs. Herbert Bruce.

(19) BP, 35, "Trend of Civilization" speech; also miscellaneous notes.

(20) Roderick Stewart, *Bethune* (Toronto: New Press, 1973), p. 73.

(21) 同上、p. 74. see also Ted Allan and Sydney Gordon, *The Scalpel, The Sword: The Story of Dr. Norman Bethune* (Boston: Little Brown, 1952).

第11章：円熟期（367〜402頁）

(1) John Swettenham, *McNaughton* (Toronto: Ryerson, 1968) I, p. 331; G. H. Ettinger, *History of the Associate Committee on Medical Research* (Ottawa: National Research Council, 1946).

(2) National Research Council Archives, File 36-5-0-4, FGB Confidential Memorandum for Major General McNaughton, received Sept. 18, 1937.

(3) Swettenham, *McNaughton*, I, p.328; NRC Archives, File 36-5-0-2, vol. I, Captain K. A. Hunter, "A Review of the Possibilities of Bacterial Warfare"; File 36-5-0-6, vol. I, Committee of Imperial Defence, Bacteriological Warfare Memorandum from the Medical Research Council, April 13, 1934; Report of the Sub-Committee on Bacteriological Warfare, March 17, 1937.

(4) Edward Banting Papers, Public Archives of Ontario, FGB to Margaret Banting, Dec. 4, 1938, Oct. 30, 1938.

(5) National Research Council, Banting Papers, FGB to Thorlakson, May 18, 1939, reply August 12.

(6) C. B. Stewart to the author, March 15, 1983; NRC BP, Stewart to FGB, Jan. 30, 1939.

(7) G. W. Manning, *Banting, Insulin and Medical Research* (limited edition, privately printed, June 1980).

(8) BP, 3, FGB to the editor of *Life and Health*, June 1939; BP, 50, Vancouver *Sun*, Dec. 6, 1938

(9) Irwin, "The Contribution of Sir Frederick Banting to Silicosis Research"; "Report of the Task Force on Aluminum Inhalation Therapy to the Minister of Labour," Jan. 11, 1980, published in Government of Ontario, Advisory Council on Occupational Health and Occupational

Safety, *Second Annual Report*, 1980.

(10) 医学研究講座の活動概要は、主としてトロント大学学長の年次報告に収載されている詳細な報告による。

(11) BP, 48, p. 116, *Telegram*, July 16, 1938, and other clippings; interview with B. Leibel.

(12) BP, FGB War Diary, Oct. 2, 1940.

(13) Manning, *Banting*, pp. 32-3; Harold Perkin to the author, June 1983.

(14) BP, 27, Notes made July 29, 1938.

(15) BP, 25, Miscellaneous views; Literary Efforts file.

(16) BP, 25, Literary Efforts file.

(17) BP, 38, Notes March 13, 1938.

(18) Rebecca Sisler, *The Girls* (Toronto: Clarke Irwin, 1972).

(19) BP, 28.

(20) BP, 62, FGB Personal Note on ______

(21) BP, 3, FGB to McNaughton, Sept. 16, 1938.

(22) NRC BP, Aviation Medical Research Committee Minutes, June 27, 1938; P. C. 2207, Aug. 17, 1939; National Research Council, *History of the Associate Committee on Aviation Medical Research, 1939-1945* (Ottawa, June 1946).

(23) BP, 49, clippings re Leadership League; Ottawa *Journal*, April 19, 1939.

(24) NRC BP, FGB to F. C. Blair, March 1, 1939; FGB to Blair, April 13, 1939; FGB to J. L. Malcolm, Aug. 5, 1940; H. H. Dale Papers, Royal Society of London, Best to Dale, Feb. 24, 1939.

(25) BP, 22, “Psychiatry” Notebook.

第12章：軍人科学者（403〜434頁）

（1）BP, 3, handwritten memorandum, Sept. 3, 1939.

（2）NRC BP, Hall and Banting, Memorandum on a Proposed Medical Research Unit, 1939; Memorandum by Col. J. A. Linton, Sept. 20, 1939.

（3）バンティングの戦争日記；フランクスの飛行服についての最も良い来歴はピーター・アレンで "The Remotest of Mistresses: The Story of Canada's Unsung Tactical Weapon: The Franks Flying Suit," *Canadian Aviation Historical Society Journal*, 21, 4, Winter 1983にみる；フランクスとフランクスの飛行服に関する他の資料はピーター・アレンとの会話は勿論のこと、フランクスとのインタビューによる。

（4）NRC Archives, File 32-1-12, vol. 1, FGB to Mellanby, Oct. 21, 1939, inc. memorandum on Mustard Gas Antidote.

（5）同上。Memorandum re Visit of Dr. I. M. Rabinowitch, Sept. 30, 1939; Rabinowitch to McNaughton, Oct. 2, 1939.

（6）NRC BP, A.V. Hill to C. H. Best, Sept. 23, 25, 1939; C.B. Stewart to FGB, Oct. 24.

（7）NRC BP, FGB to C. B. Stewart, Dec. 4, 1939.

（8）NRC BP, Memorandum of Chairman's Visit to England.

（9）同上。FGB to Hall, Dec. 23, 1939

（10）同上。FGB to C. B. Stewart, Dec, 23, 1939; FGB to A. E. Bott, Dec. 23.

（11）同上。FGB to C. B. Stewart, Memo #2, Dec. 11, 1939; FGB to C. J. Mackenzie, Dec. 12; NRC Archives, File 32-1-29, vol.1, Mackenzie to J. B. Collip, Dec. 27, 1939.

（12）NRC Archives, File 36-5-0-6, vol. 1, "Some Notes on Defence Against Bacteriological Warfare," Medical Research Council, Oct. 24, 1939.

（13）同上、File 36-5-0-3, vol. 1, "Memorandum on the Present Situation Regarding Bacterial Warfare", Jan. 9, 1940.

（14）Vincent Massey, *What's Past is Prologue* (New York: St. Martin's Press, 1964), p.328.

（15）Hall-Manning Papers, University of Western Ontario, Weldon Library, Hall to FGB, Jan. 25, 4, 1940.

（16）Stephen Raskill, *Hankey. Man of Secrets* (London: Collins, 1974), III, 321-24, 432.

（17）FGB War Diary, and NRC BP, Box 4, Misc. Correspondence, Memo on Splat Projectile.

（18）NRC Archives, File 32-1-29, C. J. Mackenzie to Hon. W.D. Euler, Dec. 27, 1939: Mackenzie memorandum, Dec 29, on scientists for service in war research in England; Collip to Makenzie, Jan. 16, 1940; Mackenzie to Collip, Jan. 18.

（19）Dale Papers, Dale to Best, March 8, 1940.

（20）ＮＲＣ、バンティング資料、１９４０年1月29日Ｃ・Ｂ・スチュアート宛のホール、航空医学に関する４つのメモを同封している。医学研究評議会のメランビーはまた、航空医学研究に対する責務で告発されたが、飛行隊員研究委員会の長だった。しかし、この領域でのバンティングの橋渡し役は空軍少将Ｈ・Ｅ・ウィッテンハムでもってだった、彼はカナダチームの潜在的な貢献に就いてメランビーよりももっと熱心だった。

（21）同上。FGB Memorandum re Committee on Aviation Medical Research, March 12, 1940; FGB to Col. R. Linton, April 10, 1940; Proceedings of the Third Meeting of the Committee on Aviation Medical Research, March 9, 1940; C. J. Mackenzie to A. G. L. McNaughton, March 12, 1940, in Thistle, *The Mackenzie-McNaughton Wartime Letters*, pp. 24-25.

（22）同上、pp.20-21。Mackenzie to McNaughton, March 1, 1940.

（23）FGB War Diary, and BP, 20, Mustard Gas notes.

(24) FGB War Diary, May 20, 1940; Dale Papers, Dale to Mellanby, June 10, 1940.
(25) NRC BP, Mackenzie to FGB, June 22, 1940.

第13章：『希望のもてない職務』（435～469頁）

本章の表題は、1932年に出版されたアントワーヌ・サン・テグジュペリの作品である『夜間飛行』で着陸できなくて亡くなったパイロットに用いられた一節である。

(1) NRC BP, Memorandum re Aircraft Acceleration, June 19, 1940, by J. J. Green, J. L. Orr, G.S. Levy, and enclosed rebuttals.
(2) Hall-Manning Papers, UWO, Hall to Banting, June 6, 1940.
(3) NRC, C. J. Mackenzie War Diary, Nov. 13, 1940; a copy of the notebook recording these experiments is in the BP.
(4) Manning, *Banting*, p.50.
(5) FGB戦争日記；NRC公文書保管所、ファイル36-5-0-0、第1巻、1940年6月24日、マッケンジー宛のFGB；7月12日マックノートン宛のNRC、BP、FGB。プロジェクトを着手する国立研究評議会の秘書への公用手紙は7月12日に代理副大臣（市民軍）からで、以下の概略に沿って研究に関してたずねられた：
(a) 爆弾、砲弾あるいは飛行機による感染作用物質散布の可能性：
(b) 用いられるかも知れない感染作用物質の決定：
(c) 大規模生産を含めて、そのような手段によって散布された感染作用物質に対する隊員保護への適切な手段の確定、など：
(d) 重大な影響を持つと考えられうる細菌戦争の如何なる様相に対しても適用されうるあるい

は生じうる如何なる他の事態についての研究』。ＮＲＣ公文書保管所、ファイル36－5－0－0、第1巻。

(6) FGB War Diary, Sept. 17, 1940; for these plans see also NRC Archives, File 36-5-0-1, vol. 1, Extracts from notes made by Dr. Banting of meetings held by various people in connection with B W. from July 11- Dec. 2, 1940.

(7) NRC Archives, File 36-5-0-4, vol. 1, Memorandum re Project M-1000.

(8) 同上、File 36-5-0-1, Extracts from notes…

(9) 同上。

(10) 同上、File 36-5-0-5, Notes of a meeting held… Dec. 17, 1941.

(11) ローレンスの仕事については以下を参照。Wilfrid Eggleston, *National Research in Canada, The National Research Council 1916-1966* (Toronto: Clarke Irwin, 1978), pp. 158-60.

(12) BP NRC, McNaughton to FGB Aug. 13, 1940; FGB to McNaughton, Dec. 9, 1940; Swettenham, *McNaughton*, II, 134-35; D. J. Goodspeed, *A History of the Defence Research Board of Canada* (Ottawa: Queen's Printer, 1958), pp. 144-46.

(13) Jefferson Lewis, *Something Hidden: A Biography of Wilder Penfield* (Toronto: Doubleday, 1981), p.176.

(14) FGB War Diary, Aug. 19, Nov. 22, 1940.

(15) Cody Papers, University of Toronto Archives, Best to Cody, Sept. 25, 1940, enclosing Best to C. S. Macdonald, same date; Best to C. E. Higginbotam, Nov. 7, 1940.

(16) Dale Papers, Hill file, Hill to Mellanby, Nov. 15, 1940; NRC BP, A. A. James to FGB, Oct. 10, 1940; BP, 3, FGB to James, Dec. 8, 1940.

(17) NRC BP, H. E. Whittingham to FGB, June 17, 1940.

(18) NRC, Mackenzie War Diary, Dec. 13, 1940; FGB War Diary, Dec. 12, 16.
(19) FGB War Diary, Jan. 11, 1941; Mackenzie War Diary, Jan. 17.
(20) NRC BP, McNaughton to FGB, Jan. 9, 1941, enclosing Rabinowitch to McNaughton, Jan. 8.
(21) Dale Papers, Best to Dale, Jan. 17, 1941; FGB daybook, 1941, Jan. 17.
(22) ベストは行かないことを決めていたので、バンティングが特別任務を引き受けていたという意見は、シスル編の『マッケンジー・マックノートン間の戦時書簡』の62頁に、1941年2月11日付けでマックノートン宛のマッケンジー：「ベスト医師は行くことを望んでいた、それで我々は最終的に調整を行った、しかしそのあとで彼は行うべき他の仕事を持つことを決めた、それでバンティングが行うとしている」。しかし、バンティングはベストが搭乗するつもりだったという飛行機に乗ったとは述べられえない、というのもベストは疑いなく、よりもっと正統の飛行機あるいは海路で横断していたであろう。

第14章：任務という責任ある立場で（471～491頁）

(1) see Hugh Hood, *Black and White Keys* (Toronto: ECW Press, 1982).
(2) NRC、1941年3月4日、マッケンジー戦争日記。私は自著『インスリンの発見』の出版後まで、この驚くべき手柄の配分を知らなかった。私は、コリップの明白な証明にもかかわらず、それが間違いがないとは信じられない。コリップ－バンティングの会合のきさくなことのためにそれを割り引いて聞くことに加えて、そこにはまたバンティング死亡後に、悲しみに打ちひしがれたコリップがマッケンジーにそのことを語る際に話を誤って伝えたという可能性もある。
(3) Geoffrey P. Jones, *Attacker: The Hudson and its Flyers* (London: Kimber, 1980), Chapter V.
(4) BP, 45, file 1, CM Tripp account of Banting's visit to Gander.

(5) Clifford Wilson's notes, quoted in Stevenson, *Banting*, chapter 25.
(6) Richard S. Malone, *A Portrait of War* (Toronto: Collins, 1983), pp. 48-49.
(7) NRC, Mackenzie War Diary, April 2, 1941; interview with P. D. McTaggart-Cowan, Jan. 1984.
(8) ジョーゼフ・マッキーの墜落についての報告話は、1941年3月13、14、16日にトロント・スター紙に掲載された。
(9) この論点はマックタガート-カワーン並びに調査について哀れみの結論を覚えている人々の両者によって作成されている。本文における前の文章の段落でパラシュートの状況についての不確かさは、マッキーの報告書とマックタガート-カワーンの記憶との間に存在するわずかばかりの乖離によって引き起こされている。調査について哀れみに影響したかも知れない、墜落の原因について他の説明はエンジン着氷のせいにしている。マックタガート-カワーンによれば、着氷はしばしば機械的故障の詳細を隠すのに用いられた。ガンダーの基地の整備チームは製造会社が欠陥を修正するまでハドソン機のオイル冷却装置を機械的に取り換えることを始めた。

訳者あとがき

マイケル・ブリス著の本書『バンティング：インスリンの発見による栄光と苦悩の生涯（原題：*Banting: A Biography*）』で、主人公のバンティングは「研究はアイデアで訓練（training）ではない」ことを信条としていた人として描かれています。どんな研究にも必要とされた基礎訓練を全く積んでいなかったがゆえに、インスリンの発見とノーベル賞受賞という栄光に包まれたにもかかわらず、その後の彼の半生は、優秀な人材は短期間で去り、これという業績も挙げられず、周囲の期待に応えられないばかりか、家庭的にも恵まれないという苦悩に苛まれた生涯として描かれています。これは正に、功成り名遂げた人間の生涯についての光と影が見事に炙（あぶ）り出された物語と言えます。子沢山の末っ子として両親の愛を一身に受けて育ったバンティングは、終生母親思いだったことがうかがえます。著者は、彼には母親的立場の人を常に必要とし、その姿の1つを伴侶に求めていたがかなわなかったと認（したた）めています。一方で、彼は父親の如く周囲から頼りにされ、信頼される人とは成り切れなかった人物として描かれています。これらの事実が、良きにつけても悪しきにつけても彼の生涯に大きな影を落としていたのかも知れません。男として求めた父親像に成り切れなかった人、求めた母親像を伴侶として得られなかったバンティング。インスリンを発見し、ノーベル賞を受賞したにもかかわらず、彼は自己の心の隙間を埋めるべく、戦時の医学研究の情報交換を理由に、第二次世界大戦の最中に危険を冒して、真冬のドーバー海峡を改装されたばかりのエンジン冷却装置を搭載したハドソン機に搭乗し、永遠に帰らぬ人となった。しかし、著者は、個性豊かなバンティングを多くの人々に好かれた人間として描いているのは、大きな救いです。

翻訳に際して、本書の中に描かれている多くの建造物、トロント大学、バンティング・ベスト研究所、トロント総合病院、小児病院、オンタリオ州議事堂をはじめ、トロント市内の通りなど、いずれも私がトロント大学に留学時の情景が眼の前に浮かび上がってきました。本書の**第13章：希望のもてない職務**の冒頭で、バンティングがシャトー・ローリエの彼の部屋からオンタリオ州議事堂で議会が開催中なのを示すピース・タワーの明るい標識塔を眺める情景が描かれています。この場面を訳していて、私がトロント大学留学時にバンティング・ベスト研究所で与えられた研究室の1階の自分の机の前の大きな窓が西向きで、眼前にリスが戯れる美しい芝生を前にして南向きのオンタリオ州議事堂が少し右側に、そして真西にトロント大学医学部の新棟を毎日眺めていたことが思い出されました。我々の建物の南側に、カレッジ・ストリートを挟んでトロント総合病院そしてその奥に小児病院。また、本書の中に登場してくる人物の中で、バンティングを手助けした、当時トロント大学医学部学生だったベスト博士、それにバンティングの油絵の師で良き友人だったA・Y・ジャクソン氏は、私が留学時にお会いしていて懐かしさがこみ上げてきました。ベスト先生は、私が留学した前年にバンティング・ベスト研究所を退官されてみえて週に数度顔を出され、時々その会話の輪の中に加わったことが思い出されます。とりわけ感激したこととして、トロント大学留学時に私と妻美代子のために歓迎の席が私の恩師シレック教授御夫妻宅で催された際に、ベスト先生御夫妻が出席されたばかりか、帰国に際して我々のためにベスト先生御夫妻、シレック教授御夫妻と我々夫婦だけの歓送会の席が恩師宅で催されたことです。その席で、ベスト先生が食物を口に運ばれる毎に、奥様が口にして良い悪いの合図を送られ、先生はそれに従ってみえ、なんとも心温まるものでした。というのも、先生が当時胆のう疾患を患って手術後（？）の状況だったゆえの光景だったと憶えています。普通では経験しえない貴重な素晴らしい一時（ひととき）を過ごさせていただきました。

一方、バンティング博士の絵の師であるA・Y・ジャクソン氏とは、トロント郊外にあるマックマイケル美術館でお会いしました。当時、車椅子の生活をされて美術館に寝起きされていたようで、我々夫婦が訪れた時に陽だまりに介護の方とみえて、写真を撮らせていただいたことが思い出されます。この美術館には、本書にも度々登場してくる、カナダの近代絵画を代表するグループ・オブ・セブンの作品が数多く飾られていて、A・Y・ジャクソン氏もグループを代表する一人でした。そこには、バンティング博士の油絵も一点飾られていて、色彩豊かな秋の景色が描かれ、素人の手になる作品とは思えない見事なものでした。彼等二人がこよなく愛したケベック州の農村風景、それはまた我々夫婦の懐かしい思い出の1つで、2度ほどセントローレンス川やケベック市を車で駆って、その風景に酔いしれていた昔が目に浮かびます。

この度の本書の翻訳に際し、頭を悩ませたことがあります。1つは、1つの文章が非常に長いことが多く、そのまま日本語に翻訳するとなんとなく滑らかではなく、2つに分けて文章をつくったりしました。これは、前書も同じでした。次に、意外と誤字、誤記が少なくなく、改定版でも全く是正されていませんので、正解を見出す楽しみがありました。しかし、どんなに努力しても見つからない単語もあり、想像を逞(たくま)しくして文の前後から判断して訳しました。3点目は、人名の日本語表記で、可能な限り相応しいものにしてみました。しかし、同一人物でも前書『インスリンの発見(原題:*The discovery of insulin*)』と異なった人名表記もあります。例えば、トロントチームよりも先に、インスリンの発見という栄冠を手にしかかっていたルーマニアのニコラス・C・パウレスコです。論文によって、表記がNicolas. C. PaulescoとNicolas. C. Paulescuの2つがあります。この度は、ルーマニアから発行された彼の記念切手がNicolas. C. Paulescuと記載されていたので、前書と異なりニコラス・C・パウレスクとしました。このように両書で人名の表記に少し異なるものがあることをお断りさせていただきます。次に、英語の和訳に際し、日本語にしたり、英語発音の表記にしたりと、場面によって敢えて使い分けていることが少なくありません。その方が、情況描写として相応しいと愚考したためです。例えば、｢lake という単語を「湖」あるいは「レイク」と使い分けています。最後に、翻訳に際して最も悩んだのが英文法を重視するか無視するかの問題です。前書では、日本語としてわかり易くするために英文法にとらわれず翻訳に努めました。しかし、某書で誤訳と指摘されて大いに悩みました。ある時、我が国を代表する翻訳家の鴻巣友季子さんと対談する機会があり、この点に就いて御相談したところ、翻訳は英文対訳ではないと話され、読者に内容が伝わる訳を心掛けることが大切と話されました。とは言え、前書でのトラウマから逃れることは能わず、この度は大胆な意訳を避けたこともあって、少し読みづらい文章があるかも知れませんが御寛容下さい。余談になりますが、前書『インスリンの発見』の私の訳書が某医科大学の入学試験に採用されていたことを、当時某学習出版社から夏季特集号の本にその転載許可を求めた電話があって知りました。お役に立てて大変名誉なことと思いました。ところで、原書と本書と大きく異なることが2点あります。1つは、原著の口絵の写真の一部が、本書で掲載が能わなかったことです。しかし、トロント大学出版の御厚意によって、代替の写真を掲載させていただきましたことを、お断りさせていただきます。そして、この場をお借りして、この度の刊行に際してトロント大学出版の多大な御協力に深謝致します。2点目は読者の内容理解の助けにでもなればと、登場してくる人名などに可能な限り訳者註を設けたことです。この事が読者の邪魔にならないことを願っています。

これまで私が手掛けた翻訳書は数々ありますが、私一人によるものはマイケル・ブリス著『インスリンの発見』（朝日新聞社）、ドナルド・M・バーネット著『エリオット・P・ジョスリン―糖尿病診療のパイオニア（原題：Elliot. P. Joslin, MD: *A Centennial Portrait*）』（ライフサイエンス出版）に次いで3冊目が本書でマイケル・ブリス著『バンティング：インスリンの発見による栄光と苦悩の生涯』（毎日新聞社）です。糖尿病が紀元前1550年頃のパピルスに病状と治療が記されていて、およそ3600年の長い歴史を持った疾病にもかかわらず、糖尿病の原因そしてそれへの対応としてインスリンの発見がされてわずか100年にしかなりません。およそ100年前頃の先駆者達の努力と苦労の物語が、この3冊に凝縮されているとしても過言ではありません。それは単に、インスリン発見という研究者達の功名争いばかりでなく極端な食事療法以外に、これといった治療の術を持たない臨床医の苦労と苦悩、それに糖尿病に罹患した患者さんとその家族の苦しみが鮮明に描かれています。その実情の一端を垣間見ることは、今日の医療をより一層意味あるものにする上で決して無駄ではありません。それは、単に糖尿病という病気に限られたものではなく、広くあらゆる疾病にも通じる問題がこの3冊に見事に描かれていると言えます。しかし、とりわけ本書『バンティング：インスリンの発見による栄光と苦悩の生涯』は、他の2冊とは異なり、インスリンの発見とノーベル賞受賞という栄光に包まれた一方で、その後の人生で苦悩に苛まれたバンティングを通じて、人生における幸せとは何かを読者に訴えかけています。糖尿病との関わりを持たれる医師、研究者、他の医療従事者のみならず、他領域の医療関係者、それにこれから医学を目指す若い人々、そして糖尿病の患者さんとその家族の方々にも、読んでいただき少なからず益することになればと願うものです。

本書『バンティング：インスリンの発見による栄光と苦悩の生涯』の刊行が、インスリン発見100周年となる記念の年の2021年に陽の目を見られるのは、この上ない喜びと言えます。多くの方々の温かい御支援があったからこその賜物です。とりわけ、「インスリン発見100周年記念行事」の一環として取り上げていただきました日本糖尿病協会理事長清野裕先生と事務局長の堀田裕子さん、100周年の記念の年に第64回日本糖尿病学会年次学術集会会長を務められ、出版に御協力いただきました戸邉一之教授（富山大学医学部糖尿病・内分泌・代謝内科）、そして出版の橋渡しをしていただきました毎日新聞社永山悦子さんに厚くお礼を申し上げます。また、本書を含めた3冊の翻訳、出版に臨んで大いに役立ったのは、私のトロント大学留学時に妻美代子と二人で度々車を駆ってカナダは勿論のこと北米大陸中を旅したことで、ドライブ並びに土地訪問に際して名ナビゲーターだった彼女、それに仕事を温かく見守ってくれた子供達とその家族に感謝するものです。そしていつものことながら執筆にあたり資料調べと原稿整理に非凡な才を発揮してくれた秘書の寺本麻由さんに感謝とお礼を申し上げます。最後になりましたが、快く本書の出版を担当していただき、素晴らしい本にしていただいた毎日新聞出版の倉田亮仁氏そして吉川学氏に厚くお礼を述べさせていただきます。

本書が多くの方々に読まれ、バンティングのわずか50年という短い生涯を駆け抜けた生き様から、人生の在り方について何かの示唆が得られればと願うものです。

２０２1年4月吉日
名古屋にて

堀田　饒

刊行によせて

インスリン発見100年となる2021年。この節目の年に『バンティング：インスリンの発見による栄光と苦悩の生涯』の翻訳を手掛けられた堀田饒先生のお仕事を、日本糖尿病協会、世界糖尿病デー実行委員会としてお手伝いできることを非常に光栄に思っています。

インスリンの発見は、言うまでもなく糖尿病治療における世紀の発見であり、現代の糖尿病治療の進化はここから始まったといっても過言ではありません。そうした奇跡を伝えるべく、これまでもインスリン発見に関して多くの書物が刊行されていますが、発見に至るアイディアを着想したバンティング博士の人生を詳述した書籍はあまり見当たりませんでした。

我々はよく、世界糖尿病デーを解説する際、「世界糖尿病デーは、インスリンを発見したバンティング博士にちなみ、彼の誕生日の11月14日に制定された」と伝えます。しかしその実、彼がどのような人で、何を考え、何に喜び、悲しんだのかという具体的な人間像に思いを馳せることはありませんでした。

本書は、130年前にカナダで生を受けたバンティング博士の生涯を紐解いたもので、堀田先生の名訳により、我々は、人間バンティングの喜びや苦悩を手に取るように感じることができるようになりました。インスリン発見100周年という記念の年に、改めて糖尿病治療の原点を振り返る意味からも、本書の出版はたいへん価値のあることだと考えています。

堀田先生は、糖尿病領域で数々の功績を挙げておられる著名な科学者でありながら、一般向けの著作もお持ちの非常に多才な医師でいらっしゃいます。また、糖尿病の関連する切手の収集家としても有名です。日本糖尿病協会の協会誌「糖尿病ライフさかえ」に67回にわたり連載された「切手にみる、糖尿病の歴史」は、珍しい切手の数々とともに糖尿病をわかりやすく伝えるという意欲的な企画でした。

薬剤の選択肢が増えて治療技術が格段に進歩した現代にあっても、糖尿病医療の領域は、患者さんが歩んできた人生を知り、病を得ても一病息災で健康寿命を全うするための手助けをするという意識が必要な、非常に人間臭い領域です。インスリン発見という福音をもたらした一人の人間の栄光と苦悩を知ることは、これから医療職を目指す若者のみならず、糖尿病医療にかかわるすべての医療者にとって、大きな学びを得るものと確信しています。そして、本書をきっかけに、11月14日の世界糖尿病デーに一人でも多くの方が、糖尿病予防の啓発活動に加わってくださることを期待しています。

公益社団法人日本糖尿病協会　理事長
関西電力病院　総長
清野　裕

人名索引

※同一章内で頻出する場合は、初出の頁を掲載
※※バンティング，フレデリック・グラントは全頁を通して登場するので採録を割愛

著者略歴

堀田　饒（ほった・にぎし）

名古屋大学大学院医学研究科修了後、名古屋大学医学部第三内科教授、名古屋大学大学院医学研究科代謝病態内科学教授、労働者健康福祉機構 中部ろうさい病院院長などを経て、現在中部ろうさい病院名誉院長、名古屋大学名誉教授。

内科学、糖尿病に関する著書、共著多数。訳書に『インスリンの発見』マイケル・ブリス著（朝日新聞社）など。そのほか、『人を活かす組織の意識改革－何が病院を変えたのか』（昭和堂）、『切手にみる病と闘った偉人たち』（ライフサイエンス出版）、『病気を描くシェイクスピア』（ホーム社）等の著書がある。

バンティング
インスリンの発見による栄光と苦悩の生涯

印　刷　2021年7月20日
発　行　2021年8月5日

著　者　マイケル・ブリス

訳　者　堀田（ほった）　饒（にぎし）

発行人　小島明日奈
発行所　毎日新聞出版
〒102-0074
東京都千代田区九段南1-6-17 千代田会館5階
営業本部：03（6265）6941
図書第二編集部：03（6265）6746

印　刷　精文堂印刷
製　本　大口製本印刷

ISBN978-4-620-32681-8